# 基于模块模板的教学设计与教学策略

JIYUMOKUAIMOBANDE
JIAOXUESHEJIYUJIAOXUECELUE

吕洪君　于宝证　解光军　**编著**

**图书在版编目（CIP）数据**

基于模块模板的教学设计与教学策略/吕洪君，于宝证，解光军编著.
—合肥：合肥工业大学出版社，2015.6
ISBN 978-7-5650-2114-5

Ⅰ.①基…　Ⅱ.①吕…Ⅲ.①理科（教育）—课程设计—高等学校②工科（教育）—课程设计—高等学校　Ⅳ.①G642.0

中国版本图书馆CIP数据核字（2015）第308413号

# 基于模块模板的教学设计与教学策略

**编　　著**：吕洪君　于宝证　解光军
**责任编辑**：马成勋
**技术编辑**：程玉平
**书　　名**：基于模块模板的教学设计与教学策略
**出　　版**：合肥工业大学出版社
**地　　址**：合肥市屯溪路193号
**邮　　编**：230009
**网　　址**：www.hfutpress.com.cn
**发　　行**：全国新华书店
**印　　刷**：安徽联众印刷有限公司
**开　　本**：787mm×1092mm　1/16
**印　　张**：24.5
**字　　数**：550千字
**版　　次**：2015年6月第1版
**印　　次**：2015年7月第1次印刷
**标准书号**：ISBN 978-7-5650-2114-5
**定　　价**：48.00元
**发行部电话**：0551-62903188

百年大计，教育为本；教育大计，教师为本。教育是发展科学技术和培养人才的基础，在现代化建设中具有先导性、全局性和基础性的作用。高等学校承担着人才培养、社会服务、科学研究、文化传承和创新的四大职能，振兴高等教育，实现四大职能的希望在于造就一支高水平、高素质的教师队伍。教学是人才培养的基础工作，是科研创新的动力之源。

影响高等教育教学质量的因素有很多，其中一个不容忽视的因素就是高校教师的教学能力，特别是作为高校教学主力军的青年教师的教学能力。新进入高校的青年教师一般具有高学位（博士或硕士），在某一研究领域具有较深造诣，其大多都是非师范类院校引进的应届毕业生，任职前没有接受过系统的教师专业学习，也没有接受过教育学、心理学的系统训练，普遍缺乏教育学方面的理论知识，缺乏理论转化为实践的能力，教学能力明显不足。他们的教育专业知识主要来自于短暂的岗前培训，岗前培训更多地从教育理念、教育理论以及认知和心理学的角度着眼于教学方法，通常具有宏观的指导意义，但对大多数任课教师来说缺乏贴近感和现实感。由于关于学习理论和教学理论、策略、方法的知识比较空洞，不易直接应用于课堂教学。大众化教育模式使新进入高校的青年教师一般直接进入课堂教学，部分学校采用导师制，给新进教师一年或半年的观摩时间，但是由于缺乏实际的锻炼就直接走上课堂，对于学科教育而言，尽管其具有一定的知识积累，在实际教学过程中缺乏教学技巧，不具有很好的课堂驾驭能力，不仅不能有效地激发学生的学习兴趣，也很难完成知识的有效传承。新进入高校的青年教师具有很强的现代教育媒体使用能力和网络获取资源（如PPT教学课件等）的能力，但由于缺乏恰当的处理，直接引入课堂，上课形成照搬照念，对于理论的讲解往往比较生硬，对于严谨的公式推导缺乏必要的分析处理，对于重要的知识也缺乏强调，这在学生的学习过程中是非常不利的。高等学校非常强调科学研究，“产学研”概念的提出及科研工作与实际工作量挂钩，使刚刚进入高等教育教学岗位的青年教师很容易将大量的时间投入到科学研究中，这将有效提高我国的科技水平，具有很强科研能力的年轻教师如果能很好地将自己的科研过程与实际教学相挂钩，将会带来很好的教学效果，但由于教学技巧的缺乏，加上过多精力投入科研，不仅对教学没有积极作用，反而影响了课堂教学的效果。

本书针对青年教师的教学技能培训进行了有序深入地研究，提出模块模板模式培养青年教师，把宏观问题微观化处理——解剖麻雀。高等学校理工科学科课程教学中，课程教学几乎都可以分成七种课型（简称教学模块）：课程绪论模块、章节引言模块、正课模块、章节小结模块、习题课模块、课程总结复习模块和研究课模块。如果教师能很好地掌握这七种模块的教学内容处理、教案设计、教学设计和教学呈现，就能很好地站稳讲台、站好讲台，如果只从教学方面评价，应该是一名合格教师。设计出的教学模板能够适用于不同学科不同专业课程，具有很好的通用性和普及性，教师可以直接将模板应用到自己学科课程教学中，同时再根据自身课程特点和个人上课风格进行个性化填充和拓展，从而保证在顺利完成课堂教学基本内容的前提下，充分保留教学质量提升与课程特色发挥的空间。以模块模板模式对青年教师从教学理论层次进行基础培训后，建立的模板具有较强的课堂实用性。在实践过程中教师既完成了课堂教学任务，也加深了对教学理论知识的理解，这样经过几轮实践后，就可以将培训内容和课堂教学紧紧联系起来，在实践过程中教师可以始终以模板为基础，根据自身特点不断调整完善教学内容及模板，提高课堂教学质量。这种以示范教学为培训平台传授教育教学理论并实践的方式，更容易被青年教师接受，并被他们应用于课堂教学，使培训具有针对性和实用性。通过培训，教师将通用模板直接应用到自己的课堂，实现了培训与课堂应用的高效对接。模块模板模式平台的培训模式可以合理规划青年教师团队人员构成，将众多名师汇集在一起，通过名师示范、结对辅导、共同研讨等多种途径对青年教师进行培训，同时青年教师之间也可通过示范试讲等方式增强交流，共同进步，这些都极大地增强了培养模式的高效性。

本书由两部分构成：第一部分主要分析介绍课堂教学设计中的一些理论，回答四个方面的问题：该模块课课堂教学应该讲授哪些内容？为什么要讲授这些内容？如何讲好这些内容？模块课设计的主要流程有哪些等。第二部分介绍具体不同模块不同学科的课堂教学设计案例，侧重于模块课教案设计理念分析，通过分析使教师在教学理念、教学理论和教学方法上得到升华。

本书在写作过程中得到许多老师的关心和支持，电子科学与应用物理学院和教师发展中心的张彦、张静、宋玲玲、何勇、高榆、李彦蓉、李军红等老师给予许多帮助并做了大量工作，电子科学与应用物理学院和学校教务部从多方面给予支持，编者在这里对他们一并表示衷心的感谢。

本书的出版得到安徽省教育厅省级质量工程专业改革项目（2012zy006）；安徽省教育厅重大教学研究项目（2013zdjy013）；安徽省教育厅重点教学研究项目（2014jyxm025）的资助。

编　者

2015年6月于合肥工业大学

# 目 录

# 教学设计的模块模板理论与实践

## 一、引言

党的十八大报告提出我国教育的重要任务是科学发展，要坚持教师队伍的建设，努力提高教师的师德水平和业务能力，加强教书育人的责任感和荣誉感。要着力提供更加丰富的优质教育，全面贯彻党的教育方针，全面实施素质教育，坚持以提高质量为核心的教育发展观，更加注重教育内涵发展；坚持科学的教育质量观，把促进人的全面发展和适应社会需要作为衡量教育质量的根本标准，为每个学生提供适合的教育，把立德树人作为教育的根本任务，培养学生创新精神。提高教育质量的关键是加强教育质量保障体系建设,要明确各级各类人才培养的基本要求，制定国家教育质量标准，建立健全适应不同类型教育特点和规律、体现德智体美全面发展要求、可衡量、有针对性的教育质量标准体系，形成科学的教育质量评价办法和评价指标体系。要大力加强教师队伍建设，努力扩大优质教育资源总量，鼓励学校办出水平、办出特色。

伴随着中国高等教育的蓬勃发展，如何提高高等教育教学质量成为当前教育教学改革的核心问题。2010年7月出台的国家中长期教育改革和发展规划纲要(2010–2020年)明确指出“要全面提高高等教育质量，到2020年，高等教育结构更加合理，特色更加鲜明，人才培养、科学研究和社会服务整体水平全面提升”。影响高等教育教学质量的因素有很多，其中一个不容忽视的因素就是高校教师的教学能力，特别是作为高校教学主力军的青年教师的教学能力。大众化教育模式使得学校办学规模扩大，每年都有大批硕士、博士毕业生加入高校教师队伍，高校40岁以下的青年教师在教师队伍中的比例逐年增高，已经成为高校教师队伍的主体。根据教育部发布的数据，2013年，我国普通高校专任教师规模已经达到149.69万人，40岁及以下青年教师占群体总数的六成以上，青年教师队伍具有硕士及以上学位的占九成以上。不难看出，高学历青年教师已成为高校教学的主要承担者和骨干力量，青年教师的教学能力将直接影响到学生的培养质量，已成为保证高校教学质量的关键，青年教师的培养质量，将直接关系到高校培养学生的质量、高校教育改革目标的实现程度和高校未来事业的可持续发展。如何帮助青年教师提高教学能力，已成为相关高校师资队伍建设的当务之急。

## 二、青年教师在教学中存在的主要问题

精力旺盛，思想活跃，接受新事物能力强，可塑性强，学历层次高，掌握新技术新信息，有较高的计算机和外语水平，与学生年龄相仿，生活经历、爱好和兴趣相似，

与学生有共同语言，容易与学生打成一片，这是目前我国高等教育体系中青年教师的优势。就我国高等教育目前的发展现状看，青年教师在教育教学中还存在诸多不容忽视的问题，具体表现如下：

（1）教育学背景缺乏。新进入高校的青年教师一般具有高学位（博士或硕士），在某一研究领域具有较深造诣，但其大多数都是非师范类院校引进的应届毕业生，任职前没有接受过系统的教师专业学习，也没有接受过教育学、心理学的系统训练，普遍缺乏教育学方面的理论知识，缺乏理论转化为实践的能力，教学能力明显不足。他们的教育专业知识主要来自于短暂的岗前培训，岗前培训更多地从教育理念、教育理论以及认知和心理学的角度着眼于教学方法，通常具有宏观的指导意义，但对大多数任课教师来说缺乏贴近感和现实感。由于关于学习理论和教学理论、策略、方法的知识比较空洞，使他们不易成为一名高水平的教师，甚至有较多的青年教师都不易能成为一名合格的教师。

（2）岗前实际磨练机会较少。由于大众化教育模式使新进入高校的青年教师一般直接进入课堂教学，部分学校采用导师制，给新进教师一年或半年的观摩时间，但是由于缺乏实际的锻炼就直接走上课堂，对于学科教育而言，尽管其具有一定的知识积累，但在实际教学过程中缺乏教学技巧，不具有很好的课堂驾驭能力，不仅不能有效地激发学生的学习兴趣，也很难完成知识的有效传承。

（3）网络资源丰富，但缺少理解消化。新进入高校的青年教师具有很强的现代教育媒体使用能力和网络获取资源（如PPT教学课件等）的能力，但由于缺乏恰当的处理，直接引入课堂，上课形成照搬照念，对于理论的讲解往往比较生硬，对于严谨的公式推导缺乏必要的分析处理，对于重要的知识也缺乏强调，这在学生的学习过程中是非常不利的。

（4）科研占用时间较多，但科研成果与课堂教学缺乏技巧性融合。现在的高等学校非常强调科学研究，“产学研”概念的提出及科研工作与实际工作量挂钩，使刚刚进入高等教育教学岗位的青年教师很容易将大量的时间投入到科学研究中，这将有效提高我国的科技水平，具有很强科研能力的年轻教师如果能很好地将自己的科研过程与实际教学相挂钩，将会带来很好的教学效果，但是由于教学技巧的缺乏，加上过多精力投入科研，不仅对教学没有积极作用，反而影响了课堂教学的效果。

综上所述，高校青年教师学科教学技能方面存在的问题不容忽视，深刻思考和研究高校青年教师教学能力的提升和培养问题就显得尤为迫切和重要，对提高高等学校整体教学水平以及推进教育教学改革有着重要的意义。

## 三、国内外研究现状和趋势简介

西方国家已建立较为完善的高校教师资源开发体系。目前国际上几种主要的高校青年教师教学能力培养模式有：职前培养模式、导师制培养模式、校本培训模式、在职进修与继续教育模式。美国高校青年教师的职前培养主要通过未来师资培养计划、研究生教学机会项目等项目进行。如1993 年美国学院与大学联合会和研究生院委员会联合发起“未来师资培养计划” 。1994年的哈佛大学出台了培训新教师的规定，要求学校所有的学院和教学项目必须开发培训计划，对新教师的教学技能进行专项培训。2002年颁发的《英国合格教师专业标准与教师职前培训要求》旨在提高教师的专业标准。英国还设有“高校教师发展培训联合会” ，它的任务是建议和支持所有大学制定高质量的高校教师发展、培训战略计划，通过国家和地区高校的互相联合，有效地提高高校教师的培训和发展。

我国的教育理论界和实际工作者自20世纪80年代初以来开始了对教师的教学能力和素质的研究。近年来，各地各高校深入贯彻落实教育规划纲要积极采取措施，从师德、教学技能、实践能力等全方面多维度大力加强青年教师队伍建设，特别是对青年教师教学能力培养模式做了积极的探索和有益的尝试，并取得了一定成效。复旦大学、中山大学、中南大学、东南大学、西安交通大学等高校通过建立分层次阶梯式的青年教师培养体系（计划），逐层选拔优秀教学骨干，实现中青年人才队伍的滚动培养和良性循环。四川大学通过实施青年教师“三个全覆盖”计划，全面提升青年教师教学能力及业务水平。北京、黑龙江、江西等省（市）和北京科技大学、东北师范大学、江南大学等高校成立教师发展（卓越）中心，为提升青年教师教学能力搭建服务平台。河南、湖南、海南等省和北京师范大学、中南财经政法大学、西北农林科技大学等高校开展青年教师教学技能竞赛，提高青年教师教学水平。北京语言大学和西北民族大学等高校发挥老教师的“传帮带”作用，以教学团队建设为抓手，切实提高青年教师教学能力。

综上所述，青年教师的教学技能培训研究正在有针对性地、有序地深入持续开展。作为高校教师，对我国教育大计力争做出力所能及的贡献责无旁贷。我们于2008年开始了青年教师教学能力提高途径的研究，确立了模块模板模式培养体系，2013年开始以学校教师发展中心为实验平台，在学校各不同学科和专业内实践，取得较为理想的效果，模块模板模式培养平台建设的理念对我国高等教育水平的提高将大有裨益。

## 四、教学设计的模块模板研究

1. 本研究产生的客观背景

本研究起始于合肥工业大学电子科学与应用物理学院青年教师教学大奖赛。电子科学与应用物理学院是合肥工业大学的教学大院，承担全校的大学物理、大学物理实验和三个专业（应用物理、微电子学和电子科学与技术）的全部课程，历史上涌现出许多教学名师，但从1998年到2007年有近十年没有青年教师获校青年教师教学大赛奖项。2008年始，受学院和系部安排担任所在院系青年教师大赛的指导教师，经过对相关教师的辅导，他们的教育教学水平得到极大的提升，所辅导的学院青年教师代表合肥工业大学参加2013年8月安徽省教育厅组织的安徽省第一届青年教师教学大赛并获一等奖。自2008年至2014年辅导的学院青年教师参加教学大赛，获省级一等奖一人次；获校级一等奖3人次、二等奖1人次、三等奖3人次。参加大赛的青年教师获奖是所在学校获奖成绩名列前茅的院系。

在辅导青年教师参加学校教学大奖赛的过程中，开始感到指导青年教师具有很大的盲目性，一般是对他们参赛的选题从教学内容处理、教案设计、教学设计和教学呈现四个方面进行点拨，青年教师备课之后试讲，在观摩过程中凭感觉对他们的授课提出改进意见，他们改进之后再试讲，反复多次，凭感觉认为基本达到要求就可以了。在此过程中盲目性很大，青年教师也耗费了相当大的精力，参加大赛虽取得较好成绩，但感觉事倍功半。这一时期的培训处于自发阶段，缺少理论指导，全靠老教师的自我积淀，培养的青年教师在教学上只能算合格的教书之匠（teacher training）。

2. 模块模板模式的教学设计

通过自发阶段辅导青年教师参加学校教学大奖赛，促使我们思考如何有效、高效、有针对性和普适性地进行青年教师培养。模块模板模式教学设计的雏形呈现了，我们开始了有效提高青年教师教育教学能力的研究，提出模块模板模式培养青年教师，把宏观问题微观化处理——解剖麻雀。高等学校学科课程教学中，课程教学几乎都可以分成七种课型（本文简称教学模块）：课程绪论模块、章节引言模块、正课模块、章节小结模块、习题课模块、课程总结复习模块和研究课模块。如果教师能很好地掌握这七种模块的教学内容处理、教案设计、教学设计和教学呈现，就能很好地站稳讲台、站好讲台，如果只从教学方面评价，应该是一名合格教师。之后，我们组织教授专家团队对上述模块从理论上进行研究，探索每一模块的教学目的、教学意义、教学方法、教学设计和教学过程，进行模块模板教学设计。按照这种思路，选取多种课程（具有不同学科背景的课程）设计出模板教案，由老教师示范教学，组织青年教师观摩教学，示范教学之后授课者从理论高度对本模块课的特点、本模块课的目的和意义、本模块课的方法和内容以及本模块课设计参考模式等四个方面进行讨论，告诉青年教师本模块教学教什么、如何教和为什么要这样教，把教育教学理论通过模块示范课这个教学平台呈现给青年教师，这些理论很容易被青年教师接受，此时他们也愿意接受并被他们应用于课堂教学。吸收消化之后，青年教师自己备课并呈现，组织青年教师和教授专家团队观摩，让他们看一看、听一听、评一评，提出一些改进的建议，授课青年教师通过改进，就可以把这一模块的课设计的比较好，可形成一个完美模块课呈现，成为教学资源，通过归纳、整理，建立媒体资源库。名师团队和青年教师团队的优质教育教学资源的整合，形成科学的教师培养体系。这一培养体系把通常意义下的师资培训（teacher education）提升到教师发展（action research）——教给教师如何在教学实践中验证别人的方法，形成自己的风格和个性，反思自我，使教学过程中的每一种教学方法都有根据，每一个教学手段的应用都有理论支持。教学设计的模块模板模式培训流程如图1所示。

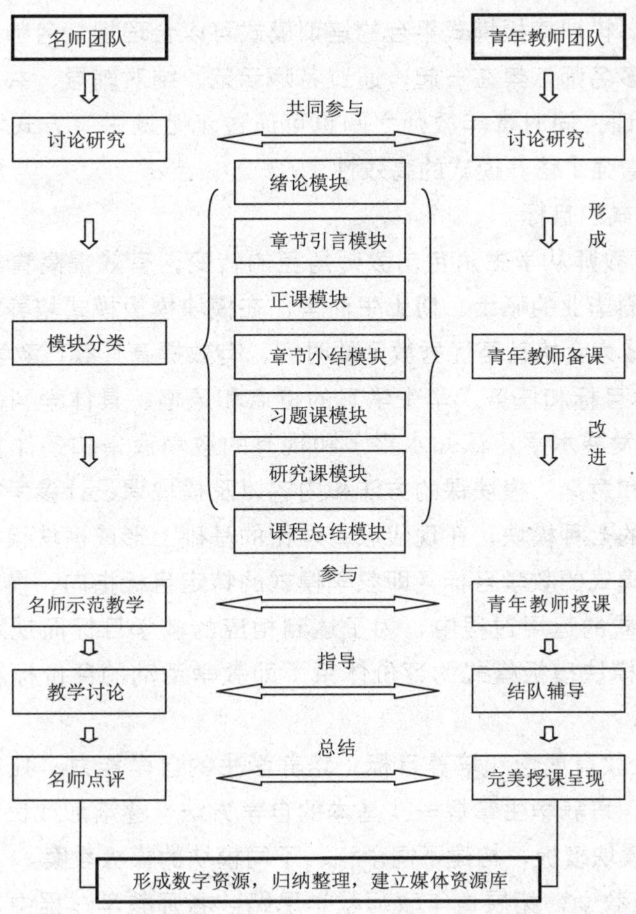


图1　模块模板理论在高校青年教师教学能力培养中的研究与实践技术路线图

3．模块模板模式的特点

（1）普适性。设计出的教学模板能够适用于不同学科不同专业课程，具有很好的通用性和普及性，教师可以直接将模板应用到自己学科课程教学中，同时再根据自身课程特点和个人上课风格进行个性化填充和拓展，从而保证在顺利完成课堂教学基本内容的前提下，充分保留教学质量提升与课程特色发挥的空间。

（2）针对性和实用性。以模块模板双团队模式对青年教师从教学理论层次进行基础培训后，建立的模板具有较强的课堂实用性。在实践过程中教师既完成了课堂教学任务，也加深了对教学理论知识的理解，这样经过几轮实践后，就可以将培训内容和课堂教学紧紧联系起来，在实践过程中教师可以始终以模板为基础，根据自身特点不断调整完善教学内容及模板，提高课堂教学质量。这种以示范教学为培训平台传授教育教学理论并实践的方式，更容易被青年教师接受，并被他们应用于课堂教学，使培训具有针对性和实用性。

（3）高效率。通过培训教师将通用模板直接应用到自己的课堂，实现了培训与课堂应用的高效对接。模块模板模式平台的培训模式可以合理规划名师团队和青年教师团队人员构成，将众多名师汇集在一起，通过名师示范、结对辅导、共同研讨等多种途径对青年教师进行培训，同时青年教师之间也可通过示范试讲等方式增强交流，共同进步，这些都极大地增强了培养模式的高效性。

4. 模块模板模式的目标

（1）加快青年教师从学生角色向教师角色的转变，有效提高青年教师队伍的教育教学水平。对于刚刚毕业的硕士、博士生而言，在模块模板模式培养体系中能得到很好的锻炼，有效缩短成为合格甚至优秀教师的时间，有效提高其教育教学水平。

（2）根据教学目标和任务、学生学习的特点和风格、具体学科的性质、教师自身的优势、学生身心发展水平（认知水平）和现有的教学设备和条件，并从模块课的特点、模块课的目的和意义、模块课的方法和内容以及模块课设计参考模式等四个方面理论研究教学过程中的七种模块，在现代教育理论的基础上形成模块模板模式的理论。进一步研究模块模板模式的教学目标，即教学模式的特定目标指向，模块模板模式的运用策略（即在教学模式的运用过程中，为了达到相应的教学目标而规定的教师和学生采用的教学方法）和模块模板模式的评价体系（即教学活动的评价标准和评价的方法体系）。

（3）结合现代教育理念和培养目标（培养学生的自学能力、独立思考、分析问题和解决问题的能力；培养学生掌握一些基本的自学方法，逐渐形成良好的自学习惯）研究不同类型课程的模块模板，构建不同学科、不同模块的模板教案。

（4）通过示范教学，拓展青年教师教学思路。名师教学过程中，不仅要呈现完美的教学，而且要从理论上阐述本模块的特点、本模块讲授的目的、影响本模块设计的因素，之后示范课教师要通过教学反思，针对课程中的每一部分进行分析：除了授课中的处理方式，还可以用其他哪些方式，这些方式各有什么不同的效果，以此来拓展青年教师教学思路，以期让他们设计出各种个性化的有效教案。

（5）通过示范教学，强化青年教师的教育理论和现代教育理念。名师模块教学之后，向观摩教学的青年教师分析模块教学的设计理念，分析过程就是向青年教师传授教学理论的过程。青年教师的岗前培训是有用的，但效果未必好，因为岗前培训内容空洞，不能引起青年教师的兴趣，在模块模板示范课设计理念的分析过程中，渗透各种教育理论、教育思想、教育理念和教育方法，使青年教师在观摩教学和自己设计教案的过程中潜移默化地接收到较多的教育理论，这一过程是他们自发进行的，效果好，效率高。

（6）通过示范教学，提升了青年教师的教学效果。教学效果对学生而言应该是：丰富感性认识，提高学习兴趣；突破重难点，理解学科概念；形成知识图像，认识科学过程；启发学生思维，增强探索精神，即培养学生的发散思维能力和创新精神；培养观察能力，掌握实验技能，即培养学生的观察力，实际操作能力，勇于探索的意志力，实事求是的科学态度及共同协作探索的良好的学术研究态度和风气；养成良好习惯，学会科学方法，即培养学生掌握归纳、综合、抽象等思维的基本方法。

（7）合理规划名师团队和青年教师团队人员构成，搭建双团队平台，在双团队平台搭建中摸索出适合青年教师教学技能提升的关键因素和培养模式，同时解决平台建设中可能存在的问题，积累平台建设的经验（如教师教学基本功达标标准、优质课堂教学评价体系等）。

（8）形成多媒体教育资源库。结合团队建设和实践，对经反复优化的课堂教学进行录像等数字化网络化处理，形成多媒体教育资源库，对相关专业的教师有参考和借鉴作用，对相关专业的学生有一定的学习辅导作用。

（9）探索科研与教学有机融合的实践方法。将教师的科研成果和已获取的先进科技成果融入课堂教学，培养学生对科研的兴趣，指导他们参与科研过程，对于学生学习将会有多方面的有益作用，这种融合的实现将是一个需要科学方法的研究性课题。

（10）形成可持续发展的模块模板模式平台服务体系。模块模板模式平台在培养优秀的青年教师上具有很好的作用，如何实现其内容的更新，如何实现其团队的更替，如何实现其与其他学科的融会贯通，如何通过网络或媒体实现地区间的内涵交互等等都是模块模板模式平台建设继续研究的目标。

## 五、模块模板模式实践

依托合肥工业大学教师发展中心，组织针对合肥工业大学各相关专业的青年教师培训的各种观摩示范教学研究，建立基于合肥工业大学教师发展中心平台的“模块模板理论在高校青年教师教学能力培养中的研究与实践”项目资源库，服务于合肥工业大学相关专业的青年教师，以期使模块模板模式成果社会效益最大化。

（1）2013年11月20日受合肥工业大学教师发展中心邀请为30名参加2013年学校青年教师讲课比赛复赛的教师举办课堂教学设计能力培训和展示会，作了题为“浅谈工科高校专业课程教学教案设计”的专题报告。学校给予的评价是：“老师从教案设计、教学组织、课堂教学设计等方面提出了自己独到的见解，为青年教师提高教案编写水平、改进课堂教学方法、提高教学设计能力提供了有效的指导与帮助”。

（2）2014年4月30日受合肥工业大学教师发展中心邀请为首批获得学校课程教学设计研究项目（每个项目学校资助一万元研究经费）的30名教师作了题为“基于模块模板的理工科课程教学设计研究”的报告。学校给予的评价是：“首先介绍了基于模块模板的课程教学设计的研究思路，然后以绪论课模块为例讲解了如何进行课程设计，并以“热力学与统计物理”绪论课为例进行了示范。此次培训会为青年教师拓宽课程教学设计能力的思路和方法、提高课堂教学设计能力，进一步站稳课堂、站好课堂提供了有效的指导与帮助”。

（3）2014年5月21日受合肥工业大学教师发展中心邀请为各课程教学设计研究项目负责人举办了课程教学设计培训活动，作了题为“优化教学结构设计，有效提高教学技能”的专题报告。学校给予的评价是：“从课程章节引言课及总结课的目的意义、如何上好章节引言课及总结课、课程章节引言课及总结课设计的参考流程三个方面进行了详细地讲解和教学示范。本次培训会使青年教师对课程教学设计的思路和方法有了更深入的了解，必将有助于推动课程教学设计研究项目建设，提高教师教学结构设计能力，有效提升教学技能”。

（4）2014年7月8日受合肥工业大学电子科学与应用物理学院邀请为学院近三年新进的青年教师和即将为本科生开课的教师进行授课培训。本次培训主要以“热力学与统计物理”课程的绪论模块为例展开讲授，同时分析了理工科青年教师在基础课及专业基础课教育中存在的问题，如：①教学背景缺乏；②岗前实际磨炼机会较少；③网络资源丰富，但缺少理解消化；④科研占用时间较多，但科研成果与课堂教学缺乏技巧性融合等。学院给予的评价是：“此次培训课程内容分为以下几个基本模块进行：绪论模块、单元引言模块、正课模块、单元小结模块、习题课模块、研究课模块、总结复习模块等。授课培训的理论和实际应用价值体现在：①加强青年教师从学生角色向教师角色的转变，有效提高教师队伍的教学水平；②针对工科院系基础课和专业基础课，考虑到工科学科的自身特点，针对导论课，新课，复习课，习题课等不同模块的课程，形成相对科学的教学模板，不仅适合工科学生的特点，而且对工科学生后续课程的学习做出很好的铺垫。培训结束后，各位老师感触颇深，希望今后多些这样的培训机会，提高授课水平，加强职业素养”。

（5）为了提高学校青年教师教学基本功比赛的整体水平，并以此引领全校青年教师教学能力和教学水平的提升，教务部教师发展中心举办了“2014年青年教师教学基本功比赛赛前培训班”，参加2014年学校教学基本功比赛复赛的36名教师参加了培训活动。在10月29日下午的首次培训会上，教师发展中心邀请电子科学与应用物理学院吕洪君老师作了题为“基于模块模板课堂教学的教学设计与教学策略”的报告。吕老师首先对模块模板课堂教学进行了简要介绍，然后以绪论课和章节引言课为例，分别从授课的目的意义和内容、如何上好课以及课程设计的参考流程等方面进行了详细地讲解和教学示范。

本次赛前培训为青年教师拓宽课程教学设计能力的思路和方法、提高课堂教学设计能力提供了有效的指导与帮助。

（6）2014年11月5日下午，由教师发展中心举办的第二期2014年青年教师教学基本功比赛赛前培训活动在屯溪路校区东教学楼301教室举行，36名参赛教师参加了培训活动。本期培训会上，电子科学与应用物理学院吕洪君老师作了题为“教学设计与教学策略的四阶段模式浅析”的专题报告。

吕老师在示范优秀课例《离子注入的工艺过程》的基础上详细阐述了“正课”教学设计与教学策略的四阶段模式：课堂教学导入可采用“开门见山”、“复习”、“情境”及“案例”导入等方式，但要注意各种方式的适用对象；课程讲授过程应将复杂问题进行拆分后逐一进行解决，尤其注意对问题的合理分析；提升与拓展阶段尽量与当前社会研究热点，尤其是自己的科研结合；总结与延伸阶段则要在简要总结讲授内容的基础上提出延伸性问题，以便为后续讲授内容做好铺垫。吕老师还指出，在课堂教学准备中应做到掌控教学、精细设计、结构丰富和呈现恰当，以使自己的课堂教学达到“文科的潇洒”、“工科的丰富”和“理科的睿智”的效果。最后，吕老师对习题课的教学设计进行了简要介绍。参培教师听了报告后反响强烈，会后部分教师就自己关心的问题与吕老师进行了讨论。

本次培训会使青年教师对课程教学设计思路与策略有了更深入的了解，必将有助于青年教师更好地提高教学结构设计能力，有效提升教学技能。

## 参考文献：

[1] 张银娟，王永科，李明. 研究型教学模式下的工科课程教学设计[J]. 科技信息，2012(35)：246-355.

[2] 赵菊珊，马建离. 高校青年教师教学能力培养与教学竞赛[J]. 中国大学教学，2008(1)：58-61.

[3] 张波. 高校教师教学技能存在的问题与改进举措[J]. 中国高教研究，2007(4)：91-92.

[4] 张志明. 当前高校青年教师教学能力现状及提高策略[J]. 邢台学院学报，2010(3)：86-88.

[5] 王芙蓉，何生，侯宇光. 高校青年教师专业课教学能力的培养途径[J]. 中国地质教育，2010(4)：55-58.

[6] 刘伟，朱西平，刘洪兵等. 结合理论力学谈高校青年教师教案的撰写[J]. 力学与实践，2013(35)：85-88.

[7] 顾明远. 教育大辞典：第三卷[M]. 上海：上海教育出版社，1990.

[8] 卢梭著. 李平沤译. 爱弥儿[M]. 北京：人民教育出版社，2001.

[9] 王枬主. 西方现代教育思潮[M]. 广西：广西师大出版社，2004.

[10] 袁振国. 教育原理[M]. 上海：华东师范大学出版社，2001.

# 绪论课教学的教学设计与教学策略研究

吕洪君　张彦　高榆　于宝证
电子科学与应用物理学院

绪者，丝之头。绪论本指学术论著的开头部分，一般说明全书的主旨大意和主要内容等。绪论是教材的先导，有时也以前言、序、序言、导言、导论、概论、编者的话等形式存在。而绪论课是指每门学科正式教学开始时，开宗明义的第一堂课。除了对该学科进行综合性的概括和介绍，使学生有一个总体的、大概的认识，绪论课还要解决3个问题：为什么学？学什么？怎么学？只有实现了这些教学目标，才能为后续展开的课程教学打下良好的基础。绪论课教学也是教师和学生的第一次接触，一堂优秀的绪论课不仅能展现学科的魅力，而且教师的精彩亮相，能赢得第一印象的加分，一下子吸引住学生，激发学生对该学科的学习兴趣和学习动机，由此可见绪论课在整个学科课程教学过程中具有特殊地位和重要意义。

## 一、绪论课的特点

从心理学角度来看，学生对新的学科具有陌生感和好奇心，在绪论课的学习过程中学生会特别注意某些细节，并由此做出评价，评价一旦产生则很难改变。特别是作为学科教学开端的绪论课，与教材其他章节的教学相比难度更高，给学生的印象更加重要，对教师的综合素质的要求也相应很高。不同的课程因为内容不同，教学目标不同，教学方法也有区别，对于绪论课而言，它既遵循一般的教学规律，又具有自身的特点，要讲好绪论课，教师需要抓住绪论课的几个特点。

1. 根本性

所谓根本性，指的是教师在上绪论课时要明确地指出课程的性质和主要任务，换言之，教师首先要让学生明白该课程要“学什么”。以《工程测量学》为例，工程测量是工程领域的专业基础课，课程的任务是要求学生通过课程的学习后能熟练使用常规测量仪器，能完成大比例尺地形图的测绘、施工定位放线和竣工测量、建筑物变形观测等测量工作。教师对课程性质和主要任务做完介绍后，进一步明确课程的核心内容。如果教师从绪论中提炼出关键词，学生就能有的放矢，因为课程是新的，概念也是新的，关键词重点提出来，就不太容易造成学生听完了还是稀里糊涂不明所以的情况，学生也能更好抓住绪论课的脉络。就工程测量来说，关键词就是“确定点位”，这四个字是该课程的核心和要解决的主要问题，也即根本性所在。

2. 导向性

导向性是指教师通过向学生介绍该课程的性质和主要任务之后，指出该课程在整个专业学习中的地位和作用，也就是回答“为什么学”的问题。其导向作用包括两个方面：一是教材的立足点是什么，在阐述该课程的研究对象和科学定义的基础上，介绍其在本专业课程设置中的地位，对学科的发展和实际的工程所起的作用；二是学生学习该门课程之后可以达到什么目标。比如，教师需要解释该课程与先修课、同步课、后继课之间的关联，对学科中其他课程学习的贡献，在学生将来的学习和工作中哪些地方需要该课程的知识内容等。不过要注意的是，导向性不一定在教材的绪论中有文字的体现，但在绪论课中却必须要呈现相应的内容，属于绪论课必不可少的组成部分。

3. 概括性

一门课程教材的绪论部分，无论其篇幅长短，一般都会包括这本书最主要的部分：内涵和外延。相应地，一门课程的绪论课也要具有一定的概括性。它体现在教师要用几个语言精练的句子对该学科课程教材的内容做纲领性的简单介绍，让学生了解该课程的知识领域范围，有一个总体的轮廓上的认识。理工科课程之间虽有一定的联系，但是都有其特定的研究领域，同时又由于高等教育的知识具有高精尖的特点，学生自己翻看绪论很难得出系统信息和整体印象。在绪论课上，教师可以用生活中学生习以为常却常常容易被忽略的有趣示例引入问题，以此代替晦涩生僻的专业词汇，让学生在理解的前提下对本门课程的整体轮廓和主要内容留下较深的印象。同时，教师也无需对概括总结展开讲解，留下一定悬念以勾起学生的好奇心和求知欲，从而引导学生持续深入课程学习，保证教学的效果。

4. 引领性

在对课程有了大概的了解之后，学生最关心的是怎么样才能学好这门课程，也就是产生了怎么学的问题，这时就要求绪论课要具有相应的引领性。所谓引领性是指怎么学的问题，学生进入一个新的学习领域，往往需要教师对学习方向做出一定的指引：这门课程有什么特征，是逻辑性课程还是结构性课程，学生要怎么学才能学好这门课程，要掌握哪些知识点等等。尤其是工科课程，实践性很强，操作技能与理论知识同等重要，理论教学最后还是要落实到实验操作上，这就需要学生对理论基础和操作方法及时理解掌握以便顺利进入到仪器设备使用的实训阶段。因此，绪论课要根据学科课程特点和知识掌握目标确定多元考核标准，使学生有明晰的学习思路和学习方法，相当于给学生一幅地图和一个指南针，在后继的学习过程中做到心中有数，知道往哪个方向走。

总之，如何上好绪论课达到教学目标，还需要教师根据以上特点的全面考虑和精心设计。

## 二、绪论课的意义和作用

受应试教育的观点的影响，有时一些教师会从课程考试的角度出发，让学生自行阅读绪论部分，认为考试内容不会涉及绪论部分，因此只需要在新课程开始时简单交代教学安排、考试要求即可，没有必要投入精力到绪论课中，这样必然会使绪论课的教学功能大打折扣，甚至完全忽略了绪论课的重要作用。那么，讲授绪论课的目的到底是什么呢？

1．激发学生的学习兴趣和求知欲

教育心理学家认为，兴趣是人们认识、探索某事物或从事某项活动的心理倾向，它以认识或探索事物的需要为基础，是推动人们认识事物探索真理的重要动机，通常表现为人对某种事物或某项活动的选择性态度和积极的情绪反应。讲授绪论课恰好有助于激发学生的学习兴趣和求知欲，这正是绪论课最重要的目的。求知欲很大程度上取决于兴趣，合乎兴趣才能使学生产生想要学习的需要，即兴趣是求知最重要的驱动力之一。如果学生对一门新课程没有丝毫兴趣，就很难克服求知过程中的重重困难，通过怀疑、思考、释疑、考证来完成学习任务以达到理想的学习效果，更不用说进行新的创造活动了。因此，卢梭主张教师在他所教的一切课程中必须尽力提高学生的兴趣，认为所有的课程都以多方面的兴趣为基础。绪论课也不例外，且应该更加重视。

绪论课应该吸引学生的注意力，产生学习兴趣，引起学生丰富的联想和复杂的思维活动，对将要学习的课程在情感和态度上趋向于积极的选择和倾向。以兴趣为起点，指引学生在该课程的学习活动中朝特定的目标努力，维持已引起活动的持续性。在学生对新课程产生兴趣时，会产生积极主动的学习意愿、提高学习效率，有利于获得学习的成就感，而成功的愉悦感又会进一步激发新的求知欲，容易进入良性循环的学习状态。特别是理工科专业课程内容有一定的难度，不可能每节课每个章节的讲解都妙趣横生，而学生一般会根据专业课的第一节课来确定自己对这门课程的喜好程度，能够引起学生兴趣和求知欲的绪论课就是教与学顺利展开的前提保障。只有真正理解了绪论课的这个目的，教师才能找到契合学生兴趣的示例开始绪论课的准备。

2．有助于学生明确学习内容和学习目标

在绪论课的教学过程中，有一个环节是教师简明扼要地介绍新课程的学习内容，指出课程的重要知识点和难点，让学生了解学习的内容和将会遇到的问题，在心理上做好准备。在此基础上，教师帮助学生构建学习框架，确定学习目标，以避免学习的盲目性。一个人对学习有兴趣、智商高、学习条件好，这固然重要，但也要有明确的学习目的。学生只有在内在需要和外部诱因的共同作用下内心才会产生一种推动力，以推动学习活动顺利进行，并向学习目标努力，即学习动机。学习动机按照不同的标准有不同的分类，最常见的是根据学习目标将学习动机分为内在动机和外来动机。内在动机是有学习活动过程本身作为学习目标而产生的学习动力，即学习活动自身成为学习的目标，学生在学习过程中不断获得满足感，表现出强烈的求知欲望，不断感受到学习的乐趣；外来动机指由学习结果或学习之外的因素作为学习目标而产生的学习动力，即学习的目标在于学习的结果和意义，学习只是达到目标的手段。

一般说来，学习目标越清晰明确，学习动机越强烈持久。有的学生学习劲头不足，上课只是为了得到出勤分，很大一部分原因是因为不知道为什么要学、学了有什么用。由此看来，绪论课有必要从学生的角度出发，分析课程对学生来说的内在需要和外在诱因具体体现在什么方面，理清该课程在学生专业学习中的意义、对学生个人将来生活和工作起什么作用，要具体化，不要笼统地说“学了将来有用”。明确学习内容和学习目的有以下意义：可以促进学生更好地发挥自觉性，积极主动地进行各种学习活动；特定的学习目标能为学习行为确定方向，有选择地进行各种学习活动，增强目标实现的可能性；促使学生制定合理计划，维持学习行为的持久性，在达到目标之前保持学习活动的强度；自我鼓励，克服过程中可能会出现的困难。

3. 有助于指引学生找到合适的学习方法

学习方法是教育研究中重要的一个方面，中国自古就有“授人以鱼不如授人以渔”的说法。《学会生存》一书中也指出，未来的文盲不是目不识丁的人，而是没有学会怎样学习的人。因此，学习方法指导是培养创新人才的需要，只有具备获取新知识的学习能力，不断更新知识结构，才能有长远的发展，才能担当重任。对于绪论课来说，学习方法指导、教会学生学习也是其很重要的一个方面，起着方法论的作用。

学科教学既要注重理论也要强调实践，不同的课程学习方法也不尽相同，逻辑推理、观察比较、实验实训以及辩证分析等基本方法的选择要根据具体的学科门类来确定。对学生来说可能毫无头绪，但教师在多年的专业学习和课程教授之后，对哪些方法适合本学科课程的学习比较有经验，教师可以向学生有针对性地介绍一些适于本课程的学习方法，有意识地训练学生形成特定的思维方式。在绪论课中，教师有意识地将学习方法提出来有助于学生将来顺利地进入学习状态，达到事半功倍的效果。

4. 有助于学生为课程学习做好准备工作

在学生正式开始学习课程之前，教师应在绪论课中对学生在学习过程中要涉及的工具、理念、方法和相关知识基础等做出具体的要求，提前做好学习准备工作。随着科学技术的发展，学科交叉的复杂程度越来越高，对学生的要求也越来越高，尤其是一些新兴学科的出现，起点会更高，其中包含的理论知识和技术手段更新。面对这种形势，很多学生在学习过程中感到十分吃力。有的学生觉得学习起来非常痛苦，上课跟不上老师的节奏。因此，在绪论课中，教师有必要强调该课程与前后课程之间的联系，提醒学生在正式上课之前要先温习之前学习过的相关学科基础知识等。例如，材料物理的学习要求学生掌握数学基础知识进行实验数据的分析，需要大量的物理基本理论和基础知识，如力学、热学等作为支撑，除此以外还需要一些化学知识、一定的计算机应用能力等。当然，除了知识储备外，某些专业还需要必备的工具如计算机、编程软件、机械制图用品等。绪论课时教师应该根据以上情况要求学生应为课程学习做好准备工作，以备不时之需。

5. 有助于教师树立良好的形象

第一印象相当重要，一个人通常会据此决定对他人的评价和看法。从心理学的角度来看，人有非理性的一面。因此，有些学生往往是先喜欢老师，然后才乐意接受他们传授的知识。绪论课是新课程的第一课，是教师展现自我水平的机会，关系是否能树立良好形象、建立教师威信，也与初步形成课堂气氛和班级学风相关。讲好绪论课有利于教师树立良好的形象，而良好的教师形象有助于学生建立对教师的信任，形成良好的师生关系，最重要的是在这个基础上学生能“爱屋及乌”学好该课程。

假如教师在绪论课上出现了一些错误，显得知识水平低下、表达能力较差、言语措辞偏激、个人卫生状况糟糕等情况，教师在学生心目中的形象就会受到负面评价。评价会影响学生的情绪，正面的评价会引起愉快的情绪，负面的评价会引起不愉快的情绪。当一个人不愉快时，内心发生冲突，产生情绪障碍。一旦这种情绪固定下来就很难改变，尤其当学生面对这种情况还不得不继续上这个老师的课时，这种情绪被强化之后会产生抵抗情绪，有可能激起学生的对抗心理。学生带着逆反的心态去上课，就算教师不出错，学生也会觉得这个老师就是不行。于是封闭自我，对课程学习持拒绝态度，自然很难学好。因此，专业知识精深，能旁征博引，教育教学方法运用自如，高尚的情操，为人真诚和气等，这些都是教师树立良好形象必不可少的条件，教师在绪论课上展现优秀的自我对树立良好形象的作用是不容小觑的。

6. 有助于教师反复梳理教材

绪论课的讲授有助于学生认识新的课程，了解课程内容、明确学习目标和学习方法、做好课程学习准备工作。而对教师自身来说，除了树立良好的个人形象之外，绪论课的讲授也具有重要意义，特别是对于教学资历较浅的青年教师。要想让学生建构一个完整的知识体系，教师自身先要将学科知识串联起来，形成一个逻辑整体。因此需要通过深入备课，教师才能把握教材的重难点，驾驭教学、掌控教学。而绪论课的准备就是教师重新梳理讲授课程的一个好机会，借此从整体上把握教材，使自己的教学趋于完善和成熟。

## 三、影响绪论课模板设计的主要因素

相比章节教学而言，绪论课内容比较杂，教学存在一定难度。因此，针对青年教师群体，设计出一个简单实用的模板可以起到借鉴示范的作用。模板具有实用性和规范性，借助它可以直接帮助教师较规范地进行教学设计。有了绪论课模板，缺乏教学设计经验的青年教师在教学实践中就能更注意考虑知识的重点难点、对学生的分析、学习环境的创设、学生情感的培养、学习方式的指导等方面。待通过实践熟练后，教师可以再将现代教育理论和新的课程理念与教学实践结合，根据实际情况创造性地设计出具有课程特征和教师个性的绪论课教学教案。对于一般大学课程，影响绪论课模板设计的因素主要有以下几个方面。

1. 教学目标和教学模式

在模板设计时，首先要确定教学目标和教学模式。任何教学模式都指向和完成一定的教学目标，在教学模式的结构中教学目标处于核心地位。教学模式与教学目标具有极强的内在统一性，不同的教学模式是为完成特定的教学目标服务的，教学模式的选用决定了师生在教学活动中的组合关系。由于教学目标和教学模式对教学模板起着制约作用，在绪论课模板设计时，要认真考虑绪论课的教学目标，以解决绪论课教什么的问题；而选择什么样的教学模式，可以确定绪论课采取的教学组织形式、教学手段和教学方法等。

2. 学生的认知水平和学习风格

学生的认知水平是指学生对外界事物认识、判断、评价的能力，认知水平的高低与实践经验、知识水平、思维能力、信息储存量等因素有关。学生的学习风格是在个体神经组织结构及其机能基础上，受特定的学校、家庭和社会文化的影响，通过自身长期的学习活动而形成，具有鲜明的个性特征。学生如何感知信息、如何与学习环境相互作用与其认知水平的高低与学习风格的形成有一定的联系。在绪论课模板设计时，教师有必要掌握任课班级的信息，认真分析学生的特点，因为认知水平和学习风格直接影响个体的教学方法偏好。例如，认知方式为场独立性的学生倾向于以分析的态度接受外界刺激，在知觉中较少受环境因素的影响；相反，认知方式为场依赖性的学生倾向于以整体的方式看待事物，在知觉中表现为容易受环境因素的影响。教师应根据学生的认知水平和学习风格确定绪论课的设计，对学生的学习方法、思维模式、解决问题的思路等有引领作用。

3. 具体学科的性质以及需要的教学资源

绪论课模板设计还要考虑具体学科的性质及其所需要的教学资源。不同的学科门类性质不同，有的学科偏重理论，有的学科偏重实验。绪论课怎么样才能体现出该学科的特性，让学生对即将要学习的课程有深切的体会呢？这是教师在进行绪论课教学准备时必须考虑的问题。教师可以将已有的教学资源进行有效组合，用案例讲解、展示挂图或课件、制作有动画和音效的影片等方式，让学生对学科的性质有直观的感受。例如在环境工程专业中噪声污染工程控制的绪论课上，教师可以向学生展示一些常用的测试仪器设备，示范噪声测定仪的使用方法，让学生测量教室环境的噪音量等。

4. 教师自身的优势

绪论课模板的设计除了客观因素，还要结合主观因素即教师的自身优势。大多数理工类高校青年教师毕业后经过短期培训就站在了教学第一线，在板书、教学方法等方面还有待提高，缺乏老教师深厚的教育教学的知识积淀，很难做到挥洒自如，但青年教师也有自身的优势。绪论课模板设计中，如果能充分将其优势表现出来，同样可以取得很好的效果。一方面，青年教师在思想观念上更接近学生，容易采取换位思考的方式来理解学生，如果教师采用亦师亦友的方法更能引起学生内心的共鸣，有助于激发学生的学习兴趣。另一方面，青年教师思维比较活跃，敢于尝试新事物，比较擅长先进的技术方法和手段，因而可以在绪论课的模板设计中融入新技术、新设备。教师的教育教学技能需要长期的积淀，在现有条件下，应扬长避短，张扬个性，设计出一堂能激发学生对本课程有学习主动性的绪论课。

## 四、绪论课教学设计参考模式

绪论课主要包含教师的自我介绍、课程内容的介绍、课程知识体系、课程的价值、学习方法、学习前的准备工作、教学安排、考核方式等方面的内容。模板并不是固定不变的，它只是提供一种参考；只要将绪论课内容都包含在内，符合一定的逻辑顺序，就能形成具有个人风格的模板。下面的内容仅仅就怎样设计绪论课模板提供一个思路和方向，希望对青年教师有借鉴作用。

1. 提出问题

为什么要学习本门课程是绪论课首要回答的问题，绪论课的教学从导入开始，导入的目的主要是把学生的注意力集中起来，引领到课堂学习。课程常见的导入形式有引史讲故法、问题导入法、类比导入法、观察导入法、实验导入法、讨论导入法等。绪论课的导入与一般课程的导入有所区别，绪论课教学的对象是一门课程，有许多知识模块，不容易从单个实例中引入切入点，在正课教学中，由于一次课牵连到的知识点少，可以很容易地从单个实例提出问题，引入新课。而在绪论课教学中，设计导入时可以通过回顾学科课程的起源来引起学生的兴趣。以微积分为例，在《庄子·天下篇》记载了惠施的一句话“一尺之棰，日取其半，万世不竭”，是我国较早出现的极限思想，教师可以借此讲讲我国微积分思想的萌芽。而魏晋时期数学家刘徽对其“割圆术”描述为：“割之弥细，所失弥少。割之又割，以至于不可割，则与圆合体，而无所失矣。”“不愤不启，不悱不发”（《论语·述而》），教师也可以找到与课程相关点切入，提出问题，通过精心设疑、诱发学生积极思考，再适时启发，顺利导入课程内容的介绍。提出新问题可以制造悬念，教师通过对前期课程的总结，寻找还存在哪些问题无法解决，哪些问题对于解决工业生产上某些难点有着至关重要的作用，需要进一步集中分析和深入研究，进而提出开设这门课程的必要性；最后进行巧妙结尾，为后续课程作铺垫，使学生对该课程充满期待。

2. 学科的历史发展

在展开本课程正课教学之前，教师还应对与本课程相关的课程进行回顾与总结，让同学知道这门课程与先前的课程的联系，对学科的结构和发展历史有一定的认识，同时也阐明学习该课程的目的和意义。对于一些人所共知的意义，阐明这一点可以引起学生的共鸣；对于一些不太为人所知的意义，则更应首先阐明，以引起学生的重视。

3. 构建课程知识体系

构建课程知识体系指的是把课程知识进行整理，形成比较系统完整的知识体系，并在绪论课上将其呈现出来，能让学生对课程知识范围一目了然。其中比较简单明了的一种方式是采取技术路线图，即将整个逻辑结构以方框图的形式表现，建构起一个课程知识框架。根据这个课程知识体系的框架，学生在课程的学习过程中会比较有条理，思路清晰，同时便于学完该课程之后进行总结时，容易将碎片知识重组成一个逻辑整体，完成对课程知识框架的细化和丰富，而该重组过程就是一个较好的课程总结。

4. 本课程的特点、解决问题的思路

本课程的特点主要包括：在处理方法上有哪些常用的技巧；主要使用哪些数学工具；主要借助哪些其他学科作为基础等内容；通过对这些特点的介绍，学生可以对本课程有所了解并确定了未知，此时如果戛然而止，学生可能会产生该课程过于深奥复杂，完全不知如何下手，无法掌控的印象。在这种情况下，教师应适当地进一步给出本课程要重点解决的一些问题和处理问题的思路，让学生对未来学习过程建立信心。需要注意的是，解决问题的思路与课程特点往往是紧密联系在一起的，即使是针对同一学科同一专业的学生，不同的专业课程所面对的问题都有着自己独特的特点，这就必然要求教师在处理分析这些问题时，采用适当的手段，参考分析学生在前期课程中掌握的解决问题的思路和常用方法，并与本课程的思路进行比较，让学生容易接受，从而能达到事半功倍的效果。

5. 课程的应用价值

课程的应用价值意味着课程所讲授的知识对某个专业领域或在社会中的使用价值。绪论课上，教师应从课程与日常生活的关系、能解决的社会问题、在航天、深潜、高速计算机等前沿科学的技术应用等方面介绍，改变学生觉得本课程没意义、用途不大、甚至鄙视本专业的思想，引导学生认识课程的应用价值，建立学习信心、增强学习主动性。

6. 学习方法

学习方法指导是绪论课不可或缺、需要重点强调的一个部分。课程学习是要讲究方法的，有的学生学习很用功，花费的时间很长，但是学习效果却不明显，学习效率不高，部分原因正是因为没有掌握适当的方法。绪论课上教师要对此做出明确的指导，针对本课程特点给出的恰当的学习方法，就相当于给了学生通向未来之路的利器。

7. 学习前的准备工作

学习前的准备工作一般包含三个方面：理念、相关的知识基础和学习工具。教师应在思想上帮助学生建立一个学科理念，这包括对学科现状和前景的分析、学科和课程学习的思维方式等；课程所需的知识基础则主要指与本课程有关的前期课程，有的课程学习时间较久远，需要教师在绪论课上提醒学生复习回顾以方便新课的学习；而专业学习所需的工具主要包括数学、物理、计算机、编程、算法等基础工具。

8. 教学安排、考试成绩评价和相关教育教学研究资料的留存

教师要在课程开始时做好教学安排，例如理论教学、实验实训如何布置安排等，要让学生做到心中有数。现阶段课程考试和成绩评价仍是高校教学过程中的重要环节，是检验学生对知识的掌握程度、调控教学过程的重要手段。教师应根据课程性质合理设计考评方式，在绪论课上，告知学生出勤率、课堂表现、作业完成情况、实验报告、课程论文、卷面考试等所占比例等，从课程开始时就引起学生重视。

搜集和加工事实是一种特殊的技能，有了这种技能，能使知识经常处于发展之中，而这种发展又是具有深刻特性的：学生不仅在分析他周围发生的事物，而且也在分析自己的思维。通过搜集和加工事实，学生就走上了自我进行智育的道路。绪论课上，教师把与本课程相关的教育教学研究资料留给学生，让他们通过自己的搜集、加工、整理和消化与课堂教学相关的知识，能使他们的知识经常处于发展之中，而这种发展又是自己的劳动成果，他们会倍感珍惜和满足，同时也培养了学生独立进行教育教学研究的能力。

## 参考文献：

[1] 张银娟，王永科，李明. 研究型教学模式下的工科课程教学设计[J]. 科技信息，2012(35)：246-355.

[2] 赵菊珊，马建离. 高校青年教师教学能力培养与教学竞赛[J]. 中国大学教学，2008(1)：58-61.

[3] 张波. 高校教师教学技能存在的问题与改进举措[J]. 中国高教研究，2007(4)：91-92.

[4] 张志明. 当前高校青年教师教学能力现状及提高策略[J]. 邢台学院学报，2010(3)：86-88.

[5] 王芙蓉，何生，侯宇光. 高校青年教师专业课教学能力的培养途径[J]. 中国地质教育，2010(4)：55-58.

[6] 刘伟，朱西平，刘洪兵等. 结合理论力学谈高校青年教师教案的撰写[J]. 力学与实践，2013(35)：85-88.

[7] 顾明远. 教育大辞典：第三卷[M]. 上海：上海教育出版社，1990.

[8] 卢梭著. 李平沤译. 爱弥儿[M]. 北京：人民教育出版社，2001.

[9] 王枬主. 西方现代教育思潮[M]. 广西：广西师大出版社，2004.

[10] 袁振国. 教育原理[M]. 上海：华东师范大学出版社，2001.

# 章节引言课教学的教学设计与教学策略研究

吕洪君　张彦　李彦蓉　张静
电子科学与应用物理学院

章节引言教学是一个章节教学的起始环节，通过章节引言教学激发学生对本章内容的学习兴趣和探索精神，是顺利完成本章教与学的第一个关键环节。章节引言一般以高度概括的文字或生动形象的实例，对本章的内容、地位和作用进行总体的介绍，从专业角度揭示与本章内容有关的人文背景、应用价值以及其中蕴涵的基本思想方法，是本章知识的生长点和发源地，在整个章节的教学过程中起到提纲挈领的作用。章节引言的内容一般包括本章的主要内容和知识点、学习思路和方法以及学习目的和任务等。章节引言内容简短，背景资料有限，考虑到课堂时间和进度的限制，很多教师在讲解章引言时往往寥寥数语一笔带过。如何利用有限时间来进行章节引言的讲授，充分挖掘其教学价值和作用，引导学生正确把握课程内容，激发学生探索新知识的欲望，是实际教学活动中必须思考的问题。

## 一、章节引言课的目的和意义

章节引言的教学实际上是一个帮助学生了解本章学习的意义，并从宏观上把握章节的知识结构，特别是这一章教材所包含的学习内容和知识点、核心概念与思想方法、学习目标和要求，知识前后联系和应注意的问题等等的教学环节；它相当于为学生先提供一个特定阶段的知识框架，而学生学习的过程就是循序渐进地依次建立知识点之间的联系，并进行内容的拓展与延伸，在这一过程中逐步完成知识框架的填充和细节的丰富，从而提高分析问题和解决问题的能力。因此，如何使学生对本章将要学习的内容、结构、思想方法等有一个大致的了解，发挥章节引言的“先行组织者”的作用，是章节引言模块的主要功能和任务。成功的章节引言课对学生来说如同指点迷津的钥匙，对激发学生学习的兴趣、提高教学质量、培养学生的能力卓有成效。

1. 激发学生的兴趣,做好迎接新挑战的全面准备

章节引言教学的重要任务之一就是激发学生的学习兴趣，调动学生的学习积极性。任何学科教学上的成就，很大程度上都取决于学生对于学科的兴趣是否能保持和发展。桑代克学习理论的准备律认为，在进入某种学习活动之前，如果学习者做好了与相应的学习活动相关的预备性反应，学习者就能比较自如地掌握学习内容。而章节引言正是要促使学生迅速完成学习新知识的全面准备，成功的章节引言能够用简明生动的语言唤起

学生对新知识和新事物的新鲜感和好奇心，能够用与日常生活和学习息息相关的实例强化知识的实用性和发展前景，进而激发学生探索的欲望，为学习新知识做好心理上的准备。同时，还能通过对本章内容简明扼要的介绍，让学生明确学习新知识所需的理论基础和背景知识，有选择性地温习之前的学习内容，有针对性地查漏补缺，并结合计算机和网络等现代学习工具完成资料的查阅和理论工具的准备，从而以完善的知识储备和充分的自信心迎接新的学习挑战。

2. 有利于学生理解教材,把握重难点

章节引言课要用高度凝练的语言指明本章学习内容的精髓所在，有针对性地指出知识的重点和难点分布，让学生做到心中有数，同时又能够让学生充分了解本章知识与之前所学内容的内在联系。以便更好地适应新知识的延伸与拓展，做到从点到线，形成连贯的知识体系。从而做到知识脉络清晰明了、重难点突出，有利于学生理清思路、融会贯通，灵活恰当地将所学的知识加以综合运用。在章节引言教学中，教师恰到好处地强调重难点，可以促使学生及时调整学习的节奏，有所侧重地合理安排学习时间和精力，同时可以激发学生意欲挑战重难点的欲望和兴趣，并且树立学好本章内容的信心。因此，合理恰当地上好章节引言课，充分发掘章节引言的价值，对学生透彻理解章节教材、促进教学质量的提高是大有裨益的。

3. 有利于知识系统化，培养归纳分析问题的能力

课程学习的过程中，依托绪论课的平台，学生可以初步建立起对课程整体内容的认知框架，章节引言则是这一知识框架上的结点，是知识串联的枢纽所在，而学习的过程就是不断填充框架和丰富细节的过程。章节引言课就是要紧扣结点，理清脉络，加强学生系统思想的培养，使知识系统化。系统的本意是指由一群有关联的个体组成，根据预先编排好的规则工作，能完成个别元件不能单独完成的工作的群体，系统的结构使其成为一个有特定功能的整体。培养系统化的学习思想能够让学生学会站在系统层面上看问题，具有全局观和整体意识，使学生能很好地把握整体的知识结构与各个章节之间的协调关系，学会对知识系统进行逐级分解，掌握基础知识的体系结构，将各个基础知识点融会贯通，并将基础知识与实际应用背景相结合。简言之，学的知识越系统，就越有利于掌握，越利于深化和提高。很多学生的基础知识掌握得很扎实，完成教科书上的习题的能力很强，但是如何将这些基础知识运用到实际的工程设计中却存在很多问题，正是缺乏知识系统化意识与能力的反映。因此，在学习过程中教师要注意提醒学生及时总结、归纳提高、巩固和深化知识，使学生在知识体系和学习方法上都能形成系统化的认知，锻炼学生归纳和分析问题的能力。

4. 有利于学生能力的形成，形成多种科学思维模式

学习的最终目的在于学会学习，教师的最高境界则是“授人以渔”。因此能力的培养始终是学科教育的一个极其重要的任务。能力的培养应渗透在教学的各个方面，特别是注意对学科研究方法的教学，对提高和培养学生形成科学的思维方法尤为重要。在章

节引言课上，教师通常是借助具体实例或典型问题，或者进一步结合更多的背景资料加以展开和延拓，循序渐进地引入新知识的学习，这就要求教师在甄选实例或选题方面要有针对性，既考虑培养目标，又要有所侧重，应考虑到问题与工程实际的紧密联系。例如，在教授知识的过程中，可以将不同的知识点以不同的方式进行结合，在章节引言课上创设出多种不同的实例和问题情境以掀开新的篇章序幕，从而能够锻炼学生面对不同问题时的应变和探索能力，激发其自觉灵活应用知识的能力，进而逐步发展高层次思维能力，理论联系实际的能力，主动探索和主动学习的能力，以及分析和解决问题的能力。要注意的是，学生能力的高低主要来自于其在学习过程中的自主性。只有紧密结合生产实际才能有效地激发学生的求知欲望和学习热情，给学生以较大的创新思维空间，从而充分调动主观能动性地去想象可能实现的解决方案，变被动地学习知识为主动地解决实际问题，从而积极思考、创造性地完成接下来的学习任务，并在学习过程中充分提高自身能力。

## 二、章节引言课的特点

卢梭认为所有的课程都以多方面的兴趣为基础，因此教师在其所教的一切课程中必须尽力提高学生的兴趣。教育理论指出，兴趣是人们认识、探索某事物或从事某项活动的心理倾向，它以认识或探索事物的需要作基础，是推动人们认识事物探索真理的重要动机，表现为人对某种事物或某项活动的选择性态度和积极的情绪反应。从这一角度而言，课程绪论与章节引言在一定程度上起着异曲同工的作用。课程的绪论课是为学生在整个学习过程中主动学习提供一个平台，激起学生对本门课程的求知欲望和学习兴趣，指引学生在该课程的学习活动中向着特定的目标努力，章节引言课也具有类似的功能。它们的共同点在于都能够让学生提前对于新知识的学习内容、目的及方法有所了解，调动学生的学习积极性和能动性，进而提高教学质量。但是二者也有一些明显差别，课程绪论与章节引言的差异可以从范围的大小、线条的粗细、内容的虚实、目标的具体抽象以及思想、方法的内涵和外延加以区分。

1. 章节引言侧重细节、突出局部

宋代诗人苏东坡写过一首脍炙人口的《题西林壁》：“横看成岭侧成峰，远近高低各不同。不识庐山真面目，只缘身在此山中。”这说明观察事物、观察世界需要不同的角度，需要不同的部位，也好比描绘不同的景观对象时会有不同的感触，要采用不同的粗细笔墨线条。不同的模块教学也同理。在整个教学过程中,什么时候需要粗线条，什么时候需要细线条，什么时候粗线条和细线条兼而有之，这完全要从实际考虑,是很有讲究、很值得斟酌的。在课程绪论课与章节引言课的教学中，课程绪论要阐述的是整个课程的轮廓和大致趋势，而章节引言课要阐述的是本章节细节描述，内容比较少，突出的是局部，因而课程绪论课与章节引言课的教学就需要采用不同的线条。粗线条侧重于勾勒出轮廓、大致趋势，适用于绪论课教学，而章节引言课教学更加侧重于细节描述、需要突出局部，因此教学时需要教师根据本章节的特点用细线条仔细描绘勾勒，形成具有明显本章节特色的局部形象。

2. 章节引言涉猎范围较狭窄

课程绪论课立足于课程整体，从根本上来阐述课程的性质和特点，学习这门课程的目的和任务，课程体系的主体框架等，包括了主要内容和知识结构、学科的产生和发展情况、课程的学科体系、框架结构以及研究理论等。课程绪论的内容范围广，内容多，概括性强，较为抽象，因此课程绪论的讲授是从大处着眼，避免过于细碎，要描绘框架凸显关键。在这样的前提下，每一个章节的引言课就相当于一次对绪论课“点到为止”的知识点的呼应和细化。将绪论课上对每一处知识点的“留白”在章节引言上进一步丰富深化起来，使学生对该章节知识且仅限于该部分知识加深了解，即锁定学习目标，范围狭窄而深入。相对于课程整体的知识结构来说，章节引言面对的则是章节精细的具体知识模块，如果说课程绪论课构建的框架是一棵大树的主要枝干，那么章节引言则是主干上延伸而出的枝丫。由于章节引言涉猎知识范围较狭窄，在教学中应尽可能地给学生一个完整详尽的章节知识架构，学生学习章节内容的过程，就是丰富架构、细化知识、拓展能力的过程。

3. 章节引言内容充实、目标具体

章节引言是针对课程中的特定章节板块，概括其学习的主要内容、学习目的、知识结构、学习思想和方法。目标精准明确，内容清晰具体，适合用比较细致的线条进行知识点的介绍和学习目标的界定。课程绪论和章节引言都蕴含着本门课程特有的思想方法，课程引言有助于引导学生培养系统性的思维方式，从总体上把握学科发展规律，章节引言则着眼于具体的学习方法的培养，针对具体问题进行分析，锻炼学生的动手能力和实践能力，两者相辅相成，引导学生不断积累新知识,并使抽象的知识具体化、形象化,为学生架起由形象向抽象过渡的桥梁，共同促进学生综合素养的提高。

4. 章节引言课导入形式丰富

课堂导入就是教师在一项新的教学内容或教学活动开始前，引导学生做好心理准备和认知准备，并让学生明确学习目标、学习内容以及学习方式的一种教学行为。它一般表现为用简洁的语言或辅助行为拉开一堂课的序幕，接着进入课堂教学主体的过程。课堂教学中，绪论课、章节引言课、正课和研究课都有导入环节，各个模块面对的话题大小、范围、目的和目标等不大相同，课堂教学导入的方式方法也有所不同，课堂教学导入的方式应因课而选。一般说来，绪论课的导入方法受限较大，章节引言课的导入形式比较丰富，例如：直接导入法、复习导入法、热点话题导入法、案例导入法、问题导入法等等常见的方式，均可用于一个新章节的引入，另外还有背景知识导入法、联想导入法、实验导入法、情境体验法、多媒体辅助法等，教师可根据学科性质、本章节内容特点、学生知识背景及教师个人风格偏好，酌情选择，切忌生搬硬套。教师应灵活运用多种导入方法，或单一使用或优化组合，其目的都是引起学生的思考，充分调动学生的求知欲和学习积极性。

## 三、章节引言教学过程应注意的问题

1．虚实有度，恰如其分

章节引言虽然篇幅很短，其重要性却是有目共睹的，必须认真对待。在教学过程中不能随意忽略、认为章节引言可有可无，更不能敷衍了事，流于形式。但是从另一方面来说，章节引言毕竟是“引言”，不是对全章内容的全面认识，因此在章节引言教学的过程中把握好“度”，做到“恰当”二字就显得尤为必要。

首先，章节引言教学要虚实有度。章节引言的教学内容涉及面较广，时间跨度较大，知识储备要求较高。因此应该从宏观和总体的角度把握好尺度，与正课教学内容相比，宜粗不宜细。在设计章节引言教学流程时，教师要明确教学目的，紧紧围绕教学主题进行展开，既要合理分配时间，又要有所侧重。对于需要建立较多概念才可以介绍的章节引言，可以不在第一课时完成，尽量避免增加学生的负担，不能让学生感到本章内容繁多，生涩难懂，进而产生畏惧心理。要给学生传递积极的信息，使学生认识到章节引言是对章节整体内容的展望，全面掌握本章内容要靠后续若干课时的逐步展开来完成，不能一蹴而就。

其次，章节引言教学应有明确的目的性。教师应根据教学内容确定导入方式，充分考虑学生的知识水平、心理特征、年龄特点等，对导入内容作必要的调整，使之成为本章教学的有利铺垫，从而更好地实现教学目的，达到良好的教学效果。作为整章内容的序曲，章节引言最终是为后续的章节教学工作服务的，无论采取什么手段或者技巧，其宗旨不能随意改变。在导入内容的选择上要注意选材切题，恰到好处，所选内容或方法要能够注意突出后续教学内容，不能本末倒置。

再者，章节引言的主要目的是引出教学内容，因此时间不宜太长，以免喧宾夺主；引入内容不宜过多，以免分散学生的注意力；相同的导入方法也不适宜连续使用，以免学生产生审美疲劳。教师在备课之初就应该对这一环节进行科学合理的规划，而不能随意导入。考虑到实际教学情境是未知的，因此教师在实际授课的过程中还要根据课堂的实际节奏、师生现场状态而对课堂导入做出适当的调整，有效合理地运用多种方法和技巧，全方位地调动学生的学习热情，激发学生的思维，顺利进入最佳教学状态。

2．针对目标，师生互动

教学活动不应是教师个人的任务，学生的互动参与尤其重要。要充分体现学生的主体地位，将教学活动从学生被动接受转变为主动构建。但是在导入新课这一课堂教学的起始环节，部分教师却对发挥学生的主体性认识不足。把导入新课的功效局限于激励、唤醒、鼓舞，实际操作时只注意发挥它由课间活动导入到课堂教学的过渡作用。事实上，互动活泼的导入过程，能促进师生间的相互交流，活跃课堂气氛，使学生以愉悦的状态进入课堂学习。因此在实施课堂导入时要注意实现师生互动，即实现师生双向、有效的沟通。教师要充分发挥自己的主导作用，运用合适的方法来唤起学生的学习热情，较快地融入到教学情境当中。对于面向理工科学生的教学活动，课堂导入当以实践和应用为主，因而采用问题型、知识启发型课堂导入方法效果较好；而对于文科学生，课堂导入方法可以更加灵活。即使相同专业的学生，针对不同学生的心理特征，培养目标也有所差异。无论采用哪种方法，都要牢牢抓住导入的本质内涵和根本目的，紧紧围绕教学目标这一中心展开。总之，教师需要在上课前在设计导入方法及章节绪论教学环节时，必须始终围绕教学目标，把学生已有的知识和经验与将要讲授的知识链接起来，同时在选择教学手段和导入方法时要尽量与师生互动相兼容，从而激发学生的学习兴趣，引发和保持学生的学习动机，帮助学生在互动的过程中高效地完成知识的建构过程。

3. 章节引言要关注引全、引法和引源

章节引言是以简明扼要的语言结合典型生动的具体实例，从总体上对本章的知识内容进行全面的介绍，即引“全”。成功的章节引言教学要能够用精练的语言和简短的表述引导学生对于整个章节的内容完成全貌的描画，包括章节教学的主要内容和知识点、知识结构的大体框架、主要学习思路和方法、学习的目的与任务，以及教学的重难点所在等要素，同时还涉及相关知识的背景资料和实际应用价值以及前景展望等，促使学生在正式学习本章内容之前做到心中有数，胸有成竹，有条不紊的做好学习规划，以充足的信心投入新知识的学习。

所谓引法，就是在章节引言教学中要注重体现对学习思路和方法的引导。学科体系中的许多知识点都是相互关联、循序渐进、环环相扣的。因此章节引言教学中要注重体现学习方法的引导，为学生学习新的章节内容指引方向。恰当地引导学生将新知识与已学内容相联系，探究各知识板块之间的内在逻辑，理清思路，抓住要点，归纳总结，举一反三，以科学的方法按照知识体系的发展脉络和内在规律进行学习，达到事半功倍的效果。思想和方法是形成能力的必要条件，需要教师在平时的教学中及时总结，不断提炼，悉心培养。教师如果能在章节引言中充分挖掘本章内容所蕴含的思想和方法，并把它传授给学生，将对学生能力的提高大有裨益。从这个角度来看，忽视章节引言教学，就可能丧失一次对学生进行思想方法培养和训练的绝好机会。教师在教学实践中对每章引言部分的内容要引起足够重视，切实搞好引言教学，让引言发挥其应有的教育和教学功能。

另外，众所周知学科学习的内容很大一部分是源于解决现实问题的需要。美国心理学家布鲁纳指出：“教学过程是一种提出问题和解决问题的持续不断的活动”。思维永远是从问题开始的，对问题的探索是学生学习的强力内在驱动。章节引言既是章节内容的起源处，也是学生的学习兴趣和动力的发源地。因此，章节引言教学要充分体现章引言的源头作用，以激发学生的学习兴趣，让学生通过章引言的学习，对本章将要接触的新知识充满好奇和期待，从而积极主动地完成接下来的学习任务，达到事半功倍的效果。

4. 分析章节目标，领会能力要求

对章节目标的分析，不仅要完成本章内容的知识架构，明确课程规定的知识内容，还要领会对能力和思想方法的要求。分析章节目标，应从核心概念的结构入手，要从全方位、多角度进行解析，比如概念的发生发展顺序，概念以及概念要素之间的联系，它们构成了概念学习的时间表、线路图和知识清单。在课程教学进行当中，要关注过程，采用恰当的教学方法，不仅要关注教学目标的实现，更要领会能力要求，注重学生综合能力的培养。例如在章节引言教学中采用问题导入法，创设问题情境，让学生充分发挥想象，调动主观能动性，根据已有的知识提出解决方案，通过教师的引导、启发，进行方案论证，可以锻炼学生独立发现问题并解决问题的能力、对知识内容的概括能力以及表述能力。同一问题可以采用多种方案去实现，这样就需要学生综合各方面知识，进行方案论证，选择最佳方案。在分析过程中，教师通过恰当的引导和点评，将不同学生的新思路、新想法加以推广，使之相互启发，取长补短，促进学习效率的提高。这一过程就是一个提高、深化的过程，对培养学生的综合素质与能力起着非常重要的作用。

## 四、课程章节引言设计参考流程

1. 精彩导入引出章节课程的话题，讨论章节课程教学的主要目的

学生的学习兴趣是提高学习积极性的最活跃的心理因素，导入是课程开始前吸引学生注意力激发学生兴趣的有效方法。教师首先根据教学内容选择适合的导入方法，激活学生的思维，激发学习兴趣，使学生带着求知的欲望主动敲开学习的大门。例如借助章节引言介绍学科发展史，在章节引言教学中设计问题情景，借助典型案例介绍知识联系，培养应用意识等，由此顺理成章地引入本章新知识的学习，并水到渠成地介绍本章的学习内容。引出章节话题后，教师要及时地阐明课程教学的主要内容和目的，让学生明确学习方向和目标。可以将章节课程的主要知识点加以归纳整理，由点到线，脉络清晰，条理清楚，阐明这些知识点在章节课程框架中的地位和作用，进而介绍章节知识的实际功用，或联系其在工程技术中的应用，进一步地展开和延拓，让学生带着问题和期望进入新章节的学习。

2. 介绍章节课程的主要内容、研究思路和方法

通过章节引言导入的教学环节，学生能够对章节内容形成总体的认识，初步描绘出知识结构的大致框架。教师在对章节内容做总体介绍的同时，更要注重研究思路和学习方法的培养。学生获取知识的过程同时也是逐步掌握学习思路，领会学习方法的过程。研究思路是学生解决学习问题的关键，掌握正确的学习方法可以起到事半功倍的效果。引导学生在学习过程中逐步理清研究思路，掌握正确有效的学习方法，避免因方法

不当而做无用功，避免造成时间和精力的浪费，否则容易挫伤学生的学习积极性，产生畏难情绪或者厌学情绪。要注意的是，思想方法不是教出来的，而是通过“渗透——积累——重复——内化”的漫长过程才能形成学生自己经验的一部分。因此，在教学中，教师要有意识、有目的地结合课程内容，逐步渗透，反复训练，层层推进，才能使思想方法的教学取得预期的效果。桑代克的连接学说认为，在进入某种学习活动之前，如果学习者做好了相应的预备性反应，学习者就能比较自如地掌握学习的内容。因此，在介绍完章节教学的主要内容和目的后，及时引导学生关注主要研究思路和方法，有利于学生为解决后续学习中的问题做好准备，同时有利于增加学生的自信心，从容不迫、高质量、高效率地完成章节内容的学习。

3. 交代章节课程的重点和难点

教学重点主要包括教材中具有决定作用和现实意义的基本概念和基础理论，作为主线贯穿于整个章节的原理、定律、规律和方法，以及被后续学习过程反复运用的内容等。一般说来，教学重点的内容应是基础性的，并且在后续内容的学习过程中是必不可少的，其原理和方法会经常运用于后续知识的教学和学习过程。从教材体系来看，教学重点占有重要地位。每个章节的重点确定后，要精心组织教学，以确保重点的落实。而教学难点，一般是指抽象复杂，不易理解的教学内容，这些内容或者是对学生基础要求较高，运用现有知识解决比较困难，且往往涉及知识面广而深的问题；或者是知识内容相近、相似而容易引起混淆的问题。总之，在章节内容中难度较大、内容较抽象、有一定深度和较强的综合性、学生容易发生误解的内容都可以认定为教学难点。教学重点和难点有时是重合的，正确处理好教材中的重难点是整个章节教学过程中的关键环节。

对教师而言，确定教学重难点有利于教师在教学中总揽全局，抓住要害，有重点地开展教学工作，有利于教师在教学中选取突破口；对于学生来说，学习前的心理和知识准备有助于对重难点知识的掌握，有利于克服畏难心理，增强学习信心。在引言教学中教师强调重难点知识，一方面可以引起学生的足够重视，合理分配自己的时间和精力，有针对性地逐一攻克各个重点和难点所在；另一方面可以激发学生的学习动力和探索精神，使学生带着解决问题的渴望进行学习，促使学生学习兴趣和学习动力的长期持续，以保证教学过程高质量地完成。

4. 构建章节课程知识体系

与课程绪论模块教学一样，章节引言课教学时也需要注意针对章节课程的内容，构建知识体系，即把课程知识进行整理并形成比较系统完整的知识体系，并在章节引言课上将其呈现出来，让学生对课程知识范围一目了然。此时教师仍然可以采用简单明了的技术路线图方式，将本章节的整个逻辑结构以方框图的形式表现，建构起一个章节课程知识框架。框架的形成可以让学生在本章内容学习过程中增加条理性，思路更加清晰；同时在以后的章节总结时，也让学生可通过逆向由“碎片——整体”的过程，对框架进行细化、填充和丰富，自行重构逻辑整体，发挥主动性参与到章节的总结中。

5. 根据学科特色选择教学方法、提醒学生做好学前准备

长期以来，在以培养应用型人才为主的理工科教学过程中，主要还是以灌输式系统讲授为主，这种教学方法虽然具有严密的逻辑性，有利于知识在短时间里系统地进行传授，知识容量大、效率高、成本低、通用性强，但也有着明显的弊端。教师始终是课堂的主导，而学生只能处于被动接受的地位，不利于调动学生的学习积极性，也限制了学生的思维空间，束缚了学生创造力的发挥，妨碍了学生实践及创新能力的培养。为了实现高效课堂，教师应该尽可能采用灵活多变的教学方法，突破传统课堂教学模式的缺点。通过各种方式加强师生互动，充分调动学生自己学习的主动性和积极性，变学生的被动学习为主动学习。例如让学生提前参与章节引言的授课，师生换位。针对一些特定章节，让学生进行授课，这样既能激发学生的学习兴趣，又能让学生自觉地做好课前的各种准备工作，包括思想准备和知识准备。或者以典型案例为依托，借助现代教学技术的应用，让学生进行实战演练，尝试自己的想法，不断探索新的出路，这不仅可以让学生提前对本章课程的主要内容做到心中有数，有备而学，同时在预习备课、参与授课的过程中也能够激发学生的想象力、创造力，拓展学生思维的深度与广度，并逐步让学生养成探究式的学习方式与思维习惯。这种教学理念不仅仅适用于章节引言模块，同样在任何教学模块中教师都应该始终注意。毕竟教育的最终目的是促进学生的发展，教学的最高境界是使学生“青出于蓝而胜于蓝”。因此，教师在教学过程中，始终要以学生为中心，灵活多变的运用多种教学方法和手段，引导和激发学生的求知欲望、学习兴趣，引导学生如何学习、如何促进自己知识的积累与能力的发展，为学生的发展创造条件。

## 参考文献：

[1] 张银娟，王永科，李明. 研究型教学模式下的工科课程教学设计[J]. 科技信息，2012(35)：246–355.

[2] 赵菊珊，马建离. 高校青年教师教学能力培养与教学竞赛[J]. 中国大学教学，2008(1)：58–61.

[3] 张波. 高校教师教学技能存在的问题与改进举措[J]. 中国高教研究，2007(4)：91–92.

[4] 张志明. 当前高校青年教师教学能力现状及提高策略[J]. 邢台学院学报，2010(3)：86–88.

[5] 王芙蓉，何生，侯宇光. 高校青年教师专业课教学能力的培养途径[J]. 中国地质教育，2010(4)：55–58.

[6] 刘伟，朱西平，刘洪兵等. 结合理论力学谈高校青年教师教案的撰写[J]. 力学与实践，2013(35)：85–88.

[7] 顾明远. 教育大辞典：第三卷[M]. 上海：上海教育出版社，1990.

[8] 卢梭著. 李平沤译. 爱弥儿[M]. 北京：人民教育出版社，2001.

[9] 王枬主. 西方现代教育思潮[M]. 广西：广西师大出版社，2004.

[10] 袁振国. 教育原理[M]. 上海：华东师范大学出版社，2001.

# 正课教学的教学设计与教学策略研究

张彦　吕洪君
电子科学与应用物理学院

所谓正课教学，指的是在一个限定的学时内完成一定知识内容的讲授，是学生最大限度获取知识获取技能的教学环节。正课教学是课堂教学的主要部分，它在一门课程中占据了绝大部分的课时，正课教学是师生交流、互动的主要平台，也是教师将自己的教育思想、教育理念和教育方法进行有效传承的重要平台。正课讲授的好坏，直接影响到整门课程的教学效果，每次正课都是环环相扣的，正课彼此之间也会因为教师是否精心合理的设计而联系紧密或者脱节，如何教授好正课教学是教学研究的重要内容。

## 一、正课教学的意义和特点

正课教学是课程教学的主体，它在把握教学主线、实现教学目标方面具有重要的作用，是提升教学质量、完成具体教学目标的有效环节。在教学中，教师必须正确认识正课教学设计的重要意义，认真分析正课教学的目标，既要重视具体的教学进程，也要重视每次正课的归纳与提契，把正课教学提升到整体层面上来，宏观把握、微观施教。在实施过程中，正课模块教学一般具有整体性、结构性、层级性、灵活性等特点。

1. 整体性

根据学科专业及课程性质的不同，不同课程的组成单元及章节容量大小往往差别很大，如果一味跟随教材按部就班“上到哪算哪”而受制于课堂时间长度，课堂教学的整体性就会被破坏，让学生造成这部分内容多而繁，一堂课学下来有无功而返的感觉。为了尽量避免出现这种“无效教学”的现象，教师在进行教学设计时，首先应该站在教材和课程整体编排的高度上，依据教学计划和学生认知水平，去重新审视、把握和构建每一次正课模块的教学目标、重点难点及教学任务。综合考虑每堂正课的教学方法和教学过程，设计教学的步骤和方法，保证无论上到哪一部分内容，每一堂正课都保证一定的完整性，有一定的收获和累积，阶段性地实现课程教学效率的整体提升。

整体性特点还体现在“正课模块”这个小整体和章节教学甚至整个课程教学这个大整体之间的兼顾统一。教师进行正课模块教学之前，首先要对整个章节教学进行统筹考虑，在此基础上，对具体的每一次正课模块教学的内容进行合理分配，精妙编排，使得章节教学中的每一次正课教学（教学阶段）都具有独特的功能价值，自成一体，即具有一定独立性的小“模块”，而这些正课模块之间仍然存在着较强的逻辑关系和承接关系，组合起来最终又恰好能实现整个章节教学乃至整个课程的教学目标。

2. 层次性

任何事物的内部结构都具有层次性，各种教育对象和教学过程和方法也不例外，也具有明显的层次性特征。在正课教学中，知识并不是一次性展现的，而是从入门到发展再到深入这样三个层次以“三段式”的方式编排，并最终完成知识的升华。相应地，教师在进行教学设计时，就应该根据本模块知识的层次性来安排教学内容并设计教学步骤，使教学内容分阶段、多次以不同形式不同角度的方式呈现出来，使每一个教学环节相对应的子目标也按照由简到难，由浅入深地层层推进。为了高效达成每一教学子目标，教师在设置问题悬念时，要注重问题设计和解决方式的环环相扣，由外及里，逐步分层地靠近答案，最终揭示谜底。层次性的特点意味着教师要将正课教学内容化整为零，从科学的探索是不断的继承与发展的角度编排教学过程，使正课教学的展开顺其自然，螺旋式上升，这意味着对教师的教学能力有着很高的要求。

3. 灵活性

正课模块教学设计的主体是教师，教师基于自己对学科和教学的理解，整理分配教学内容，并设定正课模块的具体教学环节和教学方法。在这个过程中，教师一方面要保证教学内容充实完整层层推进，以保证完成既定的教学目标，同时在教学方法、教学顺序、具体内容安排上也要有意识地给予正课模块教学一定的灵活性，以便提升教学质量。学生在学习风格、学习方式偏好上的差异是很大的，不同的学生对同一学习活动接受的程度也存在着很大差异。在同一课程中的不同正课中，教师要视实际教学效果、进度及学生反馈等需要，随时调整教学安排、教学内容和教学方式，使构建的正课模块整体编排是弹性的、动态的、灵活可变的。只有这样，才能使学生有机会在不同的教学模式中认识和应用学习的知识，对提升教学质量、提高教学效率有着重要意义。与此同时，这种灵活和多变性本身也会极大地激发学生的学习兴趣。

4. 开放性

课堂教学的开放性，一是指打破课堂教学的时间与空间的限制，实现课堂与社会生活的结合，使学生认识到通过课程能够学习到这些知识，但绝不仅仅局限于这些知识，而应与社会、生活、工作等进行密切联系，由这些知识拓展应用、举一反三；二是指在课堂教学中必须激发学生的活力，不断引起学生理解、认知、探索、发现以及想象和表现的欲望；三是指建立教学的多元化和多向联系．诸如教学目标、教学内容、教学方式、教学模式、教学手段和评价方法的多元化，师生之间和生生之间的多向交流，教师、学生与教学环境和教学设备的多向联系等。

开放性特点还包含了教学时要留有余味、鼓励自学，从而实现对课堂设计的延伸。古人云：“授人以鱼,只供一饭之需；教人以渔，则终身受用无穷”。教师授课的目的，不仅要使学生学会必需的专业知识和技能，而且要着重启发学生会学，即掌握一定的学习方法。教师在授课时，一方面要把基本原理问题讲清楚，为学生自学奠定基础；另一方面则是注意不要把问题讲尽，要有适度的藏而不露，引而不发，目的是要给学生留下想象的空间和思考的余地，引发学生有兴趣课后自行讨论思考研究，使学生在求知的过程中逐步掌握技能，发展个性思维，学会独立探索和创新的本领。

## 一、正课教学的设计要点

如何上好一堂精彩成功的正课呢？不同内容、不同对象、不同教师可能会有不同的设计和思路，而且各有妙处。不论具体课程的课堂设计方法如何，在开始准备一堂新的正课之前，教师首先应该从总体上明确以下几个设计要点。

1．遵循课堂设计全息化和多样化原则

正课模块教学设计中在章节教学目标下，每个课时还有着自己的独立主题，每个课时都要引发学生对章节主题的重新认识和思考，因此每个主题都要体现学习的发生、发展全过程，从学习过程而言，每个课时都是全息的。同一章节各课时教学任务之间除了有前后顺序的承接关系，还有知识间的螺旋上升关系，虽然每个课时的侧重点不同，但是在解决具体问题时，教师都应帮助学生尽可能全面认识学习对象，在完成课时目标的同时，时刻关注章节目标的达成。所以从对学习对象的分析把握而言，每个课时也应该是全息的。

对于特定的一门课程来说，其教学目标一般是固定的，但教师在教学过程中切不可因此而僵化了教学方法。教师要始终意识到，学生在学习风格、学习方式偏好上的差异是很大的，不同的学生对同一学习活动接受的程度差异很大。因此，在章节教学中，不同课时尽可能安排不同类型的学习活动，如听课、观摩、例题解析、讨论等，可以使每一位学生都有机会用最适合自己的学习方式认识理解教学主题，也可以使学生有机会在不同的学习情境中认识应用学习的知识，这对于提升教学质量、提高教学效率都是非常有意义的。同时，这种学习活动的形式多变本身也可以激发学生的学习兴趣。

2．注重重点突出，内容优化

所谓重点，是指教材中主要的和本质的核心知识，是要求学生必须掌握的。在教学过程中，如果要求学生在有限的时间内不分轻重地接受过多的知识数量，学生也只能囫囵吞枣，内容在头脑里是一堆杂乱无章的东西，所以必须突出重点。这里所谓的“突出重点”一方面指的是要始终按照教学计划和教学大纲，认准本堂课的重点；另一方面则强调了教师在设计该正课时也要体现重点，要有一条主线贯穿于教学始终，在时间分配、讲授方法、多媒体教学手段的运用等方面均应围绕重点内容开展。重点内容教师可以反复强调,尽可能采用行之有效的手段加以强化，而一般内容可以略讲、少讲，甚至可以不讲，要求学生自学。随着人类文明的推进，知识的积累自然会越来越多，知识数量以惊人的速度骤增，知识更新的周期也愈来愈短，新的边缘性学科、综合性学科不断涌现。面对浩瀚的知识海洋，有限的学校教育不可能使学生全部掌握所有知识，这就需要认真筛选和优化教学内容。

3. 注重循循善诱，环环相扣

一般的正课课堂教学是由若干个子问题组成的，根据章节教学目标的设定，这些子问题彼此之间可能是并行或者串行的关系，最终都应从属于同一单元教学目标。教师在教学中要设法将这些问题有效巧妙地衔接起来，在此基础上展开启发式教学，是整个正课教学设计的纽带。

启发式教学的主导思想是在整个教学过程中始终注重启发学生思路和激发学生思维。在教学中，教师把前后的教学子问题或者相关知识点串起来，可以使枯燥的知识鲜活起来，单薄的知识片段变得更加立体丰满，有利于学生对所学知识进行记忆储存、分析综合和抽象概括。在教学中，根据学生的具体情况和教学内容，教师可以选择适合本课程的恰当的教学方法，如：提问启发、类比启发、比喻启发、讨论启发等，通过不断引导和启发，使学生主动摄取知识，从而充分调动学生学习的主观能动性，诱发学生的创造性思维。教学有法，教无定法，贵在得法。方法不同，所起的作用也相差很大。教师在选择具体的教学方法时，首先要注意它的生动性和趣味性，旨在唤起学生注意，提高学习兴趣，其次是要注意它的启迪性和科学性，教师采用一系列承前启后的教学引导，一环套一环，环环入扣，使整个教学内容连绵不断，又前后呼应，层层深入，激发学生主动探索未知，发现真知，在获得新知识的同时，又由于方法本身的逻辑性，使学生也学会了运用逻辑思维的方法。

4. 注重问题的精心设计，驱动课堂教学

学科教学往往是一门关于自然科学或工程技术实践的教学，不论是自然现象的发现、解释以及规律的总结和应用，还是工程实践中需求的产生、困难的发现、情况分析、解决，都离不开问题。因此，课程教学的过程，就是发现问题、分析问题和解决问题的过程。所以，正课教学过程就是教师与学生一起以双主体模式去探索和解决问题的过程。

因此，正课的成功与否、能否吸引学生，问题设计非常关键，决定着学生能否顺利完成新知的探索。合理的问题设计，不仅要紧扣本课时知识的重点、要点和难点，能够精准地反映出本节正课的核心关键，同时还能作为一个典型性的坐标恰当地返回嵌入到整门课程中去。在正课教学过程中的不同阶段，教学设计问题的方法是不尽相同的。开始阶段的初始问题设计要指向明确，确保知识过渡和迁移的顺利进行，要短时高效地聚焦到本节课程核心内容上来；在新授重点知识点时，问题的设计可以以关键词的形式，强调层层推进、重点突出，以便让学生容易发现知识的新点和重点，吸引学生集中精力解决和突破问题。到了提升拓展时，问题的设计又转成“循序渐进，启迪疏导”，应具有很强的启发性。

总之，恰当的问题设计不但可以活跃课堂气氛，激发学生学习兴趣，而且可以引导课堂方向，开发学生智能，提高课堂效率，创造性思维活动总是从“问题”开始的。

## 三、正课导入的问题设计

在正课教学模块中，问题的设计和引入对于正课教学的顺利开展非常关键，它决定着能否在较短的时间内激发学生对本次正课模块的内容产生兴趣，也决定着学生能否顺利完成接下来课程中新知的探索。因此，在正课教学设计中，教师要特别重视联系实际来进行教材的分析及教学内容的安排，并精心设计问题。特别是正课的引入，其主要任务是进行知识的铺垫，创造新的知识情景，激发学习兴趣，唤起学生学习动机。因此这个环节问题的设计处理是否恰当，对整个正课教学环节的推进都有着至关重要的影响，设计时不仅要紧扣知识的重点、要点、难点，更考验教师的知识深度广度、对社会、科学领域的关注度及灵敏度，甚至是艺术创意和表现力。在这个阶段，教师一般可以从以下几种方式着手进行问题设计和引入。

1. 开门见山，直接提问导入

直接导入是最简单和最常用的一种导入方法，也称开门见山法。这种方法要求教师在课堂一开始就单刀直入，直接点明主题，介绍本次正课内容的教学目的和基本要求，使学生胸有成竹，一目了然，带着明确的目标进行本次课程的学习。同时也节省了教学时间。一般来说这种方法比较适用于课程之初，学生有浓厚的兴趣和新鲜感的阶段。另外，在学生注意力集中、课堂氛围较好的情况下也可采用。这种导入法在尺度把握上尤其慎重，把握不好，容易平铺直叙，枯燥无味，造成“导而不入”的情况，效果不尽人意。

2. 复习导入，问题的设计“推陈出新”

对某一单元正课而言，其导入可以看作是课程内容各个板块之间的桥梁和纽带，起到承前启后的作用。它既是先前教学的自然延伸，也是本次正课内容的开始。巴普洛夫指出：“任何一个新的问题的解决都是利用主体经验中已有的旧工具实现的。也就是说，各种新知识，都是从旧知识发展而来的。”著名心理学家奥苏贝尔也曾说：“影响学习的最重要因素是学生已知的内容。”因此复习导入的问题设计思路是“温故—小结—加深—提出新问题”，其特点是“承上启下，温故知新”。在教学过程中，各部分知识点是紧密连接的，一环扣一环，教师通过带领学生复习与即将学习的新内容有关的旧知识，从中找到新旧知识的联结点。例如教师可以采取理论回顾、总结延伸、作业讲评等方式回顾已学过知识点，合乎逻辑、顺理成章地引出新知识，符合循序渐进的认识规律。运用此方法导入新课，关键在于找出新旧知识的内在联系，通过精心的语言组织，使导入成为联系新旧知识的桥梁、纽带，从而自然过渡到新课的主题。这样的导入顺应学生的学习心理，由已知导向未知，过渡流畅，衔接自然，水到渠成，便于教师循序渐进地开展教学。要注意的是，由于一节正课涉及的旧知识很多，复习问题的设计绝不能面面俱到，教师要紧扣知识的生长点和切入点，选择那些学生已生疏、需要进一步激活的旧知识作为问题的起点，其他问题则分配到正课教学过程中层次性引出推进。

3. 情景引入，围绕热点话题设计富有启发性的问题

这一方法亦可称之为趣味导入法。孔子说："知之者不如好之者，好之者不如乐之者"，在课堂教学中，趣味性的导入会使学生产生浓厚的学习兴趣，以学为乐，并怀着期待的心情进入教学情境。实践中，教师可以结合教学内容以一些学生喜闻乐见的形式引入教学主题。例如将人们所熟悉的社会热点、亮点问题，与教学内容相结合，引出新问题，从而导入新内容。用学生生活中熟悉的事例来导入新课，能使学生产生亲切感，起到触类旁通的功效；也可介绍新颖、醒目的事例，为学生创设引人入胜、新奇不解的学习情境。

热点话题导入还较好地坚持了理论联系实际原则，学生有时会感觉理工科课程中所涉及工程技术的理论、概念及设备等与日常生活所熟悉的概念相差太远，缺乏关联性，过于抽象，难以理解。而受应试教育的影响，教学中又往往存在只讲条条、背条条、考条条的做法，学生无法建立直观形象的感性认识，这些都导致了学生对于所学课程不知学有何用、如何学以致用，热点话题导入恰能很好地解决这一问题，学生在对时事热点问题或生活熟知场景的分析中，逐渐开始关注新问题。

通过情境引入新课时，教师所创设的问题情境应生动、直观，富有启发性．力求把抽象的问题具体化，深奥的道理形象化，枯燥的知识趣味化和生活化，从而激发学生的学习兴趣。这样，问题一提出，就会立即引发学生的好奇心．为下一步的教学打下一个良好的心理基础。

4. 案例导入，“剥茧抽丝”发现主要矛盾，确定核心问题

案例导入是教师通过对案例的讲述或者是使用多媒体让学生观看的方式，利用典型案例来引起学生的兴趣，引导学生阅读、分析、讨论，然后由教师进行总结归纳知识要点，从而引出本次课程的主要知识点，激发学生的立体化思维。案例导入的特点：一是容易吸引学生的注意力，通过具体案例、事件激发学生探索、思考的积极性；二是有利于培养学生的学习主体意识和学习能力。值得注意的是，应用案例法引入时要注意案例的运用应与即将讲授的内容、时间、地点等相匹配；同时，案例导入法中的案例与趣味导入法中的故事、新闻亦有所不同，是指紧紧围绕本专业或本课程理论内容展开的专业性事件和实例，需要学生综合运用所学理论知识进行分析思考。

综上，在教学过程中，问题的设计要根据学生的知识特点和心理特点，提出悬念性的问题引起教学话题，激发学生求知欲，适应于各类学生。正课导入阶段的问题设置更是重中之重，导入时提出的问题在正课的结束环节一般要给出答案，或者是部分答案，使学生的思维形成完整的闭合回路，否则会让学生产生失望情绪，变成故弄玄虚，既失去了教学的意义，也使学生失去了进一步学习的兴趣。

除了精彩的引入环节产生问题后，在随后的正课讲授、巩固及小结等各个阶段或任

意一个知识点的教学中，教师也要结合实际教学内容精心设计一定问题来引导学生进入当前学习情境，并注重延伸与前后问题接轨，这样使学生在一个正课学习单元中始终带着疑问，沿着提出问题——思考问题——问题的延伸或应用——问题结论的主线层层推进，在获得知识达成知识目标的同时，也实现了让学生自主探寻知识、思考问题、凝练学习方法等能力培养目标。

## 四、正课教学过程与参考流程

正课教学活动的整个流程包括课堂提问的顺序、内容、课件的演示等细节。以某一正课模块为例，一般可将教学过程分成四个环节，即导入—讲授—拓展—总结，具体结构和内容安排如图1所示。

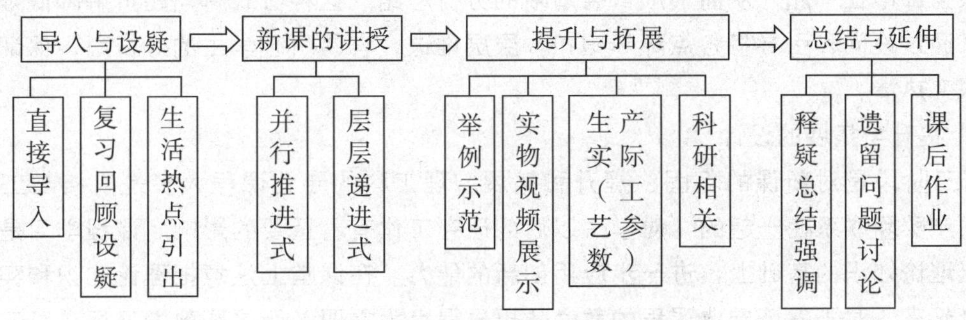


图1　正课模块教学的主要环节

1. 导入课的设计方式

所谓课堂导入就是教师在一项新的教学内容或教学活动开始前，引导学生做好心理准备和认知准备，并让学生明确学习目标、学习内容以及学习方式的一种教学行为。一节课能否达到良好的效果，课堂导入起着至关重要的作用。精彩的课堂导入，能抓住学生的心理，激发学习动机，还能提纲挈领地使学生很快理解这节课的主旨，对新课的开展起到良好的引导铺垫作用。根据专业课程的特点的不同，教师一般可考虑选择以下几种导入方式的一种或几种组合使用，如直接导入法、复习导入法、热点话题导入法、案例导入法等等。此外还有背景知识导入法、实验导入法等，教师可以根据自己课程特点酌情选择。

其中，较为理想的问题设计与导入方式是悬念设置，恰当的悬疑设计会让学生产生“愿闻其详”的迫切心情，有利于学生带着问题主动学习。悬疑性的问题强调系统性和逻辑性，学生必须通过层层的抽丝剥茧才能解答问题，这更有利于培养学生的思维能力和逻辑能力。悬疑性问题可以是开放性的，问题的答案可以不止一个，借此引发学生发散思维、相互讨论，在思想碰撞的过程中完成探究，在教师的鼓励和引导下逐步寻找答案。

2. 新课讲授的设计方式

进人新课讲授阶段后，如何突出问题和情景的设计，让学生对新课内容进行探究，并激发学生的学习兴趣，成为这部分教案设计的重点。新课讲授有讲授式和探究式。由于工程技术问题复杂烦琐，涉及的知识点较多，可以首先将问题拆解成若干子问题，按照这些子问题之间的逻辑关系分为并行式和串行式两种。

（1）并行式（讲授式）。所谓并行式讲授指的是，问题提出后，分解成若干子问题，列出相应的知识点和解决办法，以提纲或简表的形式呈现给学生，随后逐一详细讲授。这种方式将单元要解决的问题进行分解，一次性全部展现给学生，一目了然，让学生一开始对本次学习目标做到心中有数，使教学有序开展。

（2）串行式（探究式）。串行式则指将单元内容分解成若干子问题，彼此之间存在一定先后逻辑关系，这些知识点（子问题）串在一起，形成链式，将问题与最后的解决手段全部串在一起，从而形成一条清晰的分析思路。这种方式将问题拆解降低难度，最后又通过设问和引导将各点环环相扣，层层推进，容易引起学生的好奇心，保证长时间的探究热情。

3. 提升与拓展的设计

第三阶段是对新课的巩固、提升和拓展。理工科的专业课程大多是直接与工程技术、生产实际联系在一起的，对学生以后的研究工作有着重要的影响。课程学习是在掌握专业理论知识的基础上，进一步应用创新的能力。在课堂上注意把理论知识和实际应用结合起来，对于保证专业课程的教学效果显得尤为重要。而这些教学目标在第三阶段应充分体现出来，这一阶段的教学过程没有固定的模式，常见的可以有以下几种：

（1）举例示范（案例教学）；

（2）实物或视频展示；

（3）列举调研生产工艺参数和技术标准（小作业形式）；

（4）专业领域的科研热点。

总之，不论是借助专业软件、教具还是相关视频资料等，在教学设计时加强教学的体验性、过程性、应用性，这样的拓展延伸，除了可以巩固刚刚学习的课堂知识，启发学生升华对所学知识的理解，更能让学生意识到课堂知识与生产实际的关系，如何应用及用到何处；对所学专业技能和知识建立更直观感性的认识，了解未来研究工作所涉及的关键信息，培养学生的工程实践能力和创新探索意识。

4. 总结与延伸的设计

总结是去粗取精，把书从厚变薄的过程，一般在授课结束之前，可以对每一节学过的知识进行提问总结、讨论总结、复习归纳或者直接总结。总结与延伸的作用有以下几个方面：

（1）回归问题，总结强调。新课开始时设疑，总结结束时解疑，前后呼应，总结释疑并加深印象，同时也将本单元最重要的内容提炼强调，起到点睛的作用。

（2）遗留问题讨论。受课时时间限制，有些单元内容无法在一次课中全部讲完，如果按照先后顺序讲授部分，会破坏课程整体性，影响教学连续性、学生的学习兴趣和教学效果。这时可以将一些枝节问题保留放在总结时，以讨论或提问的形式提出，并根据时间放在本次课尾或下次课初展开讨论。这样在保证整体性的同时，也形成了多层次教学的效果，使学生认识到任何一个工程问题，都有很多细节问题需要关注和研究，学无止境。

（3）课后思考。理工科专业课程的课后作业不应局限于能够将所学的内容熟练掌握和复述，更要有效地进行延伸和提升，特别是能在课下持续性地培养发展学生的思维创新能力，甚至是合作团队意识。作业的设计可以是本单元内容向科研或生产实际的延伸，也可以是与下一次课有效的衔接，从而引导学生有兴趣去积极调研预习，为下次课的有效开展埋下伏笔。一节课的结束语，应该是提纲挈领，让学生能够从中有所感悟，拓展其思维空间。好的总结可以使课堂延伸到课外，让学生在课余时间也会循着课堂上老师所讲授的内容涉及的知识去自觉地学习。

（4）相关教育教学研究资料的留存。搜集和加工事实是一种特殊的技能，有了这种技能，就能使知识经常地处于发展之中，而这种发展又是具有深刻的特性的：学生不仅在分析他周围发生的事物，而且也在分析自己的思维。通过搜集和加工事实，学生就走上了自我进行智育的道路。把与本次课程相关的教育教学研究资料留给学生，让他们通过自己的搜集、加工、整理和消化与课堂教学相关的知识，能使他们的知识经常处于发展之中，而这种发展是自己的劳动成果，他们会倍感珍惜和满足，也可以培养学生独立进行教育教学研究的能力。

在正课模块的教学设计中，虽然每个课时都有自己独立的教学任务，但是各课时最终都要为课程教学目标服务的，各课时任务间要有着较强的逻辑关系，各课时中学生进行的学习活动也要有相应的承接关系，即前一课时的学习是后面课时学习活动的基础或支架，后一课时的学习是对前一课时学习的发展和提高。这就要求教师对不同课程的正课、同一课程的不同正课都要精心设计，使得该次课程的内容最终能够为达成课程总体目标而服务。

在保证正课教学的个性化时，也要注意体现“麻雀虽小，五脏俱全”的整体性、全面性、结构性和层次性等特点。教师进行正课教学准备时，首先要对该部分教学的内容、功能和价值有充分的理解，制定出具体的章节教学目标，随后对整个教学单元进行统筹考虑，使得该正课内的每个教学阶段都具有独特的功能价值，并彼此配合，恰当地实现教学单元的教学目标。即在有限的时间内，将每一次正课模块的内容按照“导入—讲授—拓展—总结”四个环节，以问题探究为主线，分层次、明确地以单元教学目标为依据进行设计和实施，循序开展。在保证讲授环节的主干知识内容与教学大纲一致性的前提下，通过合理的教学设计提高导入、提升、总结等环节的高效性，以最高效的方式学习最有价值的内容。

## 参考文献：

[1] 张银娟，王永科，李明. 研究型教学模式下的工科课程教学设计[J]. 科技信息，2012，(35)：246,355

[2] 赵菊珊，马建离. 高校青年教师教学能力培养与教学竞赛[J].中国大学教学,2008,(1)：58-61

[3] 张波. 高校教师教学技能存在的问题与改进举措[J]. 中国高教研究,2007,(4)：91-92

[4] 张志明. 当前高校青年教师教学能力现状及提高策略[J]. 邢台学院学报, 2010，(3)：86-88

[5] 王芙蓉，何生，侯宇光. 高校青年教师专业课教学能力的培养途径[J].中国地质教育，2010，(4)：55-58

[6] 刘伟，朱西平，刘洪兵等. 结合理论力学谈高校青年教师教案的撰写[J]. 力学与实践，2013，(35)：85-88

[7] 顾明远. 教育大辞典：第三卷[M]. 上海：上海教育出版社，1990.

[8] 郭海娟. 浅谈课堂导入的作用[J].教育科学，2011.

# 章节总结课教学的教学设计与教学策略研究

吕洪君　张彦　张静　李彦蓉
电子科学与应用物理学院

章节总结课是在完成整个章节教学之后，对章节教学内容给予梳理形成知识框架与脉络的一种课型。其教学目的在于通过章节小结课，运用系统方法对整个章节所涉及的各种知识模块进行有机整合，形成一个有深度的、清晰和系统的知识网络。章节总结能够使学生在掌握章节内容的基础上，了解其在相应学科中的地位以及与前后相关知识内容的联系，以提高对本章节知识的理解与综合运用的能力。

## 一、课程章节总结课的目的和意义

章节总结课主要针对学生的学习情况，答疑解惑、查漏补缺，并在此基础上对学生所学知识进行归纳总结，帮助其形成知识网络图，同时深化理解、拓展延伸。对学生来说，成功的章节总结课不仅能为其后续的学习做足准备，还能引领学生在归纳总结的过程中逐步完成从“量”到“质”的飞跃。

1. 章节总结是对学生学习过程的完善

学习过程是让学生吸收、消化、思考、体会的过程。教育家孔子曾说：“学而不思则罔，思而不学则殆”。西方的哲人康德也说“感性无知性则盲，知性无感性则空”。简单地接受知识而不进行积极的思考，就会因为不能深刻理解知识的含意而不能将其合理有效地利用，甚至会陷入迷茫；反之，如果只是一味地空想而不去进行实实在在的学习和钻研，则终究是沙上建塔，一无所得。只有把学习和思考结合起来，才能学到切实有用的知识。在这一学习过程中，学生要持之以恒地对学科知识进行消化、揣摩和思考，直至豁然开朗，完成从了解到掌握的飞跃。19世纪德国心理学家和教育家赫尔巴特把学习划分为连续进行的四个步骤：明了、联想、系统和方法，实际上这也正是学习的四个阶段。由于知识的固有属性，教师在讲授知识的时候，往往不能一次把知识体系所包含的全部信息进行输出，因此在章节教学结束时，学生对知识的掌握往往是不充分和不全面的，此时完善知识信息的任务就需要章节总结课来完成。

2. 符合课程知识积累的螺旋上升特性

奥苏贝尔认为，现有的学习受原有认知结构的影响，而原有的认知结构又由于接收新信息而得到改造，这种改造后的认知结构又会影响后继的学习。这个观点恰恰较好地描述了章节总结的过程和作用。章节总结不是对以往教学内容的简单重复，而是在其基础上对各个知识点的深度和广度进行不同程度的提高和完善。它以已学内容为基础，从整体的宏观角度对知识体系进行全面地巩固和提升，更注重的是对知识点之间内在逻辑联系的归纳和整理，并结合学科背景和其在工程技术中的实际应用，将书本知识进一步延拓，从而形成一个完整的知识网络，使学生能够从整体的高度以及多侧面的角度来完善对知识点的认知，再加上教师适当进行引导和点拨，利于学生形成顿悟，完成“量”到“质”的飞跃，这一认知过程呈现出明显的螺旋式上升的特点，而及时的章节总结又在其中起到了重要的作用。

3. 构建知识网络，完成知识拓展

章节教学程序一般是：总—分—总，即先对教学内容进行讲解，对知识点进行细化分解、详细研究，最后总结提升。其中，章节总结是和章节引言教学相呼应的，如果切除了最后的总结，不对知识进行巩固和强化，就会使章节教学的整体功能受到削弱，降低章节教学的整体效率。因此教师在章节内容学习结束后应帮助学生巩固知识并将其分析整理，进行网络化，使前后知识相连，深化理解和记忆。

知识网络的建立有助于学生多角度的掌握知识点。章节课程结束时，学生获得一个完整的信息链，教师可以抓住时机，从不同角度、不同侧面深层挖掘知识，对知识体系进行拓宽和加深，形成网络化的知识体系；或者创设问题情境，将理论化的抽象知识渗透到具体的生活实际或工程技术的背景中去，完成知识信息的纵横拓展。

4. 注重知识应用，强化能力培养

高等教育的育人目的不仅仅是单纯掌握科学知识，还必须本着以人为本的教育理念，全面培养学生，达到综合能力的全面发展和完善。在教学过程中教师要注意协调好知识与能力、智力与非智力等因素在人才培养过程中的关系，要意识到不同的学习过程都会对学生的学习和发展产生影响。就课程内容而言，章节处在由基础知识和基本能力构成的纵向序列与由各类知识点和训练点构成的横向层次的交汇点上，而章节小结则是要让学生学会将知识点串联起来，并进一步提升将所学知识运用到以后的学习和工作中的能力，毕竟学生在学校学习的知识是有限的，而学会将有限的知识和学习方法应用到实际生产和工程技术中的能力才更是教师应该着重培养的。

5. 强化知识体系，提高学习效果

“斯金纳箱”的实验证明，连续的强化最容易形成反应，但这种反应消退的也最快，反而是间隔强化拥有更持久的反应率和更低的消退率。按照强化实施后学习者的行为反应，斯金纳把强化分为正强化和负强化两种。其中所谓的正强化是指学习者受到刺激后，加大了某种学习行为发生的概率。人们把这一成果推广到了学习活动中，把教材内容细分成知识点，并将这些知识点按照逻辑顺序排列起来，由点到线，由线到面，再由面到体，形成多维的知识体系。章节总结的过程实际上就是强化知识和能力的过程，其目的在于实现对知识和能力的巩固与提高。这里的强化，指的是学生对知识点和内容的正确认识和良好的学习思路及方法的强化，属于正强化。为此，教师可以在总结课前让学生自己尝试进行章节归纳总结，教师根据学生的总结，对好的思路和方法予以及时的肯定和鼓励，一方面可以培养学生自我归纳总结的能力，另一方面也通过再次强调强化了学生对知识的记忆。

## 二、章节总结课的特点

无论是课程总结还是章节小结教学，主要任务之一都是引领学生对学习过的知识进行重新回顾、总结归纳再认识。它们的共同点在于时间短，信息集中，节奏快，而且学生重新面对已经学过的内容，难免会产生审美疲劳以致兴味索然，这都需要重新调动学生的积极性，激发学生的学习兴趣。不过，相比于学期末的课程总结课头绪繁多、容量极大、知识凌乱、学生遗忘程度高的特点，章节总结课针对的是刚刚完成的章节知识，间隔时间短，学生记忆犹新，因此章节小结的过程又明显地表现出有别于课程总结课的一些新特点。

1. 内容充实具体，系统性强，脉络清晰

章节小结课属于章节教学的总结阶段，它要求对刚刚讲授的章节知识进行综合整理，通过各种训练加以巩固，使得知识内容完成由个别到一般、由个性到共性的升华，进而发现知识发展的规律，并且把握规律，使学生能够运用所学知识解决新的问题。因此章节总结绝不应是正课教学内容的简单重复，而是站在一个新的高度，从教学目标出发，在学生基本了解章节内容的基础上，对教学重点和难点及时整理回忆，对知识内容和思想内涵作一次全面梳理、概括、提升和拓展，要具有很强的系统性。章节学习完成伊始，学生记忆犹新，及时的总结回顾，可将知识结构网络化。经过网络组织之后，章节内容会变得层次更加清晰，结构有序且一目了然，有助于学生理顺知识点之间的纵横和因果关系，使各个知识点的位置有了合理的顺序，有条不紊，各就各位；同时，前后、左右各知识点相互衬托和支撑，即使某一知识点有所遗忘，只要依据其相邻知识点进行演绎推导，便能恢复重现。这样以点带线，以线带面，可以大大减轻学生的学习负担，提高学习效率，跳出书本的束缚，展开活跃的科学思维活动。

2. 强调知识迁移，注重方法训练

对于完成全部课程内容以后的总体复习课，要求教师重视引申，通过对该学科发展和应用趋势进行分析和展望，使学生对学科的整体内容和结构形成完整的认识，为后续课程和实践活动的开展做足准备，这一点在章节的教学和总结过程中也有着相似的表现。完成章节教学后，教师应及时引导学生进行总结，这样能够保证知识脉络的连续性和完整性，并且实现学习方法和思想的迁移与传递，从而促使教学和学习呈现一种螺旋式上升的特点。

在章节总结阶段,学生已对本章知识板块有了较完整的认知，因而这一阶段不单纯是知识体系的归纳，更进一步的是将所学知识进行拓展，从世界观方法论的高度提高学生的认识，使学生领悟该知识板块与后续内容的联系以及这一板块在整个学科体系中的作用和地位，培养学生知识迁移的能力，使学生能够站在整门学科的高度去对待其中的分支模块，进一步领悟科学方法论对科学发展的重要性。对于章节学习过程中遇到的问题，在总结环节尤其要认真对待，从不同角度进行分析，在掌握基础知识和基本技能的前提下适当地延伸和拔高，突出重点，突破难点，使学生掌握解决问题的方法和技巧，尽可能地结合知识间的内在逻辑，从中找出规律性的联系，进一步将理论知识应用于工程技术和日常生活中去，完成知识的迁移和拓展，达到举一反三、触类旁通的效果。

3. 强化综合能力，提升教学效果

与其他教学模块一样，为了更好地体现“核心知识能力化，应用知识情景化”的教学理念，章节总结的教学过程也要尽量突出学生的主体地位，强调学生的参与性和主动性，这对于提高学生的综合能力是大有裨益的。在章节内容教学完成之前，教师可以要求学生先进行自我章节小结，通过章节总结对基础知识和基本技能进行归纳梳理，对学习过程和学习经验进行全方位的监控、自查自纠、查缺补漏。这样在章节总结的过程中，学生会逐渐将所学内容纳入已有的认知系统中，自觉对新旧知识进行分析归纳，理顺知识的来龙去脉，反思自己的学习过程以及涉及的思想方法，主动探求新知识、运用新知识，从而在学会知识的同时学会思考，进一步提高自主学习能力。教师通过引导学生积极主动地进行章节回顾和总结，还可以促进学生养成善于回顾的习惯，形成自我反思的意识，便于有针对性地解决学习过程中遇到的问题，提高学习效率。

整个章节的学习过程，实际上应是学生在经历了观察、实验、猜想、验证后，逐步获取学习方法和技巧，然后自主探索，质疑问难，自觉地运用所学知识解决实际问题的过程。学生对知识进行系统整理后，将孤立零散的知识点变成环环相扣的知识网络，进而能够在更广阔的知识空间进行探究和尝试。通过章节总结可使学生开阔视野，提高学习的兴趣，造就学生主动探究的能力，发掘每一个学生的潜能，有利于满足学生的心理需求，在获取成功的满足感的同时，进一步激发学习的积极主动性，达到事半功倍的效果。

4. 教学方法丰富多样，呈现方式灵活多变

章节总结课是一个完善的感知和整体归总的过程，它是对本章节学习过程的巩固和提高，不仅是对知识点的记忆，还包括认知的提升和能力的拓展；它是一段内容的结束，同时又是另一段内容的开始，在整个知识体系中起到承前启后的作用。如何在巩固知识的同时引导学生提高认知和能力，并做好两者间的过渡是教师在教学中必须注意的课题。在教学方法和模式上，授课内容不同，具体做法也不一致，教师可以根据课程的具体特点，灵活机动地采用多种教学方法和手段开展章节小结课的教学工作，采用概括法、悬念式总结法、承上启下法、列表格、图示等多种方法进行总结概括。为了体现学生的主体地位，对于概念定理较多的章节，可以及时引导学生构建知识结构图，避免学生认识上的混乱，让学生对照结构图总结出各个定理对应的基本内容；对于共性、个

性都比较鲜明的章节，则可以采用图示或表格的方式，将本章内容涉及的基本概念、基本理论和基本方法与原有的知识体系进行比较，探究其异同点。对于共同之处，可以彼此相长，强化印象；不同之处则形成对比，反差鲜明，比同求异，利于记忆和理解，加深和扩展学生对知识的掌握。教师还可以采用全班或分组讨论，讨论分析和交流的过程还能够拓宽学生的知识面，使学生领会理论联系实际、分析问题、解决问题的思路，建立正确的思维方法。学生在多向交流中不仅能检验自己的认识，而且可以明确、完善自己的观点，甚至还要学会包容、保留不同的观点。通过思维的交流与碰撞，能够更加深入、全面地掌握知识。这些正面信息由教师收集、整理、点评、反馈，能够使全体学生受益，形成理想的正反馈效应，促进教学效果的全面提升。另一方面，章节总结课的形式要丰富多彩，要能够激发学生参与的热情和学习积极性，多元、立体地提升学生的认知水平。

## 三、章节总结教学的主要环节

成功的章节总结教学能够帮助学生加深理解、巩固知识、提高技能，有利于培养学生的综合能力，因此，如何上好章节总结课就显得尤为重要。从章节总结课的目的和任务出发，教师在单元总结教学中主要要包括以下几个环节。

1．关注章节内容的归纳与分析

教学的主要内容是学生学习的主要知识点，对主要内容的清晰归纳和透彻分析有利于学生对知识点的全面掌握。章节总结一般首先以网络图的形式展现对章节内容的归纳，这样既有利于所学内容的条理化、系统化，又能够提示各部分内容之间的层次关系和内在联系。网络图中的各部分从上到下串联成一条纵线，成递进关系，上层内容为下层内容的基础，或引申下层内容，或影响下层内容，或上下相互影响。按照内容的层次关系，教师引导学生进行必要的分析，使得各部分内容之间的层次因果关系更为清晰，有效帮助学生理解和掌握各层次中的内容。需要注意的是，归纳总结应以揭示各部分内容之间的内在联系为主，而不是对所学内容进行机械式的罗列。为了能够清晰反映各部分内容之间的层次关系，揭示其内在联系，教师可能需要对教材内容的先后次序进行重组，并配以箭头和必要的文字说明，从而使整个知识体系清晰明了，有助于学生掌握和记忆

2．强化基本概念的完整理解

强化基本概念，并不是对概念的死记硬背，而是要通过对与这些概念有关内容的复述、理解和记忆，以另外一种方式，从另一角度复述串联本章基本内容。教学过程中，教师可以以某一特定的知识点为中心由表及里层层剖析，把本章的基本内容串联成一条纵线，最终完整地理解基本概念。对于其他概念的复述也可如法炮制，其目的都是为了帮助学生深入理解各部分内容之间的内在联系，加深和巩固基本知识、基本理论、基本

技能，理清研究思路、方法，提高创新能力。当然，有些概念可能涉及的内容少一些，不可生搬硬套，否则适得其反。所以，应视具体情况进行小范围或大范围串联，以取得最佳效果。

3. 强调重点、难点，关注主要问题

重点、难点内容和主要问题既是教学活动的主要内容，也是学生需要掌握的主要知识对象，教师在课堂教学中需要以不同的方式方法进行强调，并在章节小结时再次突显，以引起学生的特别关注，强化理解和记忆。教学重难点内容的学习毕竟有一定的难度，随着时间的流逝和后续学习的进行，学生可能会产生遗忘和混淆，而章节总结课对重难点的再次强调有助于学生加强记忆，深化理解。事实上，重点、难点内容和主要问题是章节的关键性内容，教师在总结过程中只要将重点、难点内容和主要问题这个主要矛盾解决了，其他次要矛盾就会迎刃而解。而关键性内容都具有自己的特点、应用范围、学习要求和研究方法，只要掌握了这些内容，也就把握住了知识内容主要脉络，从而促进教学效果的全面提高。

4. 学习方法指导

运用知识解决问题是学生学习活动的最主要目标，不同的学习内容对学习方法有不同的要求。对于工科的专业课和专业基础课，要实现从理论到工程实践的过渡，教师在教学过程中必须认清这个“过渡”对学习方法的要求，对学生的学习方法进行有效指导，以适应本课程培养目标的要求。在课程章节总结时，教师可以让学生根据自己的学习经验来总结学习思路和方法，教师对好的思路和方法进行正强化，加深学生的理解和记忆，最后再进行探讨和总结。要抓住其核心内容所在，通过归纳分析，探索它与其他相关知识在基本概念、基本理论和基本思想方法方面联系与区别，建立特定知识体系的研究方法和学习方法，高质量地完成对学生思想方法的培养。

## 四、课程章节总结课设计参考流程

章节总结教学的目的是对本章节知识的梳理、巩固、以便学生构建一个系统清晰的知识网络，从而深化理解，加深记忆，提高学习能力和独立解决问题的能力，其教学设计也要求精而细，要综合考虑本章的知识模块、学习方法以及思想内涵。教师一般可在单元总结教学中按照以下流程模式采取五步式章节小结法来进行教学设计并开展教学。

1. 学生主体性的章节小结课实现

学生积极参与课堂教学的全过程，主动积极地去学习，就是在课堂教学中落实学生主体作用的主要内容。为了让学生主体性在课堂上高效、有序地实现，教师可将章节小结课课堂教学进行纵向延拓：即从课中延伸到课前，使学生积极参与章节小结课教学以在课前、课下进行的形式体现出来。在章节引言课教学中为了让学生对章节课程知识形成比较系统完整的知识体系概况，教师会将章节课程的逻辑结构以方框图的形式表现，建构起一个章节课程知识框架。根据这个章节课程知识体系的框架，一方面学生在课程的学习过程中会比较有条理，思路清晰；另一方面知识体系的框架方便学生学完章节课程之后进行总结，容易将碎片知识形成一个逻辑整体，完成对课程知识框架的细化和丰富，而细化和丰富课程知识体系的框架这个过程本身就是一个很好的章节课程总结。因此，在章节课程结束前，教师可以让每一个学生自己做一个章节课程总结（或以小组为单位也可，可以将引言课的知识框架作为提示），教师在章节小结课之前收集学生的总结并认真研读，研究小结情况有两个作用：一是作为学生平时成绩的依据之一，另一是作为学生参与课堂教学的信息进行收集。这些信息是教师讲授章节小结课的重要依据，教师将学生积极参与章节小结课教学活动的结果以教师作为载体在课堂上呈现，这种形式既实现了学生积极参与章节小结课教学的全过程又使得课堂教学高效有序。同时，教师在课堂教学过程中呈现出学生的一些好的总结思想、思路、方法，对学生是极大地鞭策和鼓舞，能极大地调动他们主动参与学习的积极性。

2. 章节内容的网络化，完成与章节引言的呼应

章节总结教学是与章节引言教学互相呼应的。作为章节的起始环节，教师在引言部分一般会按照“提出问题——解决问题思路——主要方法和技巧”的顺序开场，然后在章节中将问题拆分，细化，详细分析研究学习，并得到结论。根据课程的不同，一个章节可能会有较大的课时跨度，学生在步步紧跟教师学习并得出结论的同时，难免对前面的问题以及整体性有所遗忘，在这种情况下，章节小结模块就显示出了与引言呼应、及时归纳总结的重要性。如前面所述，章节小结的目的之一是对刚刚讲授的知识进行综合整理，根据知识点和关键词进行具体分析和梳理，以关键词为线索串联整章，逐一理清脉络。章节总结教学也不是单纯的对学过的知识点进行罗列，而是通过对内容的回顾、查漏补缺、澄清困惑，并在此基础上帮助学生构建一个清晰的知识网络系统，发现规律，总结方法，使学生能运用所学知识自己解决新的问题。总之，结合章节引言的内容和教学设计，对章节内容网络化并归纳总结提升，从而首尾呼应，相辅相成，使学生的思维形成完整的回路，产生醍醐灌顶、豁然开朗的顿悟。

3. 深化与拓展，从不同的侧面解读章节内容

完成章节内容的网络化构建之后，对知识点进行深化和拓展则是顺理成章的。这一深化和拓展的过程可以是知识点的“纵”“横”延伸，也可以是知识点之间关系的上下、左右延伸，其目的都是为了加深学生对知识的理解。“横”就是概念、原理、公式、法则之间的联系和区别，“纵”则是指知识层次的前后照应。在教学过程中，由于考虑到课程特点以及学生接受和理解能力的差异，对部分知识点的处理可能会有详略主次之分，在章节总结阶段，教师应从知识体系的总体结构出发，对章节知识进行深化、拓展，引导学生归纳、总结、分析和比较，同时实现对学生进行知识拓展的引导，培养学生自主学习和探究的能力。

4. 与习题课有效对接

习题练习考察的是学生对知识的运用能力，是学生学习情况的有效反馈，可以了解学生对知识点的掌握情况，实际的知识运用能力。习题课教学是对学生知识学习情况的检查，而章节总结课是对本章所学内容的全方位复习总结，教师在设计章节总结时如果能先了解、掌握习题课所要运用的知识点，就可以在章节总结课上有所侧重，做到重难点内容明确，在学生巩固知识点的同时为下一环节的习题课做好铺垫。这种做法一方面能促使学生对教学重难点多投入一些精力，从而游刃有余地完成相应的习题和相关练习；另一方面也为习题课做好准备，使得学生形成扎实的知识基础，有利于高效率地完成习题课的学习。

5. 与研究课有效对接

研究课一般主旨在于针对性地提高学生解决问题的能力和培养创造力，这种培养属于学生能力提升的培养。它需要以丰富的知识基础、熟练的技术能力、以及有效的解决思路作为基础。一方面，章节总结教学对知识点和基本技能的巩固提高恰好为后面的研究课做好了铺垫。另一方面，研究课课题的选择以及对现实问题的关联都是以章节所学的内容为依据的，是章节所学知识点在课题及现实生活中的运用，这种关联有助于学生对学习内容的掌握和解决问题能力的提高。比如这一章节的知识点可能会是后续章节某一知识点的基础或起源，或者由一个知识点出发延伸到现实生活或工程技术中去，由此产生连锁效应，创设出一系列彼此关联的问题情境，而这些问题就可以作为研究课的选题依据，进而引发学生思考、探究，并在发现问题和解决问题的过程中完成综合能力的提升。

钱梦龙先生说过："教师教学必须致力于教会学生自己学习"。章节教学结束时学生对本章节内容还比较熟悉，只是有些零散，就像散落在地上的珍珠，尚需教师从中穿针引线，将其串联成完整的知识脉络。在应用知识的过程中，只需提起这根金线，所有的珍珠一览无余。教师若能精心安排好章节小结模块的教学内容和教学设计，以适当的手段合理地对学生予以启发指导，帮助学生对知识进行总结整理，形成体系，对学生理解掌握章节知识、进而提高应用能力都会有着重要帮助。

## 参考文献：

[1] 张银娟，王永科，李明. 研究型教学模式下的工科课程教学设计[J]. 科技信息，2012(35)：246-355.

[2] 赵菊珊，马建离. 高校青年教师教学能力培养与教学竞赛[J]. 中国大学教学，2008(1)：58-61.

[3] 张波. 高校教师教学技能存在的问题与改进举措[J]. 中国高教研究，2007(4)：

91–92.

[4] 张志明. 当前高校青年教师教学能力现状及提高策略[J]. 邢台学院学报，2010(3)：86–88.

[5] 王芙蓉，何生，侯宇光. 高校青年教师专业课教学能力的培养途径[J]. 中国地质教育，2010(4)：55–58.

[6] 刘伟，朱西平，刘洪兵等. 结合理论力学谈高校青年教师教案的撰写[J]. 力学与实践，2013(35)：85–88.

[7] 顾明远. 教育大辞典：第三卷[M]. 上海：上海教育出版社，1990.

[8] 卢梭著. 李平沤译. 爱弥儿[M]. 北京：人民教育出版社，2001.

[9] 王枬主. 西方现代教育思潮[M]. 广西：广西师大出版社，2004.

[10] 袁振国. 教育原理[M]. 上海：华东师范大学出版社，2001.

# 习题课教学的教学设计与教学策略研究

吕洪君　张彦　李彦蓉　解光军
电子科学与应用物理学院

习题课是课堂教学活动中的课型之一，是教师主要以习题讲解为平台与学生互动的教学过程。通过习题课教学，教师可以帮助学生梳理、辨析和巩固所学知识；并进一步引申、拓展，帮助学生完成对课程基本理论和概念的升华；总结提炼技巧与方法，将理论与实践相结合，培养学生运用知识解决实际问题的能力；同时习题课也是教师了解学生学习情况，发现教学不足，促进教学反思和提高的一个有利时机。

## 一、习题课的目的和意义

习题练习是检验学生掌握知识情况和运用能力的有效途径，习题课则是教师通过对习题讲解帮助学生整理基本的知识要点，针对学生习题中出现的问题，给予及时的纠正和指导，引导学生掌握正确的解题思路和方法，提高解题能力和知识运用能力，以利于学生后续的学习和研究。

1．以习题课为契机，完成课程梳理的目的

习题课的首要目的就是利用学生对复习考试关注度比较高的心理，以习题课为契机，完成课程梳理。教师要充分利用学生对习题课关注度比较高的心理，要让学生明白习题课有为考试服务的功能，通过对习题的练习可以了解考点，即突出习题课的“应试性”。同时不失时机地完成正课教学中未完成的教学任务。由于习题课往往都是在章节内容或课程内容结束后进行的，学生会因习题课有较多的考试备选试题，能够得到很多考点信息，关系到考试的成绩，会投入比平时更多的注意力和精力，有充分的学习动机和热情，学习效率较高。教师若抓住这个时机对知识进行梳理、巩固，归纳解题思路、总结解题方法，以考点带会知识点，培养他们通过习题提高解决实际问题的能力，学习效率会较正课教学时高。

2．强化重点，深化与活化知识

与正课和总结课教学相似，习题课也有对章节内容进行梳理和总结的功能，但出发点和目标侧重点不同，章节总结课对章节内容的梳理和总结，主要侧重知识结构和逻辑关联，而习题课对章节内容进行梳理是要解决学生在知识理解和消化过程中存在的问题，这些问题大多反馈于学生的课后练习，相应的梳理和总结，侧重于学生对学科中重要概念与重要定理的更深层次的理解，在对知识内涵把握上要比正课教学更精细（否则，学生做练习时可能会出错，或者这些内涵就来自于学生练习中错误的提炼）。通过典型例题的讲解和归纳，“借题发挥”，或通过解决实际问题让学生从多角度、多层次把握重难点，以题为载体，深化与活化知识。

3. 习题课具有补偿和提高的功能

任何教学活动都有着使学生掌握相应的知识和能力的目的，教师也有责任通过教学的各个环节，对学生的知识薄弱点和能力欠缺方面进行有针对性的训练和培养。习题课就是其中一种重要的教学补偿手段，它针对学生知识和方法的薄弱点，精选一些与教材内容相联系的习题，集中地进行分析和讨论，易于学生理解和掌握，并通过练习来巩固和训练学生对知识的灵活运用能力。另外，教学的不同阶段，有不同的任务和目的：正课讲解阶段注重知识传承，以让学生在单位时间内获取较多的信息为主要目标；章节总结课则是以继续获取信息和信息筛选、信息整理为主要目标；习题课教学过程中，既有信息获取、信息加工的任务，更有信息应用的目标，这一目标的实现与教学的纵向延伸和横向发展相关联。纵向延伸是指对基本概念和规律的完善和拓展。在习题课上，常常可以结合基本概念和规律，讨论一些典型问题或易犯的错误，以便对概念、规律的内容和含义、成立条件和适用范围有确切的理解。在教师的指导下，按不同阶段，纵向延伸，进一步发挥出习题的潜在功能；另一方面，横向发展则是指对知识之间的内在联系进行分析、归纳。在习题课教学过程中，要培养学生不但会从纵向分析问题，而且还要会从横向分析和研究问题，只有这样，才能对所研究的问题有更加深刻的认识。而在分析和研究问题时，可以把问题逐步横向发展形成一个习题群。通过分析和训练，也有利于拓宽学生思维的深度和广度。通过纵向延伸、横向发展和系统扩充，充分发挥习题课的补偿与提高作用。

4. 习题课教学是传授学生知识、方法、技能的有效手段

通过例题讲解和习题练习，传授方法、培养能力是习题教学的主要目的。习题课教学不是着眼于求解几道习题，而是着眼于对学生分析问题、解决问题能力的培养，教会学生总结解题规律，掌握解题思路和方法。为此，教师应多方设法调动学生的能动性，通过习题的讲、评、议，启迪思路，传授方法，培养能力。首先，习题课的重点要放在问题的分析上，学生在思考分析时，教师适时地提出问题、引导学生学会分析，知道如何利用已知条件，翻译隐含条件，领悟问题探索的方法。其次，教师还要帮助学生分析错误原因，及时指导纠正错误，起到举一反三的效果。在这个过程中，教师要注意两点。一是例题和习题难度的设置。习题课上例题和习题的难度并不是同一水平线的，它根据教学目标的不同有不同的难易度。这个难度的提升是在学生充分掌握了基础知识之上的提升，它主要表现在对概念、公式变形能力，以及知识点的深化或者是将知识点与实际生活相联系，考查学生运用知识解决实际问题的能力。二是学生的参与与实践。学生能力的培养应当从知识、方法和实践三个方面入手。培养和检测这些能力的有效方法就是实践，实践是检验真理的唯一标准，知识和方法的掌握程度、实际动手能力都能在

实践活动中表现出来，并且在实践中得到发展。因此，在能力的培养中强调个人参与实践的重要性。习题课恰恰就是在教学过程中，学生参与实践的一个重要环节。习题课之前，学生独立完成习题练习，习题课上通过老师的讲解和点拨，对自己的薄弱点进行完善，课后通过练习巩固知识和能力，这些都需要学生亲自参与。

5. 习题课是对“易错题”的有效再利用，激发学生的探索欲望

习题课的另一个目的就是对学生习题练习中的易错题进行分析和总结，从而对学生的知识进行查漏补缺，梳理、巩固，进而提高学生能力。当代科学家、哲学家波普尔认为：“错误中往往孕育着比正确更丰富的发现和创造因素”。首先，教师通过“易错题”的分析，可以了解学生学习过程中的薄弱点，在习题课上可以有针对性的对某些知识点重点讲解，帮助学生补缺补差。其次，教师可以利用这些“易错题”，设置悬念，启发学生去分析错误的根源，让学生知道错在哪里，为什么错，该如何改正，找出解决问题的关键。这样不仅可以使学生从发现错误中吸取教训，加深对基础知识的理解，对基本技能的掌握，还可以培养他们严密的思维习惯。由此可见，学生习题练习的“易错题”是有很大价值的，教师要在习题课上把握机会，充分利用“易错题”的价值，帮助学生更好地完成学习目标，提升能力。

## 二、习题课的特点

习题课作为课堂教学中一类课型，与绪论课、正课、总结课等课型一样，也需要合适的教学方法完成一定的教学内容，实现具体的教学目标。然而，它同其他课型也不一样，主要体现在以下几点中。

1. 习题课的知识目标和技能目标

习题课虽以讲解习题为主要内容，但它并不是一种个别答疑和对答案的行为，它是一种课型，一种有的放矢，有教学目标的课。习题课的教学目标主要有知识目标和技能目标，即通过安排有侧重的习题讲解，对知识点进行巩固、扩展，掌握解题方法和思想方法，培养和提高学生的解题技能以及实际应用能力。没有明确目标的习题课很容易变成为单纯的例题讲解和习题训练，不能形成完整的知识体系，也不能形成知识间的横向联系。这样的例题安排就能不发挥典型指导作用，习题课也不能发挥应有的巩固、梳理作用，更不易揭示习题的规律性。为了避免这种没有目标的习题课的盲目性和低效率，教师不但要自己明确这两个教学目标，还要让学生在课前做到心中有数，明白习题课的目的，为上课做好准备。

2. 习题课的教学时间跨度长，延拓到课前、课中、课后

现代教育理论认为，教学不仅应向学生传授知识，更重要的是教给学生有效获得知识的方法，使他们主动积极地去学习。学生积极参与课堂教学的全过程，主动积极地去学习，就是在课堂教学中落实学生主体作用的主要内容。我们的研究工作集中在不仅要

研究课堂上应该实现什么功能，而更多地研究在课堂上如何实现这些功能，为什么要实现这些功能，有些功能如果仅在课堂上实现，那么课堂的效率就比较低，为了尽可能有效地实现教育教学的功能，我们提出课堂教学的纵向延拓:从课中延伸到课前和课后。在习题课教学中，课前：学生积极参与教学体现在课前的课下进行,一方面学生按照教师的要求，独立思考地完成课后作业，教师通过收集作业并批改，提取学生掌握知识和运用知识解决实际问题的能力，教师应提前把习题课所选取的习题（分层习题：基本题、提高题和综合题）布置给学生，教师在习题课之前收集学生的作业并认真研读，研究作业情况有两个作用：一是作为学生平时成绩的依据之一，另一是作为学生参与课堂教学的信息进行收集；课中：教师收集学生之前参与教学的信息，这些信息是教师讲授习题课的重要依据，学生积极参与习题课教学活动的结果以教师作为载体在课堂上呈现，这种形式既实现了学生积极参与习题课教学的全过程又使得课堂教学活动高效有序。另外，教师在课堂教学过程中呈现学生的一些好的解题思想、思路、方法，对学生是极大地鞭策和鼓舞，能极大地调动他们主动参与学习的积极性。课后：习题课结束后，教师编制一套与习题课水平相当、题型相似的习题，让学生课后练习，以检验学生对课堂教学的掌握和理解情况，并进一步熟悉和验证教师总结出的解题思想、思路和方法，帮助学习消化吸收课堂上所学到的知识和方法，以巩固学习效果，强化解题能力。由此可见，习题课并不仅仅是一次时间很短的课堂教学活动，它是一个需要课前准备、课堂教学、课后巩固的一个完整教学过程，教学时间跨度大。并要注意与最后的课程复习总结模块有效对接。

3. 习题课的教学空间跨度大，从课堂延伸到社会，走向实践，解决实际问题

章节小结和习题课都是对前面所学内容的梳理、巩固，培养学生的实际动手能力，但与单元小结课相比，习题课是在前者的基础上，进一步将理论知识转化为工程实践问题，并建立理论与实践之间的对应关系。通过例题的讲解和分析，加深对理论概念的理解，更重要的是在精讲分析典型例题之后，教师应引导学生分析实际问题如何通过剔除次要矛盾而突出主要矛盾，并把去伪存真的实际问题抽象为数学模型进而给予求解，真正将理论与实践有机结合成一个整体，让学生认识到课堂知识与今后实际工作的密切联系，把它当成今后参加社会工作的一项必备的技能去倾力加以对待，把习题练习看作是一项最基本的表现解决实际问题能力的锻炼。

4. 习题课的引领作用

教师的教学效果有教学质量考核，而学生的学习检测和评价的重要手段之一就是考试，因此学生对考试非常看重。考试的主要内容是解题，尤其是理工科，而习题课的主要内容就是习题讲解，可以对考试起引领作用，学生会因此对习题课比较关注。教师可以抓住学生这种因为考试而对习题课关注度比较高的心理，以考点带会知识点，以习题课教学为平台贯彻教育教学的一些先进思想和理念，发挥习题课对引领功能，以习题课为契机，完成对知识点的梳理、巩固，完成学生综合能力的培养。

5. 适合多种教学理念和教学方法的使用，是培养学生多种能力的有效途径

学生作为学习的个体，每个人都有自己学习的习惯和思维特点，每一门课程也有自己的特点，针对不同的课程和不同的学生，要求教师在上课时要根据各自的特点使用不同的教学方法，才能达到较好的效果。习题课教学也是这样，习题是一样的习题，但是教师可以根据侧重点不同和学生学情的不同，采用不同的教学方法。比如，从问题出发，就有沿着“问题—探索—问题解决—升华”和“问题—分析问题—解决问题—举一反三”等思路，让学生从不同角度，用不同的方法观察、联想、思考、探索解题过程，逐步培养学生的发散思维能力。同时，这也是培养学生多种能力的一个过程。例如“问题）探索”培养学生独立学习，自主探索的能力，“问题解决——升华”培养学生归纳、顿悟的能力，“问题——分析问题”，培养学生分析问题的能力，“问题解决——举一反三”培养学生知识迁移的能力。由此可见，习题课教学适合多种教学理念和教学方法的使用，是培养学生多种能力的有效途径。

## 三、习题课教学的备课要点

习题课教学主要是通过习题讲解完成，习题的质量关系着教学效率的高低，为此在选题时要对习题进行精选，选择具有启发性、典型性、规律性和针对性的习题，采用“多变、多析、多问、多解”的导向法组织习题课教学，鼓励一题多解，多角度、多层次分析问题，进而达到培养学生思维能力的目的。同时习题的选取要与解决实际问题相联系，习题是实际问题的抽象，可以帮助学生学以致用。一堂好的习题课，应有助于学生掌握知识的系统性，理解知识间的纵横关系，利于教师通过习题教学，拓展学生思路，培养学生运用知识解决问题的能力。

1. 习题课之前备学生

学生是学习的主体，学生学习情况对教师教学设计有很大影响，为了使学生得到知识和能力的双重发展，教师在习题课教学前就应该充分考虑到学生对教学环节的作用和影响，要时刻明确教学环节要以学生为主。课前对学生的了解主要表现在，对学生知识掌握水平的了解、发放的练习完成情况和质量的了解、学生平时作业中的错误以及好思想、好方法的了解，也就是备知识掌握情况、备学生易错点、备平时学情、备学生解决综合问题能力和备学生解决实际问题和工程实践问题的能力。学生哪些知识已经掌握，哪些还比较薄弱，练习中容易出现哪些错误，哪些是重难点，根据这些情况去设计习题课的教学内容，才能做到有的放矢，有针对有侧重。

2. 备教学计划、教学大纲和教材

教学计划、教学大纲和教科书互相联系，共同反映教学内容。教学大纲是一个学科的教学纲要，它是根据教学计划，以纲要形式规定一门课程教学内容的文件，包括这门

课程的教学目的、教学任务、教学内容的范围、深度和结构、教学进度以及教学法上的基本要求等。其中，列入教学大纲的教材的广度和深度，一般应是学生必须达到的最低标准。教学大纲是编写教科书和教师进行教学的主要依据，也是检查和评定学生学业成绩和衡量教师教学质量的重要标准。因此，教师在准备教学计划时，要根据教学大纲的要求，全面深入的了解教材，在此基础上根据上面备学生的情况，进行有目的、有针对性、有效的教学设计，才能让学生更容易的掌握学习内容，完成学习目标。

教材是教学内容的载体，是连接学生和教师的桥梁，为学生的学习活动提供了基本材料，是教师教学活动的主要依据。为此，在上课前，教师要深刻、全面的理解教材，只有教师先吃透教材才能对其内容有所把握，才能根据实际教学情况去调整、丰富、完善教学内容。因此，习题课之前教师要充分了解教学计划、熟悉教学大纲、驾驭课程教材。

3. 备教法

教法即教学方法，是教师为了实现教学内容、完成教学目的而运用的教学手段，它是由一定的教学原则指导下的方式组成的，是师生相互作用的活动，它直接关系到讲课的效果。教学方法没有绝对意义上的好坏之分，只有根据具体的教学内容、教学目标、具体的学生、具体的教师而言的，与当时的教学情境相适应的比较有效的方法。为此，教师要想上好习题课，就要有丰富的教学方法储备，这样才能适应不同的状况，进行不同的教学方法选择。但是，目前习题课的教法比较单一，基本上都是采用“讲练式”教学。不可否认，采用“讲练式”教学的习题课，只要教者组织得好，把握得好，其效果也是很好的。但如果教师在给学生讲解典型例题以达到示范作用时，仅以一个具体题目为依据，就题讲题，学生自己练习时，教师无法进行具体指导，这样的习题课只能使学生“依样画葫芦”，学生往往是知其然而不知其所以然。相反，在习题课上，如果把重点放在解题思路的探索过程上，放在解题方法的发现过程上，充分发挥学生的主体作用，引导他们去发现新情境中的基本关系，重新组合已有的知识经验，把握解决问题的方向，寻找解题的途径，这样才能真正起到示范和引导的作用，从而收到触类旁通、举一反三的效果。正如前所述，习题课教学适合多种教学理念和教学方法的使用，是培养学生多种能力的有效途径。在习题课教学中要把握以下两个问题。

第一，提出具有启发性的问题。提出与学生认识规律有所差异的问题，形成一条由问题（或问题组）构成的教学主线，促使学生出现认知的需要，即产生浓厚的兴趣，有了浓厚的兴趣学生就容易产生学习动力，学习动力会使学生主动去学习、探索，这样学生就进入了有意义自主学习的心理过程，利于学生进行有意义、有效的学习。

第二，启发学生立疑释疑。立疑是通过学生主动学习与独立思考，教师适当的引导，使学生找出疑难、发现问题，加深学生的感性体验，这是一个引导学生发现问题的过程。释疑是当学生在学习中发现问题，要给学生留有机会进行一个深入思考和探索，自己动脑、动手，在相互交流的过程中尝试解决问题。然后，在教师启发下，学生经过自己的独立思考、融会贯通地掌握知识，提高分析问题、解决问题的能力。

4. 备最新科技成果

学生在学校的学习，主要是学习书本上的经过实践证明、总结的知识。然而现代社会是一个科技飞速发展、知识大爆炸的年代，许许多多新的知识和科学技术涌现出来。这就使得相对于现实生活，书本上的知识就显得有些落后，缺乏贴近生活的真实感，不利于激起学生的学习情趣，也不利于学生学以致用，适应现代社会发展的需要。为此，教师在设计教学活动时，要注意引进现实生活中的一些与知识点相关的最新科技成果，或者生活中运用到这些知识点的例子，让学生明白本门课程知识的实际用途、在生活中有哪些运用、最新的科学研究成果是什么等。有利于学生了解学科发展的趋势和运用，对学生以后不论是继续深造、进行研究还是走向社会工作，都起到一个引领性的作用，最新科技成果将书本和现实生活紧密地联系在一起，是学生未来发展的指引。教师设计的习题要与生产实践相联系、与最新科技成果相联系。

5. 选题科学、合理、实用

习题是习题课教学的主要内容，教师通过例题和学生易错题的讲解，完成对知识点梳理、巩固、完善的目标，并通过习题讲解提高学生的解题能力和解决实际问题的能力，促进学生的全面发展，习题对习题课教学而言是灵魂性的，它关系着学生的学习和教师的教学质量，因此，科学合理的习题选择就显得尤其重要。

习题的选择首先要满足夯实基本概念和基本理论的功能，通过习题讲解使大多数学生能够在课堂教学的基础上有所进步、有所提高；习题的选择要能代表大多数学生所反映出来的问题，这样才能提高课堂的教学效率，吸引学生听课，帮助学生解决学习中的困难，达到所设定的教学目标；习题的选择要能揭示分析问题和解决问题的方法；习题的选择要适于知识的拓展与延伸，适于对问题的反思和总结；习题的选择要与解决实际问题相联系，帮助学生学以致用。

6. 与研究课有效对接

研究课主要是培养学生的实践能力和创新能力，是对学生综合能力的提升，而习题课不仅是学生理解、掌握、巩固课本知识的一种有效手段，还是培养学生分析问题、研究问题、解决问题的一条重要途径。因此，在习题课教学中选取一部分具有开放性、探索性的题目，让学生大胆地、创造性地运用所学知识进行探索和求证，可以培养学生探索的兴趣和研究实际问题能力，为研究课的教学打下基础。

## 四、习题课教学模块设计参考模式

在大学课程(尤其是大学理工科课程)的整个教学过程中，习题课是承上启下、不可或缺的重要环节。一堂好的习题课，不仅可以帮助学生巩固和深化基础知识，消除困惑，纠正存在的问题，梳理知识结构，完善知识系统，理解知识间的纵横关系，同时也加强学生实践运用能力、分析问题和解决问题的能力，更重要的是可以提高学生的学习兴趣。激发他们对科学知识的研究和探讨，增进学生对科学的研发激情和创新能力。

1. 学生主体性的习题课实现

习题课之前，教师将具有针对性、典型性、启发性和系统性的备讲习题提前分发给学生，让学生试做，可以是独立进行，也可以是分小组讨论。学生完成之后，在习题课之前教师要收集学生的作业并认真研读，整理学生做题情况，所收集的学生做题信息将成为教师讲授习题课的重要依据。一方面，对学生的知识点进行有效的查缺补漏，及时扫除学习中的薄弱点。另一方面，教师在课堂教学过程中呈现学生的一些好的解题思想、思路、方法，对学生是极大地鞭策和鼓舞，能极大地调动他们主动参与学习的积极性。这种形式既实现了学生积极参与习题课教学的全过程，学生主体性得到很好的实现，又使得习题课教学效率高、节奏快、课堂教学有序易掌控。

2. 教师总结章节基础知识，凝练重点难点内涵

习题课的开篇一般要对本章节的基本概念、定理、原理和理论进行梳理，一方面为学生提供自主学习的平台，帮助学生明确学习目标，了解本章需要掌握的基本概念和基本理论。另一方面，强化其中的重点、难点，进一步帮助学生凝练重点难点的内涵。习题课中的小结与章节小结各自有所侧重：章节小结侧重于知识的逻辑性和知识结构的系统性，给学生留下本章知识系统的一张网；而习题课中的小结侧重强调知识的运用和对知识内涵的深入剖析，否则解题时会出错，换句话说：知识内涵精细的把握来自于教师多年教学中的提炼，这种提炼一方面来自于对教学的研究，更多的可能来自于习题的求解过程，这一点青年教师往往没有这种体验，我们提出这个问题，就是为了引起青年教师的关注。

3. 课堂分层教学，多重目标的实现

习题课教学要采取分层教学，这里的分层教学不是给学生分门别类，把学生分成好、中、差，而是习题选择分成基础题、提高题和综合题，各有其教学目标。大学教育与中学教学的目标有所差别：高中教育是选拔性教育，它的实际功能是为不同层次的高校挑选同类学生（功能的评价不是本项目的研究课题）；高等教育是水平教育，通俗说就是过关考试教育，对给定的大学，学生要通过一门课程的考试，他应该达到的水平有一个最基本的要求，否则他就不能通过该门课程。高中教学与此不同，教师在教育教学过程中以学生定位教学，水平较差的学校，教师教学的难度较低，学生的目标是层次较低的高校，水平较高的学校，教师教学的难度较高，学生的目标是层次较高的高校；而在一所给定的高校中，学生毕业的门槛应由高校的水平决定，也可以说是由该学校大多数学生水平决定，而不是由个别学生的水平决定学校的门槛。

基础题以“问题—分析问题—解决问题—举一反三”为主线，注重基础和知识点的梳理、巩固、完善，并通过习题讲解提高学生的解题能力；提高题以“问题—探索—问题解决—升华”为主线，加深理解，提高思维能力，有助于学生理解知识间的纵横关

系，开拓思路，熟悉解法，培养学生运用知识去解决问题的能力；综合题的选取要与解决实际问题相联系，习题是实际问题的抽象，去除次要因素，突出主要问题，理工科课程多强调逻辑性、严密性、系统性和应用性，选择一些学科研究的前沿动态为基础的习题，以开阔学生的视野，加强和巩固教学过程中学生以解决问题为准则的研究型实践性训练。

4. 加强解后评析，注重思想启迪

习题解后的评析，不仅能及时理清学生的解题思路，引导学生反思解题过程，同时对训练思维，提高分析问题、解决问题的能力，有特殊的功效。引导学生深化习题，挖掘习题内涵，进一步拓宽知识，做到融会贯通，通过评析沟通知识间的内在联系，把知识讲活，从而达到培养思维变通性、创造性，开拓学生解题思路，提高解题效率。因此，习题解后的评析可帮助学生归纳、整理、升华知识，实现学生对学科知识的综合能力、迁移能力、运用能力、探究能力、创新能力的整体提高。

5. 检测与再思考

学生的学习过程分为感知—理解—巩固—应用四个阶段，通过正课教学、章节小结、习题课教学三个环节，学生对教学目标基本达到感知—理解—巩固，为了让学生把对学科知识的综合能力、迁移能力、运用能力、探究能力、创新能力落到实处，教师可以选择一些与习题课结构类似的习题留给学生课后再练习，这种解题再思考练习可以让学生在练习过程中独自消化、揣摩、思考，使学生的各种能力在做题过程中得到落实和升华，常言说：听一遍不如看一遍，看一遍不如做一遍，做一遍不如讲一遍，讲一遍不如辩一辩，这里的辩一辩实际就是再思考之后的自我练习。

## 参考文献：

[1] 张银娟，王永科，李明. 研究型教学模式下的工科课程教学设计[J]. 科技信息，2012(35)：246-355.

[2] 赵菊珊，马建离. 高校青年教师教学能力培养与教学竞赛[J]. 中国大学教学，2008(1)：58-61.

[3] 张波. 高校教师教学技能存在的问题与改进举措[J]. 中国高教研究，2007(4)：91-92.

[4] 张志明. 当前高校青年教师教学能力现状及提高策略[J]. 邢台学院学报，2010(3)：86-88.

[5] 王芙蓉，何生，侯宇光. 高校青年教师专业课教学能力的培养途径[J]. 中国地质教育，2010(4)：55-58.

[6] 刘伟，朱西平，刘洪兵等. 结合理论力学谈高校青年教师教案的撰写[J]. 力学与

实践，2013(35)：85–88.

[7] 顾明远. 教育大辞典：第三卷[M]. 上海：上海教育出版社，1990.

[8] 卢梭著. 李平沤译. 爱弥儿[M]. 北京：人民教育出版社，2001.

[9] 王枬主. 西方现代教育思潮[M]. 广西：广西师大出版社，2004.

[10] 袁振国. 教育原理[M]. 上海：华东师范大学出版社，2001.

# 研究课教学的教学设计与教学策略研究

吕洪君　张彦　高榆　解光军
电子科学与应用物理学院

一直以来培养具有创新能力和创新精神的高层次人才都是高等教育的重要任务，也是大学的使命，更是国家科教兴国、建设创新型国家总目标的要求。党的十八大明确指出,要积极推动高等教育内涵式发展，这要求高等教育要以质量提升为核心，注重提高创新人才培养水平。可以说，提高教育质量和创新人才培养水平是高等教育现阶段改革和发展的关键词，人才培养如何实现新的突破已成为摆在我们面前的首要任务。研究课就是顺应时代要求、培养创新型高层次人才的一种很好的教学模式。它是以研究问题为中心，综合运用本学科知识和相关交叉学科知识，借助本学科最新研究成果或学校优势学科或教师个人研究背景的影响对教材内容进行补充和拓展，以激发学生主动探究科学研究、培养学生创新精神与实践能力为目标的课程教学模块。在大学本科教学中引入研究课的理念并实际运用，是高校教育改革、提升本科教学质量的一个重要突破口，符合人才培养的实际需求。

## 一、研究课的特点

研究课是一种有效引导学生进行科学研究学习活动的教学方式，它有助于构建以研究为基础的本科教学。将高校教师和研究生从事的研究工作扩展到本科教学过程中，使本科生参与真实的科学研究，学习科学的思维方式，接触科学研究方法论，是高校寻求发展和进行教育改革的必然趋势之一。研究课没有专门的教材或教参可供教师使用，其最大特点是选择与教学内容相关的实际问题作为载体，以学生为主体，教师有目的地对学生进行组织和指导，是一个提出问题、分析问题和解决问题的过程。学生依据问题进行理论和实验探究，通过验证的结果得出科学推论获得新知识或发明创造，在一定程度上能有效迁移和拓展学生所学的学科知识。而青年教师要上好研究课，首先要了解研究课的特点，事实上正是研究课本身所具备的这些特点使其备受重视。

1. 以问题为中心

通常,教师在讲授其他课型时,开展方式具有多样性, 最常见的是以教师讲授为主的接受性学习，而研究课必须坚持以问题为中心的研究性学习，以问题为中心的研究性学习与接受式学习是有很大区别的。相对来说，接受性学习侧重知识学习，一般都有固定的教材或其他材料。相应的，课堂以教师讲授知识为主，教学过程相对机械和程序化，学生被动地接受教师传授的知识。由此带来的结果是，学生在学习过程中没有参与知识的探究与摸索，缺乏积极性，思维能力和独立自主学习的能力得不到足够的发展。而在研究性学习模式中，学生需要综合运用已学的知识提出问题，并且问题在纵深和横向都有一定的跨度。同时，问题的结论不是简单固定的、能从教材上直接找到的现成的答案，要想解决问题就需要制定详细的计划，明确研究思路和研究方法。在解决问题的过程中，学生需要主动回忆和重新组合学过的知识来探索问题的解决方案，客观上提高了学生的自主学习能力和创造性。

2. 研究性

《国家中长期教育改革和发展规划纲要（2010–2020年）》规定，高等教育要提升科学研究水平，大力开展自然科学、技术科学、哲学社会科学研究，加强基础研究和应用研究。研究课是学生在教师的指导下解决真实的问题、创造未知知识或探索未知领域的课程，因此，其研究性特点是符合规定要求的。学术研究是学习的高级状态，在高校一般从事研究工作的是教师和研究生，本科生很难有机会参与科研活动，而研究课在本科教学中的应用能促进本科生研究能力的提升，使本科生成为高校科研人员的一部分。

研究课的研究性特点主要体现在研究内容和研究方法。从内容来看，它不同于中小学探究性学习，中小学的探究性学习主要是在教学中创设一种类似于学术研究的情境，让学生通过探索活动获得知识、技能、情感和态度的发展。而本科研究课具有真实的研究性，是从学科领域或现实社会生活中选择和确定研究主题，需要学生进行真实的研究探索，针对真实现象或问题选定研究课题、设计研究思路、搜集资料、整理分析，得出具有现实意义的结论。从研究方法来看，学生需要掌握揭示事物内在规律的工具和手段，用文献调查法、观察法、思辨法、定量分析法、定性分析法、实证研究法等科学研究方法来探索未知知识。

3. 开放性

研究课的开放性是与封闭式教学相对立的。封闭式课堂教学适合传统的以知识传承为主要目的教学活动，它的存在有必要也有其合理性。但在现代开放的社会中，封闭式课堂教学有其局限性。在封闭式的课堂中，通常是上课前教师设计好教学过程，上课时教师是课堂的主导者，注入式或满堂灌的现象十分普遍。长期处于这种封闭式教学环境下，学生容易形成依赖性强、缺乏自主性、读死书的特点，阻碍了学生创新能力的发展。

而研究课恰好是弥补知识传授型课堂的缺陷、改善本科教学现状的一个有效途径，其开放性体现在：研究课的教学内容立足于教材但不囿于教材，即教学内容的开放性；研究课基于所学的学科知识，源于教材， 但又远超出教材的范围；研究课的选题范围很广，可以是本学科的基础研究，本学科与其他学科的交叉研究，还可以是应用研究。总之，只要基于已有知识结构，对已有知识的拓展和延伸的选题都可成为研究课的教学内容。

4. 创新性

创新是一个民族进步、国家发展的不竭动力。就其本质而言，研究课正是一个揭示本质、把握规律、创造新知识的过程，一个探求真理的创新过程。学生在教师的指导下，通过大量的调查研究将搜集的材料经过去粗取精、去伪存真、由此及彼、由表及里的分析验证，透过现象把握本质，在探索创新后获得新知，在这个过程中，问题、思路、方法和结论都是独一无二的，是创新性的具体体现。

首先，研究课中学生表现出来对未知事物的探索的兴趣是科学精神的体现，它具有创新的冲动和特点。其次，学生对解决问题所进行的自主的、独立的思考和分析，是一个个体创新的过程。不同的问题有不同的解决的方法和思路，因而研究过程是创新的体现。最后，研究课的活动是学生自主构建的不可复制的，学生积极发挥主观能动性，积极自由参与探究和创新，也就逐渐具有了创新的责任。因此，从这个意义上看，在本科教学中以研究课的形式融入创新性教学对促进高校创新人才培养具有重大的推动作用。

## 二、研究课的意义

为了使本科生成为具有竞争力的创新人才，具有一定的进行科学研究的综合素质，我国很多研究型大学一直非常重视培养本科生的研究能力。研究课作为培养学生探究与创新能力的重要途径之一，能帮助学生在本科阶段积累大量的研究经历，提高学生综合运用已有的知识和技术的能力，为本科生初步进入研究工作提供了平台。

1. 推进课程改革

高等教育发展具有内涵和外延两个层面，外延的发展强调数量和规模扩充，而内涵则注重质量和素质的提升。课程作为高等教育系统中的核心要素，它是实现高等教育教学目标的保证，是提升高等教育教学质量的关键，而课程改革是高等教育可持续发展的必然选择。

课程改革是人才培养模式改革的主要落脚点,也是教学改革的重点和难点。英国课程之父泰勒（Taylor）指出，教什么和如何教是课程要解决的两个基本问题。总的来讲，课程改革就是围绕这两个基本问题展开的。针对这两个基本问题，研究课对课程改革的推动作用表现在以下几个方面。第一，研究课的引入使课程体系多样化。研究课是在学生专业知识学习的基础上，根据高校自身的优势和特色学科等方面因素来确定教学内容，与传统的知识传授型课程的教学组织形式等也有一定区别。研究课相对而言较为开放，具有一定的挑战性。第二，研究课的课程结构具有综合性，需要组合相关学科知识，打破封闭状态的课程模式，属于跨学科、跨专业的综合学习，能促进各学科专业课程之间的知识整合。第三，研究课能消除专业课程壁垒，促进自然学科、人文学科、社会学科的相互渗透，强化各学科课程的应用性和特色化。第四，研究课的呈现方式是多样的，课前是学生的自主探究，课中是教师在收集学生研究信息基础上的讲授等，从而促进课程教学组织的改革，使教师由知识的讲授者向学生学习的指导者转变，从而使教学组织形式灵活多样。总之，研究课能拓宽课程改革的思路，为课程改革朝合理的方向发展提供理论基础和现实依据。

2. 加强学生科研创新能力的培养

学生的科研创新能力不是与生俱来的，需要经过高等教育对这种能力进行有意识、有计划的培育。加强学生的科研创新能力是高校工作的重点，其内涵是培养学生具备进行科研创新所必需的进取意识和必要的知识储备，具有应用知识的实际能力和打破常规的科研思维与方法。研究课能激发本科生参与研究活动的动机，提高对所学知识的应用能力，积累直接的研究经验，是培养本科生具有科研创新精神和能力的重要途径。

在研究课的实践过程中，学生的科研创新能力能得到以下几个方面的锻炼和培养：学会科学选题方法；学会根据选题搜集文献资料、查阅文献并写文献综述；在研究过程中掌握科研思维、科研方法、科研的基本过程；了解课题立项与结题的方法；拓宽阅读面，掌握中英文学术论文撰写的基本要求，尝试撰写科研论文并投稿，提早进入科研的状态，打下坚实基础；学生可以在研究课之后选择与导师科研项目相切合的选题，在导师科研项目的带动下，参与团队合作，熟悉科研环境；在研究课中遇到的实际困难需要学生自己解决，因此能培养学生吃苦耐劳的科研精神。综上所述可以看出，研究课对于培养本科生科研的兴趣、动机、情感和意志等非智力因素有积极作用，良好的非智力因素能促使本科生的科研创新能力的发展，实现学生自我钻研、自我训练的学习形式，培养学生严谨求真的科学态度和相互协作的团队精神，对学生走向科研之路做好铺垫。

3. 提高学生综合素质

当前，国际公认的大学办学水平的评价都将学生综合素质作为一个重要评价指标。学生的综合素质包含个体的专业素质、文化素质、道德素质、身心素质以及综合应用能力等方面。普通高校是培养高素质人才的主要基地，本科生是高校的主体，因此，培养专业知识基础扎实、实践能力强、个人素质高的复合型人才是高校的重大任务和使命。特别是在我国，高等教育规模快速增长、教育质量出现争议的情形下，提高学生的综合素质是当务之急。

而引入的研究课在提高学生综合素质方面的作用具体可以体现在以下几点。首先，研究课需要学生综合运用本学科基础知识和相关交叉学科的专业知识，对专业知识学习有促进作用，巩固已学知识并实现学以致用。其次，提高学生的学习能力和知识创造能力。本科阶段的知识大部分是前人的归纳和总结，许多专业知识在不断更新中，研究课能帮助学生改变学习理念、学习方法和学习技巧，增强自主学习的意识和自觉性，从而提高学生的学习能力和知识创造能力。再次，研究课能提高学生的实际动手能力，改变对教师的依赖性，改变被动接受现成知识的习惯，从根本上认识到能力应和知识并重的意义。最后，研究课能加强对学生的科学研究诚信教育，端正学习和科研态度，确立高尚的科研精神，做一个谦虚严谨、心胸开阔、乐于奉献的科研人。除此以外，研究课还能给学生多方面的锻炼，如团队工作的形式能使学生学会分享与合作、提高交际能力等等。

4．提升教师教学学术水平

教学学术理念是欧内斯特·博耶在20世纪90年代针对美国高等教育界重视科研、轻视教学，教学质量严重下降的形势下提出的，它的提出为高校教师教学提供了一个新的理论视角和广阔的学术范式。博耶认为，学术意味着从事基础研究，但一个教师的工作还意味着走出单纯的问题研究，寻求问题间的相互联系，在理论和实践之间建立桥梁，并把自己的知识有效地传授给学生。由此，他提出要扩大学术的内涵，即探究的学术、综合的学术、应用的学术和教学的学术。探究与应用学术是大学基础研究与应用研究所形成的知识体系，综合的学术是形成学科间的有机联系的知识体系，而教学学术则是在知识传播过程中所形成的知识。

研究课与教师的教学学术水平具有极大的相关性。研究课能够促进教师把教学纳入到学术的范畴，使高校教学活动成为一种学术活动，能够使高校教师深入认识高校教学和学术之间的联系，加强高校教学的学术研究，从而有效提升高校教师的教学水平，不断提高高等教育人才培养的质量。因此，研究课不仅仅是向学生传授知识，而且是在创造和扩展知识，更是在造就学者型的教师。一方面，研究课的过程和科研的过程是一样的，都需要确立选题，查阅相关资料，确定解决问题的方案，对结论进行分析和反思，在这一过程中，教师在教学也在探索；另一方面，教师在研究课中的经验可以形成研究成果，从更高的层面提升教学水平。

## 三、研究课的选题

研究课的选题应具有现实的意义和效果，能解决基础研究或应用研究中的某个问题。研究课在选题时主要遵循两个基本原则，一是需要，二是可能。选题是研究课非常重要的方面，一个合理而有意义的选题是成功的开始。因此，研究课的选题可以来源于本专业课程的教材，在教材内容基础上进行更新；也可以根据学生需要从实际出发，在与本学科相关的交叉学科、学校的优势学科或教师个人与本学科相关的科研项目中来确定选题。

1．选取知识更新教育

高等学校传授的知识应具有社会领先的地位，大学生只有学到社会领先的和社会需要的知识才能在现代社会的竞争中胜出，取得成功。为了保证高等学校传授的知识具有先进性且和社会发展同步，教材起到重要和关键的作用。随着社会的发展，知识更新周期越来越短，信息通信技术更加速了知识更新的速度，大部分学科知识更新周期甚至只有两至三年。因此，在高等学校中，教材内容滞后的现象是不可避免的，而研究课可以为解决教材滞后问题提供有效的途径。研究课的选题一般是根据需要从实际出发的，在教材内容基础上进行更新。对于研究课，教材不是学生获取知识的唯一来源，它只是提供给老师和学生一个对话、交流的平台，只是学生学习的一个参考工具。如果学生完全依照教材来获取知识，有些真正有用的知识可能是学不到的，毕竟教材提供的是学习的基础，真正快速发展的科学进步还要靠在更新知识中完成。应该注意的是，对于那些会学习的学生，教材的意义在于学习其中的方法、观念或者是思维方式，因为学科知识浩瀚无边，不可能完全掌握，教材也不可能涉猎全部，只要掌握其中的精髓便可。

2. 进行与本学科相关的交叉学科研究

交叉学科是指不同的学科之间的相互交叉、融合、渗透而出现的新兴学科，由自然科学、人文社会科学之间或两者的分支学科的交叉而形成。交叉学科极大拓宽了科学研究的思路，解决很多重大科研问题，推动了科学进步，使科研向综合性方向发展，使社会更加进步。交叉学科是当代科学技术发展的潮流，是未来大学的必然发展趋势。大学教育与社会的政治、经济、文化和科学技术之间联系密切，大学自身要想获得发展和进步，必须要适应并满足社会发展和科技进步的需要。研究课的开设，能打破学科壁垒，使学生涉及本学科以外的不同学科的内容，开阔研究视野，如：化学专业的学生在研究课中可以选择生物、物理、医学等学科进行交叉学科的研究，金融的学生可以结合生物学进行进化金融学研究、演化证券学等交叉研究。往往学科研究处于瓶颈状态长期找不到解决方案，在突破学科局限采取多学科联合探究的方式时能产生重大突破，出现新的生长点，甚至出现新的学科，因此现代很多重大理论突破和技术发明创造是科学交叉的产物。

本科生在研究课中进行跨学科的研究选题可从以下几个方面考虑。第一，把已学本学科基础知识与其他学科的理论结合起来进行跨学科研究，如理工科之间的学科交叉；第二，将本学科的学科知识与其他学科的研究方法结合起来，如人文社科课题研究可借用数学模型或其他自然学科的研究方法，使研究更科学更有说服力；第三，运用多门学科的理论、方法等综合交叉有机融合在一起对本学科的特定对象或领域进行研究，这种形式的交叉研究横向面宽，对学生的知识面有一定的要求，如生物信息学，需要用到生命科学、计算机技术、数学、统计学等多方面的理论和方法，对大量的生物数据进行管理、整合、分析和模拟，解决重要的生物学问题，发现新的规律，这是传统的生物学无法达到的。从选择学科的角度来看，研究课的交叉学科选题可以选择相邻学科之间进行交叉，也可选择较远的学科进行远缘关系学科之间的交叉；从交叉的层次看，可以进行同一层次的或不同层次学科专业之间的交叉；可以选择横向意义上的交叉，还可以从纵向意义上进行交叉，如基础研究、应用研究之间的交叉。因此，研究课能改变学生固有的学科概念，扩大学生的知识面，使学生的知识、能力朝综合的方向发展，符合社会对复合型人才的需求。

3. 以学校优势学科为平台

学科是大学组织的基本单位，是高校的立足之本。学科的设置及其发展水平体现了一所高校的办学层次和办学特色，每所学校都有自身的优势学科，优势学科体现了高校的办学特色，也是高校综合实力的表现。同时，它也是高校知识创新的源头，能吸引海内外顶尖的人才和获得更多的科研基金和优惠政策，形成一流的科研团队，能从整体上提高学科的科研、教学水平，对培养优秀的学生极为有利。因此，优势学科是高校发展的重要目标之一。

研究课可以学校优势学科为平台，利用优势学科创造有利条件。首先，学校优势学科的学科建设带头人通常是高校和政府十分重视的高级人才，其学术水平在某个领域内处于国际领先地位，直接影响学科的发展方向和发展速度，对学校的改革发展有特殊贡献，受到高校和政府的重点培养和任用。因此，优势学科拥有很多的重大研究课题，能为研究课提供众多的研究选题。其次，学科带头人能为学科带来很多附加的有利因素，获得政府和学校的资金支持，因此，研究设备等硬件设施十分完备，为研究课所需的实验室、设备仪器等提供了有利条件，使研究课的选题不受客观因素的限制。再次，学校优势学科是由学科建设带头人和其他科研人员、研究生等形成的一个配备完整的科研团队，其整体的学术水平和学术影响对本科生有正面的影响，使本科生切身体会到科研精神。同时，科研团队人员可以在研究课中帮助和指导选题。总的来说，研究课选取本校或本院优势学科为平台构建课堂，可以较早地使学生打上学校多年积淀的烙印，培养学生的自信心、自豪感和责任心。

4. 以教师个人研究背景为依托

清华大学原校长梅贻琦指出："大学者，非谓有大楼之谓也，有大师之谓也。"可见师资之于大学的重要性，一所大学没有一支高水平的师资队伍就不可能有高水平的科研，没有高水平的科研也就不可能有高水平的教学。教师的科研背景使其了解和把握学科研究的最新成果，把科研中获得的理论和实践经验带入研究课中。研究课的选题应与学科内容密切结合，才能使学生通过研究课的活动完成一个具体的课题研究，以达到丰富知识、发展能力、掌握方法的目的。同时，研究课的选题也需要考虑教师个人的研究背景。如果课任教师的科学研究与所授课程相关，教师可以挑选符合学生认知水平的研究内容为研究课选题，教师个人研究背景能给研究课教学注入活力，把科研的体会带入课堂，激发学生的求知欲，使学生进入真实的科研环境。

同是研究课，站在学术前沿的教师能融入自己的观点和看法。教师除了介绍教材上一般的概念等基础知识外，还能渗透自己在科研中获得的知识和经验，以自己的理解方式，将科研成果和最新科研前沿的信息传递给学生，丰富研究课选题。有一定研究背景的教师对学科知识之间的联系和综合运用也有着更深刻的理解，熟知学科之间的交叉和逻辑关系，能自然而然地将各个学科相关的知识与本学科联系起来，了解哪些选题符合学生现有认知但又能进一步拓展学生知识面。同时，教师的科研创新精神对学生的影响也是不容忽视的。

## 四、研究课的基本程序

要提高本科生从事科学研究的综合能力，培养出拔尖创新人才，研究课是实现这一目标的重要途径和有效平台。而研究课的教学研究也一直处于探索中，研究课怎样处在体制之中又突破体制是值得每一个教育工作者深思的。本科阶段研究课就是要极力打破“统一的课程、统一的教材、统一的教法”的状况，使本科生教学不再局限于教材内的知识。从这个意义上来讲，教师对研究课的理解在某种程度上决定了研究课意义的实现与否，同时，也决定了研究课的基本程序。

1. 准确定位自身角色、确定研究课教学计划

研究课的教学计划与一般知识性教学计划有所不同，其侧重点是研究课的教学目标、组织形式、研究课实施的各种因素和条件的考虑等，简单说来就是教师角色重点不单是讲授知识，而是在已有知识的基础上通过研究课培养学生分析、批判和重建，发现问题、解决问题、创造新知。

因此，教师在制定研究课教学计划时，应详细考查学生知识结构、思维方式、学生的强项和弱点，有的放矢地制定教学计划，从多方面提高学生能力，让学生在研究课中从知识的接受者成为知识的加工者或创造者，从被动学习转为主动学习。

2. 研究课的选题原则

教师在给定选题时注意以下几点：教师要确定研究课题有明确的研究目的，即要解决什么问题；研究课题是有理论或实践意义的，有一定的研究价值，即为什么要解决这个问题；研究课题是比较典型的，具有一定的代表性，能提高学生进行研究的一般能力；研究课题的选择要有后续性，即学生完成了研究课的课题后，还具有继续进行横向或纵向研究的价值，如课程之后学生可以此为选题进行大学生创新实验计划项目和将来进行毕业论文设计。实际上，这正是把研究课与大学生创新或本科毕业设计有效对接。

3. 研究课学生主体性的实现——课堂教学的纵向延拓

作为教育工作者，我们的工作集中在不仅要研究课堂上应该实现什么功能，为什么要实现这些功能，更要研究在课堂上如何实现这些功能。对于研究课来说，有些功能如果仅在课堂上实现，那么课堂的效率就比较低。为了尽可能高效地实现研究课的教学功能，我们提出课堂教学的纵向延拓:从课中延伸到课前和课后。课前：学生积极参与教学活动，体现在课前的课下进行。教师应提前4~6周把研究课的选题和选题的分层问题（研究性作业）布置给学生，同时将搜集资料的途径告知学生，如图书馆、网络等，对学生查阅和整理资料进行指导，提供相关的著作、国内外权威期刊的重要有代表性的文章等，让学生进行预研究，整理出研究报告。随后教师收集学生的研究报告并认真研读，获取学生预研的相关信息。研究报告有两个作用：一是作为学生平时成绩的依据之一，另一是作为学生参与课堂教学的信息进行收集。课中：教师将所收集学生之前参与

教学的信息作为教师授课的重要依据，学生积极参与研究课教学活动的结果以教师作为载体在课堂上呈现，这种形式既实现了学生积极参与教学的全过程又使得课堂教学高效有序。同时，教师课堂在教学过程中呈现学生的一些好的思想、思路、方法和结果，对学生是极大地鞭策和鼓舞，能极大地调动他们主动参与学习的积极性。研究课结束后，教师可以提出新的问题留给学生进一步探讨，鼓励学生把研究课题继续完善下去，与大学生创新或本科毕业设计进行有效对接。这样的纵向延拓促使学生积极参与课堂教学的全过程，主动积极地去学习，在课堂教学中实现了学生主体性作用。

4. 课堂多层次呈现

分层研究，层层递进。教师在课堂上讲授研究课时，应将教学内容激活并转化为一系列“问题”，精心设计恰到好处的提问，问题具有启发性。启发性提问能帮助学生打开思路，发展创造性思维，使学生在掌握知识的同时，发展智力，培养能力。问题设计要有层次感，第一层的结果应是第二层问题的提示，就像练习题一样，前一问是后一问的提示，后一问的开始要借助前一问的结果，问题设计一般要有三到四层，设计问题难易适度，学生对研究性提问的理解不会也不可能脱离学科教学内容、学生生活和社会生活的实际孤立进行，而要符合他们知识和能力的储备特点。提问既有一定的难度又必须能够让学生通过思考或通过其他途径获取的知识来解答。

要注意的是，每个学生都存在个体差异，即他们的认知方式与思维策略不同，以及认知水平和学习能力存在差异，因此教学问题设计中要尊重学生个性差异。另外，教学设计要有层次性的另一层含义就是让每一个学生都有思考的空间，达到实现各层次学生的最近发展目标。问题设计应遵循由简单到复杂、由具体到抽象、由低级到高级、由感性到理性的认识规律。

5. 教学总结与反思

研究课是一种全新的教学改革课，作为教师,要大胆创新,不断探索教学改革的新模式,尽可能多地实现高等教育的目标。课程结束前，教师要根据学生在独立研究过程中的学习态度与努力程度、研究思路与方法创新、科研能力与工作技巧、预期研究与目标的实现程度以及最终成果的质量和特色等，对整体和个人分别给出全面而客观的评价。特别是要对学生的努力和付出表示肯定，针对具体情况尽可能给出反馈，提出建设性意见。同时，教师也要及时对研究课进行教学反思和总结。教学反思一直是我们教师工作的一种常态，是对自己课堂教学方法、方式以求得不断进步的一种反复探索的过程，它对于提高教师的教学水平具有投入少、见效快、收益高，且与教学实际紧密相连的特点。因此是教师自我完善自我提高的重要手段，是教师学会如何教学和从教学中学会什么的有效途径，勤反思也是现代教师在研究状态下进行课堂教学的不可缺少的重要一环。因此，在教学中不断反思提炼，从中发现问题，进行研究，就一定能提升我们的创新能力，提升我们的专业素养，提升我们的教学水平。

由于传统教学重灌输轻启发的观念根深蒂固，严重影响着我们的教学改革实践，虽然经过了这么多年的推排攻击，但积重难返，灌输式的教学方法还是常常在许多地方改头换面，大行其道。而研究性学习课程的开设，就是要从根本上动摇这样的教学观念，让学生带着问题，也带着探索的态度去学习，把这个学习的过程作为提高水平和能力的有效手段。我们需要一种能引领学生用自己的眼睛去观察、用自己的心灵去感悟、用自己的头脑去判别、用自己的语言去表达的，培养一个拥有希望、力量和自信的人的教育。我们需要一个不断追求真实生命成长的有生命力的教育，研究课教学就是我们的尝试。

## 参考文献：

[1] 张银娟，王永科，李明. 研究型教学模式下的工科课程教学设计[J]. 科技信息，2012(35)：246–355.

[2] 赵菊珊，马建离. 高校青年教师教学能力培养与教学竞赛[J]. 中国大学教学，2008(1)：58–61.

[3] 张波. 高校教师教学技能存在的问题与改进举措[J]. 中国高教研究，2007(4)：91–92.

[4] 张志明. 当前高校青年教师教学能力现状及提高策略[J]. 邢台学院学报，2010(3)：86–88.

[5] 王芙蓉，何生，侯宇光. 高校青年教师专业课教学能力的培养途径[J]. 中国地质教育，2010(4)：55–58.

[6] 刘伟，朱西平，刘洪兵等. 结合理论力学谈高校青年教师教案的撰写[J]. 力学与实践，2013(35)：85–88.

[7] 顾明远. 教育大辞典：第三卷[M]. 上海：上海教育出版社，1990.

[8] 卢梭著. 李平沤译. 爱弥儿[M]. 北京：人民教育出版社，2001.

[9] 王枬主. 西方现代教育思潮[M]. 广西：广西师大出版社，2004.

[10] 袁振国. 教育原理[M]. 上海：华东师范大学出版社，2001.

# 课程复习总结课的教学设计与教学策略研究

吕洪君　张彦　高榆　于宝证
电子科学与应用物理学院

课程复习总结课是教学过程中必不可少却又容易被忽视、不易设计的一个重要环节。一方面，它影响着课程最终的成绩评价，影响着学生对知识的系统掌握，对于学生巩固知识、提高分析问题和解决问题能力等方面也都有着非常重要的作用，教师若能富有艺术性地对所学知识与技能进行归纳总结，以富有情感感染力地对未来进行展望和升华，可以将最后的总结课变成课程的“画龙点睛”之处。另一方面，作为完成一门课程教学任务的最后阶段,复习总结课也是最难以设计出新意和吸引眼球的，加上有的教师对其不够重视，认为课程总结可有可无，或者直接简单地处理成为了考试“划范围，圈重点”。在这种思维驱使下，课程各个章节中分散的、零碎的知识得不到归纳、整理和系统化，模糊的、错误的地方得不到纠正，从而使复习总结课无形中变成了单纯的“重复学习”、“汇总谢幕”的过程，这不仅容易造成学生对复习课的内容认识不深，理解不透，更影响了整门课程的教学效果。如何将课程的理论性和实践性相结合，使学生通过复习总结模块，既能对课程的知识有一个系统的回顾，又能运用所学知识解决生活与工作中的常见问题，是一个值得高校教师认真思考和探讨的问题。

## 一、课程复习总结模块的特点

课程复习总结模块的内容、作用及在整门课程中的地位均有一定的特殊性，因此与新授章节课相比，该模块往往具有以下几个特点：

1. 信息量大，知识凌乱，学生存在似曾相识的疲劳感及低兴趣。

无论什么课程，总包含大量丰富的主线支线内容以及众多的知识点，复习课的任务是在短时间内带领学生重新接触大量分散而琐碎的知识，帮助学生对已学知识进行系统回忆并产生再认识的过程，这就意味着在众多学时中先后接触到的各种信息、知识点都会聚集在复习总结课上，需要依靠教师的合理设计及呈现手段，全部展现在学生面前。这种时间与空间的压缩使得复习总结课具有时间短、头绪多、容量大、节奏快的明显特点，如果教师不能正确引导且设计不当的话，重新面对这么多“熟悉的陌生人”，学生会产生信息量大却又知识凌乱的感觉，会给学生对零散知识点的深层理解带来困难，无法真正起到复习、消化、加深、提升的效果，对学习程度差异性较大的学生也缺乏针对性，从而导致效率低下。

一门课程从开始到结束，总有一定的时间跨度，对学生来说，复习的大部分内容都是已经初步理解的，或是初步掌握的，却也是暂时遗忘的。随着时间的流逝，学生对知识的遗忘程度会越来越高，他们对复习课展现的内容常有似曾相识的感觉，也就是我们常说的打开书了然，合起书茫然。对于已学过的知识，他们会产生审美疲劳，复习课中的学习兴趣和注意力也就自然比接受新知识时低。学生对复习课内容存在一定程度的遗忘和似曾相识的疲劳感的特点，会导致学生失去新鲜感，致使学习热情下降。因此，在复习课教学中，如何重新点燃学生的学习兴趣，再次吸引学生的注意力是教师特别需要重视的问题。

2. 注重知识的迁移性训练，强调理论与实践相结合，书本与社会生活相结合。

复习绝不仅仅是简单的重复，它有着全新的面孔、方法、内容、形式和设计，充分激发学生的学习热情，发挥他们的主观能动性，并最终达成培养和提高学生运用知识解决实际问题的能力。在复习过程中，教师加强知识的迁移性训练，以便培养学生举一反三、触类旁通、运用所学知识解决问题的能力，引导学生深刻理解知识，扩大知识的应用范围，培养学生的知识情境化意识以及辨认情境中所含知识的能力。这种迁移，意味着需要将理论与实践相联系，综合思考，发散思维，从而源源不断获取新知识，解决新问题，最终回归于社会实践中去。为达成这一目标，教师在设计复习总结模块时，应注意创设和利用有利于积极迁移的教育契机，注意知识间的联系，精选有代表性的问题和实例。例如：注重将课程理论知识迁移到日常生活生产、科技中的具体事件中去，注重问题的提出背景与具有时代性特色的热点社会问题建立联系等。尽量符合“从生活走向课程，从课程走向社会”这一高等学校课程教育理念，让学生对知识形成正确的迁移。通过这样的迁移，会收到融会贯通、学以致用的效果，可使学生认识到所学课程与生活的紧密联系，激发其学习兴趣，同时也体现了“核心知识能力化，应用知识情景化”的教学理念。

3. 对学生的课程考试有引领衔接作用。

复习总结课教学有丰富的内涵，绝不仅仅是为了考试而做准备，它应该是对课程知识点的系统梳理，将各章节的知识串联起来，呈现出内在的联系，在整体上实现知识的提升，进一步关注学生能力的全面发展和个人人格的完善。然而在强调提高学生分析问题、处理问题的能力，培养学生的创新精神和实践能力的大目标下，复习对考试的引领衔接作用绝不能忽略轻视。课程复习的目标和作用一般都是要通过考试体现出来的，尽管与中学的应试性复习不同，但我们不可全盘否定复习的目的之一仍是为了考试，忽略了这个前提，复习课就将迷失针对性，宽窄失度，效率低下。同时教师也要借助学生对考试关注度比较高的心理，以考试为契机，充分发挥学生的积极主动性，增加学生对课程复习的精力投入。因此，老师备课必须研究试卷，握准考查点，不枝不蔓，直奔主题，在考查点上下足功夫。

4. 需要对知识进行归纳、整理，教学资源要合理配置。

合理地对一门课程的知识进行归纳、整理并且有效的分配有限的教学资源，是教师能够顺利地完成复习总结课程教学的最基本要求。由于学生学习的课时多、时间长，很难将支离破碎的知识连成整体，只见树木、不见森林，导致运用知识的能力不强。无论哪一种类型的复习课，都要将所学的知识进行归纳、整理，进行纵、横向联系，进而优化所学，使其系统化、科学化。

以上这些区别于章节新课的特点，不仅使得复习总结模块的教学具有一定的特殊性，同时对任课教师的要求更加严苛。毕竟对于花费近一学期展开讲授的课程，要在短短的一两次复习课模块全部说到、说对、说清楚，这对教师来说，绝对不是随随便便能做到的。因此，在准备复习总结模块教学时，教师必须充分研究教学计划、教学大纲，吃透教材，理清每个章节所讲授的知识点布局以及各个章节彼此之间知识点的关系、本门课程与前期先修课程以及后续课程之间的联系，即了解课程所有相关知识的纵、横向以及内在联系。只有做好这些分析整理工作，才能精准地拿捏到课程的主脉络，在有限的复习课时内，以四两拨千斤之势将整个框架准确提拉起来。

## 二、课程复习总结模块的目的和意义

复习课是以帮助学生对已学知识进行重新回顾、梳理综合、结构重组、构建体系和形成正确认知结构的一种重要课型。它的教学目的是对课程进行归纳、整理、深化和拓展，并有效地引入到复习与考试阶段。

（1）课程复习总结模块要首尾呼应。课程复习总结模块要与绪论课相联系，首尾呼应，对课程进行总结。在绪论课上，为了让学生对整门课程所研究的对象和主要内容形成整体的认识，同时引起学生的兴趣，引导他们逐步跟随教师顺利进入课程详情，教师会精心准备一些悬念和疑问以推动课程的进行。而悬念绝不能悬而不决，绪论中提出的悬念和疑问，在这里要一一给出答案，并让学生感觉到这些答案或解决方法恰好就分散隐藏在课程所学的各个章节中，感到学可致用，即完成一个设疑—循迹解疑—释疑的完整过程。

（2）把握住总体性。总体性是指对该门课进行总体性的总结，让同学形成总体性的认识。一门课程的进行，从前言——正课——总结，应该是把书从薄——厚——薄的过程，在各个章节详细讲解了难度不同、重要程度不同的大小各类知识点后，教师必须充分利用总结课，将前面各章节拆分讲解的知识重新整合形成一个整体，对该门课程进行总体性回顾，去粗取精，重新把书从厚变薄，提炼出课程精髓。

（3）把握以问题为中心的问题情景式教学。没有问题产生条件下的学习只能是接受式学习，因此学科教学首先应使学生产生问题，复习课教学同样不能例外。教师必须创设良好的问题情境，创设贴近学生生活实际及具有鲜明时代背景的情境，调动学生学习的热情，既复习了重要的知识点，又使学生感到知识来源于生活，又应用于生活。同时，复习本身是一个引导学生弄懂原来不懂的东西、捡回遗忘了的东西、强化重要的东西的过程。所以复习时，教师会对课程中的重点内容和学生中的疑难作进一步的分析，帮助学生解决重点、难点和疑点，从而使学生全面、准确地掌握教材内容，加深理解。而这一环节的驱动力重在设疑、析疑和答疑上，也正是问题驱动。

（4）把握复习课的引申与融合。课程复习课要求教师要重视引申，对问题开放，或对结论开放，或对条件开放，使问题迁移引申，由会一个问题变为会一串问题，从模式中释放出来。另一方面教师在复习总结教学时，要通过对该学科未来发展进行总体性分析和展望，从而将该课程以模块的形式嵌入到整个专业学科中去，从而为其他后续相关课程的开展以及学生进一步学习深造打下良好的基础，也增强了对学科的整体性认识。

（5）从温故知新到能力提高。做到温故知新只完成了复习课一半的教学任务，提高能力才是复习课的落脚点和归宿。温故是形式，知新才是最终目的，教师要有意识地完成梳理知识、提高认知的过程，要在追溯陈旧中发掘新意。从而最终实现对学生的创新潜能、创新意识、创新精神的开发和培养。虽然知新必先温故，但复习课绝不是对旧知识的简单回顾，而是要对已学知识进行巩固、联系、扩展及应用。从学生角度看，通过有效的复习，他们不仅可以进一步理解和掌握已学的知识，还可以理清这些知识间的联系脉络，构建较为系统的知识体系，并能运用这些知识来解决实际问题。从教师的角度看，复习课可以弥补新课教学的不足，拾遗补阙，完善教学过程。

## 三、课程复习总结模块课教学策略

毛泽东曾经说：“我们不但要提出任务，而且要解决完成任务的方法问题。不解决方法问题，任务也只是瞎说一顿。”由此可见方法对于解决问题之重要。同理，采用合适的复习教学方法对高效达成复习总结模块的目的是非常重要的。没有正确、行之有效的复习方法，会直接影响复习总结甚至整门课程的教学效果。为了提高课程复习模块课的有效性，教师在安排好课程复习模块课的内容的同时，也要分析所教授课程的特点、知识布局甚至学生心理，采取合适的复习方法和策略。

（1）充分发挥学生的主观能动性，实现空间时间双重拓展。在复习过程中，激发学生学习兴趣，充分调动学生学习的积极性和主动性，让学生积极、主动地参与复习全过程，特别是参与归纳、整理的过程，而不是用教师的归纳代替学生的整理。通过比较、辨析知识之间的联系，形成一个比较完整的知识网络，获得亲自参与研究活动的体验。过程中要提醒学生不要为了整理而整理，要强调引导学生自己建构个性化的知识网络。要使学生在知识整理的过程中有所发现、有所拓展，使知识结构更具迁移性。然而如果仅仅依靠有限的课堂时间，来发挥学生的主观能动性，难免会影响教师对课堂教学的掌控性，降低课堂效率。为了解决这个矛盾，教师可以考虑复习总结模块从单纯的课堂教学向课前课后以及课外进行空间时间的双重拓展，从而将有限的课堂做一定的延伸，让学生有更多的机会全程参与进来。

（2）与单元小结课有机结合，构建二轮复习法。复习总结课是在讲授完整个课程各章节基础上最后进行的，它不应是一种简单的重复和划划重点，而应该是站在一个新的高度（即学生基本了解了各个章节内容的基础上），根据教学目标，对整个课程作一次新梳理和概括，因此，复习总结的教学设计和内容安排，可以和每一单元的章节小结有效地结合起来，形成一种类似于二轮复习法的学习模式。学生通过较长时间的揣摩和理解，对之前一些不清楚的知识点可能更易接受或感同身受，从而在不断地重复、理解的过程中真正掌握该课程的精髓，并有效地应用到未来学习与工作当中去。

在运用这种策略时，教师要注意理清章节小结与课程总结的关系，切忌将其变成章节小结的简单求和、重复堆积。课程的复习总结模块应该是章节小结的高度概括与升华，是完成章节小结无法进行的或者章节教学已完成仍有必要强调的重难点问题。教师可以从多层次、多角度带领学生认识重点与难点。多角度、多侧面、多种思维方法去解决问题，有常学常新之感，真正达到温故而知新之效。

（3）以课本为主，以考试为契机。期末复习知识点多，覆盖面广，复习时既要牢固掌握基础知识，又要灵活运用基础知识去解决问题，既要全面掌握，又要突出重点。因此，扎扎实实地抓好课本知识点，把课本与资料有机地结合起来，使之互为补充，相得益彰。另外，复习的目的是为了考试，这是不容置疑的前提，复习课中适当突出复习课的“应试性”，通过考点带会知识点，借助学生对复习考试关注度比较高的心理，以考试为契机，完成梳理课程的目的。

（4）全方位多途径促进知识系统化。无论是单元复习，还是考前复习，面临的都不是单一知识点，日常教学积累的局部的、零散的知识点需要整合，教师要善于抓住各知识点之间的联系与衔接，形成脉络体系，高度概括。从横向上对旧知识进行类比，充分挖掘各知识点之间的联系和异同进行归类总结，从纵向上进行深挖，从宽度上进行扩展。即总结梳理，构建网络。而实现这个目的的主要手段一般有网络法、集合法、表格法、列主题纲要等等。这个过程可以通过前面所述的拓展策略，将空间时间拓展后，发挥学生主动性，学生在教师的指引提示下，根据回忆，进行从点——线——面——体的总结，做到把点串成线、把线联成面、再把面结成体，特别是要注意知识点之间纵横向联系和比较，构建知识网络。在这个分项、分步进行整理复习的过程中，教师不仅帮助学生理清主干知识脉络、形成体系，使知识系统化、结构化，更教会学生归纳、总结的方法，加深对知识的理解和记忆，培养学生“学会学习”的能力。

（5）旧知识，新上法。复习课的内容大多是学生已经见过的，往往缺乏新意，学生容易失去兴趣，所以上好复习课的关键在于备课。复习课不是授新课的翻版，要做到“复而不旧”，不仅要在形式上设计出新意，还要在内容上有新意。教师在课前应该精心组织教学内容，确定明确的复习专题，巧妙设计教学环节和方法，突出新意。将要复习的内容作有机的组合，以一种新的问题方式呈现给学生，使学生有新颖感、复杂感和惊奇感，由此来唤起学生的注意，促使学生保持认知加工的主动心理倾向。

## 四、课程复习总结课参考模式

课程复习总结课要体现学生的主体地位，让学生更积极主动地学习，以更高的热情积极参与到复习当中，同时又保证课堂教学的高效连贯性，结合复习课的目的和特点，教师要根据实际情况采用适当的教学策略和方法，尝试将课堂教学进行时间与空间的双重拓展，尽可能将复习总结课的功效发挥到最大。

1. 课前预复习，学生主体性的复习课实现

学生积极参与课堂教学的全过程，主动积极地去学习，就是在课堂教学中落实学生主体作用的主要内容。为了学生主体性在课堂上高效、有序地实现，我们提出复习课课堂教学的纵向延拓:从课中延伸到课前，学生积极参与复习课教学体现在课前的课下进行。在绪论课教学中为了让学生对课程知识形成比较系统完整的知识体系概况，教师会将课程的逻辑结构以方框图的形式表现，建构起一个课程知识框架。根据这个课程知识体系的框架，一方面学生在课程的学习过程中会比较有条理，思路清晰；另一方面知识体系的框架方便学生学完课程之后进行总结，容易将碎片知识形成一个逻辑整体，完成对课程知识框架的细化和丰富，细化和丰富课程知识体系的框架就是一个很好的课程总结。在课程结束两周左右，教师布置让每一个学生自己做一个课程总结（或以小组为单位也可，可以将绪论课的知识框架作为提示），教师在复习课之前收集学生的总结并认真研读，研究总结情况有两个作用：一是作为学生平时成绩的依据之一，另一是作为学生参与课堂教学的信息进行收集。教师收集学生之前参与教学的信息，这些信息是教师讲授复习课的重要依据，学生积极参与复习课教学活动的结果以教师作为载体在课堂上呈现，这种形式既实现了学生积极参与复习课教学的全过程又使得课堂教学高效有序。同时，教师在课堂教学过程中呈现学生的一些好的总结思想、思路、方法，对学生是极大地鞭策和鼓舞，能极大地调动他们主动参与学习的积极性。

2. 复习课课堂活动

课堂教学可按以下步骤进行：打破章节界限，根据知识建立逻辑关联，构建知识体系，与绪论课前后呼应，完成先破后立；细化知识点，丰富知识系统的枝节点，相似知识可采取对比复习法，根据平时收集的信息纠错补漏，完成铺展细化；多方面多层次深化知识，拓展内容，与其他交叉学科建立网络联系，达到丰富深化。复习总结模块课堂活动的主要步骤及作用见表1。

表1.复习总结模块课堂活动主要步骤

| 序号 | 课堂活动主要步骤 | 目的和作用 |
|---|---|---|
| 1 | 打破章节界限，根据知识逻辑关联 | 先“破” |
| 2 | 构建知识体系，与绪论课前后呼应 | 后“立” |
| 3 | 细化知识点，丰富知识系统的枝节点，相似知识可采取对比复习法，根据平时收集的信息纠错补漏 | 铺展细化 |
| 4 | 多方面多层次深化知识，拓展内容，与其他交叉学科建立网络联系 | 丰富深化 |
| 5 | 知识外延和迁移，与生产实践及最新科技成果结合 | 空间延伸 |
| 6 | 与研究课、习题课等模块有效对接，有意强化与研究课相关的知识 | 时间拓展延伸 |
| 7 | 与课程考试的有效对接 | 时间拓展延伸 |

3. 复习课的教学空间从课堂延伸到社会，走向实践

复习课的教学空间跨度大，一方面，它要进行时间拓展，与课程考试进行有效的对接，把复习课延伸到课后；另一方面，它要进行空间延伸，与研究课、习题课等模块进行有效的对接，有意识强化与研究课相关的知识，并与生产实践及最新科技成果结合，做到理论联系实际、理论联系生活，完成知识外延和迁移。复习过程中，要弄清基础知识的内容与内含、联系与拓展、应用与发展等。教师可以对一些自然现象和科技产品的原理进行解释，在对呈现的材料进行阅读、观察和分析的基础上，摒弃不必要的、多余的信息，把生活的原型和现实问题转化成学习问题，并加以解决，从中培养学生问题意识和分析问题、解决问题的能力以及信息的收集与整理、加工与处理能力。复习总结模块教学流程方框图如图1所示。

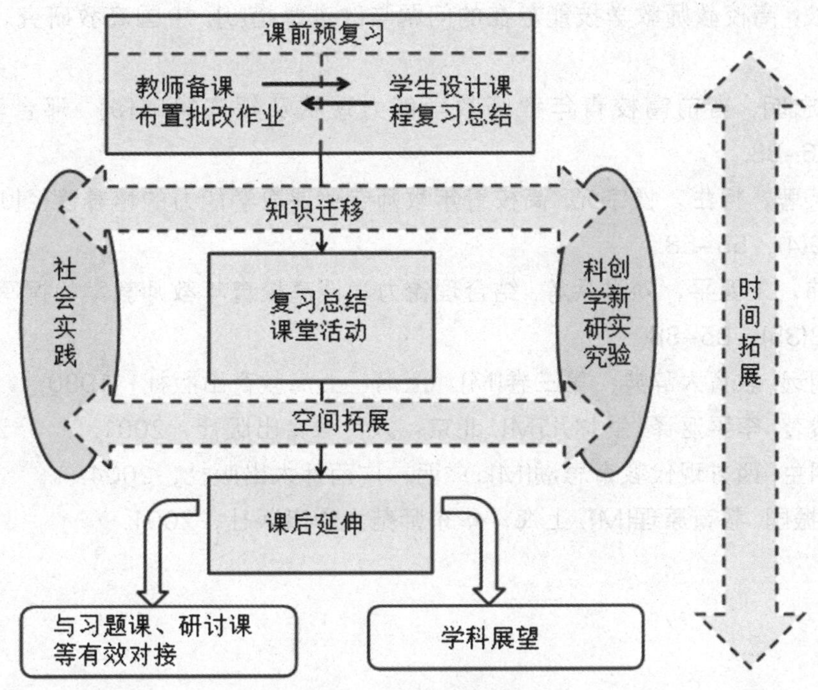


图1　复习总结模块教学流程示意图

孔子云：温故而知新。可见，不论学习什么，复习都非常重要。在平时的教学中，学生学到的都是一些零碎的知识片段，在复习课中，教师就要让学生对所学知识进行重组与整合，形成整体性的认知结构。因而，复习课绝不是旧知识的简单再现，也不是大量知识点的简单堆积，而是将知识点连成线、结成网，使零散的知识在学生头脑中形成网络结构，真正体会本门课程的精髓和目标。如果把每个章节单元，每个重要知识点比作一颗璀璨夺目的珍珠，那么复习总结课程则是教师引领着学生以科学的态度、严谨的逻辑性以及艺术的美感，将各个珍珠以恰当的方式串成一串美丽的珍珠项链的过程，这不仅让各章节单元知识形成了整体以整门课程（项链）的形式深深留在了学生脑海里，更比单颗珍珠提升了整体价值和意义。

## 参考文献：


[1] 张银娟，王永科，李明. 研究型教学模式下的工科课程教学设计[J]. 科技信息，2012(35)：246–355.

[2] 赵菊珊，马建离. 高校青年教师教学能力培养与教学竞赛[J]. 中国大学教学，2008(1)：58–61.

[3] 张波. 高校教师教学技能存在的问题与改进举措[J]. 中国高教研究，2007(4)：91–92.

[4] 张志明. 当前高校青年教师教学能力现状及提高策略[J]. 邢台学院学报，2010(3)：86–88.

[5] 王芙蓉，何生，侯宇光. 高校青年教师专业课教学能力的培养途径[J]. 中国地质教育，2010(4)：55–58.

[6] 刘伟，朱西平，刘洪兵等. 结合理论力学谈高校青年教师教案的撰写[J]. 力学与实践，2013(35)：85–88.

[7] 顾明远. 教育大辞典：第三卷[M]. 上海：上海教育出版社，1990.

[8] 卢梭著. 李平沤译. 爱弥儿[M]. 北京：人民教育出版社，2001.

[9] 王枬主. 西方现代教育思潮[M]. 广西：广西师大出版社，2004.

[10] 袁振国. 教育原理[M]. 上海：华东师范大学出版社，2001.

# 《微波技术》绪论课教学设计教案

吕洪君
电子科学与应用物理学院

**科目名称：**《微波技术》

**章节名称：**绪论

**主要的教学技能：**综合技能

**教学目标：**通过《微波技术》绪论课教学，让学生了解微波技术的发生发展，尤其是微波技术在科学技术中的应用，激发学生主动学习微波技术课程的积极性。

**知识与技能：**掌握微波的概念及其发展历史，掌握微波的特性及其应用领域，掌握微波技术的内容及其发展历程，了解微波技术这门课的内容框架及其学习方法。

**过程与方法：**讲授法为主，讨论启发式教学。由生活中的常见现象产生新问题，激发学生学习微波的热情与好奇心、了解其发展历史并探讨其特性，关心其应用领域，关注微波技术所包含的内容和相应的学习方法。

**情感态度与价值观：**培养学生善于发现、善于探索的求新能力，以及专业素养和应用理论知识解决工程问题的能力，引导学生对微波技术有个感性具体的认识，激发他们求知欲望。

**教学重点：**微波的概念、特性及其应用领域，明确微波技术这门课的具体内容及学习方法。

**教学难点：**微波由于自身的特性，具有广阔的应用领域。然而微波也是电磁波，其理论基础涉及场论，如何将抽象的内容具体展现，如何激发学生学习热情，掌握科学的方法进行学习是教学过程中比较难的一块内容。

**教学参考资料：**

（1）王培章等著，微波射频技术电路设计与分析，北京：国防工业出版社，2012

（2）栾秀珍等著，微波技术，北京：北京邮电大学出版社，2009

**教学过程：**

| 教学环节 | 教学目的 | 教学内容 | 教师活动 | 学生活动 | 教学技能 | 设计依据 |
| --- | --- | --- | --- | --- | --- | --- |
| 导入 | 联系生活实际，创设问题情境，激发学习兴趣，引发探究欲望 | 各位同学，大家好，今天我们就要开始学习微波技术这门课了，大家请看一张图，它表示的是各大通讯公司对5g网络的试验内容。虽然国内的3g网络(网速1000Kb)尚未完全普及，4g网络也才刚刚启用，但是日本运营商NTT Docomo最近却宣布已经开始了对5G网络的实验。参与NTT Docomo 6GHz以上频谱 5G试验的公司有阿尔卡特朗讯、爱立信、富士通、NEC、诺基亚和三星。特别是在最近的新闻中，NTT Docomo宣布了希望在2020年实现5G网络的商用。与现有LTE网络的网速相比，5G网络速度最高可达10Gbps。是现有网速的1000倍，这一数字无疑是惊人的。而不断促进移动通信的提高的正是微波技术以及相关学科的蓬勃发展（见附录1） | 用PPT展现最新5G网络频道，引导学生对新知识的好奇心理。 | 观看PPT，新技术引起新的思考问题； | 导入技能演示技能（PPT） | 从心理学角度，根据学生特点，激发学生学习兴趣 |

| 教学环节 | 教学目的 | 教学内容 | 教师活动 | 学生活动 | 教学技能 | 设计依据 |
| --- | --- | --- | --- | --- | --- | --- |
| 引出新课（提出本节课需要解决的问题） | 揭示题目，围绕问题展开探索研究 | 那什么是微波技术呢？它的具体内容和理论体系是怎么样的呢？微波技术又是怎样起到出如此关键的作用的呢？接下来，请大家跟我一起走进今天这堂绪论课，初步认识一下微波及其相关技术。虽然今天这堂课不能深入到每一个细节，但是我希望这堂课可以给大家打开一扇窗户，通过窗外美丽的风景，激发大家的学习兴趣，同时作为一盏明灯，为同学指引今后的学习方向、提供必要的学习方法（见附录2、3） | 引导学生思考目前需要解决的关键是哪些？形成本节课的内容框架 | 听讲思考，发现问题症结所在 | 导入技能<br>提问技能<br>演示技能（PPT） | |

| 教学环节 | 教学目的 | 教学内容 | 教师活动 | 学生活动 | 教学技能 | 设计依据 |
|---|---|---|---|---|---|---|
| 讲授新课 | 正面给出绪论课的内容框架，回顾历史，感性微波概念，加深对其具象理解 | 先回顾一下电磁波理论的发展历史。我相信大家都知道这样一个故事，在1752年的时候，美国科学家富兰克林尝试用风筝捕捉闪电，虽然这一举动十分危险而且备受争议，但正是这种无所畏惧的精神鼓舞了后来的科学家们不断地探索和研究电学。从那以后，人们飞速地展开了对电学的研究。1785年库仑定律的出现，表明了人们对电学的研究从定性进入定量阶段。1820年奥斯特电流磁效应的发现成功地将电与磁联系到了一起，开拓了物理学史上的一个新纪元。1831年诞生的法拉第电磁感应定律更是启发了英国的物理学家麦克斯韦，他尝试使用精准的数学形式来概括法拉第的思想，并且在前人成就的基础上，对整个电磁现象作了系统、全面地研究和总结，最后产生了伟大的麦克斯韦方程组（见附录4） | 回顾电磁理论的发展历史，突出对象的发展空间的特殊事件的节点，加强学生具象认识 | 听讲，在老师引导下思考微波理论发展阶段特点 | 演示技能（PPT）讲解技能 | 选择多媒体手段突出教学内容 |

| 教学环节 | 教学目的 | 教学内容 | 教师活动 | 学生活动 | 教学技能 | 设计依据 |
|---|---|---|---|---|---|---|
| 正面剖析微波 | 基于三大实验定律，由数学表达式之间的推演，再次具体展现电磁理论的发展历史。 | 现在大家看到的这张图很好地诠释了麦克斯韦方程组的产生基础、发展历程及其具体内容。它由四个方程组成，分别是描述电荷如何产生电场的高斯定律、论述磁单极子不存在的高斯磁定律、描述电流和时变电场怎样产生磁场的位移电流假说和安培定律、描述时变磁场如何产生电场的法拉第电磁感应定律。麦克斯韦方程组揭示了电场与磁场相互转化中产生的对称性美，这种对称性的优美是以数学形式反映出来的电磁场的统一本质。它有积分和微分两种表达形式。基于麦克斯韦方程组，1865年麦克斯韦预言了电磁波的存在。1887年，赫兹用实验证明了电磁波的存在，从此便拉开了人们利用研究电磁波技术的序幕 | 给出数学表达形式的物理公式，层层推导，循循善诱，引导学生领略到麦克斯韦方程的对称性 | 听讲，理解和思考 | 演示技能（PPT）讲解技能 | |

| 教学环节 | 教学目的 | 教学内容 | 教师活动 | 学生活动 | 教学技能 | 设计依据 |
|---|---|---|---|---|---|---|
| | 引出微波概念<br>一般抽象到一般具体。 | 电磁波包括的范围很广，实验证明，无线电波、红外线、可见光、紫外线、$x$射线、$\gamma$射线都是电磁波。那我们这门课中所谓的微波是什么呢？微波就是指频率处于特定范围内的电磁波。从这个电磁波的频谱图，我们可以看出微波波段的频率范围是在300Mhz到3000Ghz之间，波长对应的在1m到0.1mm之间，整个频率是相对较高的。它正好处于超短波和红外光之间。在以往的课程中，比如在高频电子线路中，我们关注的是短波的部分；在大学物理光学部分中，我们关注的就是可见光的部分，而在微波技术课程中，我们研究的则是微波这一频段的电磁波 | 从一般的电磁理论到特殊的对象——微波，提示学生回顾以前相关的知识，引导学生利用旧知识分析新问题 | 回顾电磁波及电磁波谱，与高频电子线路及物理光学相比，确定微波的频段特征 | 演示技能（PPT）讲解技能 | 以科学方法论为依据，运用一般—特例式的教学模式进行分析和综合 |

| 教学环节 | 教学目的 | 教学内容 | 教师活动 | 学生活动 | 教学技能 | 设计依据 |
| --- | --- | --- | --- | --- | --- | --- |
|  | 明确微波的特征 | 那这一频段的电磁波具有什么样特性和优势呢？我们为什么要研究它呢？首先，微波所在的这个频段的频率是比较高的，而且所占的频带大概是300MHz，而全部长波、中波、短波频段所占的频带总和也不足300MHz，这说明如果利用微波来通信的话，通信频带会比较宽，信息容量大。另外，微波能够穿透电离层，还能穿透云、雨和植被，甚至生物体，而这是红外与毫米波频段的电磁波所不具有的一种特性，也就是说它可以能够深入物质内部。因此微波可以用来研究和分析分子和原子的精细结构，形成“微波波谱学”，这也体现了它的“量子特性”。再者，微波还具有似光性。什么是似光性呢？就是当微波的波长较小时，微波照射到这些物体上时将产生强烈的反射，这与光的特性类似。根据这一特点，我们可以利用微波来确定物体的方向和距离，这就为通信、导弹的定位和雷达的发展提供了必要的条件。（见附录5、6、7、8） | 从电磁波谱所处位置、从其本质特征初步探讨其广阔的应用空间 | 看图，听讲，在老师引导下思考，微波的特性和优势 | 演示技能（PPT）<br>提问技能<br>讲解技能 | 以科学方法论为依据，运用一般—特例式的教学模式进行分析和综合 |

| 教学环节 | 教学目的 | 教学内容 | 教师活动 | 学生活动 | 教学技能 | 设计依据 |
|---|---|---|---|---|---|---|
| 引出微波技术 | 雷达方面的应用 | 特别是在雷达方面，微波技术具有广阔的应用空间。生活中，比如大家比较熟悉的的倒车雷达；军事上，有基地雷达，还有装在飞机上的机载雷达。另外还有十分先进的美国的海基$x$波段雷达。从外观上大家就可以看出来海基$x$波段雷达的与众不同。实际上这个雷达装配在一个巨大的海上平台上，这个平台由海底石油钻井平台改进而成。这个雷达系统最大的特点是能够在水面上航行，将不用拖船，自动驶往部署基地。而且它可以在全球范围内部署，能提供来袭导弹的重要数据，而在导弹防御系统内，没有任何其他平台能提供所有这些功能。由此我们可以认识到微波对于军事领域有着很大的贡献，它给军事防御和监测带来了极大的便利 | 列出各式雷达，体现微波对于雷达的重要性 | 看图、听讲，理解 | 演示技能（PPT）讲解技能 | |

| 教学环节 | 教学目的 | 教学内容 | 教师活动 | 学生活动 | 教学技能 | 设计依据 |
| --- | --- | --- | --- | --- | --- | --- |
| | 其它应用 | 那么除这之外，微波在生活中还有哪些应用呢？可能大家最容易想到的就是微波炉了。这是微波炉的原理图。微波炉实际上就是将微波的能量传递到食物上，从而加热食物。那么我想问同学们一个问题，为什么在微波炉的使用过程中，微波能加热食物，但却不会作用在人体上？其实我以前在使用微波炉时就担心微波可能会把我自己给烤熟，那么会不会有这个可能呢？答案我们会在下节课为大家揭晓。<br>除了微波炉之外，微波在无线通信、导航上也有许多应用。比如说gps，wifi网络，还有大家手机上的移动通信。这些应用也说明了微波已成为了我们生活中不可或缺的一部分。<br>另外，在微波遥感和射电望远镜等技术中也用到了微波。在遥感方面，因为微波具有穿透性，不受云雨等天气因素的影响，并能透过植被和沙土，从而能够很轻松地获得地面以下的信息。这也说明了微波可以作为科学研究的一种手段来为科研工作者所用 | 从日常生活中的微波炉到无线通信、导航等等，展现了微波广泛的应用空间 | 听讲，思考 | 演示技能（PPT）<br>讲解技能 | |

| 教学环节 | 教学目的 | 教学内容 | 教师活动 | 学生活动 | 教学技能 | 设计依据 |
| --- | --- | --- | --- | --- | --- | --- |
| | 引出微波技术并展现了微波技术本身发展历程 | 微波可以得到如此广泛的应用，是因为微波技术以及其理论已经发展到很成熟的水平了。<br>（见附录9、10）<br>在1885年到1887年间，oliver Heaviside简化了麦克斯韦理论中复杂的数学表达，使其更加适用于应用科学，并引入矢量概念，从奠定了导波和传输线理论基础。<br>1897年，数学物理学家Lord Rayleigh从数学上证明了波可以在圆波导和矩形波导中传播，并且可能存在无限的TE和TM模，并存在截止频率。直至1936年，有两位科学家分别同时公开发表了其实验结果和应用，一个是MIT的W.L.Barrow,他完成了空管传输电磁波的实验；另外一个是AT&T的George C.Southworth,他们把波导用作宽带传输线，并且申请了专利。这些工作奠定了规则波导的理论基础。<br>在20世纪40年代第二次世界大战期间，雷达的出现和发展使得微波理论和技术得到了人们的高度 | 从微波技术发展的特殊节点间接导出微波技术所涉及的内容 | 抓住历史事件的本质 | 演示技能（PPT）讲解技能 | 有问有答，呼应学生的疑惑，分析引导，达成教学目标 |

| 教学环节 | 教学目的 | 教学内容 | 教师活动 | 学生活动 | 教学技能 | 设计依据 |
|---|---|---|---|---|---|---|
| | | 重视。当时，麻省理工学院（MIT）专门建立了辐射实验室，在研究雷达理论和应用的基础上发展了微波网络理论。<br>在20世纪50年代，平面传输线得到广泛关注，首先是R.Barrett发明了带状线，接着出现了微带线、共面波导和鳍线等。这些平面传输线体积小，造价低，易于二极管、三极管等有源器件集成。随着制作工艺的提高，已被广泛用于微波技术所涉及的各个领域，频段不断提高。在20世纪60年代末生产出第一片单片微波集成电路，这是将传输线、有源器件和其他元件集成在一片半导体基片上。微波器件的发展与材料、加工工艺紧密相关。目前研究重点向单片集成和毫米波段方向发展。（见附录11） | | | | |

| 教学环节 | 教学目的 | 教学内容 | 教师活动 | 学生活动 | 教学技能 | 设计依据 |
| --- | --- | --- | --- | --- | --- | --- |
|  | 具体阐述微波技术的内容框架 | 在微波技术这门课中，主要是介绍上述所提到的这些重要的微波理论，希望大家对于整个理论体系有个较全面的认识。<br>首先，第一章是传输线理论，而传输线实际上就是能引导微波向一定方向传输的导体或者说介质，它能使得微波可以按照规定的线路传播。在这一章里，我们将运用双导线的模型，导出电报方程，再结合电磁场理论，求解在微波传输时导线上的电流电压分布。依据边界条件，确定在不同情况下的电压波、电流波的表达式。除此之外，本章还定义了很多传输线的特性参量，并分析了行波、驻波以及行驻波工作状态时的传输特性。<br>第二章对规则波导进行了讨论。什么是波导呢？顾名思义，波导就是传播电磁波的导体。其实在功能意义上说波导和传输线的意思是一样的，都是用来引导电磁波传输的，但是传输线一般是由多个导体组成，而波导一般是由单个单体组成。第一章讨论的是微波传输线的共性，而第二章则是从场的角度来分析规则波导 | 全面认识微波技术的理论体系，共五章 | 听讲，理解五章内容之间的联系 | 演示技能<br>讲解技能 | 选择多媒体手段突出教学内容 |

| 教学环节 | 教学目的 | 教学内容 | 教师活动 | 学生活动 | 教学技能 | 设计依据 |
| --- | --- | --- | --- | --- | --- | --- |
| | | 的传输特性。一般的方法是求解满足边界条件的麦克斯韦方程，得到波动方程。再利用规则波导的性质，通过分离变量法和纵向场法求解波动方程，得到全部场分量的表达式。最后将规则波导分为矩形波导、圆波导来分析他们的波形和场分量特性。<br>第三章与第二章的研究方法类似，但是对象不同。第三章主要讨论的是平面传输线。这种微波传输线相对于规则波导是一种较为新型的传输系统。本章主要对于带状线、微带线的特性和设计方法做出讲解。<br>第四章是微波谐振腔，它相当于低频回路中的LC振荡回路，这一章主要对不同谐振腔的特性参数进行了讨论。<br>　　除了微波传输线和微波谐振腔之外，我们仍需要其他元件才能保证整个微波系统能正常运行，比如终端负载、电抗元件、分支元件、定向耦合器等。<br>　　第五章介绍微波网络，微波网络就是将一个包含各种微波元件的微波系统等效成一个整体，忽略其内部的结构，来分析它的外部特征 | | | | |

| 教学环节 | 教学目的 | 教学内容 | 教师活动 | 学生活动 | 教学技能 | 设计依据 |
|---|---|---|---|---|---|---|
| | 对其学习给出方法建议 | 这些就是我们这门课程的内容纲要，较为详细的内容我们将在后续的课程中为大家一一介绍。可以看到微波技术这门课所需要掌握的知识点还是比较多的，那我们应该怎么来学习这门课呢？在学习的过程中我们还需要注意哪几点呢？<br>（见附录12、13）<br>首先，可以看到整个微波理论体系的发展与数学的运算和推导是离不开的。在学习的过程中，如果大家只是进行泛泛地阅读，或者是刻意去记公式，显然这是不可取的。所以平时大家就应该注意基本公式的推导过程，这样才能理清脉络，对整个知识的来龙去脉有个比较清楚的认识。<br>另外，这门课程需要一定的数学基础，比如在微波网络中就用到了矩阵和线性代数的知识，而且现在微波传输线常与一些有源器件进行集成，所以电路的知识也是需要掌握的。也就是说相关课程的知识也是必不可少的。特别是现在有一些专业的应用软件，可以来设计一些微波元件，或做一些复杂的运算，如果在学有余力 | 积极引导学生科学看待微波技术课程的学习，树立学习信心 | 听讲，在老师引导下思考，找出适合自己的学习方法要点 | 演示技能（PPT）讲解技能 | 讲授法、引导－探究式教学方法，完成教学内容 |

| 教学环节 | 教学目的 | 教学内容 | 教师活动 | 学生活动 | 教学技能 | 设计依据 |
| --- | --- | --- | --- | --- | --- | --- |
| | | 的情况下，能够掌握一些软件，也是很不错的。<br>此外，大家也感觉到了这门课理论性比较强，如果大家能够进入实验室进行一些实践，学以致用，这将对于大家的学习是很有帮助的。只有积极参与实践，才能巩固所学知识，将知识转化为能力（见附录14、15） | | | | |

| 教学环节 | 教学目的 | 教学内容 | 教师活动 | 学生活动 | 教学技能 | 设计依据 |
| --- | --- | --- | --- | --- | --- | --- |
| 激励拓展 | 指出国内微波技术发展水平与国外的差距，激励学生的学习动力与愿望。 | 说到这，我相信大家对于微波技术这门课已经有了一些初步的了解了。学好这门课对于以后想从事相关行业的同学来说是非常有必要的。我国微波技术发展迅速，但是相比于国外，我国在科学研究方面仍有一定差距。这就需要同学们学好理论知识，多多实践，争取以后能为我国的微波事业贡献出自己的力量。<br>下面是我们的参考书目和参考网站，大家也可以多多浏览一些课外的资料。<br>谢谢大家，那么今天的课程到此结束（见附录16） | 指出国内与国外的技术差距，鼓励学生努力学习 | 看到差距，思考 | 演示技能(PPT) | 现代教学理论。总结强调提升在达成知识与技能的教学目标的基础上，同时达成情感态度与价值观目标。引发深入思考 |

| | |
|---|---|
| 课堂小结 | 你的收获是什么<br>（1）理解微波的概念定义及特性；<br>（2）掌握了微波技术所包含的内容以及学习方法；<br>（3）了解微波理论及微波技术发展历史；了解微波作为一种手段，它的相关技术及其应用范围 |
| 课后思考 | 课后思考题：<br>学习微波技术这门课所需要的数学基础及电磁理论，你准备好了吗? |
| 板书设计 | 略 |
| 教学反思 | （1）微波技术的绪论涵盖了这门课几乎所有的知识点，概念多、涉及面广。同时，它的理论基础是电磁理论，抽象晦涩。平铺直叙的推演、讲解会容易显得乏味枯燥，缺乏吸引力。这次课程的设计变成以生动的应用、有趣的、微波及其技术的发展历程，吸引学生的兴趣，再将所涵盖的内容适时的、有逻辑的穿差其中，最后给出了学习这门课的方法和建议，最终完成了这次绪论课教学内容。诠释了微波的概念及其特性，展现了微波技术的内容和学习特点。在教学过程中，设计的每一个研究的问题，都充分挖掘其营养，从多角度展开引导学生思考，调动了学生的发散思维。每一个问题都是学生经过思考、讨论解决的，而不是直接给予的东西，这有利于对学习活动本身产生兴趣。有了兴趣，即使遇到困难，学生也会去积极克服。<br>（2）我们在课上以探索为主，激发学生积极的学习态度，但在趣味性上还有所欠缺一点，由于时间关系，给予学生自主探索的时间略少，应更积极大胆的放手让他们自己讨论尝试解决问题，语言上要多鼓励显示出学生的主体地位，激发学生学习的兴趣，增强科学研究信心，体验到学以致用的快乐。<br>（3）通过大量生动的图片及多媒体技术，掌握科学研究的方法，培养观察能力。训练分析、思维和创造能力，提高科学素养。充分发挥了学生的主动性和创造性 |

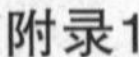

| 附录1 | 附录2 |
|---|---|
| 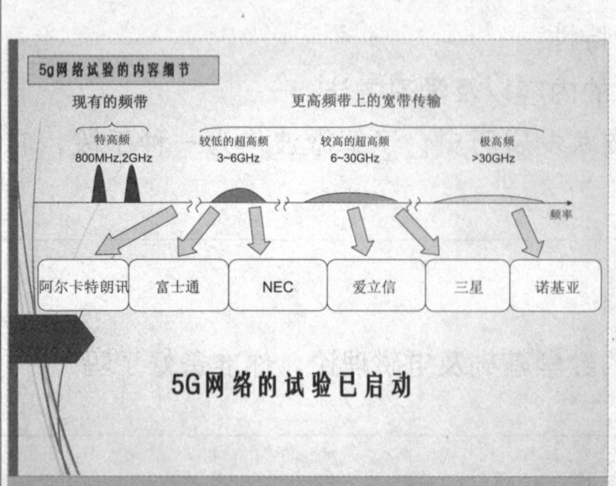 |  |
| 附录3 | 附录4 |
| 微波技术绪论课的主要内容<br>1. 电磁波理论的发展历史<br>2. 微波概念的引入<br>3. 微波的特性<br>4. 微波在各个领域中的应用<br>5. 微波技术的发展历程<br>6. 课程内容的介绍<br>7. 学习方法和要点<br>8. 参考书目和网站 |  |
| 附录5 | 附录6 |
| 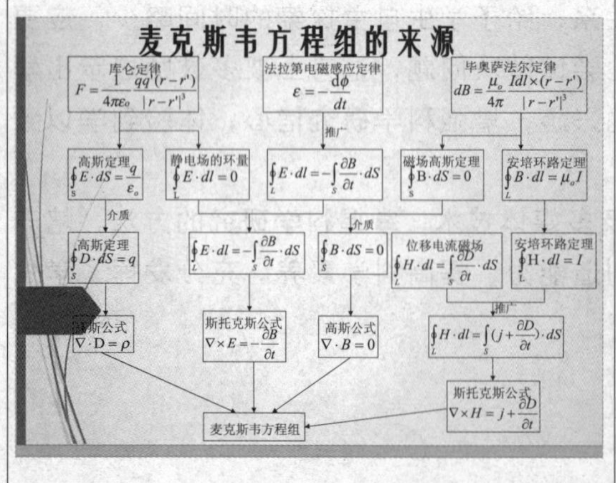 | 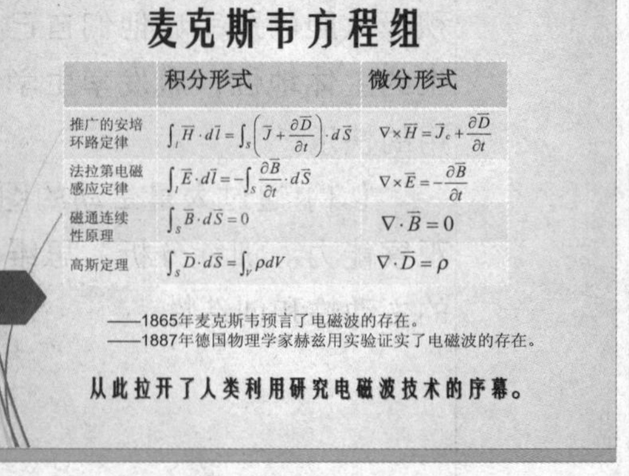 |

附录7

**电磁波频谱图**

超长波　长中短波　超短波　微波（分米波　厘米波　毫米波　亚毫米波）　红外线　可见光　紫外线　X射线　γ射线

高频电子线路等课程

大学物理光学

微波：频率非常高。波长范围：1m到0.1mm。频率范围：$3\times10^{8}$Hz ~ $3\times10^{12}$Hz。

横观“左邻右舍”它处于超短波和红外光波之间。

附录8

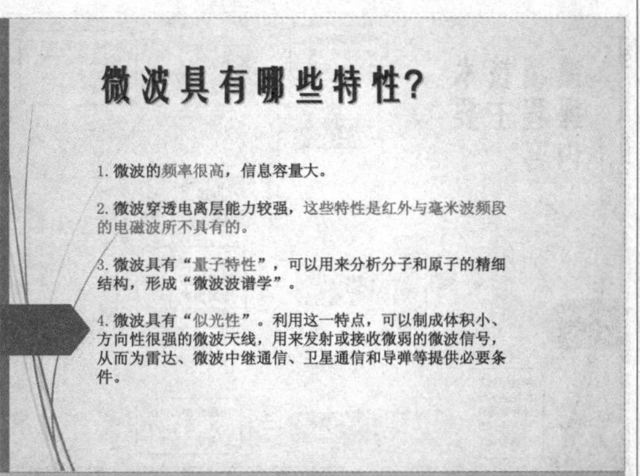


附录9

附录10

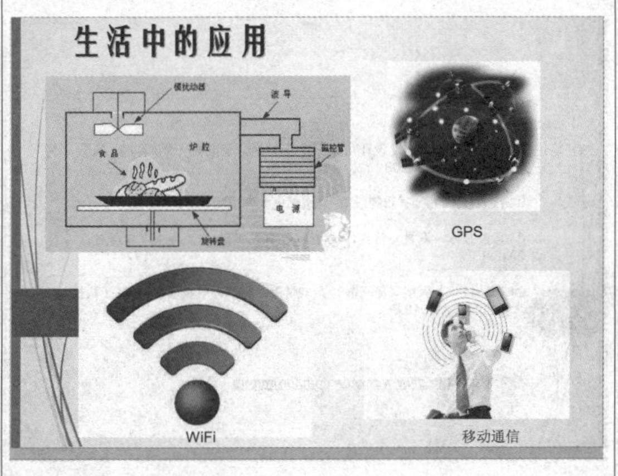


附录11

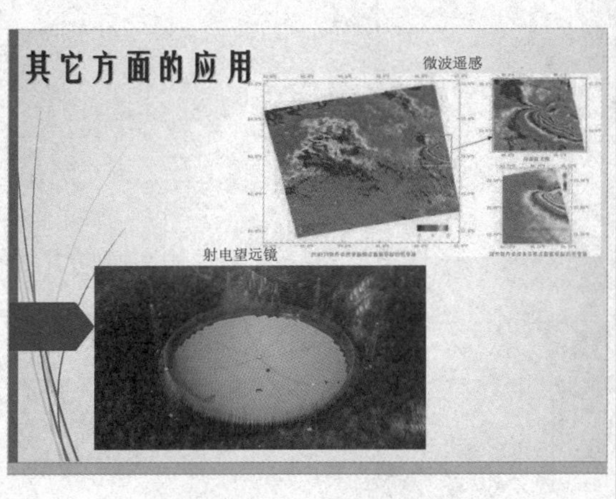


附录12

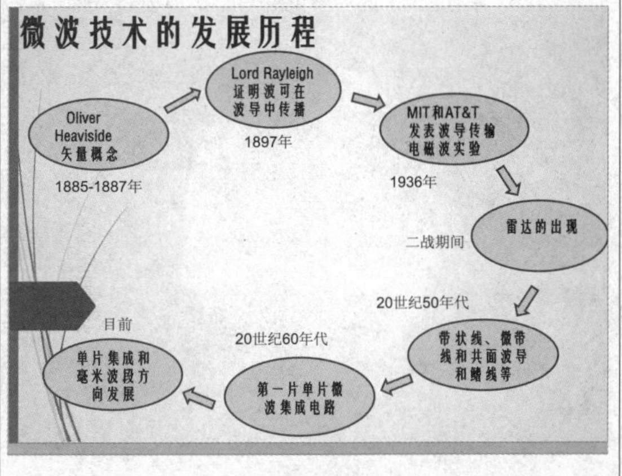

## 附录13

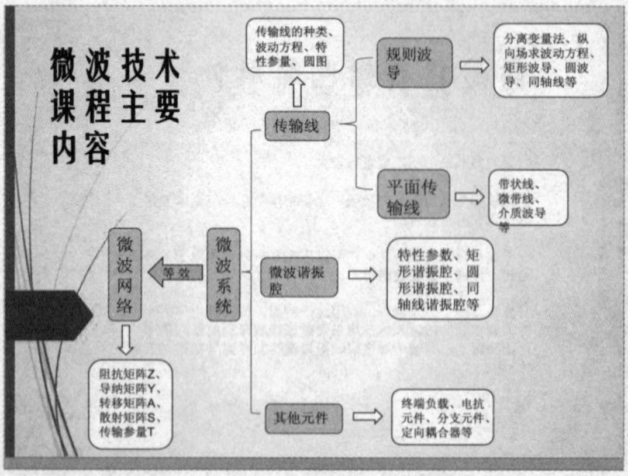

微波技术课程主要内容

微波系统
传输线
传输线的种类、波动方程、特性参量、圆图
规则波导
分离变量法、纵向场求波动方程、矩形波导、圆波导、同轴线等
平面传输线
带状线、微带线、介质波导等
微波谐振腔
特性参数、矩形谐振腔、圆形谐振腔、同轴线谐振腔等
其他元件
终端负载、电抗元件、分支元件、定向耦合器等
等效
微波网络
阻抗矩阵Z、导纳矩阵Y、转移矩阵A、散射矩阵S、传输参量T

## 附录14

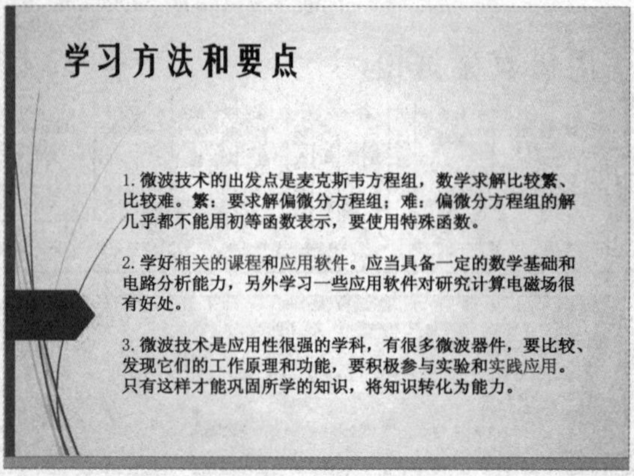

学习方法和要点

1. 微波技术的出发点是麦克斯韦方程组，数学求解比较繁、比较难。繁：要求解偏微分方程组；难：偏微分方程组的解几乎都不能用初等函数表示，要使用特殊函数。

2. 学好相关的课程和应用软件。应当具备一定的数学基础和电路分析能力，另外学习一些应用软件对研究计算电磁场很有好处。

3. 微波技术是应用性很强的学科，有很多微波器件，要比较、发现它们的工作原理和功能，要积极参与实验和实践应用。只有这样才能巩固所学的知识，将知识转化为能力。

## 附录15

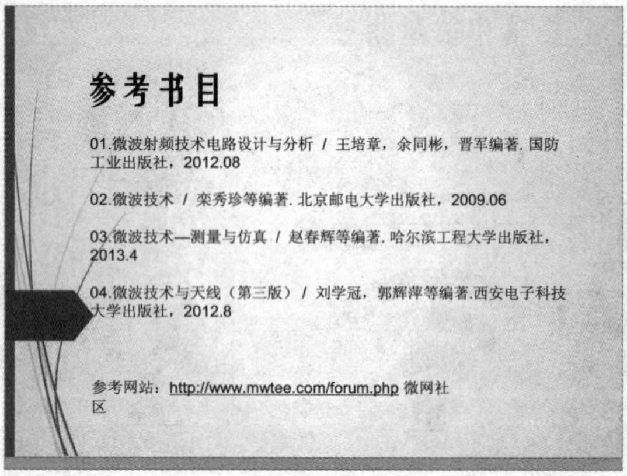

参考书目

01.微波射频技术电路设计与分析 / 王培章，余同彬，晋军编著. 国防工业出版社，2012.08

02.微波技术 / 栾秀珍等编著. 北京邮电大学出版社，2009.06

03.微波技术—测量与仿真 / 赵春辉等编著. 哈尔滨工程大学出版社，2013.4

04.微波技术与天线（第三版） / 刘学观，郭辉萍等编著.西安电子科技大学出版社，2012.8

参考网站：http://www.mwtee.com/forum.php 微网社区

# 《光电子技术》绪论课教学设计教案

吕洪君
电子科学与应用物理学院

**科目名称：**《光电子技术》

**章节名称：**绪论

**主要的教学技能：**综合技能

**教学目标：**通过《光电子技术》绪论课教学，让学生了解光电子技术的发生发展，尤其是光电子技术在科学技术中的应用，激发学生主动学习光电子技术课程的积极性。

**知识与技能：**光电子作为研究对象，掌握其具体内涵和特征，了解光电子技术的发展历史，了解光电子技术的内容及其应用领域、发展方向，掌握光电子技术这门课的学习方法。

**过程与方法：**讲授法为主，讨论启发式教学。由生活中的常见现象产生新问题，激发学生学习光电子的热情与好奇心、了解其发展历史并探讨其特性，关心其应用领域，关注光电子技术所包含的内容和相应的学习方法。

**情感态度与价值观：**培养学生善于发现、善于探索的求新能力，以及专业素养和应用理论知识解决工程问题的能力，引导学生对光电子技术有个感性具体的认识，激发他们求知欲望。

**教学重点：**光电子所研究的具体对象的概念、特性及其应用领域，明确光电子技术这门课的具体内容及学习方法。

**教学难点：**光电子就是光波段的电子技术，从本质上看，它也是电磁波，所涉及的理论基础是抽象的，因此如何体现其自身的特点，凸显其独特的教学内容，如何激发学生学习热情，掌握科学的方法也就成了是教学过程中比较难的一块内容。

**教学参考资料：**

（1）彭江德著．光电子技术基础．北京：清华大学出版社，1988

（2）梅遂生著．光电子技术．北京：国防工业出版社，1999

**教学过程：**

| 教学环节 | 教学目的 | 教学内容 | 教师活动 | 学生活动 | 教学技能 | 设计依据 |
|---|---|---|---|---|---|---|
| 导入 | 联系生活实际，创设问题情境，激发学习兴趣，引入题目 | 在信息技术飞速发展的这个时代，我们的生活已经离不开信息的交流。当你出门为大量汽车造成的交通拥堵而烦恼时，是否会想倘若大量信息在传输过程中也产生拥堵，那我们的生活会变成什么样呢？人间地狱？当然这有点夸张，但的确不可想象。当你在科幻电影中感受到激光武器强大的威力和它独特的魅力时，是否对激光的产生也充满好奇，想知道它的工作原理是什么吗？其实，这些问题的答案都与我们将要学习的光电子这门课程密切相关。学完这门课，相信大家对这些新奇的事物会有一个科学的认识和理解（见附录1–4） | 用PPT展现最新5G网络频道，引导学生对新知识的好奇心理 | 观看PPT，新技术引起新的思考问题 | 导入技能<br>演示技能<br>提问技能（PPT） | 从心理学角度，根据学生特点，激发学生学习兴趣 |

| 教学环节 | 教学目的 | 教学内容 | 教师活动 | 学生活动 | 教学技能 | 设计依据 |
| --- | --- | --- | --- | --- | --- | --- |
| 引出新课（提出本节课需要解决的问题） |  | 今天这堂课，要和大家一起来探讨光电子研究对象及其特征、光电子发展过程、光电子主要内容、光电子应用、光电子技术展望以及如何学好光电子技术，这六个方面的内容。<br>（见附录5） | 列出本课的六个纲要，形成本节课的内容框架 | 听讲思考，对今天的内容有个初步的逻辑认识。 | 演示技能（PPT） |  |
| 讲授新课 | 阐述光电子的作为研究对象的本质特征 | 光电子究竟是什么呢？从名字上看，我们就可以得出它与既与光子有关，又与电子有联系。我们知道：光子技术的研究对象包括光子与物质的相互作用、光子的特性以及光子在自由空间或物质中的运动与控制，这部分内容主要是在大学物理光学中已经讲过；而电子技术的研究对象是包括电子的特性、电子与物质的相互作用及电子在自由空间或物质中的运动与控制，这部分内容在大学物理电磁学以及电磁场与电磁波课程中讲过。了解了光子技术和电子技术的研究对象，我们也能很容易得出光电子技术研究对象：光与物质中的电子相互作用及其能量相互转换的相关技术，也是光波段的电子技术（见附录6） | 回顾光子、电子技术特征，突出光电子的特点，加强学生具象认识 | 听讲，在老师引导下思考光电子作为研究对象的特性 | 演示技能（PPT）讲解技能 | 选择多媒体手段突出教学内容 |

| 教学环节 | 教学目的 | 教学内容 | 教师活动 | 学生活动 | 教学技能 | 设计依据 |
|---|---|---|---|---|---|---|
| | 光电子的特征。 | 光电子技术在信息技术中占据着举足轻重的地位,而这是与它独有的特征分不开的,光电子同单纯的电子技术相比，其波长极短，频率特别高，它的各种优势都和这个特性分不开。长波频率为100KHz～300KHz，对应波长为3km~1km；中波频率为300KHZ~3MHZ，对应波长为lkm~100m；短波频率为3M～300MHz，对应波长为10～1m。而光波却涵盖整个范围，因此光电子涉及的角分辨率、距离分辨率、光谱分辨率要比长/中/短波高得多（见附录7–8） | 波长极短、频率极高的光电子，对比教学，引导学生对其产生具体认识 | 听讲，理解 | 演示技能（PPT）讲解技能 | 以科学方法论为依据，运用一般—特例式的教学模式进行分析和综合 |

| 教学环节 | 教学目的 | 教学内容 | 教师活动 | 学生活动 | 教学技能 | 设计依据 |
|---|---|---|---|---|---|---|
| 应用 | 引出光电子的三大优势。 | 面对光电子的诸多特征，如何将这些特征转化为它的优势呢？我们可以用小天线得到高的角分辨率，这是因为激光波长远短于微波。基于同样的理由，在无源光电探测系统中，红外系统和可见光CCD摄像系统，它们的角分辨率也很高。对于一些高精度激光测距系统，激光脉冲宽度可达100ps，信号带宽达10GHz，距离分辨率达1.5cm。并且对距离大于6000km的人造卫星进行激光测距时，距离分辨率可优于1mm。而光电子最大的特征，就是频带宽、通信容量大。其中，光子的频率，与光传输的速度和光的波长有关。正是由于光子具有很宽范围的波长，频率或者能量，所以它能够携带的信息量，比电子大得多。光电子所具有的这些优势，我想足以成为大家学习光电子技术这门课的理由（见附录9–11） | 通过具体应用事例突出光电子的优势 | 听课、理解 | 提问技能<br>演示技能（PPT）<br>讲解技能 | |

| 教学环节 | 教学目的 | 教学内容 | 教师活动 | 学生活动 | 教学技能 | 设计依据 |
|---|---|---|---|---|---|---|
| | 回顾光电子技术发展简史 | 接下来，我们先来了解一下光电子技术的发展简史。大致来说，它主要经历了三个发展阶段。第一阶段，标志事件——光电探测器的问世。1873年，英国W. R. 史密斯发现了硒的光电导特性(内光电效应)，内光电效应是光电效应的一种，主要由于光量子作用，引发物质电化学性质变化（比如电阻率改变）。内光电效应又可分为光电导效应和光生伏特效应。1888年，德国人赫兹观察到紫外线照射到金属上时，能使金属发射带电粒子。1890年，勒纳对带电粒子的电荷质比的测定，证明它们是电子，由此弄清了外光电效应的实质。上一个世纪30年代末，PbS红外探测器问世，室温下探测到3μm。<br>(见附录12)<br>第二阶段——激光器诞生及发展，1916年，爱因斯坦在《关于辐射的量子理论》中提出了光的受激辐射及光放大的概念，这为激光器的产生提供了理论基础。此后，许多科学家都投入了激光器的研究当中，终于经过40多年的艰难历程，在1960年， | 从标志性事件中，阐述其三个发展阶段，突出当前的发展趋势 | 看图，听讲，在老师引导下思考，抓住历史事件的本质，光电子的应用前景 | 演示技能（PPT）讲解技能 | 以科学方法论为依据，运用一般—特例式的教学模式进行分析和综合 |

| 教学环节 | 教学目的 | 教学内容 | 教师活动 | 学生活动 | 教学技能 | 设计依据 |
| --- | --- | --- | --- | --- | --- | --- |
| | | 梅曼研制成功了世界第一台激光器——红宝石激光器。随后，各种固体、气体、液体、半导体激光器相继出现。同时从第一台激光器诞生之日起，人们就开始探索激光的应用。激光最先在军事上得到应用。<br>接着第三阶段，信息高速公路的主要介质——低损耗光纤的问世。1966年，英籍华人高锟等提出了实现低损耗光纤的可能，1970年，美国研制出损耗为20dB/km的石英光纤和室温下连续工作的激光二极管，使光纤通信成为现实，这一年被公认为“光纤通信元年”。而此后信息高速公路的建设也全面展开，80年代初，日本、美国、英国相继建成全国干线光纤通信网。我们国家近些年来也在各个省份逐渐建立了完善的信息体系，从图中我们也可以看到我国的通信网也已四通八达（见附录13–16） | | | | |

| 教学环节 | 教学目的 | 教学内容 | 教师活动 | 学生活动 | 教学技能 | 设计依据 |
| --- | --- | --- | --- | --- | --- | --- |
|  | 具体阐述光电子技术的内容框架 | 发展至今的光电子技术业已完善和成熟，主要包括七个方面的技术，分别是激光技术——光子的产生和控制；波导技术，这主要涉及光子的传输；光子检测技术，主要是光子探测和光谱分析要用到的技术；光计算与信息处理技术，主要用于光神经网络、激光雷达、光制导等；还有光存储技术、光子显示技术，光子加工和光子生物技术，这涉及光子与物质相互作用（见附录17） | 全面认识光电子技术课程知识体系，共七个章节 | 听讲，思考，理解七个章节内容之间的联系 | 演示技能（PPT）讲解技能 |  |

| 教学环节 | 教学目的 | 教学内容 | 教师活动 | 学生活动 | 教学技能 | 设计依据 |
| --- | --- | --- | --- | --- | --- | --- |
|  | 展现光电子技术的军事、民用方面上的应用 | 光电子技术涉及如此之广，可想而知，其应用肯定多种多样。我们首先来看看光电子在军事方面的应用。1983年，美国总统提出的战略防御倡议(SDI)，包括高能激光武器，基于红外平面阵列的星载预警系统，以及许多光电子器件和整机系统。1991年海湾战争，以美国为首的多国部队广泛使用了各种星载、机载和车载光电子装备，包括高分辨可见光和红外侦察照相机、激光半主动制导航弹、红外成像制导导弹、红外制导航弹、红外夜视、夜间低空导航和目标侦察红外系统、激光测距和目标指示器、激光致盲武器、激光光点跟踪器、激光告警器、红外对抗装置等。下面两张图就是应用于军事的激光制导导弹和红外夜视仪。1995~1996年的波黑战争中，北约部队的战场无人侦察机频繁出动，它装备了合成孔径雷达和高分辨率CCD摄像机（见附录18-19） | 军事上的应用，激发学生学习兴趣 | 听课，看ppt | 演示技能（PPT）<br>讲解技能 |  |

| 教学环节 | 教学目的 | 教学内容 | 教师活动 | 学生活动 | 教学技能 | 设计依据 |
| --- | --- | --- | --- | --- | --- | --- |
| | | 不仅仅应用于军事，光电子技术也广泛应用于日常生活中。比如激光，大家都应该比较熟悉，可谓应用非常广泛。它既可以用于通信、工业加工，还可以用于医学，同学们也许就有用激光去治疗近视眼的。而对于CCD器件，大家可能比较陌生，其应用也是相当广泛，包括文字阅读与图像识别，就是一些条码识别，货币识别，传真机等等。遥感系统，可用于地球表面监视，地球资源勘探，气象和环境监测等。天文学应用，包括空间望远镜，陆基望远镜，跟踪行星，进行天文观察，探测宇宙射线，监视黑洞，探索空间奥秘。水下应用，它是探索海洋奥秘、探测和开采海底矿藏、监视鱼群动向不可缺少的设备，特别是在1985年美国和法国的联合水下探险队在海下4000米深处发现钛矿。1991年意大利使用水下电视摄像机，变焦镜头彩色摄像机等在水下拍摄到1980年因空难坠毁于地中海331.78米海底的一架意大利民用 | | | | |

| 教学环节 | 教学目的 | 教学内容 | 教师活动 | 学生活动 | 教学技能 | 设计依据 |
| --- | --- | --- | --- | --- | --- | --- |
| | | 客机的残骸碎片图像。医学应用，应用于一些医学设备，医用内窥镜，数字化X射线摄像等等。工业检测和机器人视觉和交通监控应用等等。<br>(见附录20–22) | 在日常生活中的应用 | | 演示技能<br>讲解技能 | |
| | | 前面我们提到信息是否会如交通一样堵塞呢？能回答这个问题的便是信息传输的介质——光纤。光纤可以制作传感器，可以用来图像传输和搭建光纤网络，而这正是我们信息传递的基础。光电子还有光存储的应用，以光盘为代表的光学存储技术飞速发展。光带、光卡是很有希望的光存储技术。正是因为光电子的这一应用，才会有我们如此丰富多彩的现代生活（见附录23–24） | 引导学生体会到光电子广阔的应用领域 | 重新思考问题 | | 有问有答，呼应学生的疑惑，分析引导，达成教学目标 |

| 教学环节 | 教学目的 | 教学内容 | 教师活动 | 学生活动 | 教学技能 | 设计依据 |
| --- | --- | --- | --- | --- | --- | --- |
| | | 如此广泛的光电子应用也促进着其技术的迅速发展。车内安装的GPS系统和显示屏都将更加先进，而应用于微观纳米级别的光电探测技术也将越来越成熟，更小更便宜的光电设备将会走入寻常百姓家。在军事上的发展更是不可预测，导弹导航系统、红外远程勘测等核心技术也必将得到突破。工业也将实现工业自动化，社会保障体系也会更加健全，各种疾病的治疗也会有进一步的提高。我们有理由相信：未来将因光电子技术而有所改变（见附录25–27） | | | | |

| 教学环节 | 教学目的 | 教学内容 | 教师活动 | 学生活动 | 教学技能 | 设计依据 |
|---|---|---|---|---|---|---|
|  | 对其学习给出方法建议 | 同学们应该如何学好光电子技术呢？在学习光电子技术过程中，我们要始终把握两方面，系统性和实用性。系统性要求：注意重温基础物理学、模拟数字电路、激光技术等基础课程的相关内容。上课时，详讲主体思路、重点内容，简讲一般内容及其他课程已有的内容。实用性要求：光电子这门学科属于应用技术学科，与理论课程学习有较大差异。要求：①可直接引用别的学科的相关理论、公式；②查（网络）资料方法等扩展知识面；③设计题，另外在学习过程中要把握三个基本原则：突出基本概念、强调基础知识和培养基本能力。另外给大家介绍几本比较好的参考书目和一个学习光电子技术的网站，网站上会有各种最新的光电子技术和产品，希望大家关注一下（见附录28–29） | 积极引导学生科学看待微波技术课程的学习，树立学习信心 | 听讲，在老师引导下思考，找出适合自己的学习方法要点 | 演示技能（PPT）讲解技能 | 讲授法、引导–探究式教学方法，完成教学内容 |

| | |
|---|---|
| 课堂小结 | 你的收获是什么<br>（1）理解光电子特定的研究对象及特性；<br>（2）掌握了光电子技术所包含的内容以及学习方法；<br>（3）了解光电子技术发展历史及其广阔的应用范围 |
| 课后思考 | 课后思考题：<br>光电子技术所涵盖的七个章节之间是什么逻辑关系？你准备采用什么方法来学习呢？ |
| 板书设计 | 略 |
| 教学反思 | （1）光电子技术的绪论涵盖了这门课几乎所有的知识点，概念多、涉及面广。理论部分公式众多，晦涩难以理解。平铺直叙的推演、讲解会容易显得乏味枯燥，缺乏吸引力。这次课程的设计变成以生动的应用、有趣的、光电子及其技术的发展历程，吸引学生的兴趣，再将所涵盖的内容适时的、有逻辑地穿插其中，最后给出了学习这门课的方法和建议，最终完成了这次绪论课教学内容。诠释了光电子这种特定的研究对象及其特性，展现了光电子技术的内容和学习特点。在教学过程中，设计的每一个研究的问题，都充分挖掘其营养，从多角度展开引导学生思考，调动了学生的发散思维。每一个问题都是学生经过思考、讨论解决的，而不是直接给予的东西，这有利于对学习活动本身产生兴趣。有了兴趣，即使遇到困难，学生也会去积极克服。<br>（2）我们在课上以探索为主，激发学生积极的学习态度，但在趣味性上还有所欠缺一点，由于时间关系，给予学生自主探索的时间略少，应更积极大胆的放手让他们自己讨论尝试解决问题，语言上要多鼓励显示出学生的主体地位，激发学生学习的兴趣，增强科学研究信心，体验到学以致用的快乐。<br>（3）通过大量生动的图片及多媒体技术，掌握科学研究的方法，培养观察能力。训练分析、思维和创造能力，提高科学素养。充分发挥了学生的主动性和创造性 |

## 附录1

### 背景介绍

❖ 当你出门时遇到这种情况时，你会怎么想？

1

## 附录2

### 背景介绍

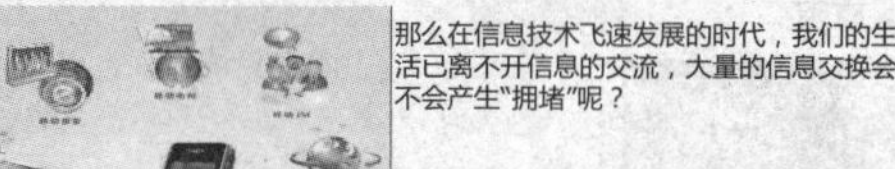

那么在信息技术飞速发展的时代，我们的生活已离不开信息的交流，大量的信息交换会不会产生"拥堵"呢？

2

## 附录3

### 背景介绍

❖ 喜欢科幻和军事的同学都知道激光武器，可你知道激光武器的工作原理吗？

❖ 光速使现在所有交通工具和武器都望尘莫及……

3

## 附录4

合肥工业大学

HEFEI UNIVERSITY OF TECHNOLOGY

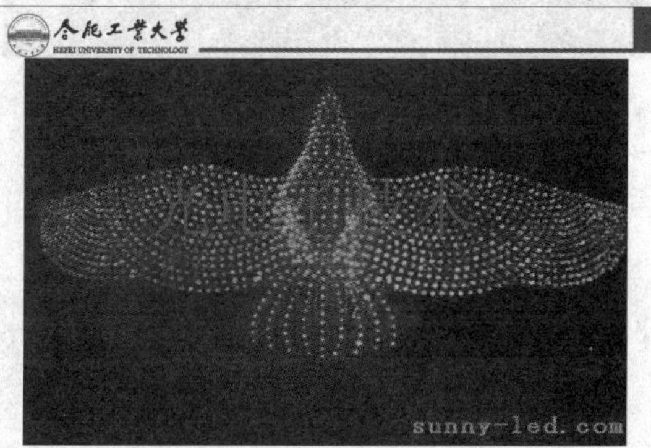


## 附录5

### 光电子技术简介——研究对象

❖ 光电子学研究对象

光电子技术是光子技术与电子技术相结合而形成的一门技术

| | |
|---|---|
| 光子技术的研究对象 | 光子与物质的相互作用<br>光子的特性<br>光子在自由空间或物质中的运动与控制 |
| 电子技术的研究对象 | 电子的特性<br>电子与物质的相互作用<br>电子在自由空间或物质中的运动与控制 |
| 光电子技术的研究对象 | 光与物质中的电子相互作用及其能量相互转换的相关技术，也是光波段的电子技术 |

5

## 附录6

### 光电子技术简介——发展简史

❖ **光电子技术发展简史**

❖ 第一阶段　光电探测器问世

❖ ·1873年　英国W.R.史密斯发现了硒的光电导特性(内光电效应)

❖ ·1929年　L.R.科勒制成银氧铯光电阴极，出现光电管

❖ ·30年代末　PbS红外探测器问世，室温下探测到3μm

❖ ·50年代末　美国将探测器用于代号为响尾蛇的空空导弹

❖ ·1958年　英国劳森等发明□镉汞(MCT)红外探测器

❖ ·红外探测器自60年代以来快速发展，40多年来美、英、法等大力开发了中波(3~5μm)和长波(8~14μm)红外多元探测器，并广泛应用于夜视、侦察和制导系统等领域

6

## 附录7

### 应用

❖ 应用

光电探测器

CE

火灾探测器

光电倍增管

7

## 附录8

### 应用

❖ 应用

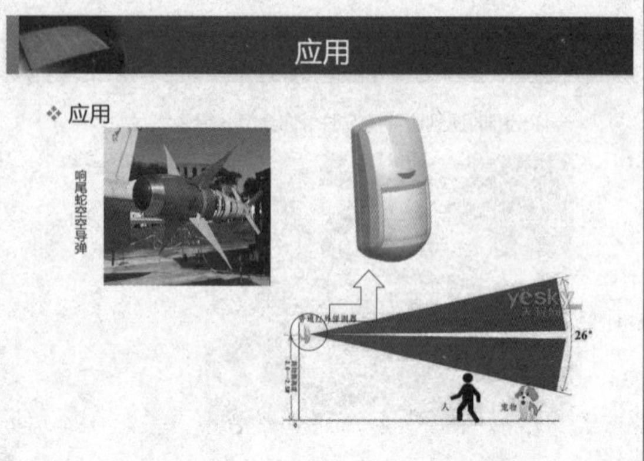


8

## 附录9

### 光电子技术简介——发展简史

❖ 第二阶段　激光器诞生及发展

❖ ·1916年　爱因斯坦在《关于辐射的量子理论》中,提出了光的受激辐射及光放大的概念,这为激光器的产生提供了理论基础

❖ ·1954年　美国汤斯以制冷的氨分子作为工作物质,研制成了微波激射器稍后,苏联巴索夫和普洛霍洛夫以氟化铯为工作物质制成了微波激射器

❖ ·1958年　汤斯和肖诺将微波受激辐射的原理推广到红外和可见光波段,引入了激光的概念

❖ ·1960年　梅曼研制成功了世界的一台激光器——红宝石激光器.随后,各种固体、气体、液体、半导体激光器相继出现.同时从第一台激光器诞生之日起,人们就开始探索激光的应用.激光的军事应用被优先考虑

❖ ·1961年　第一台激光测距仪问世

9

## 附录10

### 应用

❖ 应用

10

## 附录11

### 应用

99式坦克上的主动激光对抗系统

99式坦克装有一套特殊的主动式激光警告/对抗系统，包括一具激光预警系统(Laser Warning Receiver，LWR，其接收机就是激光感应系统)，以及炮手舱盖后方一具特殊的致盲激光发射器(Laser Self-defence Weapon，LSDW)。LSDW由激光压制机、干扰机（即气体激光发射器）、自动旋转基座、追踪系统以及微处理控制单元组成，采用数位式封闭循环控制。

11

## 附录12

### 光电子技术简介——发展简史

❖第三阶段　·低损耗光纤问世

❖　·1966年　英籍华人高锟等提出了实现低损耗光纤的可能（高锟为此获得诺贝尔物理学奖）

❖　·1970年　美国研制出损耗为20dB/KM的石英光纤和室温下连续工作的激光二极管,使光纤通信成为现实,这一年被公认为"光纤通信元年"

❖ ·80年代初　日本,美国,英国相继建成全国干线光纤通信网

❖ ·90年代初　光纤放大和波分复用技术诞生

12

## 附录13

### 最初问题的解决

光纤通信是以光纤为传输媒介，光波为载波的通信系统，其载波—光波具有很高的频率(约$10^{14}$Hz)，因此光纤具有很大的通信容量。

几种主要传输方式的容量比较

| 几种传输方式 | 可传输的话路数 |
| --- | --- |
| 对称电缆 | 1~3000 |
| 无线电微波 | 5000~2.2万 |
| 同轴电缆 | 1000~5.2万 |
| 毫米微波波导 | 30万 |
| 光缆 | 100万~1000万以上 |

13

## 附录14

### 应用

❖ 保证信息高速公路不拥堵的核心——光纤

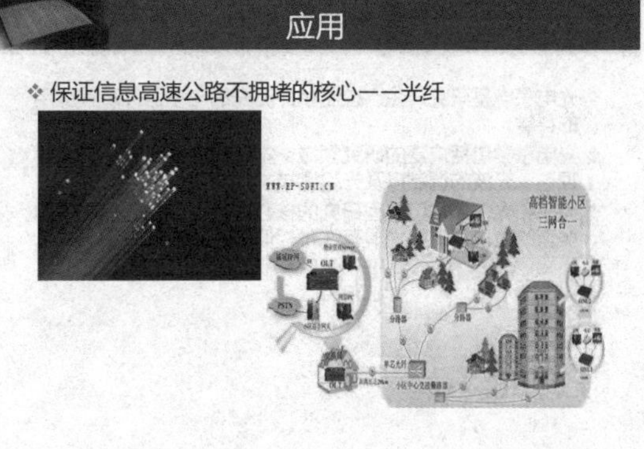


14

## 附录15

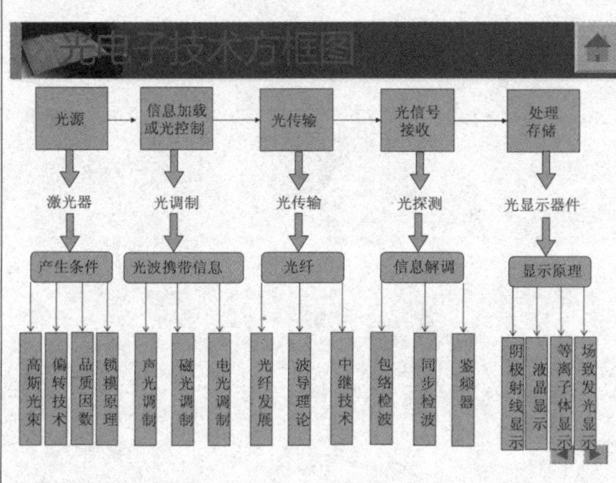


## 附录16

### 如何学好光电技术

❖ 光电子技术与偏振光学、固体物理以及半导体物理等相关课程紧密相关，所以在学习本门课程前要复习上述课程，为光电技术做好基础。
❖ 光电子技术课程内容前后紧密联系，所以一定要学会课前及时复习和巩固上次课的内容，有能力的可以提前预习。
❖ 光电子技术实用性很强，有很多相关实验，实验要做好相关准备，认真做实验并提交实验报告。
❖ 多做相关练习题，加深对课程内容的理解。
❖ 本课程概念较多，但都比较简单，做到理解概念。
❖ 学会刻画相关原理图，学会借助计算机辅助画图。

16

## 附录17

### 考核方式！！！

❖ 考试乘积占70%
❖ 平时成绩占30%
❖ 老师我考试发挥失常怎么办？
*&还有其他方式加分有没有！
考试前提交相关论文，视论文情况酌情加分

17

## 附录18

### 参考书目及文献

❖ 彭江德 《光电子技术基础》 北京 清华大学出版社，1988
❖ 梅遂生 《光电子技术》 北京 国防工业出版社，1999
❖ 苏宇 《智能光纤光电子关键技术研究》 北京邮电大学 2012
❖ 王子龙 《硅基集成光电子器件的新进展》河南大学物理与电子学院 2014

18

| 附录19 | |
|---|---|
| 小结<br>❖ 光电子学是研究产生、控制和探测光的电子器件及其应用的科学。<br>❖ 光电子学包括广泛的研究领域，本课程主要研究：光波导理论、光波的调制以及光检测技术几个方面。<br>❖ 电子和光子是本门课程研究的核心内容，尽管它们是不同类型的粒子，但是也具有许多相似的运动规律。<br>19 | |

# 《光辐射探测技术》章节总结教学设计教案

吕洪君
电子科学与应用物理学院

**科目名称：**《光电子技术》

**章节名称：**光辐射探测技术章节总结

**主要的教学技能：**综合技能

**知识与技能：**掌握光辐射探测技术三种技术原理，以及基于其原理的四种典型光辐射探测器，理解它们的工作原理、伏安特性、稳定特性、光谱特性以及噪声特性。了解它们的应用领域、发展方向。

**过程与方法：**讲授法为主，归纳比较式教学。由基于工作特性，比较四种光辐射探测器的工作原理及性能参数，既突出了共性，又展现了各自的特点。培养学生们的归纳总结能力。同时了解其应用领域及发展方向，激发学生的学习的积极性。

**情感态度与价值观：**培养学生善于总结、善于归纳的再学习的能力，引导学生对光辐射探测技术有个整体的认识，引导他们对相应的知识点进行分类总结。

**教学重点：**光辐射探测器三种基本工作原理和四种典型器件，围绕它们的工作特性，对其工作原理、伏安特性、稳定特性、光谱特性以及噪声特性进行归纳和总结。

**教学难点：**归纳总结的过程实际上是对已学知识再加工的过程，如何有逻辑、有层次的进行归纳总结，对本章知识进行整体复习，同时如何激发学生学习热情，掌握科学的方法就成了是教学过程中比较难的一块内容。

**教学参考资料：**

（1）彭江德著．光电子技术基础．北京：清华大学出版社，1988
（2）梅遂生著．光电子技术．北京：国防工业出版社，1999

**教学过程：**

| 教学环节 | 教学目的 | 教学内容 | 教师活动 | 学生活动 | 教学技能 | 设计依据 |
| --- | --- | --- | --- | --- | --- | --- |
| 讲授总结课 | 开篇明义，直接给出题目 | 各位同学，大家好。在前面的课程中，我们学习了光辐射的探测技术。那大家现在有没有形成一个完整的认识呢？现在对前面的学习来总结一下吧。 | 用PPT展现本章知识框架 | 观看PPT，回顾章节内容； | 演示技能（PPT） | |
| | | 首先咱们一起来回顾一下光电探测器的概念。什么是光电探测器呢？就是能把光辐射量转换成电量的器件。这个转换过程大致可以分为三类：光电发射效应、光电导效应和光伏效应。其中，光发射效应指的是在光照下，物体向表面以外的空间发射电子（即光电子）的现象，咱们常见的，利用光电发射效应制成的光电探测器有光电管。而光电导效应是指某些物质吸收了光子的能量产生本征吸收或杂质吸收，从而改变了物质电导率的现象。利用具有光电导效应的材料（如硅、锗等本征半导体与杂质半导体，如硫化隔、硒化隔、氧化铅等）可以制成电导随入射光度量变化器件， | 回顾三种基本工作原理 | | | |

| 教学环节 | 教学目的 | 教学内容 | 教师活动 | 学生活动 | 教学技能 | 设计依据 |
|---|---|---|---|---|---|---|
| | | 称为光电导器件或光敏电阻。而光伏效应指的是当照射光激发出电子–空穴对时，电势垒的内建电场将电子–空穴对分开，从而在势垒两侧形成电荷堆积，称为光生伏特效应。具有光生伏特效应的半导体材料很多，例如，硅、锗、砷化镓等半导体材料。其中，硅光生伏特器件具有制作工艺简单、成本低等特点，使它成为目前应用最广泛的光生伏特器件。 | | | | |
| | | 接下来，我们针对光电管、光敏电阻、光电池和光电二极管四种典型光电探测器，分别探讨它们的工作原理、伏安特性、稳定特性、光谱特性和噪声特性，希望同学们抓住不同类型光电探测器件的工作特性，通过比较它们各自的异同、优缺点，来理解它们各自的应用领域（见附录1） | 列出四个典型器件，从五个方面回顾其工作特性，形成本节课的内容框架 | 听讲思考，对今天的内容有个初步的逻辑认识。 | 演示技能（PPT） | |

| 教学环节 | 教学目的 | 教学内容 | 教师活动 | 学生活动 | 教学技能 | 设计依据 |
|---|---|---|---|---|---|---|
| | 工作原理 | 这是四个光电探测器的工作原理图，其中，光敏电阻是在均匀的具有光电导效应的半导体材料的两端加上电极所构成的，当光照在半导体材料时将导致其电阻变化，从而改变了电流的大小；光电池是一个零偏PN结，当光作用于PN结时，耗尽区内的光生电子与空穴在内建电场力的作用下分别向N区和P区运动，在闭合的电路中将产生输出电流，并且在负载电阻上产生电压降。而光电二极管是一个反偏的PN结（见附录2） | 回顾四个器件的工作原理，比较，突出共性，加强学生系统认识。 | 听讲，在老师引导下思考其共性与特性。 | 演示技能（PPT）讲解技能 | 选择多媒体手段突出教学内容 |

| 教学环节 | 教学目的 | 教学内容 | 教师活动 | 学生活动 | 教学技能 | 设计依据 |
| --- | --- | --- | --- | --- | --- | --- |
| | 伏安特性 | 这些形式各异的光电探测器的伏安特性是怎么样的呢？光电管的伏安特性曲线呈抛物线形变化，并且随着光照的加强，电阻会减弱。光敏电阻的本质是电阻，符合欧姆定律。因此，它具有与普通电阻相似的伏安特性，但是它的电阻值是随着入射光度量而变化的。而光电池输出电流应该包括光生电流，扩散电流和暗电流三部分。这是光电二极管的伏安特性图。当不加光照时，PN结硅光电二极管的正、反特性与普通PN结二极管的特性一样，普通二极管工作在正向电压大于0.7V的情况下，而光电二极管则必须工作在这个电压以下，否则，将不会产生光电效应（见附录3） | 伏安特性的比较 | | 演示技能（PPT）讲解技能 | |

| 教学环节 | 教学目的 | 教学内容 | 教师活动 | 学生活动 | 教学技能 | 设计依据 |
| --- | --- | --- | --- | --- | --- | --- |
| | 稳定特性 | 在这四种光电探测中，光电管的频率特性较差，稳定性易受影响，随着光照的增强，它是灵敏度变化很大。光敏电阻作为半导体器件，它的相对光电导随着温度的升高而下降，并且还存在时延特性。由于光电池内阻很低，而且极间电容较大，它的频率特性也不太好。但是光电二极管的频率特性非常好，适宜于快速变化的光信号探测（见附录4） | 频率特性、温度特性的比较 | 听课、思考、比较 | 演示技能（PPT）讲解技能 | |

| 教学环节 | 教学目的 | 教学内容 | 教师活动 | 学生活动 | 教学技能 | 设计依据 |
| --- | --- | --- | --- | --- | --- | --- |
| | 光谱特性 | 除了对电压敏感外，其实不是所以波长的光都可以产生光电效应的。对于光电管来说，一般光电阴极材料不同，它的红限频率不同，因此它们可用于不同的光谱范围。而光敏电阻对入射光的光谱具有选择作用，即光敏电阻对不同波长的入射光有不同的灵敏度。同样的，光电池对不同的波长的光反映的灵敏度也是不同的。比如，硅光电池的光谱响应范围是波长4000埃~12000埃，在波长为8000埃达到峰值，而硒电池的峰值出现在5000埃左右，波长范围在3800~7500埃。从光电二极管的光谱响应来看，它也是对入射光具有选择性的（见附录5） | 光谱特性的比较 | 看图，在老师引导下思考 | 演示技能（PPT）讲解技能 | |

| 教学环节 | 教学目的 | 教学内容 | 教师活动 | 学生活动 | 教学技能 | 设计依据 |
| --- | --- | --- | --- | --- | --- | --- |
| | 噪声特性 | 下面我们来看看它们的噪声特性。光电管的主要噪声有光量子和电子起伏两种噪声。而热噪声、产生复合和低频噪声则为光敏电阻的主要噪声。光电二极管的噪声包含低频噪声、散粒噪声和热噪声，其中，散粒噪声是光电二极管的主要噪声（见附录6） | 噪声特性的比较 | | | 以科学方法论为依据，运用总结——归纳式的教学模式进行分析和综合 |

| 教学环节 | 教学目的 | 教学内容 | 教师活动 | 学生活动 | 教学技能 | 设计依据 |
|---|---|---|---|---|---|---|
| | 宽广多样的应用领域 | 针对不同的光电探测器的优缺点，它们具有不同的应用范围。光敏电阻属于半导体光敏器件，具有灵敏度高、反应速度快、光谱特性及稳定性好等优点。常用于照相机、红外制导导弹、验钞机、光控路灯等。光电池结构简单，体积小、重量轻、高可靠性、寿命长，可在真空使用等特点，像神舟十号飞船的太阳能电池翼、太阳能路灯、光电池发电等等，是它常见的应用领域。而光电二极管根据其结构不同，还可以继续分为PN型、pin型和雪崩型。其中，PN型由于其暗电流小，响应速度低，常用于分光光度计、照相机曝光计；pin型的二极管暗电流大，响应速度快，常用于光纤通信、高速光检测、遥控等等。雪崩型的特点是响应速度非常快，主要用于紫外线等短波光的检测高速光通信、高速光检测（见附录7~10） | 针对四种典型探测器不同的特性，列举了其应用领域 | 领会四种典型器件的本质特性 | 演示技能（PPT）讲解技能 | |

| 教学环节 | 教学目的 | 教学内容 | 教师活动 | 学生活动 | 教学技能 | 设计依据 |
|---|---|---|---|---|---|---|
| | 展现光探测器在军事及民用方面上的应用 | 未来，光探测技术仍然具有广阔的应用空间。在航空上，特别是太阳能供电空间站，还有红外火星探测器。在军事上，著名的 SGR-1红外探测机器人，它的造价约为20万美元的SGR-1机器人兼有普通摄像和红外探测能力，能识别3.2公里（白天）和1.6公里（夜间）以外的人、汽车或树木，射程超过3公里。个头与3岁孩子相当，体重只有17公斤，却能不知疲倦地坚守战位；装备多种探测装备，触觉非士兵可比，能够发现几公里外的隐秘威胁，这就是韩国苦心打造的未来机器人杀手——SGR-1。在民用上，家用太阳能供电系统，目前在技术上仍然有很多的缺陷，但我相信在不久的将来，这样的系统将进入千家万户（见附录11-13） | 理解光探测器的发展方向及其应用 | 听讲，思考 | 演示技能（PPT）讲解技能 | |

| | |
|---|---|
| 课堂小结 | 你的收获是什么<br>（1）掌握光辐射探测器的三种基本工作原理；<br>（2）掌握四种典型光辐射探测器的工作特性及其各自特性；<br>（3）了解光辐射探测器发展方向及其广阔的应用范围 |
| 课后思考 | 课后思考题：<br>光辐射探测术所涵盖的知识点之间是什么逻辑关系？你掌握了吗？ |
| 板书设计 | 略 |
| 教学反思 | （1）光辐射探测器技术的章节总结涵盖了这一章所有的知识点，概念多、涉及面广，内容琐碎。平铺直叙的推演、讲解会容易显得乏味枯燥，缺乏吸引力。这次课程的设计变成以框图内容总结、思路清晰，知识总结明了，具有横向、纵向比较特性，培养学生的分析、总结、归纳的能力，最后给光辐射探测器件的发展方向和应用领域，最终完成了这次总结课教学内容。诠释了光辐射探测器工作原理和工作特性，展现了光辐射探测技术的内容和学习特点。在教学过程中，设计的每一个研究的问题，都充分挖掘其营养，从多角度展开引导学生思考，调动了学生的发散思维。每一个问题都是学生经过思考、讨论解决的，而不是直接给予的东西，这有利于对学习活动本身产生兴趣。有了兴趣，即使遇到困难，学生也会去积极克服。<br>（2）我们在课上以探索为主，激发学生积极的学习态度，但在趣味性上还有所欠缺一点，由于时间关系，给予学生自主探索的时间略少，应更积极大胆的放手让他们自己讨论尝试解决问题，语言上要多鼓励显示出学生的主体地位，激发学生学习的兴趣，增强科学研究信心，体验到学以致用的快乐。<br>（3）通过大量生动的图片及多媒体技术，掌握科学研究的方法，培养观察能力。训练分析、思维和创造能力，提高科学素养。充分发挥了学生的主动性和创造性 |

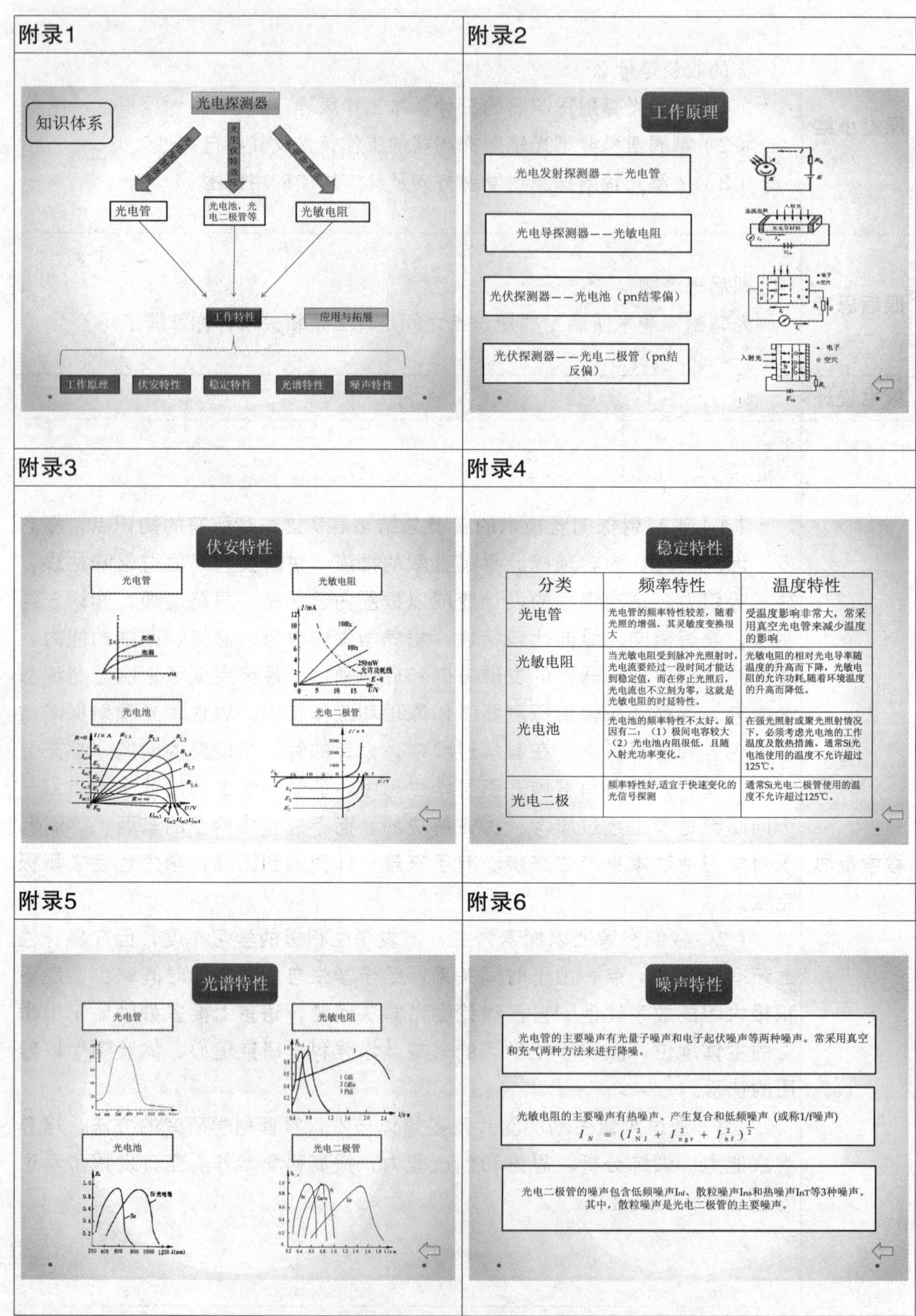


| 分类 | 频率特性 | 温度特性 |
|---|---|---|
| 光电管 | 光电管的频率特性较差，随着光照的增强，其灵敏度变换很大 | 受温度影响非常大，常采用真空光电管来减少温度的影响 |
| 光敏电阻 | 当光敏电阻受到脉冲光照射时，光电流要经过一段时间才能达到稳定值，而在停止光照后，光电流也不立刻为零，这就是光敏电阻的时延特性。 | 光敏电阻的相对光电导率随温度的升高而下降，光敏电阻的允许功耗,随着环境温度的升高而降低。 |
| 光电池 | 光电池的频率特性不太好。原因有二：（1）极间电容较大（2）光电池内阻很低，且随入射光功率变化。 | 在强光照射或聚光照射情况下，必须考虑光电池的工作温度及散热措施。通常Si光电池使用的温度不允许超过125℃。 |
| 光电二极 | 频率特性好,适宜于快速变化的光信号探测 | 通常Si光电二极管使用的温度不允许超过125℃。 |

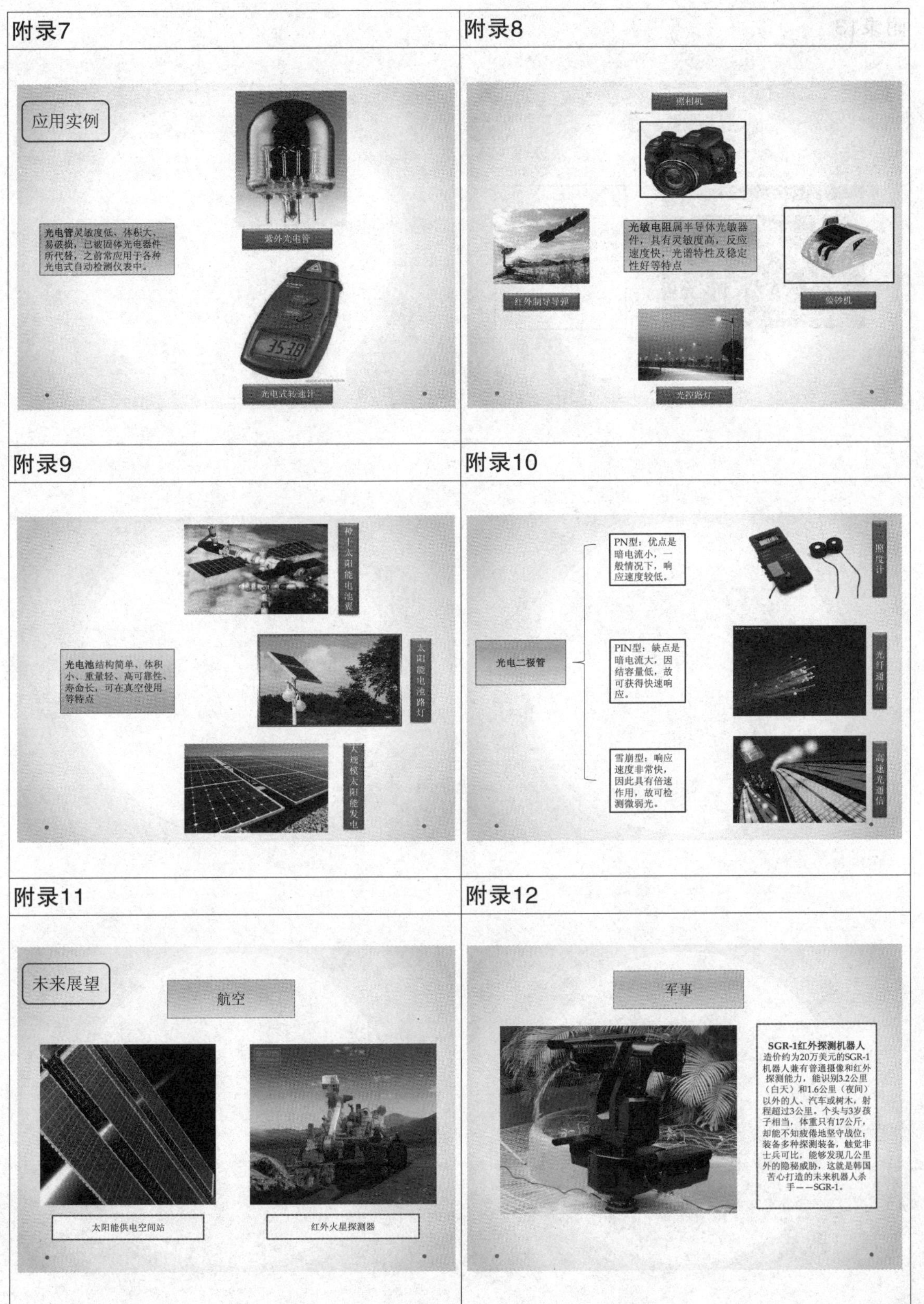
附录7
应用实例
紫外光电管
光电管灵敏度低、体积大、易破损，已被固体光电器件所代替，之前常应用于各种光电式自动检测仪表中。
光电式转速计
附录8
照相机
红外制导导弹
光敏电阻属半导体光敏器件，具有灵敏度高，反应速度快，光谱特性及稳定性好等特点
验钞机
光控路灯
附录9
神十太阳能电池翼
光电池结构简单、体积小、重量轻、高可靠性、寿命长，可在真空使用等特点
太阳能电池路灯
大规模太阳能发电
附录10
光电二极管
PN型：优点是暗电流小，一般情况下，响应速度较低。
PIN型：缺点是暗电流大，因结容量低，故可获得快速响应。
雪崩型：响应速度非常快，因此具有倍速作用，故可检测微弱光。
照度计
光纤通信
高速光通信
附录11
未来展望
航空
太阳能供电空间站
红外火星探测器
附录12
军事
SGR-1红外探测机器人
造价约为20万美元的SGR-1机器人兼有普通摄像和红外探测能力，能识别3.2公里（白天）和1.6公里（夜间）以外的人、汽车或树木，射程超过3公里。个头与3岁孩子相当，体重只有17公斤，却能不知疲倦地坚守战位；装备多种探测装备，触觉非士兵可比，能够发现几公里外的隐秘威胁，这就是韩国苦心打造的未来机器人杀手——SGR-1。

**附录13**

# 《离子注入的工艺过程》教学设计教案

张彦

电子科学与应用物理学院

**科目名称：**集成电路制造技术基础

**章节名称：**离子注入的工艺过程

**教学对象：**电子科学与技术专业 三年级

**主要的教学技能：**综合技能

**知识与技能：**掌握离子注入的工艺过程，掌握离子注入机的主要设备构成。熟悉离子注入的实现思路和主要工艺参数，了解离子注入设备国内外研制现状和差距。

**过程与方法：**讨论启发式以讲授法为主。回顾旧知识时产生新问题，引导学生利用已知背景知识分析解决新问题。

**情感态度与价值观：**培养学生的工程技术分析能力、专业素养及应用理论知识解决工程问题的能力，学会如何正确理解离子注入掺杂原理、工艺过程及设备构件。

**教学重点：**离子注入工艺流程，设备各部件的工作原理和作用

**教学难点：**离子注入是怎样利用离子的优势，改善掺杂质量的。离子注入机各部件在实现离子注入掺杂过程中分别起到什么作用。

**教学参考资料：**

（1）（美）夸克等著．韩郑生等译．半导体制造技术．北京：电子工业出版社，2012

（2）（美）坎贝尔著．曾莹等译．微电子制造科学原理与工程技术．北京：电子工业出版社，2012

**教学过程：**

| 教学环节 | 教学内容 | 教师教学行为 | 学生学习行为 | 教学技能 |
|---|---|---|---|---|
| 导入 | 同学们，现代社会是数字化、信息化高速发展的社会；生活中的各种电子产品，与我们关系紧密，改变着我们的生活。然而当你享受着这些电子产品给你的生活带来便利和乐趣的同时，你是否想过：为什么他们会具有如此强大有趣的功能呢？<br>其实，所有的这一切都和一个事物有关，那就是集成电路。层层打开各种电子产品的外壳，映入眼前的正是一个个小小的集成电路，他们就好比是这些电子产品的心脏，是他们工作的关键。<br>那么这些集成电路是如何产生的呢？正如我们前言中介绍的那样，需要用到多种集成电路制造工艺。而其中非常关键的一个步骤就是掺杂 | 联系生活实际，创设问题情境，激发学习兴趣，引发探究欲望 | 观看PPT，熟悉的画面引起共鸣<br>思考问题； | 导入技能<br>演示技能（PPT） |

| 教学环节 | 教学内容 | 教师教学行为 | 学生学习行为 | 教学技能 |
| --- | --- | --- | --- | --- |
| 回顾 | 所谓掺杂就是将可控数量的所需杂质掺入硅片的特定区域内，从而改变半导体的电学性能。利用掺杂，才能实现各种器件结构，比如晶体管的源漏区或者制作一个简单的PN结，而这些都是制造集成电路的基础。也是各种电子产品性能好坏、功能如何的关键。<br>在集成电路制造过程中，主要有两种掺杂技术，一种是扩散。作为一种早期的掺杂技术。这种方法有很多不足之处，就像水中滴一滴黄颜料，我们很清楚地看到，它在各个方向上都有扩散、不易控制。而这些都对掺杂的结果是不利的。 | 带领学生回顾知识，生成新问题。形成新旧知识的链接。 | 回顾知识<br>发现问题<br>思索新问题； | 导入技能<br>提问技能<br>演示技能<br>（PPT） |
| 新课（提出本节课需要解决的问题） | 因此，人们不得不寻找一种新的掺杂技术取代扩散，以改善掺杂的可控性、灵活性及精确性；究竟怎么才能更好地控制杂质？如何保证掺入硅片的是我们所需的单一特定杂质？这些杂质又怎么才能有能力进入固体硅片内部呢？我们该如何去约束引导杂质找到硅片进行定位呢？下面就让我们带着这些疑问一一去寻找答案吧。首先来思考一下怎么才能更好地控制杂质 | 揭示题目，围绕问题展开探索研究 | 听讲思考，发现问题症结所在 | 导入技能<br>提问技能<br>演示技能<br>（PPT） |

| 教学环节 | 教学内容 | 教师教学行为 | 学生学习行为 | 教学技能 |
| --- | --- | --- | --- | --- |
| 提出问题一，分析问题 | 大家知道，世界万物都是由极其微小的粒子构成的。掺杂的杂质也不例外。微观粒子通常可以三种形态存在：分子、原子和离子。这三者相比，离子在电性上有着独特的性质，它是带电的粒子，这个特点使得它在控制性方面显示出了极大的优势，为什么？因为我们可以利用磁场、电场对带电的离子的运动进行引导，换句换说，可以利用电场磁场对其进行控制！<br>这就提示我们，我们在进行掺杂时，是不是可以首先将杂质离化，产生所需的杂质离子，为后续控制性提供可能呢。在实际工艺中，一种叫作离子源装置恰好可以帮助我们做到这一点 | 提出问题<br>利用学生已经具备的知识，分析问题，循序诱导找出解决问题的关键。 | 听讲，思考离子的特点，以及对控制性的帮助。 | 演示技能（PPT）讲解技能 |

| 教学环节 | 教学内容 | 教师教学行为 | 学生学习行为 | 教学技能 |
| --- | --- | --- | --- | --- |
| 解决问题一：离子源和分离器 | 离子源，是产生杂质离子的发生器，它的工作原理是：利用等离子体，在适当的低压下，把气体分子借电子的碰撞而离化，产生所需的杂质离子<br>这张图的蓝色区域代表的就是离子源的弧光反应室了，首先，我们将含有所需杂质的特定杂质气体，与携带气体送入弧光反应室中，同时让腔室内形成电场。反应腔内部设有一个热灯丝，通电后可以产生热离化电子，这些电子就会在这个反应室的电场中运动；为了提高电离效率，反应室外部还加装了两块磁铁，这样电子在电场、磁场共同的作用下作螺旋状运动，从而延长了电子在反应室内的运动路径，也就增加了电子与气体分子间的碰撞概率，最终增加了离子浓度。<br>比如说，BF3，BF3与电子碰撞后，会得到 B+，BF2+，F+，及复合后的B单质…等等，即气体放电形成等离子体状态。当然了，具体工艺中，究竟选择什么杂质种类要根据你所要的导电类型和目标来决定。一般杂质种类可以分为N型和P型两类，N型杂质主要包括磷，砷，锑等五价元素，而P型杂质则主要包括硼，铟等三价元素 | 工艺设备具体化，讲解分析 | 听讲在老师引导下思考，理解原理 | 演示技能（PPT）讲解技能 |

| 教学环节 | 教学内容 | 教师教学行为 | 学生学习行为 | 教学技能 |
| --- | --- | --- | --- | --- |
| | 离子产生以后，我们要用一定的方法把这些产生的离子从反应室中分离出来，这个工作是由离子分离器来进行的。 | 举例讲解，加深印象<br>板书设计<br>1.杂质种类——决定导电类型<br>N型：P、As、Sb P型：B；In | 分析例子，思考。 | 演示技能（PPT）<br>讲解技能<br>演示技能（板书） |
| 离子分离器 | 分离器的原理，简单地说，就是用一个负高压把正离子吸出来。当离子源中产生离子后，我们在源室的出口外侧设置一个分离电极，其上施加一个极高的负电压。这样反应室里的这些正离子，将被这个介于分离电极与反应室之间的电场所加速，并经过右侧这个狭缝离开源室被分离出来。<br>被分离出来的杂质离子，紧接着会再经过一个减速电极，减少部分动能，从而提高对离子束的控制性，这样在这两个电极的共同作用下，一束正离子束以一定的能量开始定向运动了 | 讲解分析<br>图示原理 | 听讲<br>观看视频 | 演示技能（PPT）<br>讲解技能 |

| 教学环节 | 教学内容 | 教师教学行为 | 学生学习行为 | 教学技能 |
| --- | --- | --- | --- | --- |
| 提出问题二，分析问题 | 正如刚才我们讨论的那样，气体分子在离子源中所产生的离子形态并不是单一的，通常有很多种，对这些同时产生的离子，我们都可以掺入硅片吗？请大家回顾一下《半导体物理》中的相关知识，只有一些特定的杂质才适合于用来掺杂来改变电特性，同时又不影响器件性能，比如前面所说的这几种。而刚才的分离器在进行离子分离时有没有选择能力呢？这些不同的正离子全部汇成同一离子束被分离出来。这就出现了第二个我们要解决的问题：如何从众多不同的正离子中选出需要的特定杂质离子呢？很显然，我们要想办法让这些正离子的运动产生区别，在后续掺杂路径上只出现我们要的杂质。<br>带电粒子，运动，区别<br>这些关键词有没有给大家一些提示呢？想一想，在大学物理中我们学过“带电粒子在磁场中的运动”以及质谱仪。它们描述的正是不同离子在磁场中运动路径会不同的情况。这一点恰好可以帮助我们实现对诸多离子的筛选。这个用来进行杂质离子筛选的装置，工艺上称为质量分析器。<br>它的作用就是：选择单一的离子 | 提出问题<br>引导学生利用旧知识分析新问题 | 听讲分析<br>应用旧知识来解决新问题<br><br>听讲，<br>回答问题 | 演示技能（PPT）<br>提问技能<br>讲解技能<br><br>演示技能(PPT)<br>提问技能<br>讲解技能 |

| 教学环节 | 教学内容 | 教师教学行为 | 学生学习行为 | 教学技能 |
|---|---|---|---|---|
| 解决问题二：质量分析器 | 正如我们所分析的那样，分析器中发生的正是“带电粒子在磁场中的运动”。根据以前学习的相关知识，再考虑到粒子的初始能量与分离器电压的关系，我们可将离子在B场中的回转半径表达为这样的表达式。<br>式中，Vext指的是分离器电压，它决定了离子进入磁场前的初始能量。由式子我们可以看出，当B、Vext一定时，r将与离子质量的平方根成正比，与离子的带电荷数的平方根成反比。<br>这就告诉我们，虽然离子源中所产生的离子形态有很多种，当他们行径同一个磁场时，由于彼此荷质比各不相同，所以在磁场中运动时的半径就不同，这样将会逐渐分散开来，利用这个特点就可进行筛选了。<br>我们再通过一段视频来看看分析器的工作过程。在这个视频中可以看到，浅蓝色光束代表的主离子束恰好可以从分析器中顺利通过，而另外两种颜色代表的离子虽然和主离子束混在一起进入分析器磁场。但因为彼此回转半径不同，而被内外挡板接收从而过滤掉了，最终离开分析器的只有我们所需要的这种浅蓝色束代表的离子 | 工艺设备具体化引导学生回顾，应用旧知识来解决新问题<br>视频讲解巩固印象 | 听讲，思考，回答问题<br>听讲，应用以前的知识解决新问题<br>观看视频，加深印象，建立直观感性认识 | 演示技能(PPT)讲解技能<br>演示技能(视频)讲解技能 |

| 教学环节 | 教学内容 | 教师教学行为 | 学生学习行为 | 教学技能 |
|---|---|---|---|---|
| 原理分析 | 好，现在我们已经得到单一的杂质离子了，接下来面临的问题就是，怎样把这些杂质离子送进硅片内部呢？显然，作为一个“入侵者”，这些杂质离子必须足够强大，具有一定的能量才行（有可能闯入硅片内部）。这个要求再一次的显示出了离子的优势——我们可以利用电场对其加速，使之具有我们所需的特定能量。这个对应的设备部件叫作加速管。<br>加速管的作用是利用静电场将离子加速到足够高速度，获取相应的能量成为高能离子束以保证可以穿透晶圆表面。离子在加速管中会获得一定能量，再加上之前从分离器被分离时所具备的能量，这两部分总和就是离子最终掺杂时所具有的总能量了。<br>比如说：一个1价的B离子，其初始能量为25KEV，进入加速管后，加速管两端电压为100KV，则，最终离开加速管离子所具有的总能量为125KEV；那如果是2价的B离子呢？最后的总能量应该是多少呢？ 225KEV<br>这就告诉我们，我们可以通过调节加速管两端的电压来获得我们所需的注入能量,从而控制杂质分布的深度和形状 | 提出问题<br>分析问题<br>解决问题，工艺设备具体化<br>举例讲解，加深印象 | 听讲，思考离子怎样“闯进”硅片<br>思考举例，简单计算<br>思考举例，简单计算 | 演示技能(PPT)<br>讲解技能<br>演示技能(PPT)<br>讲解技能<br>演示技能(PPT)<br>讲解技能 |

| 教学环节 | 教学内容 | 教师教学行为 | 学生学习行为 | 教学技能 |
| --- | --- | --- | --- | --- |
| 提出问题三 | 好，现在的杂质和最初的状态已经有了很大的差别了，它是高能的、单一的带电杂质离子。接下来，我们就要想办法把这些杂质引导指向硅片、掺入硅片特定的位置，并尽可能地提高精确性。这个问题其实我们前面也已经给出了答案。还是磁场、电场，它们都可以实现对离子的控制和引导。而在实际工艺中，我们可以用以下这些设备来实现 | 板书2：<br>2.注入能量——控制杂质分布的深度和形状 | 回顾整理，进一步思考新问题 | 演示技能(板书) |
| 解决问题三：加速管 | 首先，我们会采用一个静电透镜作为聚焦系统，来减少离子束在长距离飞行中发散而造成的损失，并改善掺杂均匀性。<br>然后，我们再加上一个偏转系统。偏转系统是做什么的呢？离子的产生及加速都是在真空环境下进行的，尽管真空去除了系统中的大部分空气，但是束流附近还是有一些残存的气体分子。这样一来，正离子束流在飞行中可能会同这些残余气体分子发生碰撞，甚至有些会同电子结合，重新成为中性的粒子。大家想一想，这些中性粒子是不是我们要的杂质呢？是的，那可以不可以进行掺杂以改变电特性呢？也可以。但是要注意的是，对于中性粒子，在后续扫描时电场对它是不起作用的；同时，用来计算离子数量的仪器也根本检测不到， | 提出问题<br>解决问题，工艺设备具体化；引导学生思考 | 思考问题，回答问题 | 演示技能(PPT)<br>讲解技能<br>演示技能(PPT)<br>提问技能<br>讲解技能 |

| 教学环节 | 教学内容 | 教师教学行为 | 学生学习行为 | 教学技能 |
| --- | --- | --- | --- | --- |
| 解决问题三 | 这就意味着，这些中性粒子的方向和数量都是不可控制的，它们进入硅片后就会造成局部区域杂质浓度偏高，掺杂不均匀的情况。<br>为此，我们增加了这个静电偏转系统。让离子束从两块平行电极板之间通过，那些中性粒子不受电场作用就不能偏转方向而被束挡板接收掉，从而保证了主离子束的纯净。<br>经过前面一系列加速、聚焦等过程后，离子束被我们一步步的引到了硅片所在的腔室内，我们把这儿叫作终端台，在这里，硅片会被固定在一个承载装置上，然后采用扫描的方式将到达的离子束对二维的整个硅圆片表面均匀的进行掺杂。一般静电扫描适用于中低束流机；混合扫描适用于强束流机。这里所谓的束流指的是定向飞行的正离子束形成的电流，束流越高，入射离子越多，即：束流决定了扫描时间 | | | |

| 教学环节 | 教学内容 | 教师教学行为 | 学生学习行为 | 教学技能 |
| --- | --- | --- | --- | --- |
| | 好，到了这一步，我们已经实现了杂质离子对圆晶片的注入了，但是不要忘了，这个注入的剂量是需要控制的。<br>什么是剂量？剂量就是沿注入深度方向上对杂质浓度的一个积分。（它们的关系就好像这张图上所画的一样，我们假设把注入硅片的杂质离子看作这个容器内的小鱼，那么浓度指的是特定区域单位体积内有多少条鱼；而剂量则指的是从上往下俯视，单位面积下，所有深度内的鱼加起来总共有多少条；所以剂量和浓度有着直接的关系，——它决定了杂质浓度。 | 板书3<br>3.束流<br>——决定了扫描时间 | | 演示技能(板书) |
| | 因此，我们最后还需要设置了一个用来控制掺杂剂量的装置——谁呢?它就是电流积分仪，它能够捕获进入其中的所有电荷，测量离子流，从而可以知道注入一定时间后达到了多少的剂量了 | 板书4<br>4.剂量（个/cm2)<br>——决定了杂质浓度 | | |

| 教学环节 | 教学内容 | 教师教学行为 | 学生学习行为 | 教学技能 |
|---|---|---|---|---|
| | 因此，我们最后还需要设置了一个用来控制掺杂剂量的装置——谁呢？它就是电流积分仪，它能够捕获进入其中的所有电荷，测量离子流，从而可以知道注入一定时间后达到了多少的剂量了。<br><br>到这里，我们已经实现特定杂质离子的掺杂了，现在，让我们重新回到开始时提出的问题上，针对扩散的局限性；有没有一种新的掺杂技术，可以有更好的可控性、灵活性及精确性以改进掺杂质量呢？<br>通过分析，我们发现，我们可以利用离子源和分离器去产生离子并引出。利用质量分析器和加速管实现离子的筛选和加速，最后利用聚焦系统和扫描等部件对离子进行约束引导及控制，并最终掺入硅片。在这个过程中，我们想办法产生了特定的离子，将其加速，最后以一定的能量控制性的去强行轰击到半导体硅片内，实现了掺杂。这个过程实际上正是目前工艺上一种主流的掺杂技术——离子注入 | 板书4<br>4.剂量（个/$cm_2$）<br>——决定了杂质浓度 | | |

| 教学环节 | 教学内容 | 教师教学行为 | 学生学习行为 | 教学技能 |
|---|---|---|---|---|
| | 离子注入以绝对的优势占据了掺杂的主导地位，并极大地推动了集成电路的发展。而实际的离子注入机是一个体积庞大且构造非常复杂的半导体设备系统。一般的注入机包括了前面所介绍的各个部件，依次完成离子产生、加速、控制并掺杂的整个工艺流程，而且要注意的是：整个过程必须始终保证离子束是在真空状态下运输的，这是进行离子注入的基本条件 | | | |
| 归纳小结 | 到这里，我们找到了这种新的掺杂技术——离子注入。现在我们再来总结一下，整个过程应该是按这个顺序进行的。<br>首先，离子源产生的各种正离子会在分离电压的作用下形成束流以一定的速度进入分析器磁场，在磁场中离子受到洛伦兹力的作用发生偏转，从而选出我们所需的特定离子，这些离子通过加速管获得一定能量，接着经过透镜的聚焦，并滤除其中的中性粒子，最后经过两维偏转扫描器使离子束均匀的注入硅片表面，并用电流积分仪精确测量。在这个过程中我们发现，离子注入这种掺杂方式不仅要经过这么多环节，而且各个环节都有一些参数需要我们根据工艺要求、掺杂目的来设定，特别是杂质种类、注入能量、束流及剂量，这些都是非常关键的工艺参数 | 重新审视本节课问题，回顾探究过程的几个环节，点出最终的解决办法——离子注入，加深学生印象。<br>归纳总结，认识深化，将前面的知识点提升至于实际工艺建立联系 | 回顾开始时的问题，在引导下——用本节课中学到的内容解决，最后解决了问题，找到了答案。<br>将前面的知识点整合形成整体离子注入工艺和设备构成的认识 | 演示技能(PPT)<br>提问技能<br>归纳技能 |

| 教学环节 | 教学内容 | 教师教学行为 | 学生学习行为 | 教学技能 |
|---|---|---|---|---|
| 认识提高 | 按照工艺参数的不同，人们将离子注入机分成不同型号应用到不同生产线上。目前，国际几家著名的制造商研制的注入机占据了大部分国际市场。并已经实现12英寸22纳米的离子注入技术。而国内的设备制造公司也在国家支持下积极自主研发,并不断取得进展。这一切努力都会继续推动集成电路产业的发展，并继续改变着我们的生活。我们惊喜地发现，图片上展示的这些在我们生活中，身边随处可见。而高度智能的生活方式，距离我们其实也并不遥远。10年、20年后，人类生活可能会是什么光景？让我们期待这一天吧 | 引导学生回顾总结，将前面分解解决的知识点串起来形成整体概念，进一步在概念基础上提升，强调工艺参数的重要性 | 听讲，回顾，思考，加深印象 | 演示技能(PPT)<br>讲解技能<br>归纳技能 |
| 总结 | | 板书5<br>工艺参数 | | 演示技能(PPT)<br>讲解技能<br>小结技能 |

| 教学环节 | 教学内容 | 教师教学行为 | 学生学习行为 | 教学技能 |
| --- | --- | --- | --- | --- |
| 引出 | 本节课最后，请大家思考这样一个问题。在本节课中，我们考虑的都是离子在接触硅片以前的状况，现在假设离子接下来开始与硅片接触了，又会发生什么情况呢？是一定会注入硅片吗？还是根据离子自身的状态而可能出现多种情况呢？<br>比如说，试想：我们分别用皮球、铅球、枪发射出的子弹等，去打击同一面墙壁时，发生的情况一样不一样啊？显然不一样。那又分别可能会发生什么现象呢，原因又是什么？<br>请大家讨论并试着分析下，下节课我们就围绕着离子与硅片接触及之后的情况展开。这节课就到这里，谢谢大家 | 问题延伸，联系生产实际，图片展示重新点出科技进步对生活的影响，引发学生思考。<br>问题延伸，引发学生自主学习探索 | 注意到国内外差距，通过整节课学习，更深刻地认识到集成电路对生活的影响，思考未来<br>发现新问题，思考 | 演示技能(板书)<br>演示技能(PPT)<br>讲解技能<br>小结技能 |

| 板书设计 | 离子注入工艺参数<br>（1）杂质种类<br>——决定导电类型<br>N型：P、As、Sb<br>P型：B；In<br>（2）注入能量<br>——控制杂质分布的深度和形状<br>（3）束流<br>——决定扫描时间<br>（4）剂量（个/$cm_2$)<br>——决定了杂质浓度 |
|---|---|

| 附录1 | 附录2 |
|---|---|
|  离子注入的工艺过程 |  背景介绍 科技日新月异，生活中的各种电子产品，与我们关系紧密，改变着我们的生活.<br>现代社会是数字化、信息化高速发展的社会 |
| **附录3** | **附录4** |
| 身边的各种电子产品 | 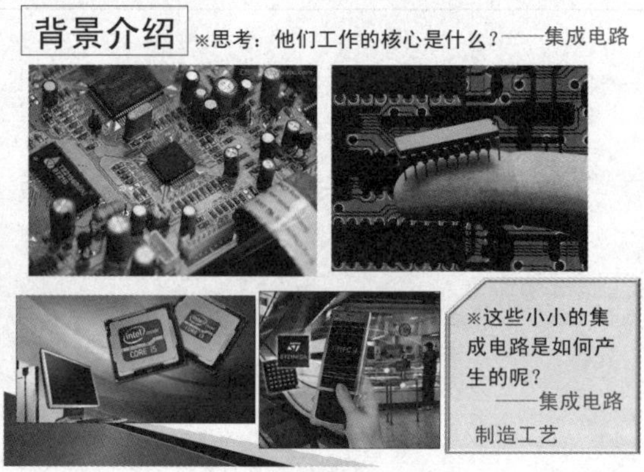 背景介绍 ※思考：他们工作的核心是什么？——集成电路<br>※这些小小的集成电路是如何产生的呢？——集成电路制造工艺 |
| **附录5** | **附录6** |
| 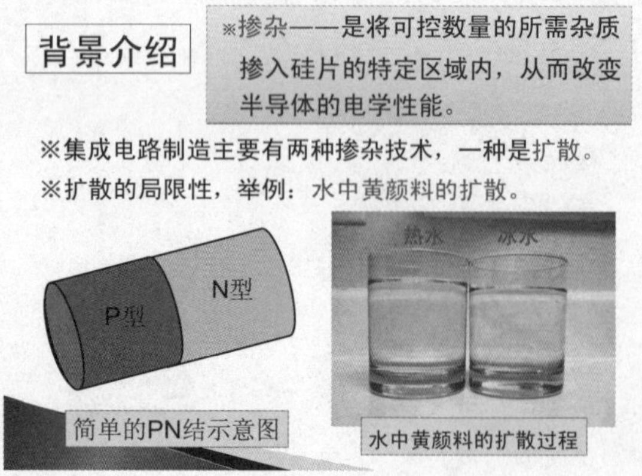 背景介绍 ※掺杂——是将可控数量的所需杂质掺入硅片的特定区域内，从而改变半导体的电学性能。<br>※集成电路制造主要有两种掺杂技术，一种是扩散。<br>※扩散的局限性，举例：水中黄颜料的扩散。<br>P型 N型<br>简单的PN结示意图<br>热水 冰水<br>水中黄颜料的扩散过程 | 新问题的产生——扩散掺杂的局限性；需要改进可控性、灵活性及精确性。<br>——选择新的掺杂技术<br>分析重点<br>问题1：怎样更好地控制杂质？<br>问题2：如何得到特定的单一杂质离子？<br>问题3：怎样让杂质有能力进入硅片内？<br>问题4：如何引导杂质精确定向到硅片？<br>本节内容 |

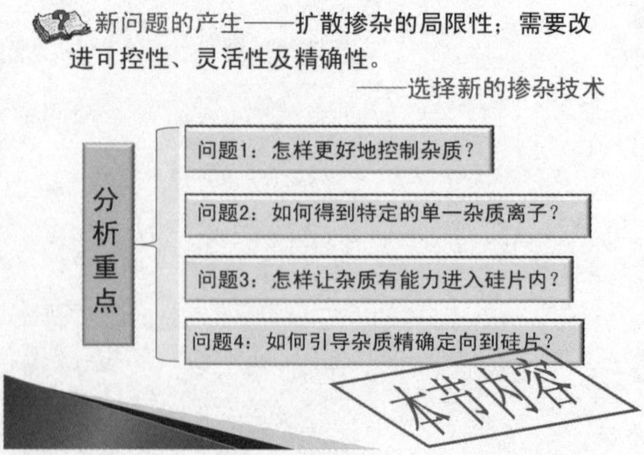

附录7

附录8

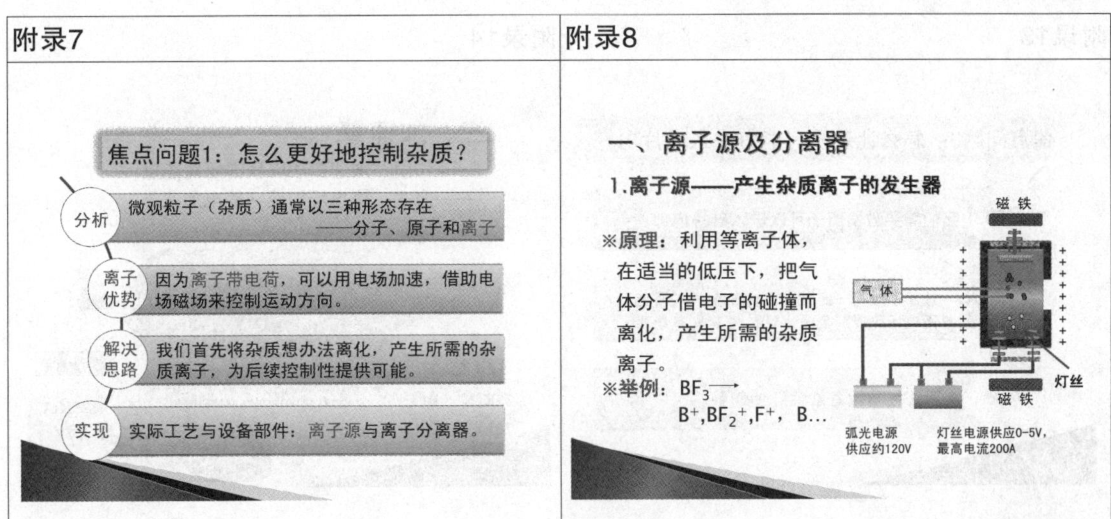


附录9

**2. 离子分离器**（目的：把离子源弧光反应室中产生的杂质离子分离出来。）

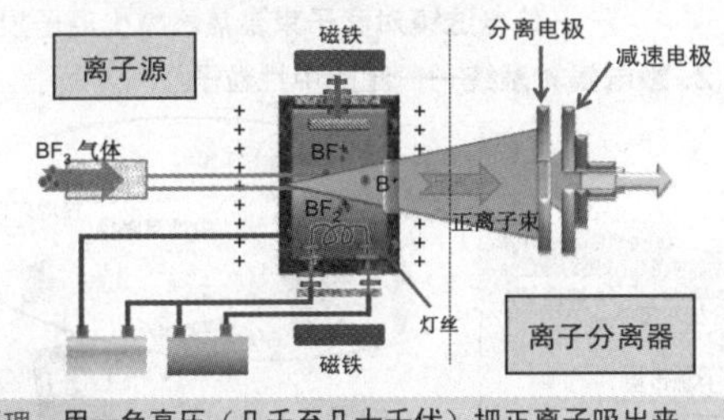


原理：用一负高压（几千至几十千伏）把正离子吸出来。

附录10

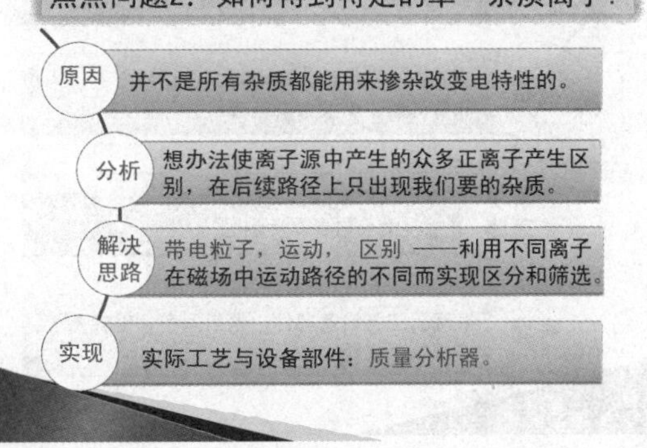


附录11

## 二、质量分析器

※作用：选择掺杂所需的杂质成分离子，将该特定元素筛选出来。

※原理：利用不同质量和不同带电荷数的离子在经过磁场时，受电磁力的不同，进行不同曲率的圆弧运动来进行筛选。

分析器中离子的回转半径表达式：

$$r=\frac{mv}{qB}=\frac{1}{B}\sqrt{\frac{2m}{q}V_{ext}}$$

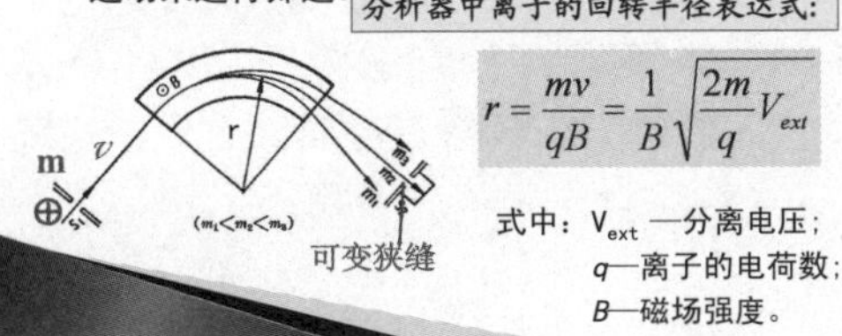


式中：$V_{ext}$—分离电压；
$q$—离子的电荷数；
$B$—磁场强度。

附录12

## 质量分析器工作原理演示

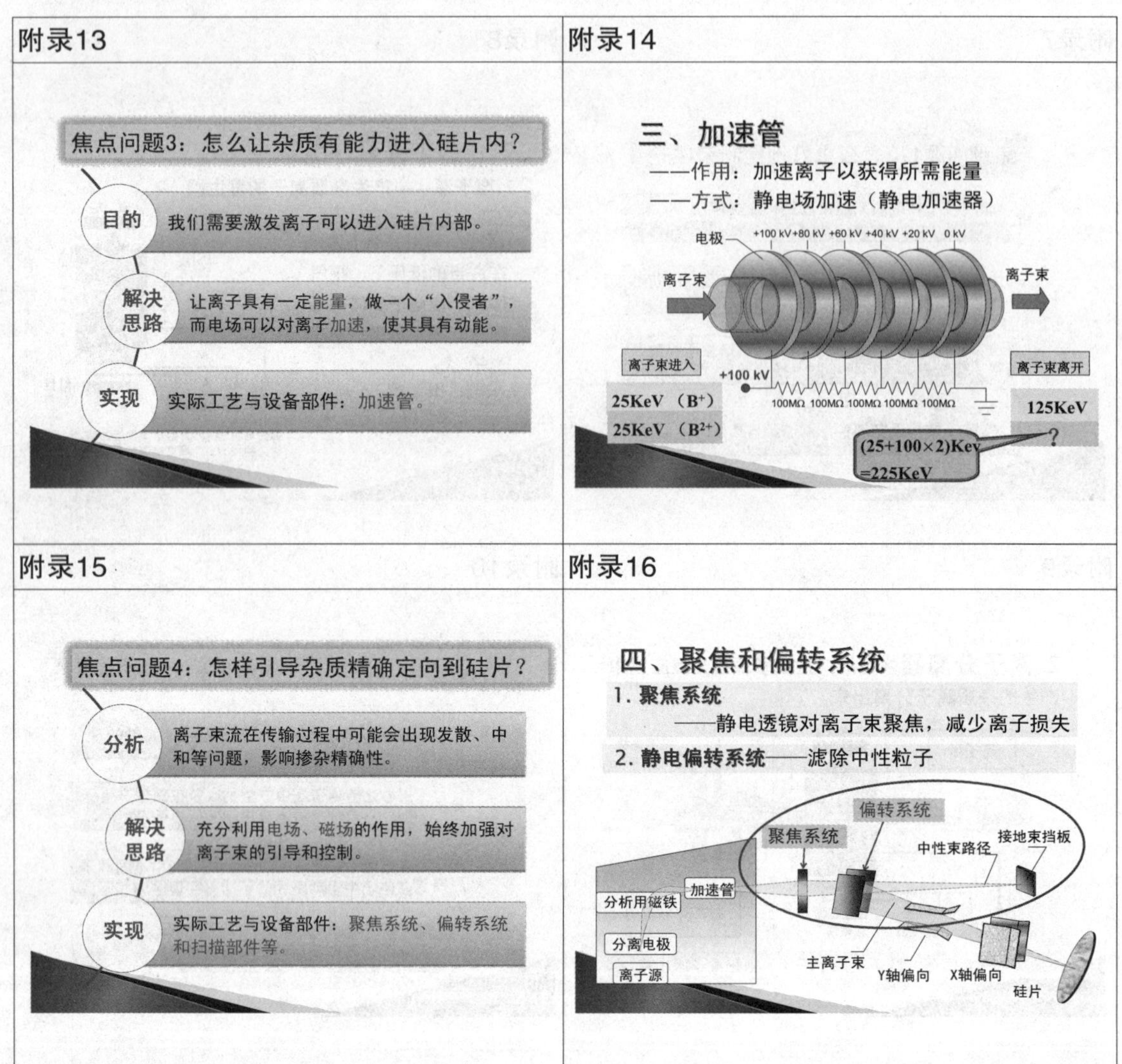
附录13
焦点问题3：怎么让杂质有能力进入硅片内？
目的
我们需要激发离子可以进入硅片内部。
解决思路
让离子具有一定能量，做一个“入侵者”，而电场可以对离子加速，使其具有动能。
实现
实际工艺与设备部件：加速管。
附录14
三、加速管
——作用：加速离子以获得所需能量
——方式：静电场加速（静电加速器）
电极
+100 kV +80 kV +60 kV +40 kV +20 kV 0 kV
离子束
离子束
离子束进入
+100 kV
100MΩ 100MΩ 100MΩ 100MΩ 100MΩ
离子束离开
25KeV（B+）
25KeV（B2+）
125KeV
?
(25+100×2)Kev
=225KeV
附录15
焦点问题4：怎样引导杂质精确定向到硅片？
分析
离子束流在传输过程中可能会出现发散、中和等问题，影响掺杂精确性。
解决思路
充分利用电场、磁场的作用，始终加强对离子束的引导和控制。
实现
实际工艺与设备部件：聚焦系统、偏转系统和扫描部件等。
附录16
四、聚焦和偏转系统
1. 聚焦系统
——静电透镜对离子束聚焦，减少离子损失
2. 静电偏转系统——滤除中性粒子
偏转系统
聚焦系统
中性束路径
接地束挡板
分析用磁铁
加速管
分离电极
离子源
主离子束
Y轴偏向
X轴偏向
硅片

# 《均匀平面波的极化》教学设计教案

宋玲玲

电子科学与应用物理学院

**科目名称：**《电磁场与电磁波》

**章节名称：**第六章《均匀平面波》

**主要的教学技能：**综合技能

**知识与技能：**掌握电磁波的极化定义，掌握电磁波极化形式分类，熟悉极化匹配的概念，了解极化信息的重要性及其应用领域。

**过程与方法：**讲授法为主，讨论启发式教学。由生活中的常见现象产生新问题，引导学生学习新知识、分析并解决新问题。

**情感态度与价值观：**培养学生善于发现、善于探索的求新能力，以及专业素养和应用理论知识解决工程问题的能力，学会如何正确理解电磁波极化的定义和形式分类。

**教学重点：**电磁波极化的定义及其描述方法，明确椭圆极化、线极化和圆极化三种形式分类及关系。

**教学难点：**作为反映波的矢量特性，极化是波的重要信息。根据极化的定义，如何给出其物理表征，如何导出它的三种极化形式，在应用方面起着怎样的作用。

**教学参考资料：**

（1）孙玉发 等. 电磁场与电磁波. 合肥：合肥工业大学出版社，2009

（2）谢处方 饶克谨 等著. 电磁场与电磁波（第四版）. 北京：高等教育出版社，2008

**教学过程：**

| 教学环节 | 教学目的 | 教学内容 | 教师活动 | 学生活动 | 教学技能 | 设计依据 |
|---|---|---|---|---|---|---|
| 导入 | 联系生活实际，创设问题情境，激发学习兴趣，引发探究欲望 | 各位老师、同学，大家早上好！今天我们继续来讨论平面电磁波的特性。我们先来看一幅画，它表现的是20世纪八九十年代咱们过年的情景，拆下门板吃年夜饭，挤成一团看9寸电视。其中一位戴着眼镜的爸爸正在调整电视天线的位置，希望获得一个清晰的图像，有时手还不能拿开，一拿开，图像又不清晰了。主要原因就是屋内的电视信号不好。怎么办呢？有人就想到在屋外接个天线。<br>（见附录1）<br><br>在一根木条的两端分别钉上横放的易拉罐后，（接上信号馈线），再用根很长的木棍架起来，效果果然好很多，至今在很多地方我们还能看到这样霸气的天线。这就是早期的室外天线，不久，咱们熟悉的001天线就出现了，下面两个是我们不常见的微波电视天线。仔细看看这些天线，它们虽然形貌各异，却具有相同的特征——就是易拉罐、金属杆都是水平放置的！<br>（见附录2、3） | 用PPT展现生活中众人熟悉的各种电子产品，引导学生发现生活与科技、熟悉的事物与所学新知识之间的关系。 | 观看PPT，熟悉的画面引起共鸣思考问题； | 导入技能<br>演示技能（PPT） | 从心理学角度，根据学生特点，激发学生学习兴趣 |

| 教学环节 | 教学目的 | 教学内容 | 教师活动 | 学生活动 | 教学技能 | 设计依据 |
|---|---|---|---|---|---|---|
| 引出新课（提出本节课需要解决的问题） | 揭示题目，围绕问题展开探索研究 | 除了这些水平放置的天线，咱们日常生活中还有垂直放置的天线，还有圆形的天线。为什么有的天线是水平的？有的是垂直的？还有些是圆形的呢？这些天线为什么要这样设计呢？这些问题的答案都涉及今天我们这堂课所要讲的内容——电磁波的极化。（见附录4） | 引导学生思考目前需要解决的关键是那些？形成本节课的内容框架 | 听讲思考，发现问题症结所在。 | 导入技能<br>提问技能<br>演示技能（PPT） | |
| 讲授新课 | 正面给出极化定义和表征方法，并针对已学特定对象，感性建立极化概念，加深对极化具象理解 | 所谓电磁波的极化，是指在空间给定点上，电场强度矢量随时间的变化规律。我们可以用电场强度矢量的末端端点在空间随时间变化的轨迹来描述。依据这样官方的定义和描述方法，我们实在是无法抓住极化的精髓，极化是什么？别急，通过判断一列最简单的电磁波的极化方式，我们先来感性地认识一下它 | 以已经具备的知识，引导学生分析研究对象新的特征，突出对象的空间性，加强学生具象认识 | 听讲，在老师引导下思考极化的特性，建立极化物理图形 | 演示技能（PPT）<br>讲解技能 | 选择多媒体手段突出教学内容<br><br>选择多媒体手段突出教学内容 |

| 教学环节 | 教学目的 | 教学内容 | 教师活动 | 学生活动 | 教学技能 | 设计依据 |
| --- | --- | --- | --- | --- | --- | --- |
| | | 上节课我们讨论了一列沿$+z$方向传播的均匀平面波，它的电场强度只有$x$分量，初相位$\phi x$为0，瞬时表达式为$ex$、振幅$E_{xm}$、cos、时间相位$\omega t$、减去空间相位$kz$，这是它的时空图，红色是电场强度$E$，蓝色是磁场强度$H$，这是波的传播方向，三者两两相互垂直，满足右手螺旋定则。电场$E$、磁场$H$都在随时间、空间做正弦变化。那么这列波的极化特性是什么呢？<br>为简单起见，取$z$=0这一个定点，也就是在$XOY$平面上，将$z$=0代入表达式，得到$ex$、cos、$\omega t$，发现电场强度E在x轴上随时间做正弦变化，显然它的端点轨迹就是在$x$轴上的一条直线，我们把这列波的极化特性称为$x$方向的直线极化波。原来，电场强度$E$的矢端轨迹就是波的极化方式。（见附录5、6、7、8） | | | | |

| 教学环节 | 教学目的 | 教学内容 | 教师活动 | 学生活动 | 教学技能 | 设计依据 |
|---|---|---|---|---|---|---|
| 正面剖析极化 | 由特例到一般，进一步完善极化的定义及其物理表征。 | 一般情况下，沿+$z$方向传播的均匀平面波的$x$和$y$分量都存在，而且它们的振幅和相位不一定相同。从表达式看，$x$分量是$x$方向的线极化波，$y$分量是$y$方向的线极化波，这两个极化方向相互垂直的线极化波，合成以后，它们的合矢量电场E的轨迹还会是直线吗？我们令$x$分量的初相位为0，$y$分量的初相位为$\phi$，在$z$=0的平面上，这两个分量分别$E_{xm}$、cos$\omega t$，和$E_{ym}$、cos$\omega t$加$\phi$，这个$\phi$也可以看成是$x$和$y$分量的相位差。通过数学变换，消去时间参量$t$，得到了一个方程：$E_x$的平方比上$E_{xm}$的平方，加上$E_y$的平方比上$E_{ym}$的平方，减去两倍的$E_xE_y$除以$E_{xm}E_{ym}$、cos$\phi$，等于sin$\phi$平方 | 有特殊到一般，创设问题，引导学生思考一般与特殊之间的关系。 | 听讲，理解和思考 | 演示技能（PPT）讲解技能 | |

| 教学环节 | 教学目的 | 教学内容 | 教师活动 | 学生活动 | 教学技能 | 设计依据 |
|---|---|---|---|---|---|---|
| | | 这个方程咱们似曾相识，我们在讨论力学机械波时，曾经对两个相互垂直的同频率的简谐振动做过合成，合成以后，振动质点的轨迹方程就是它，这是一个椭圆方程。此时，合成波电场强度E的端点在一个椭圆上随着时间旋转，端点轨迹就是这个椭圆，因此，我们称这种极化方式为椭圆极化。（见附录9、10） | 提示学生回顾以前相关的知识，引导学生利用旧知识分析新问题 | 回顾，思考。 | 演示技能（PPT）讲解技能 | |
| 分类探讨 | 一般抽象到一般具体，观察相位差与椭圆的关系。 | 从方程上看，它有分量振幅$E_{xm}$、$E_{ym}$和相位差$\phi$，三个参量，其中，$E_{xm}$和$E_{ym}$，我们很容易想到，它们的大小将会影响椭圆的胖和瘦，而相位差$\phi$对椭圆有哪些贡献却尚未得知。因此，我们在0到π之间取了9个不同的$\phi$值，画出相应的9个椭圆，发现随着相位差$\phi$增大，椭圆由瘦慢慢变胖，再由胖慢慢变瘦，其中有三个不一样的特例引起我们的兴趣，两个是直线，一个是标准椭圆。（见附录11） | 讲解分析图示原理 | 看图，听讲，在老师引导下思考，理解原理 | 演示技能（PPT）提问技能讲解技能 | 以科学方法论为依据，运用一般—特例式的教学模式进行分析和综合 |

| 教学环节 | 教学目的 | 教学内容 | 教师活动 | 学生活动 | 教学技能 | 设计依据 |
| --- | --- | --- | --- | --- | --- | --- |
| 特例一：线极化 | 明确线极化相位条件<br>阐明表现形式，特点 | 原来当$\phi$=0或是π，也就是$x$分量和$y$分量的相位相同或相差π时，合矢量电场$E$的轨迹就由椭圆退化为直线。<br>具体代入椭圆方程，sin$\phi$始终为0，而cos$\phi$分别为+-1，最后得到$y$分量与$x$分量的比值表达式。显然，$E_y$比上$E_x$就是合矢量电场$E$与$x$轴夹角$\alpha$的正切。现在tan$\alpha$等于$+-E_{ym}/E_{xm}$，是一定值，$\alpha$为常数。<br>这表明合成波电场强度$E$与$x$轴夹角$\alpha$保持不变，它的矢端轨迹是一条与x轴夹角为$\alpha$的直线。我们称这种极化方式为线极化。这是$\alpha$大于0，合矢量$E$的矢端轨迹是一条一三象限的直线，$\alpha$小于0，是一条二四象限的直线。从它们的动态图中我们清楚看到，线极化的特点是合矢量$E$的大小随时间变化，而方向保持不变。（见附录12、13） | 讲解分析，突出线极化的本质<br>动态示例，加深理解 | 看图、听讲 | 演示技能（PPT）<br>讲解技能 | |

| 教学环节 | 教学目的 | 教学内容 | 教师活动 | 学生活动 | 教学技能 | 设计依据 |
|---|---|---|---|---|---|---|
| 特例二：圆极化 | 明确圆极化的产生条件 | 还有一个特例，当$\phi=\pi/2$，也就是$x$分量与$y$分量的相位差为π/2时，斜椭圆演变成一个标准椭圆，就是椭圆的长短轴正好在坐标系的$x$、$y$轴上。将π/2代入方程，sin平方$\phi$始终为1，cos$\phi$始终为0，最后正好得到一个标准椭圆方程。标准椭圆中有一个特例，就是当它的长短轴相等，也就是$E_{xm}$等于$E_{ym}$的时候，椭圆就变成了圆。<br>这表明合成波电场大小不随时间改变，其矢端轨迹是一个半径为$E_m$的圆，我们称这种极化方式为圆极化。这是它的动态图，圆极化的特点是大小不变，方向在变，合矢量$E$的端点在圆上随时间旋转。（见附录14、15） | 继续分析讲解，推演圆极化的产生条件 | 听讲，思考，理清分析思路 | | |

| 教学环节 | 教学目的 | 教学内容 | 教师活动 | 学生活动 | 教学技能 | 设计依据 |
|---|---|---|---|---|---|---|
| 小结 | 回顾整理，明确极化及其三种形式 | 从以上讨论我们可以总结一下：任意两个同频率、同传播方向且极化方向相互垂直的线极化波，它们的合成波极化方式一般为椭圆极化，当它们的振幅相等并且相位差为+−π/2时，其合成波为圆极化；当它们的相位相同或相差为+−π时，其合成波为线极化。这里的−π/2、−π，是因为我们将相位差的讨论范围有原来的0到π拓展到0到2π时产生的。显然，线极化与圆极化都是椭圆极化的特例。<br>这里我们特别给出圆极化的时空轨迹，它的方向不停地变化，随时间螺旋前进的。这是空间给定点的合矢量$E$的轨迹，它是时空轨迹在$XOY$面上的投影。（见附录16） | 从一般到特例，清晰明了介绍极化的三种形式 | 抓住三种极化本质特征 | | |

| 教学环节 | 教学目的 | 教学内容 | 教师活动 | 学生活动 | 教学技能 | 设计依据 |
|---|---|---|---|---|---|---|
| 解决问题 | 呼应天线设计 | 到这里，我们已经清楚了关于电磁波极化的概念，现在，让我们重新回到开始时提出的问题上，为什么要将天线设计成水平、垂直、和圆形的呢？<br>在无线通信系统中，天线是用来发射或接收电磁波的部件，这里有一个关于天线工作的实验，我们一起来看一下。（播放视频）。信号最强时，天线方位就是电磁波中电场强度E的方位。也就是说如果要实现最佳的发射与接收效果，必须使电磁波的极化方向与天线的形式保持一致，即极化匹配。（见附录17） | 再次提到导课问题，再次吸引学生的注意力<br>播放视频，理解极化匹配 | 重新思考问题<br>观看视频，加深印象，建立直观感性认识 | 演示技能(视频)<br>讲解技能 | |

| 教学环节 | 教学目的 | 教学内容 | 教师活动 | 学生活动 | 教学技能 | 设计依据 |
| --- | --- | --- | --- | --- | --- | --- |
| | 呼应之前的天线案例 | 在工程上，常将电场平行于大地的电磁波称为水平极化波，而将电场与大地垂直的电磁波称为垂直极化波。我国无线电视一般采用水平极化方式，所以电视天线应调整到与大地平行的位置，这也就是易拉罐、金属杆为什么要横着放的原因了。<br>而移动通信系统、调幅广播一般采用垂直极化方式，所以收音机的天线、移动基站天线都是垂直放置的。<br>无论是水平极化，还是垂直极化，天线的方位都要保持不变。但是像天上的飞机、太空中的卫星，它们与地面联系时，在空中的姿态不停地变化，线极化方式就会导致信号可能接收不到，必须改用圆极化的发射和接收系统。圆极化波的特点就是电磁波在传播的过程中，它的极化方向一直在改变，表现为一种螺旋状，对应的天线也是一种螺旋状，它对方位没有严格要求，这也就是圆形天线的设计原因了。<br>（见附录18、19、20） | 学以致用——分析水平天线、垂直天线、圆形天线的设计原因 | 看图、映射极化内容，回答前面的问题，加深印象 | 演示技能<br>讲解技能 | 选择多媒体手段突出教学内容 |

| 教学环节 | 教学目的 | 教学内容 | 教师活动 | 学生活动 | 教学技能 | 设计依据 |
| --- | --- | --- | --- | --- | --- | --- |
| 拓展 | 了解极化反映的是电磁波的矢量特性，并通过举例加深印象 | 现在，我们明白了一个成功的天线设计必须和波的极化方式匹配。而关于波的极化应用却不仅仅止于此，极化表征的是电场强度E的矢端轨迹，反映的是电磁波的矢量特性。电磁波照射目标后，它的电场强度$E$的大小和方向都会发生改变，而且这种改变对目标的介电常数、物理特性、几何形状等等特别敏感，具体来说，不同材料，极化信息不一样，甚至同一材料不同形状，极化信息也不一样。因此，极化同频率、振幅、相位一样，是电磁波重要的信息参量。<br>自20世纪70年代以来，极化信息获取与处理技术已广泛应用于雷达系统中，它可以获取目标特征信息，提高雷达目标监测、目标识别能力，特别是在军事上，可以识别真假目标，帮助导弹击中真目标。在气象雷达中，根据大气中云雨的极化信息，观察气象微物理过程，监视天气的变化。这是通过研究水稻的极化响应特征，利用雷达遥感技术，实现了对水稻分布、长势及产量预估的监控。等等，原来极化信息为我们的生活带 | 引导学生思考极化是反映波的矢量特征，而且波的极化包含了目标的特征信息，理解极化信息的概念<br>以极化雷达为特定目标，阐述在目标特征识别方面广阔的应用领域。 | 听讲，在老师引导下思考，看图，理解原理 | 演示技能（PPT）讲解技能 | 分析引导，达成教学目标<br>讲授法、引导－探究式教学方法，完成教学内容 |

| 教学环节 | 教学目的 | 教学内容 | 教师活动 | 学生活动 | 教学技能 | 设计依据 |
|---|---|---|---|---|---|---|
| | | 来很多的便利。<br>（见附录21） | | | | |
| | | 这堂课，我们从极化的描述方法出发，由电场强度的一般表达式出发，导出椭圆方程。依据振幅、相位差之间不同的约定关系，得到三种极化方式，其中圆极化和线极化是椭圆极化的特例。根据极化匹配原则，结合日常生活中常见的天线，我们分析了水平天线、垂直天线和圆形天线的设计原因。作为电磁波的信息参量，极化不同于频率、振幅、相位，它反映的是电磁波的矢量特性，在目标特征识别方面，具有无可比拟的优越性，这一点突出的体现在极化雷达上 | 从内容到应用，提纲挈领，给出关键词，进行归纳总结 | 听课、总结，思考问题 | 演示技能(PPT)<br>归纳技能 | 现代教学理论。总结强调提升 |

| 教学环节 | 教学目的 | 教学内容 | 教师活动 | 学生活动 | 教学技能 | 设计依据 |
| --- | --- | --- | --- | --- | --- | --- |
| | | 雷达发射的电磁波照射到目标后，极化状态发生了改变。正是根据极化状态的改变，雷达可以判断目标的形态、运动方向等重要信息。既然极化状态已经改变了，那雷达的发射天线还能接收到反射波吗？特别是圆极化波，它还分为左旋圆极化和右旋圆极化，而且一列左旋圆极化反射后就变成了右旋圆极化，反之亦然。此时，极化方向完全改变了。那么雷达中的发射天线与接收天线是应该如何匹配的呢？请大家参考教材思考以下几个问题，下节课我们就围绕这个问题展开讨论。这是本节课的参考教材和文献，今天就到这里，谢谢大家。（见附录22、23） | 提出新问题，为下一节课深入思考的内容埋下伏笔 | 保持好奇心 | 演示技能(PPT)提问技能 | 在达成知识与技能的教学目标的基础上，同时达成情感态度与价值观目标。引发深入思考 |

<table>
<tr><td>课堂小结</td><td>你的收获是什么<br>（1）理解极化的定义及描述方法<br>（2）掌握了极化的圆极化、线极化和椭圆极化三种形式及其在天线上的应用；<br>（3）了解极化作为电磁波的信息参量的矢量性及其应用潜力</td></tr>
<tr><td>课后思考</td><td>课题：<br>左旋、右旋圆极化波反射后极化方式如何改变？雷达的发射天线与接收天线如何匹配？</td></tr>
<tr><td>板书设计</td><td>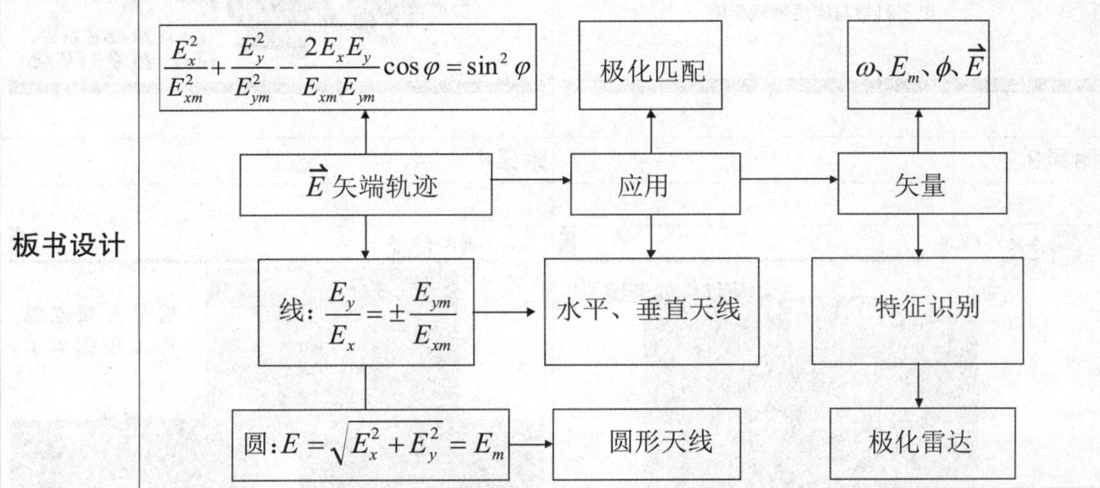
</td></tr>
<tr><td>教学反思</td><td>①电磁波的极化反映的是电磁波的矢量特性，既有大小，也有方向。每一种极化方式下，电场强度的大小和方向都不一样。平铺直叙的推演、讲解会容易显得乏味枯燥，缺乏吸引力。这次课程的设计变成以教师学生双主体形式，一起探索想办法，找出一个解决办法，而所需的解决办法又一一隐藏在以前所学的知识中，最终通过分析，思考，发现，应用，解决实际问题，最终根据极化匹配原则，解释了水平、垂直及圆形天线设计原因，真正掌握了三种极化的概念及其物理含义。设计的每一个研究的问题，都充分挖掘其营养，从多角度展开引导学生思考，调动了学生的发散思维。每一个问题都是学生经过思考、讨论解决的，而不是直接给予的东西，这有利于对学习活动本身产生兴趣。有了兴趣，即使遇到困难，学生也会去积极克服。<br>②我们在课上以探索为主，激发学生积极的学习态度，但在趣味性上还有所欠缺一点，由于时间关系，给予学生自主探索的时间略少，应更积极大胆的放手让他们自己讨论尝试解决问题，语言上要多鼓励显示出学生的主体地位，激发学生学习的兴趣，增强科学研究信心。<br>③通过视频和多媒体技术掌握科学研究的方法，培养观察能力。训练分析、思维和创造能力，提高科学素养。充分发挥了学生的主动性和创造性</td></tr>
</table>

附录1

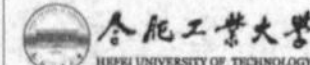

任课老师：宋玲玲

**第六章 平面电磁波**

E-mail: llsong@hfut.edu.cn

电子科学与应用物理学院

附录2

附录3

易拉罐结构的天线

附录4

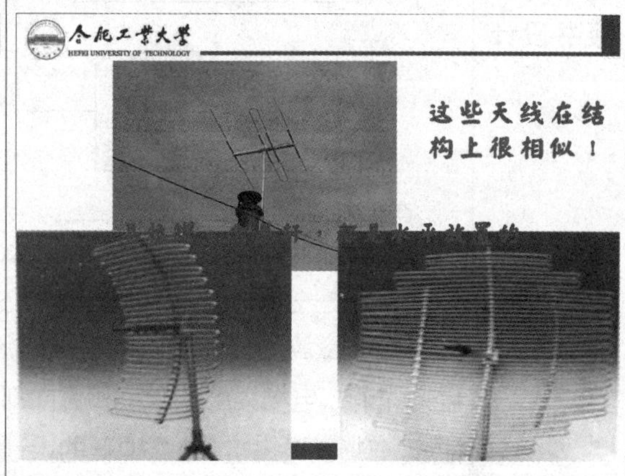


附录5

**思考**：为什么天线有的是水平的，有的是垂直的，有的是圆形的呢？

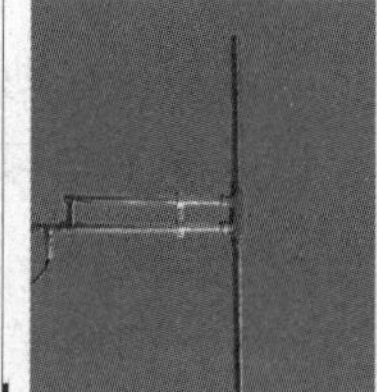

附录6

**6.3 均匀平面波的极化**

一．波的极化定义

**波的极化是指在空间给定点上，电场强度矢量（大小和方向）随时间的变化规律。**

波的极化用电场强度矢量的端点在空间随时间变化的轨迹来描述。

回顾：一列沿$+z$方向传播的均匀平面波，其电场强度$\vec{E}$只有$E_x$分量，初相位$\varphi_x$为0，瞬时值表示为

$$\vec{E}(z,t)=\vec{e}_x E_{xm}\cos(\omega t-kz)$$

| 附录7 | 附录8 |
|---|---|
| 合肥工业大学 HEFEI UNIVERSITY OF TECHNOLOGY 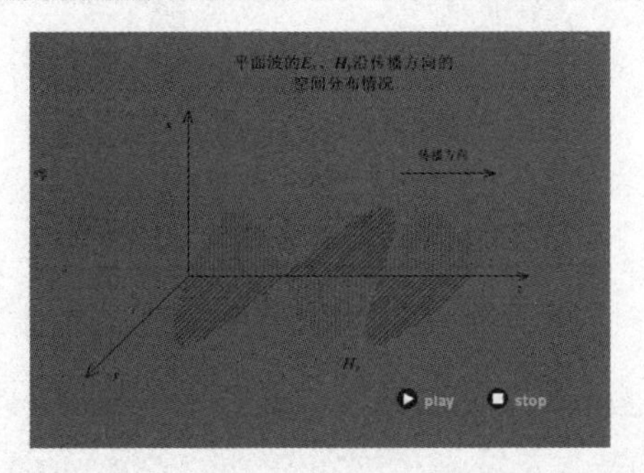 | 合肥工业大学 HEFEI UNIVERSITY OF TECHNOLOGY $\vec{E}(0,t)=\vec{e}_x E_{xm}\cos\omega t$ 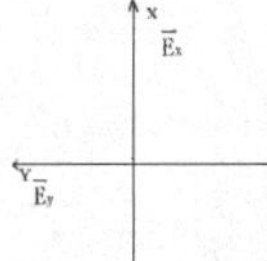 |



| 附录9 | 附录10 |
|---|---|
| 合肥工业大学 HEFEI UNIVERSITY OF TECHNOLOGY 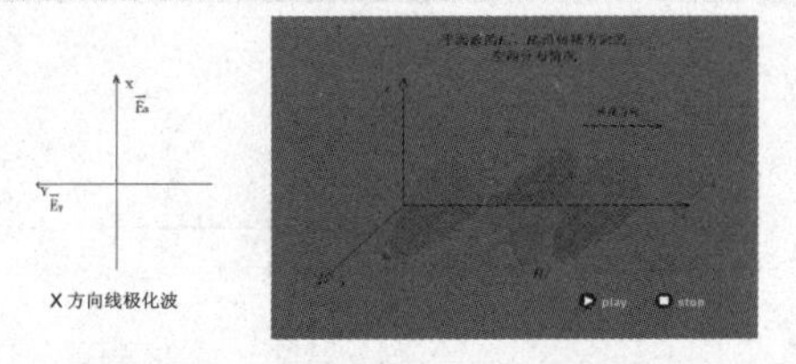 X方向线极化波<br>**显然，在空间任一固定点，电场强度矢量的端点随时间的变化轨迹为与 $x$ 轴平行的直线。因此，这种平面波的极化特性称为线极化，其极化方向为 $x$ 方向。** | 合肥工业大学 HEFEI UNIVERSITY OF TECHNOLOGY<br>**二．合成波的极化形式**<br>一般情况下，沿+z方向传播的均匀平面波，电场强度矢量有两个分量：$E_x$和$E_y$分量，且其振幅和相位不一定相等。<br>$\vec{E}=E_x\vec{e}_x+E_y\vec{e}_y$ 其中：$\begin{cases}E_x=E_{xm}\cos(\omega t-kz+\varphi_x)\\E_y=E_{ym}\cos(\omega t-kz+\varphi_y)\end{cases}$<br>令 $\varphi_x=0,\quad \varphi_y=\varphi$ 在 z=0 的平面上<br>得 $E_x=E_{xm}\cos\omega t$，$E_y=E_{ym}\cos(\omega t+\varphi)$ 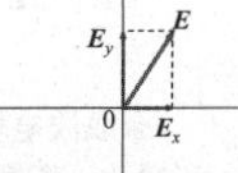 |

| 附录11 | 附录12 |
|---|---|
| 合肥工业大学 HEFEI UNIVERSITY OF TECHNOLOGY<br>消去上式中$t$ 得<br>$\frac{E_x^2}{E_{xm}^2}+\frac{E_y^2}{E_{ym}^2}-\frac{2E_xE_y}{E_{xm}E_{ym}}\cos\varphi=\sin^2\varphi$ 椭圆方程 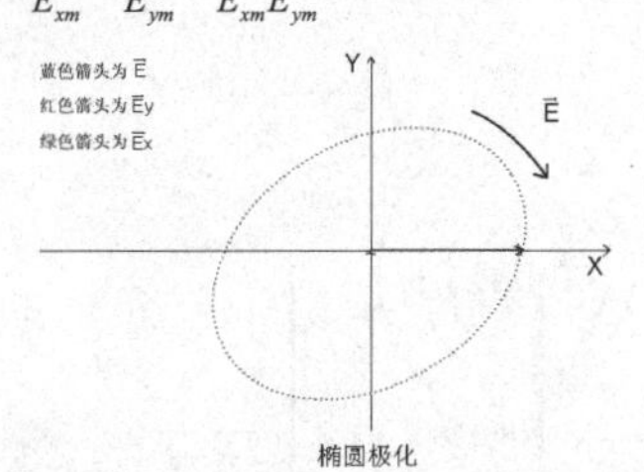 椭圆极化 | 合肥工业大学 HEFEI UNIVERSITY OF TECHNOLOGY<br>$\frac{E_x^2}{E_{xm}^2}+\frac{E_y^2}{E_{ym}^2}-\frac{2E_xE_y}{E_{xm}E_{ym}}\cos\varphi=\sin^2\varphi$<br>$\varphi=0$ $\varphi=\pi/8$ $\varphi=\pi/4$<br>$\varphi=3\pi/8$ $\varphi=\pi/2$ $\varphi=5\pi/8$<br>$\varphi=3\pi/4$ $\varphi=7\pi/8$ $\varphi=\pi$ |

## 附录13

合肥工业大学 HEFEI UNIVERSITY OF TECHNOLOGY

1．当$\varphi=0$或$\pi$ 即x、y分量的相位相同或相差为π

$$\sin^2\varphi=0,\ \cos\varphi=\begin{cases}1, & \varphi=0\\ -1, & \varphi=\pi\end{cases}$$

得 $\frac{E_y}{E_x}=\pm\frac{E_{ym}}{E_{xm}}$　$\frac{E_y}{E_x}=\tan\alpha$

$$\alpha=arc\tan\left(\frac{E_y}{E_x}\right)=\begin{cases}\frac{E_{ym}}{E_{xm}}, & \varphi=0\\ -\frac{E_{ym}}{E_{xm}}, & \varphi=\pi\end{cases}\quad 常数$$

合成波电场与 x 轴夹角不随时间变化，合成电场矢端轨迹在与x轴夹角为 $\alpha$ 的直线上。这种极化方式称为线极化。

## 附录14

合肥工业大学 HEFEI UNIVERSITY OF TECHNOLOGY

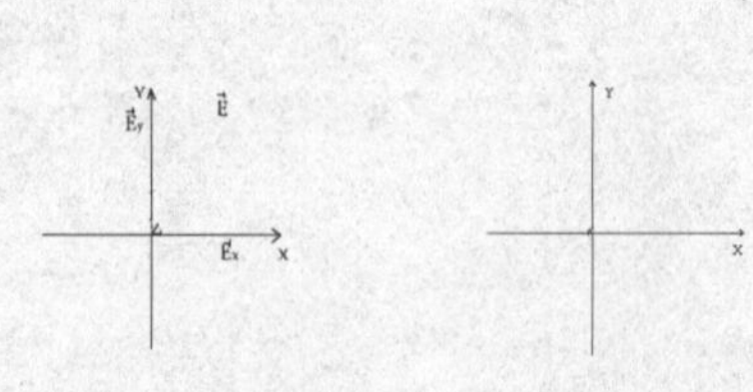

线极化特点：合成波电场大小随时间变化，方向保持不变。

## 附录15

合肥工业大学 HEFEI UNIVERSITY OF TECHNOLOGY

2．当$\varphi=\frac{\pi}{2}$ 即x、y分量的相位相差为$\frac{\pi}{2}$

$\sin^2\varphi=1,\quad\cos\varphi=0$

得 $\frac{E_x^2}{E_{xm}^2}+\frac{E_y^2}{E_{ym}^2}=1$

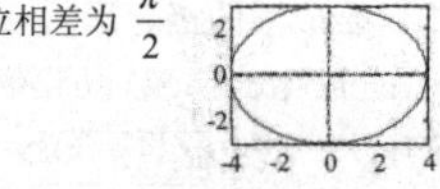

若 $E_{xm}=E_{ym}=E_m$ 则 $E_x^2+E_y^2=E_m^2$

$E=\sqrt{E_x^2+E_y^2}=E_m$ 常数

合成波电场大小与 x 轴夹角不随时间变化，合成电场矢端轨迹在半径为$E_m$的圆上。这种极化方式称为圆极化。

## 附录16

合肥工业大学 HEFEI UNIVERSITY OF TECHNOLOGY

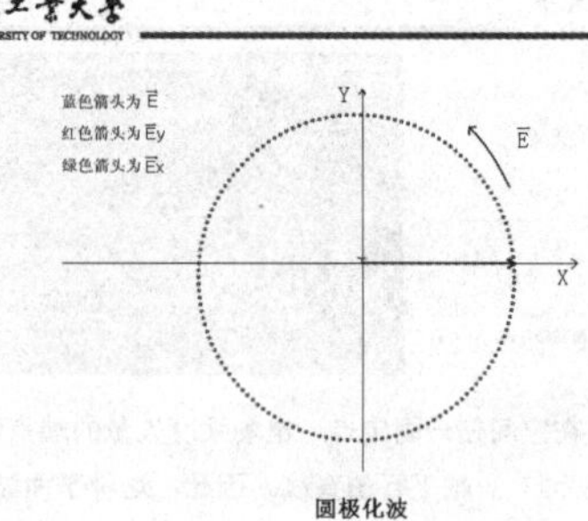


圆极化的特点：合成波电场大小不变，方向变化。

## 附录17

合肥工业大学 HEFEI UNIVERSITY OF TECHNOLOGY

假设空间任意一个平面波：

$$\vec{E}=E_x\vec{e}_x+E_y\vec{e}_y$$

- 圆极化：振幅相同且相位相差±π/2；

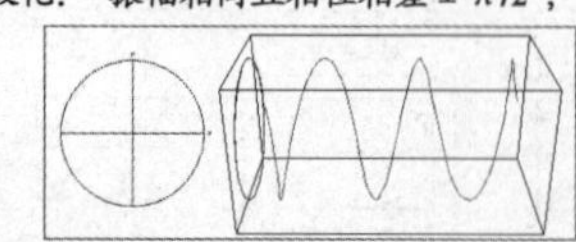

- 线极化：相位相同或者相差为±π；
- 线极化与圆极化是椭圆极化的特例

## 附录18

合肥工业大学 HEFEI UNIVERSITY OF TECHNOLOGY

三．极化特性的工程应用

以无线电通讯系统为例

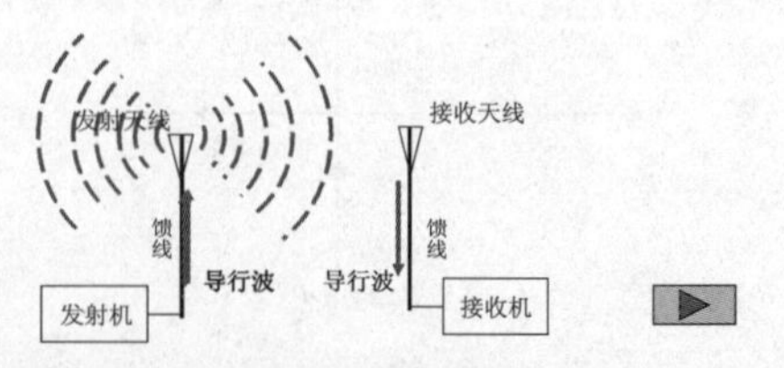

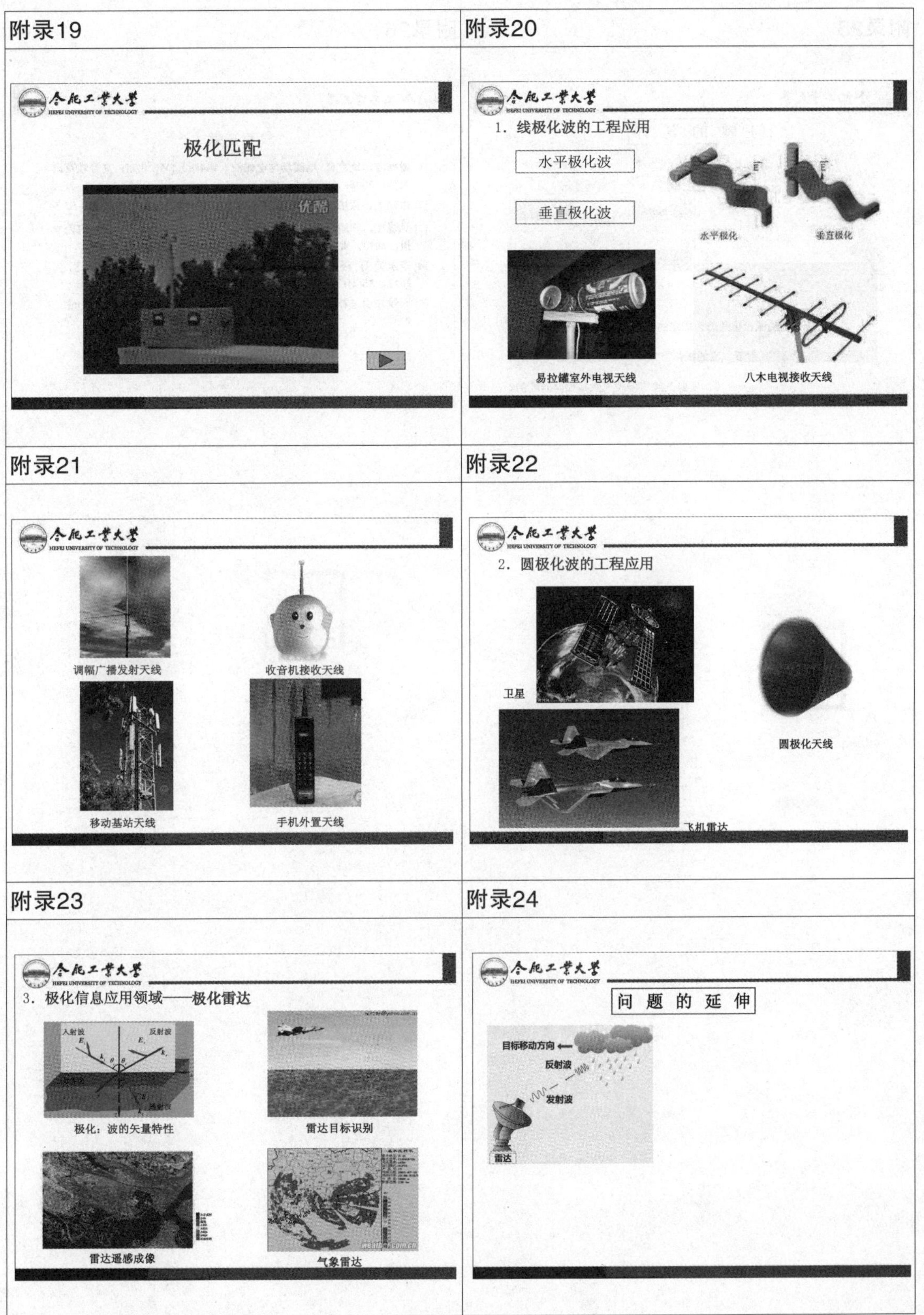
附录19
合肥工业大学
HEFEI UNIVERSITY OF TECHNOLOGY
极化匹配
附录20
合肥工业大学
HEFEI UNIVERSITY OF TECHNOLOGY
1. 线极化波的工程应用
水平极化波
垂直极化波
水平极化
垂直极化
易拉罐室外电视天线
八木电视接收天线
附录21
合肥工业大学
HEFEI UNIVERSITY OF TECHNOLOGY
调幅广播发射天线
收音机接收天线
移动基站天线
手机外置天线
附录22
合肥工业大学
HEFEI UNIVERSITY OF TECHNOLOGY
2. 圆极化波的工程应用
卫星
圆极化天线
飞机雷达
附录23
合肥工业大学
HEFEI UNIVERSITY OF TECHNOLOGY
3. 极化信息应用领域——极化雷达
入射波
反射波
极化：波的矢量特性
雷达目标识别
雷达遥感成像
气象雷达
附录24
合肥工业大学
HEFEI UNIVERSITY OF TECHNOLOGY
问 题 的 延 伸
目标移动方向
反射波
发射波
雷达

| 附录25 | 附录26 |
| --- | --- |
| 合肥工业大学<br>HEFEI UNIVERSITY OF TECHNOLOGY<br>问 题 的 延 伸<br>目标移动方向<br>反射波<br>发射波<br>雷达<br>圆极化分类<br>左旋圆极化<br>右旋圆极化<br>反射<br>极化改变<br>右旋圆极化<br>左旋圆极化<br>1、左旋、右旋圆极化是怎么规定的？<br>2、反射后，它的极化方式为什么会改变呢？<br>3、发射天线与接收天线是如何匹配的？ | 合肥工业大学<br>HEFEI UNIVERSITY OF TECHNOLOGY<br>参考文献<br>[1] 谢处方，饶克谨. 电磁场与电磁波（第4版）[M]. 北京：高等教育出版社，2008：200-204.<br>[2] 张建华，黄冶.电磁波极化的应用[J]. 大学物理，2012，31(3)：52-54.<br>[3] 党晓江，李政杰，田波. 电磁波完全极化[J]. 中国电子科学研究院学报，2013，8(2)：166-171.<br>[4] 李永祯 等. 极化信息在雷达目标检测中的得益分析[J]. 现代雷达，2013，35(2)：35-39.<br>[5] 天线知识（补充）[OL]. http://www.docin.com/p-576590993.html |

# 《均匀平面波对理想导体平面的垂直入射》教学设计教案

宋玲玲
电子科学与应用物理学院

**科目名称：**《电磁场与电磁波》

**章节名称：**第六章《均匀平面波》

**主要的教学技能：**综合技能

**知识与技能：**学会电磁波垂直入射的物理分析、运用矢量运算推导空间场分布电磁波极化形式分类，掌握驻波的定义及其传播特性，了解电磁波辐射压力及其应用领域。

**过程与方法：**讲授法为主，讨论启发式教学。由生活中的常见现象产生新问题，引导学生学习新知识、分析并解决新问题。

情感态度与价值观：培养学生善于发现、善于探索的求新能力，以及专业素养和应用理论知识解决工程问题的能力，学会如何分析电磁波的反射、透射及完成其电磁波合成的矢量运算。

**教学重点：**电磁波对理想导体垂直入射后场分布及传播特性的分析和讨论。

**教学难点：**繁杂的数学推导，设计很多矢量运算。根据场矢量表达式，分析合成波的传播特性，理解其在应用方面起着怎样的作用。

**教学参考资料：**

（1）孙玉发 等著．电磁场与电磁波．合肥：合肥工业大学出版社，2009

（2）谢处方 饶克谨 等著．电磁场与电磁波（第四版）．北京：高等教育出版社，2008

**教学过程：**

| 教学环节 | 教学目的 | 教学内容 | 教师活动 | 学生活动 | 教学技能 | 设计依据 |
|---|---|---|---|---|---|---|
| 导入 | 联系生活实际，创设问题情境，激发学习兴趣，引发探究欲望 | 各位老师、同学，大家好。都说现在是移动互联网时代，的确，借助于智能手机或者是pad，我们可以随时打电话、随时上网聊天、网上购物，传统的生活方式在这个移动的年代已经悄然改变，这其中也包括我们学习生活方式。之所以我们的讯息可以无所不在，是因为载有讯息的电磁波无所不在。当我们打电话时，载有声音信号的电磁波通过基站天线可以传送到很远的地方。在这个过程中，手机发射的电磁信号就是手机辐射，或多或少会被人体吸收，所以大家都希望手机辐射不要太大，那什么情况下手机辐射会很大呢？我们来看一个视频。<br>（见附录1、2） | 用PPT展现生活中众人熟悉的各种电子产品，引导学生发现生活与科技、熟悉的事物与所学新知识之间的关系。 | 观看PPT，熟悉的画面引起共鸣思考问题； | 导入技能(视频)<br>演示技能（PPT） | 从心理学角度，根据学生特点，激发学生学习兴趣 |

| 教学环节 | 教学目的 | 教学内容 | 教师活动 | 学生活动 | 教学技能 | 设计依据 |
| --- | --- | --- | --- | --- | --- | --- |
| 引出新课（提出本节课需要解决的问题） | 揭示题目，围绕问题展开探索研究 | 在封闭的电梯里打电话，手机辐射会提高15倍。这个数据确实相当惊人，可这是为什么呢？希望大家从今天这堂课中找到答案——均匀平面波对理想导体平面的垂直入射。 | 引导学生思考目前需要解决的关键是哪些？形成本节课的内容框架 | 听讲思考，发现问题症结所在。 | 导入技能<br>提问技能<br>演示技能（PPT） | |
| 讲授新课 | 正面给出本课主题，对理想导体的垂直入射，感性建立物理坐标系，加深对波的空间感理解 | 电磁波在传播的过程中，不可避免地会遇到不同媒质的分界面，比如空气与金属良导体。为了简化分析，我们对这个模型做一些近似处理，提出两点假设。首先空气的电导率$\sigma$是在10的−12次方量级，很小，所以将空气视为理想介质，而金属的电导率$\sigma$一般都在10的7次方量级，很大，因此将金属视为理想导体，分界面为无限大的平面，并且位于坐标原点$z$=0上，+$z$方向是其法线方向，$x$、$y$方向是它的切向方向 | 以已经具备的知识，引导学生分析研究对象新的特征，突出对象的空间性，加强学生具象认识 | 听讲，在老师引导下思考两种媒质的特性，建立物理坐标系 | 演示技能（PPT）<br>讲解技能 | 选择多媒体手段突出教学内容 |

| 教学环节 | 教学目的 | 教学内容 | 教师活动 | 学生活动 | 教学技能 | 设计依据 |
| --- | --- | --- | --- | --- | --- | --- |
| | | 其次，假设入射波是沿+z方向传播的均匀平面波，它的电场强度只有$x$分量，振幅为$E_{im}$，传播因子为e的$-jk_1z$，这个负号表明它的传播方向为$+z$方向，与分界面垂直。相应的磁场$H$在$y$方向，振幅等于$Him$，传播因子也是e的$-jk_1z$，其中，磁场振幅$Him$等于电场振幅$E_{im}$除以波阻抗$\eta_1$。因为电磁波是在1区，所以它的相位常数$k$与波阻抗$\eta$都带有下标1。电场、磁场、传播方向三者两两相互垂直，满足右手螺旋定则。（见附录3、4） | | | | |
| 正面剖析其物理过程 | 明细物理过程，分清入射波、反射波、透射波的特点及其之间的关系。 | 电磁波垂直入射到这个分界面后，一般来说，它的部分电磁能量被分界面反射回去，形成反射波，另一部分电磁能量将穿过分界面继续传播，形成透射波。然而，理想导体的电导率$\sigma$趋于无穷大，电磁波无法穿过分界面，只能止步于其表面，所以对于这个模型来说，透射波不存在，理想导体内部场强处处为0 | 引导学生思考其物理本质 | 听讲，理解和思考 | 演示技能（PPT）讲解技能 | 以科学方法论为依据，运用探究—分析式的教学模式进行分析和综合 |

| 教学环节 | 教学目的 | 教学内容 | 教师活动 | 学生活动 | 教学技能 | 设计依据 |
| --- | --- | --- | --- | --- | --- | --- |
| | | 现在，整个空间的场分布，一目了然，1区有入射波和反射波，2区透射波为0，因此，接下来我们只讨论1区的场分布。我们知道波是有叠加性，所以入射波与反射波叠加以后在1区形成了合成波。<br>（见附录5） | | | | |
| | 写出1区场矢量表达式 | 依据入射波的表达式，我们相应的写出反射波。它的电场$E$也只有$x$分量，振幅为$E_{rm}$，传播因子为e的正的$jk_1z$，表明它的传播方向是$-z$方向。磁场$H$也在$y$方向，振幅等于$H_{rm}$，传播因子e的$jk_1z$，这里的负号是由于传播方向改变后，磁场为了与电场、传播方向满足右手螺旋定则时所产生的。利用矢量运算，最后得到的合成电场、磁场表达式，合成电场在$x$方向，合成磁场在$y$方向。其中，相位常数$k_1$、波阻抗$\eta_1$，入射波的振幅$E_{im}$是已知的，而反射波的振幅$E_{rm}$未知。怎么办？很好，有人想到了电磁场的边界条件。（见附录6） | 对比入射波表达式，引导学生正确理解反射波表达式及合成波的表达式<br><br>发现问题，引导学生寻找解决问题的途径 | 看图，听讲，在老师引导下思考，理清各个场量之间的关系 | 演示技能（PPT）<br>提问技能<br>讲解技能 | |

| 教学环节 | 教学目的 | 教学内容 | 教师活动 | 学生活动 | 教学技能 | 设计依据 |
| --- | --- | --- | --- | --- | --- | --- |
| 推导1区场分布 | 明确反射波的场量表达式 | 在两种媒质的分界面上，由于媒质性质发生突变，导致电磁场将发生突变，边界条件就是分界面两边电磁场突变时所遵循的规律。对于电场强度来说，在分界面上，它的切向分量是连续的。将$z$=0代入边界方程，得到$E_{1x}=E_{2x}$，也就是1区电场的x分量等于2区电场的x分量。最后得到反射波振幅等于$-E_{im}$。（见附录7） | 回顾边界条件并引导学生应用其来解决当前发射波振幅问题 | 看图、听讲，理解 | 演示技能（PPT）讲解技能 | |
| | 导出场量的复数形式 | 接下来，就是一系列的数学运算和变换，最后得到了1区合成波电场和磁场的复数表达式。现在已经把Ⅰ区空间的场分布完全确定下来了，那它具有怎样的传播特性呢？它的电场、磁场随时间、空间如何变化的呢？显然从它的复数表达式中是无法判断它的时空特性。因此，我们还需要将它转换为瞬时表达式。（见附录8） | 由复数形式场矢量转向瞬时形式 | 听讲，思考，理清分析思路 | 演示技能（PPT）提问技能讲解技能 | 以科学方法论为依据运用探究—分析式的教学模式进行分析和综合 |

| 教学环节 | 教学目的 | 教学内容 | 教师活动 | 学生活动 | 教学技能 | 设计依据 |
|---|---|---|---|---|---|---|
| | 导出场量的瞬时形式 | 再来一次数学变换，最后得到电场的瞬时表达式：它只有$x$分量，振幅为2倍的$E_{im}$、$\sin k_1 z$、相位函数$\sin wt$。磁场在$y$方向，振幅为2倍的$H_{im}$、$\cos k_1 z$、相位函数$\cos wt$。我们先来看电场，<br>（见附录9） | | | | |
| 分析传播特性 | 确定特定点，画出电磁场的波形图，感性理解波的传播特性 | 这是它的幅值部分，显然它的振幅随$z$作正弦变化，特别是在$k_1 z$等于$-n\pi$，也就是$z$等于$-n\lambda/2$时，$\sin k_1 z$始终为0，这里的负号是因为1区是在$z<0$区间。我们在坐标系中把这些零点标示出来。 | 选取特定零点 | 抓住场矢量随空间、时间变化规律 | 演示技能（PPT）讲解技能 | |
| | | 当$wt$等于0时。电场E在空间各点处处为0，它的波形是一条与$z$轴重合的直线；当时间慢慢增加，$wt$等于$\pi/4$时，电场E的波形是一条正弦曲线；当时间再增加，$wt$等于$\pi/2$时，它还是一条正弦曲线，不同的是对应的空间各点的幅值都增大了，当$wt$等于$3\pi/4$时，各点幅值开始减小，与$\pi/4$时 | 画出不同时间的波形图 | | | |

| 教学环节 | 教学目的 | 教学内容 | 教师活动 | 学生活动 | 教学技能 | 设计依据 |
| --- | --- | --- | --- | --- | --- | --- |
| | | 的轨迹重合，之后随着时间增加，又变为0、反向增加、增加最大、又变为0。在这个过程中，我们发现，合成波在空间没有移动，只是在原来的位置上振动，因此，我们称这种波为驻波。在$-\lambda/2$、$-\lambda$等等，电场强度恒为0的点，我们称为波节点。而在$-\lambda/4$、$-3\lambda/4$、–等等，电场强度达到最大值的点，我们称为波腹点。我们也画出磁场H随时间、空间变化的波形图，它也有波节点和波腹点，也是一列驻波。而且，电场E的波节点正好是磁场H的波腹点，电场E的波腹点正好是磁场波节点。电场与磁场不仅在时间上有π/2的相位差，而且在空间上二者相差$\lambda/4$。这说明，当电场能量达到最大时，磁场能最小，当磁场能量达到最大时，电场能最小。电磁能量似乎仅仅在电场与磁场之间转换，并没有发生能量流动。我们来计算一下代表能量流动的平均坡印廷矢量，将电场、磁场的复数形式带入公式，最后得到0，确实驻波没有能量传输。这是入射波、反 | 归纳总结电磁波的传播特性。 | | | |

| 教学环节 | 教学目的 | 教学内容 | 教师活动 | 学生活动 | 教学技能 | 设计依据 |
| --- | --- | --- | --- | --- | --- | --- |
|  |  | 射波及驻波的动态图。到这里，我们已经清楚了电磁波垂直入射到理想导体后，空间电磁场的分布规律。<br>（见附录10、11、12） | 动态演示驻波的波形图，加深学生的理解 |  |  |  |
|  | 感性了解斜入射 | 然而，在生活中我们多半遇到的是斜入射的情形，这时，场矢量不再与分界面平行，我们将入射波、反射波的场矢量分别分解为水平和垂直两个分量，研究发现两个垂直分量的合成波是一个驻波，而两个水平分量的合成波是一个行波。这部分电磁能量将沿着导体表面进行传输。（见附录13） | 引入斜入射的概念，感性理解斜入射的特点 |  |  |  |
| 解决问题 | 呼应之前的提问 | 现在让我们重新回到开始时提出的问题上，为什么在电梯里打电话，手机辐射会提高15倍呢？<br>我们与他人进行手机通话时，是先将电磁信号发给基站天线，再由基站天线发给对方。当通话一方位于封闭的电梯时，基站天线发射的电磁信号被电梯的金属外壁反射，一部分形成驻波，一部分沿着金属表面传走了，还有一部分穿过金属外 | 学以致用，分析手机辐射增加的原因 | 看图、映射垂直入射、斜入射、驻波内容，回答前面的问题，加深印象 | 演示技能<br>讲解技能 | 有问有答，呼应学生的疑惑，分析引导，达成教学目标 |

| 教学环节 | 教学目的 | 教学内容 | 教师活动 | 学生活动 | 教学技能 | 设计依据 |
|---|---|---|---|---|---|---|
| | | 壁，因为这个金属不是理想导体，这时信号很微弱，为了与基站天线继续通信，手机就会提高它的发射功率，所以辐射就大大提高了。（现在大家明白了，不仅是在电梯里，在地下室、地铁上，特别是由金属材料构成一些密闭的空间里，移动信号都很弱，打电话，辐射都会增加。）（见附录14） | | | | 选择多媒体手段突出教学内容 |
| 拓展 | 理解辐射压力，并通过过举例加深印象 | 这样看来，电磁波都被理想导体反射了，似乎这个入射过程对它没有任何影响。情况当然不是这样，我们再来看看1区磁场的波形图。在$z$=0的分界面上，正好是磁场H的波腹点，而在$z$>0理想导体内部场强是处处0，也就是说磁场H在分界面上不连续，这说明在分界面上存在面电流，根据磁场$H$边界条件得到理想导体表面的面电流密度$J_s$，电流的流向是$x$方向，大小随时间做正弦变化。电流实际上是运动的电荷，在磁场中是要受到力的作用，即洛伦磁力。在分界面上，不仅有面电流，而且还有磁场$H$，应 | 引导学生思考辐射压力的物理本质——洛伦兹力 | 听讲，在老师引导下思考，看图，理解原理 | 演示技能（PPT）讲解技能 | 讲授法、引导–探究式教学方法，完成教学内容。 |

| 教学环节 | 教学目的 | 教学内容 | 教师活动 | 学生活动 | 教学技能 | 设计依据 |
|---|---|---|---|---|---|---|
| | | 用左手定则，这个洛伦兹力正好垂直于分界面指向理想导体。也就是说当电磁波入射到导体上，会对导体产生一个压力。在地面上的自然现象和技术中，这个压力的作用比其他力小得多，常常被忽略。但是到了太空就不一样了。<br>（见附录15）<br><br>太阳光也是电磁波，太阳光对太空中微小的物体来说，它的辐射压力可能大于太阳的引力。正是基于这样的理论，太空科学家就想使用巨大的薄膜片，制作太阳帆，以太阳的辐射压力作为太空船推进力。他们有个美好的愿景，希望未来人类可以使用这种太阳帆在太空中自由航行。最能说明光辐射压力的例子是彗星尾的方向。彗星尾是由大量的尘埃组成，当彗星运行到太阳附近时，由于这些尘埃微粒所受到太阳的光压比太阳的引力大，所以它被太阳光推向远离太阳的方向而形成很长的彗尾 | 以光辐射压力为具体对象，阐述辐射压力具有广阔的应用领域 | | | |

| 教学环节 | 教学目的 | 教学内容 | 教师活动 | 学生活动 | 教学技能 | 设计依据 |
|---|---|---|---|---|---|---|
| | | 因此彗星的尾巴总是背对着太阳的。这是一位天文爱好者处理和收集了部分太空探测器拍摄到的一颗彗星在飞向近日点时的景象。这是彗星的头，这是彗尾，它的尾巴总是背对着太阳。（见附录16）<br>（见附录21） | | | | |
| 回顾并总结 | 系统回顾教学内容，强化并深化对理想导体垂直入射这一问题模型的认识。 | 看到这样壮丽的画面，我们不禁感叹宇宙的深奥。因此我们更要好好掌握今天这堂课的内容。我们从两个假设开始，简化了问题模型，分析了电磁波从理想介质垂直入射到理想导体后空间场分布，根据边界条件，最终确定了反射波的表达式。发现，反射波与入射波叠加以后形成了的驻波，是不能进行电磁能量的传输。在无线通信中，这会导致移动信号质量下降。同时电磁波在理想导体表面感应面电流，对导体产生压力，特别是在太空中，光辐射压力具有广阔的应用前景（见附录17） | 从内容到应用，提纲挈领，给出关键词，进行归纳总结， | 听课、总结，思考问题 | 演示技能(PPT)<br>归纳技能 | 现代教学理论。总结强调提升 |

| 教学环节 | 教学目的 | 教学内容 | 教师活动 | 学生活动 | 教学技能 | 设计依据 |
| --- | --- | --- | --- | --- | --- | --- |
| 引申 | 调动学生的好奇心，激发学生学习兴趣 | 今天这节课我们讨论的理想导体的垂直入射，实际上，生活中更多的是从一种理想介质入射到另一种理想介质的情形。这时，它不仅有反射波，也有透射波，有时我们甚至希望它只有透射波，比如隐形飞机，我们希望它的机身材料不反射电磁波。对于这种问题模型，1区、2区的场分布具有什么样的特点？什么情况下，只有透射波，没有反射波呢？请大家参考教材，思考这几个问题。下节课我们将围绕这几个问题展开讨论。这是这节课的参考教材和参考文献，今天就到这里，谢谢大家。（见附录18、19） | 提出新问题，为下一节课深入思考的内容埋下伏笔。 | 保持好奇心 | 演示技能(PPT)<br>提问技能 | 在达成知识与及其工程应用的教学目标的基础上，同时引起学生对新问题的好奇与思考 |

| | |
|---|---|
| 课堂小结 | 你的收获是什么<br>（1）掌握对理想导体垂直入射后电磁波的场分布及其传播特性；<br>（2）理解了驻波的形成、传输特点；理解在无线通信中辐射增强的物理本质；<br>（3）了解光辐射压力及其应用潜力 |
| 课后思考 | 课题：<br>电磁波对理想介质垂直入射后，它的场分布的特点？在什么条件下，只有透射波,没有反射波？ |
| 板书设计 | 略 |
| 教学反思 | （1）电磁波对理想导体的垂直入射是电磁波传播过程中一类特殊情形，涉及场量分析及传播特性的探讨。公式多，知识点多，而且抽象不易理解。平铺直叙的推演、讲解会容易显得乏味枯燥，缺乏吸引力。这次课程的设计变成以教师学生双主体形式，一起探索想办法，找出一个解决办法，而所需的解决办法又一一隐藏在以前所学的知识中，最终通过分析，思考，发现，应用，解释了生活中人们关心的手机辐射高实际问题，真正掌握了驻波的概念及其传播特性。设计的每一个研究的问题，都充分挖掘其营养，从多角度展开引导学生思考，调动了学生的发散思维。每一个问题都是学生经过思考、讨论解决的，而不是直接给予的东西，这有利于对学习活动本身产生兴趣。有了兴趣，即使遇到困难，学生也会去积极克服。<br>（2）我们在课上以探索为主，激发学生积极的学习态度，但由于时间关系，给予学生自主探索的时间略少，应更积极大胆的放手让他们自己讨论尝试解决问题，语言上要多鼓励显示出学生的主体地位，激发学生学习的兴趣，增强科学研究信心，体验到学以致用的快乐。<br>（3）通过视频和多媒体技术掌握科学研究的方法，培养观察能力。训练分析、思维和创造能力，提高科学素养。充分发挥了学生的主动性和创造性 |

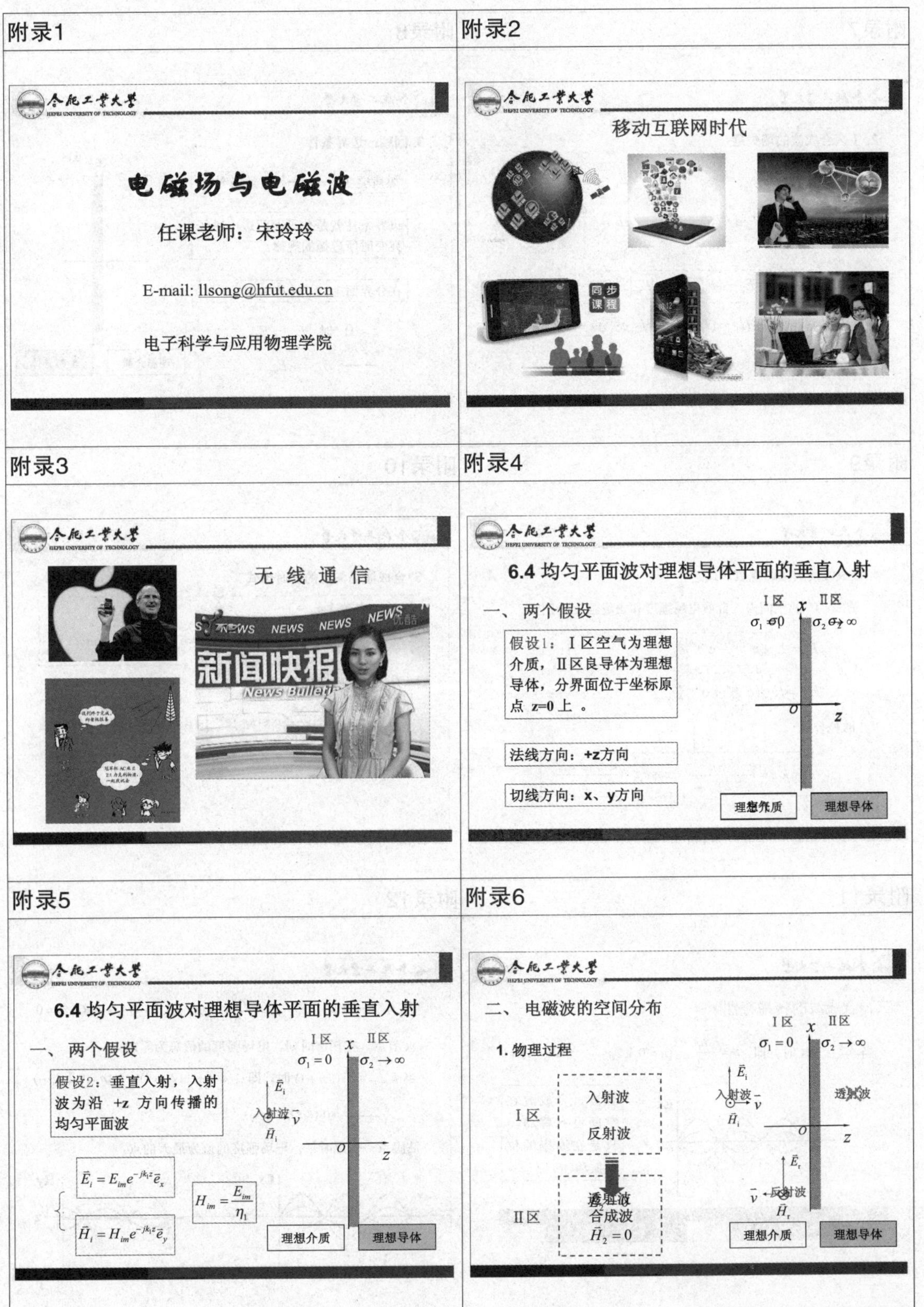
附录1
合肥工业大学
HEFEI UNIVERSITY OF TECHNOLOGY
电磁场与电磁波
任课老师：宋玲玲
E-mail: llsong@hfut.edu.cn
电子科学与应用物理学院
附录2
合肥工业大学
HEFEI UNIVERSITY OF TECHNOLOGY
移动互联网时代
同步
课程
附录3
合肥工业大学
HEFEI UNIVERSITY OF TECHNOLOGY
无 线 通 信
NEWS NEWS NEWS
新闻快报
附录4
合肥工业大学
HEFEI UNIVERSITY OF TECHNOLOGY
6.4 均匀平面波对理想导体平面的垂直入射
一、 两个假设
假设1：Ⅰ区空气为理想介质，Ⅱ区良导体为理想导体，分界面位于坐标原点 z=0 上 。
法线方向：+z方向
切线方向：x、y方向
Ⅰ区
Ⅱ区
x
o
z
$\sigma_1=0$
$\sigma_2\to\infty$
理想介质
理想导体
附录5
合肥工业大学
HEFEI UNIVERSITY OF TECHNOLOGY
6.4 均匀平面波对理想导体平面的垂直入射
一、 两个假设
假设2：垂直入射，入射波为沿 +z 方向传播的均匀平面波
$\vec{E}_i = E_{im}e^{-jk_1z}\vec{e}_x$
$\vec{H}_i = H_{im}e^{-jk_1z}\vec{e}_y$
$H_{im}=\frac{E_{im}}{\eta_1}$
Ⅰ区
Ⅱ区
x
$\sigma_1=0$
$\sigma_2\to\infty$
入射波
$\vec{E}_i$
$\vec{H}_i$
$\vec{v}$
o
z
理想介质
理想导体
附录6
合肥工业大学
HEFEI UNIVERSITY OF TECHNOLOGY
二、 电磁波的空间分布
1. 物理过程
Ⅰ区
入射波
反射波
Ⅱ区
透射波
合成波
$\vec{H}_2=0$
Ⅰ区
Ⅱ区
x
$\sigma_1=0$
$\sigma_2\to\infty$
入射波
$\vec{E}_i$
$\vec{H}_i$
$\vec{v}$
透射波
o
z
$\vec{E}_r$
反射波
$\vec{H}_r$
理想介质
理想导体

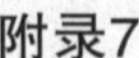

## 附录7

合肥工业大学 HEFEI UNIVERSITY OF TECHNOLOGY

**2. Ⅰ区合成波的场矢量**

入射波 $\begin{cases} \vec{E}_i = E_{im} e^{-jk_1 z} \vec{e}_x \\ \vec{H}_i = H_{im} e^{-jk_1 z} \vec{e}_y \end{cases}$ 反射波 $\begin{cases} \vec{E}_r = E_{rm} e^{jk_1 z} \vec{e}_x \\ \vec{H}_r = -H_{rm} e^{jk_1 z} \vec{e}_y \end{cases}$

未知

Ⅰ区 $\begin{cases} \vec{E}_1 = \vec{E}_i + \vec{E}_r = (E_{im} e^{-jk_1 z} + E_{rm} e^{jk_1 z}) \vec{e}_x \\ \vec{H}_1 = \vec{H}_i + \vec{H}_r = (H_{im} e^{-jk_1 z} - H_{rm} e^{jk_1 z}) \vec{e}_y \end{cases}$

## 附录8

合肥工业大学 HEFEI UNIVERSITY OF TECHNOLOGY

**3. 回顾：边界条件**

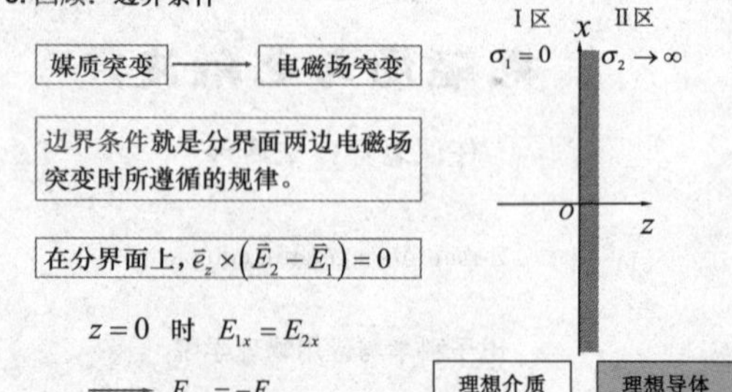


媒质突变 → 电磁场突变

边界条件就是分界面两边电磁场突变时所遵循的规律。

在分界面上, $\vec{e}_z \times (\vec{E}_2 - \vec{E}_1) = 0$

$z = 0$ 时 $E_{1x} = E_{2x}$

$\longrightarrow E_{rm} = -E_{im}$

## 附录9

合肥工业大学 HEFEI UNIVERSITY OF TECHNOLOGY

**4. 合成波场矢量的复数形式**

在 $z<0$ 的空间内，合成电场强度和磁场强度分别为：

Ⅰ区 $\begin{cases} \vec{E}_1 = E_{im} (e^{-jk_1 z} - e^{jk_1 z}) \vec{e}_x \\ \vec{H}_1 = H_{im} (e^{-jk_1 z} + e^{jk_1 z}) \vec{e}_y \end{cases}$

欧拉公式：

$$\sin k_1 z = \frac{e^{-jk_1 z} - e^{jk_1 z}}{2j} \qquad \cos k_1 z = \frac{e^{-jk_1 z} + e^{jk_1 z}}{2}$$

## 附录10

合肥工业大学 HEFEI UNIVERSITY OF TECHNOLOGY

**5. 合成波场矢量的瞬时形式**

$$\vec{E}_1(z,t) = \mathrm{Re}\left[\vec{E}_1 e^{j\omega t}\right] = \vec{e}_x \mathrm{Re}\left[-2jE_{im}\sin(k_1 z) e^{j\omega t}\right] = \vec{e}_x 2E_{im}\sin(k_1 z)\sin(\omega t)$$

$$\vec{H}_1(z,t) = \mathrm{Re}\left[\vec{H}_1 e^{j\omega t}\right] = \vec{e}_y \mathrm{Re}\left[\frac{2E_{im}}{\eta_1}\cos(k_1 z) e^{j\omega t}\right] = \vec{e}_y 2H_{im}\cos(k_1 z)\cos(\omega t)$$

## 附录11

合肥工业大学 HEFEI UNIVERSITY OF TECHNOLOGY

**三、合成波的传播特性**

当 $k_1 z = -n\pi$ 时，即 $z = -\dfrac{n\lambda}{2}$ $(n = 0,1,2,\cdots) \longrightarrow \sin(k_1 z) = 0$

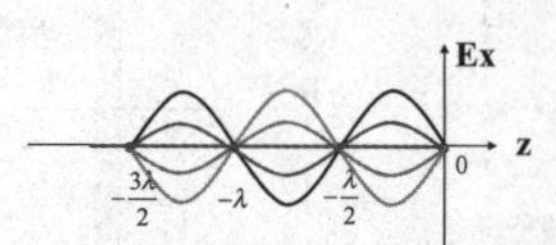


驻波：合成波在空间没有移动，只是在原来的位置振动。

$\omega t = 0$ $\omega t = \frac{\pi}{4}$ $\omega t = \frac{\pi}{2}$ $\omega t = \frac{3\pi}{4}$ $\omega t = \pi$ $\omega t = \frac{5\pi}{4}$ $\omega t = \frac{3\pi}{2}$ $\omega t = \frac{7\pi}{4}$ $\omega t = 2\pi$

## 附录12

合肥工业大学 HEFEI UNIVERSITY OF TECHNOLOGY

当 $k_1 z = -n\pi$ 时，即 $z = -\dfrac{n\lambda}{2}$ $(n = 0,1,2,\cdots) \longrightarrow \sin(k_1 z) = 0$

波节点：在任意时刻，电场强度的值总为零的点。

当 $k_1 z = -\dfrac{\pi}{2}(2n+1)$ 时，即 $z = -\dfrac{\lambda}{4}(2n+1)$ $(n = 0,1,2,\cdots)$

$\longrightarrow |\sin(k_1 z)| = 1$

波腹点：任意时刻，电场强度的值为最大的点。

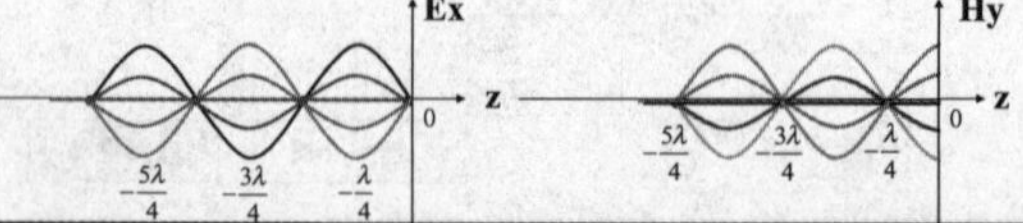

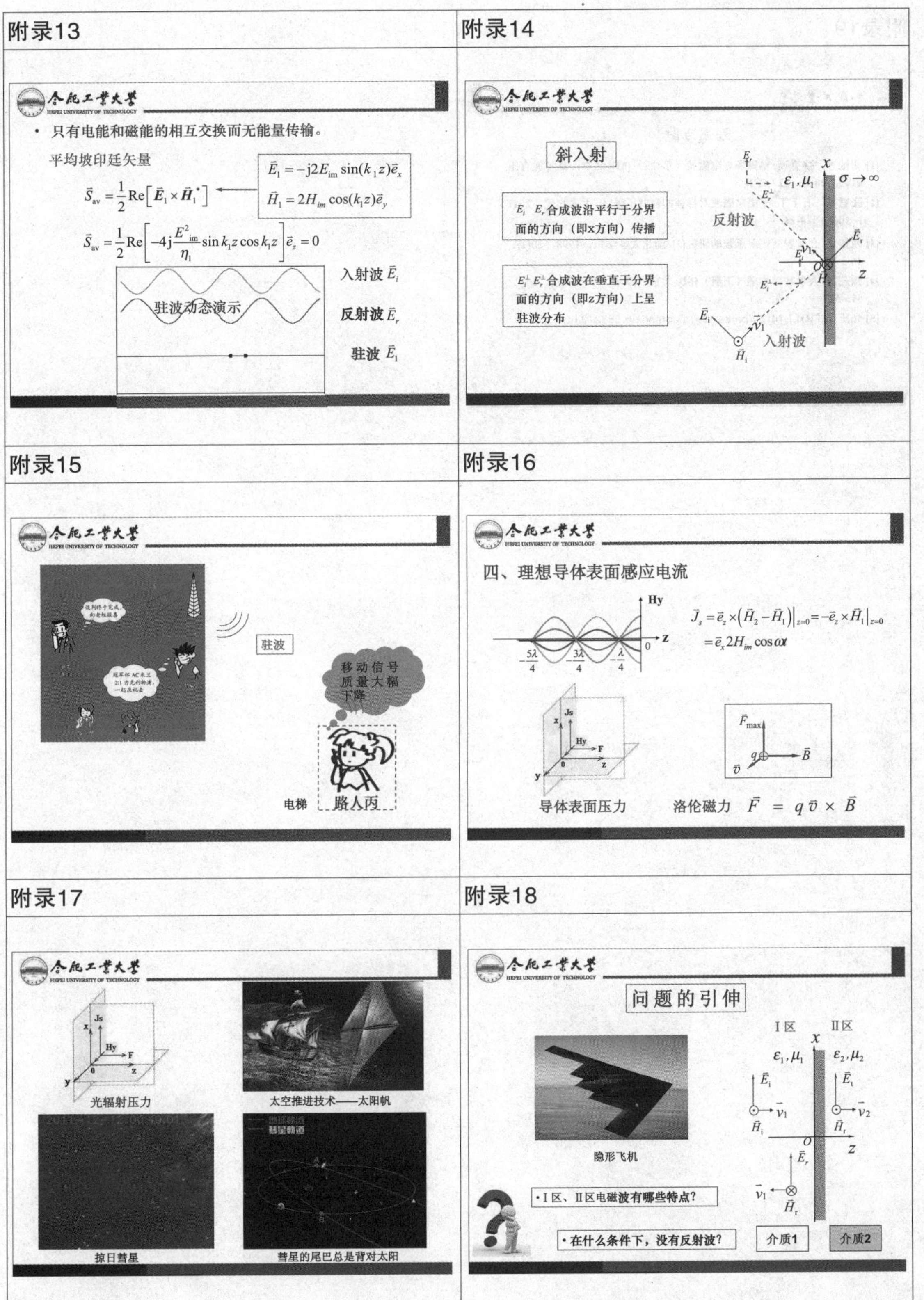
附录13
合肥工业大学
HEFEI UNIVERSITY OF TECHNOLOGY
• 只有电能和磁能的相互交换而无能量传输。
平均坡印廷矢量
$\vec{S}_{av}=\frac{1}{2}\mathrm{Re}\left[\vec{E}_1\times\vec{H}_1^*\right]$
$\vec{E}_1=-\mathrm{j}2E_{im}\sin(k_1z)\vec{e}_x$
$\vec{H}_1=2H_{im}\cos(k_1z)\vec{e}_y$
$\vec{S}_{av}=\frac{1}{2}\mathrm{Re}\left[-4\mathrm{j}\frac{E^2_{im}}{\eta_1}\sin k_1z\cos k_1z\right]\vec{e}_z=0$
驻波动态演示
入射波 $\vec{E}_i$
反射波 $\vec{E}_r$
驻波 $\vec{E}_1$
附录14
合肥工业大学
HEFEI UNIVERSITY OF TECHNOLOGY
斜入射
$E_i$ $E_r$合成波沿平行于分界面的方向（即x方向）传播
$E_i^\perp$ $E_r^\perp$合成波在垂直于分界面的方向（即z方向）上呈驻波分布
$\varepsilon_1,\mu_1$
$\sigma\to\infty$
反射波
入射波
x
z
O
附录15
合肥工业大学
HEFEI UNIVERSITY OF TECHNOLOGY
驻波
移动信号质量大幅下降
电梯
路人丙
附录16
合肥工业大学
HEFEI UNIVERSITY OF TECHNOLOGY
四、理想导体表面感应电流
Hy
z
$-\frac{5\lambda}{4}$
$-\frac{3\lambda}{4}$
$-\frac{\lambda}{4}$
0
$\vec{J}_s=\vec{e}_z\times(\vec{H}_2-\vec{H}_1)\big|_{z=0}=-\vec{e}_z\times\vec{H}_1\big|_{z=0}$
$=\vec{e}_x 2H_{im}\cos\omega t$
Js
Hy
F
$\vec{F}_{max}$
$\vec{B}$
$\vec{v}$
导体表面压力
洛伦磁力 $\vec{F}=q\vec{v}\times\vec{B}$
附录17
合肥工业大学
HEFEI UNIVERSITY OF TECHNOLOGY
Js
Hy
F
光辐射压力
太空推进技术——太阳帆
掠日彗星
彗星的尾巴总是背对太阳
附录18
合肥工业大学
HEFEI UNIVERSITY OF TECHNOLOGY
问题的引伸
隐形飞机
Ⅰ区
Ⅱ区
$\varepsilon_1,\mu_1$
$\varepsilon_2,\mu_2$
$\vec{E}_i$
$\vec{v}_1$
$\vec{H}_i$
$\vec{E}_t$
$\vec{v}_2$
$\vec{H}_t$
$\vec{E}_r$
$\vec{H}_r$
•Ⅰ区、Ⅱ区电磁波有哪些特点？
•在什么条件下，没有反射波？
介质1
介质2

| 附录19 | |
|---|---|
|  合肥工业大学 HEFEI UNIVERSITY OF TECHNOLOGY<br><br>参考文献<br><br>[1] 谢处方，饶克谨. 电磁场与电磁波（第4版）[M]. 北京：高等教育出版社，2008：227-232.<br>[2] 张慧亮，石丁丁. 平面电磁波对导体的辐射压强[J]. 大学物理，2011，30(2)：20-21.<br>[3] 袁德荣. 介质表面辐射压强的研究[J]. 湖北大学学报，1998，20(1)：36-39.<br>[4] 张三慧. 大学基础物理（下册）[M]. 北京：清华大学出版社，2003：515-517.<br>[5] 光压公式[OL]. http://baike.baidu.com/view/653210.htm | |

# 《热平衡 PN 结》教学设计教案

程心
电子科学与应用物理学院

**科目名称：**《半导体器件物理》

**章节名称：**第二章第一节《热平衡PN结》

**主要的教学技能：**综合技能

**知识与技能：**理解PN结的定义，掌握热平衡PN结的形成过程以及相应的能带变化情况。

**过程与方法：**讲授法为主，讨论启发式教学。先介绍PN结的定义，再分析热平衡PN结形成过程中的主要步骤和能带变化。

情感态度与价值观：培养学生的理论分析能力和专业素养，学会正确理解器件的内部微观结构和能带。

**教学重点：**热平衡PN结的形成过程，热平衡PN结的能带。

**教学难点：**结合原理分析，理解热平衡PN结形成过程中各步骤的作用。

**教学参考资料：**

（1）孟庆巨 等著．半导体器件物理．北京：科学出版社，2009

（2）（美）皮埃罗 著．半导体器件基础，黄如 等译．北京：电子工业出版社，2010

**教学过程：**

| 教学环节 | 教学目的 | 教学内容 | 教师活动 | 学生活动 | 教学技能 | 设计依据 |
|---|---|---|---|---|---|---|
| 导入 | 联系生活实际，创设问题情境，激发学习兴趣，引发探究欲望 | 各位老师、同学上午好。在上一章我们学习了P型、N型这样两种半导体，接下来要介绍的半导体器件就是由这两种半导体所构成的。在学习具体的半导体器件之前，我们先来了解一下，它们究竟有哪些应用?<br>众所周知，现代社会是一个高科技社会，大至航空航天、小至我们的日常生活，都离不开各种各样的电子科技产品。那么，我们在享受这些电子产品所带来的便利和乐趣的同时，有没有想过：为什么它们会具有如此丰富、强大的功能呢?<br>其实，所有这一切都与半导体器件有关。层层打开电子产品的外壳，映入眼前的便是由各种半导体器件所组成的集成电路。如果说每个集成电路都是一栋建筑，那么半导体器件就是构成这栋建筑的一砖一瓦，不同的砖和瓦构成了具有不同结构、不同功能的建筑。在接下来的课程中，我们将依次为大家介绍PN结、双极型晶体管、场效应晶体管这样几种典型的半导体器件。其中，PN结又是其他所有器件的基础，任何器件都是PN结 | 用PPT展现生活中众人熟悉的各种电子产品，引导学生发现生活与科技、熟悉的事物与所学新知识之间的关系 | 观看PPT，熟悉的画面引起共鸣思考问题 | 导入技能<br>演示技能（PPT） | 从心理学角度，根据学生特点，激发学生学习兴趣 |

| 教学环节 | 教学目的 | 教学内容 | 教师活动 | 学生活动 | 教学技能 | 设计依据 |
|---|---|---|---|---|---|---|
| 引出新课（提出本节课需要解决的问题） | 引出新知识，并强调新知识的重要性，引起学生的重视 | 按照不同的结构组合而成的，所以PN结是整门课程的基础和核心。只有理解了PN结，才能进一步学习其他复杂的器件。<br>（见附录1）<br><br>在《半导体器件物理》这门课程的学习中，我们将依次为大家介绍PN结、双极性晶体管、场效应晶体管这样几种典型的半导体器件。其中，PN结又是构成其他所有器件的基础，任何器件都是PN结按照不同的结构组合而成的，所以PN结是整门课程的基础和关键。只有理解了PN结，才能进一步学习其他复杂的器件。因此我们首先介绍PN结，先从最简单的热平衡PN结开始。对于半导体材料来说，热平衡指的是没有任何外加作用，包括电压、光照等的一种状态。<br>这节课我们主要解决以下三个问题：什么是PN结、热平衡PN结的形成过程以及热平衡PN结的能带图。（见附录2） | 介绍本门课程的主要内容，以及本章内容在整门课程中的地位和作用，提出本节课的问题 | 介绍课程结构，提出问题 | 讲解技能<br>演示技能（PPT） | 通过问题，介绍教学内容安排 |

| 教学环节 | 教学目的 | 教学内容 | 教师活动 | 学生活动 | 教学技能 | 设计依据 |
|---|---|---|---|---|---|---|
| 解决问题一：什么是PN结 | 在已经具备的知识基础上，图文结合给出PN结的定义。 | 首先进入第一个问题。PN结顾名思义，就是将一块P型半导体和一块N型半导体结合在一起，二者的交界处就称为PN结。P区和N区又分别叫作正极、负极，这个表示它的电学符号。定义非常简单。那么，P型半导体和N型半导体在热平衡的条件下相互接触以后，在它们的交界处究竟发生了什么样的变化，以至于出现了PN结这样一个新的区域呢？换句话说，热平衡PN结的形成过程是什么样的？（见附录3） | 引导学生根据已有知识，自然联系到PN结 | 回忆P型、N型半导体，并联想到PN结 | 提问技能<br>讲解技能<br>演示技能（PPT） | 联系式教学模式 |

| 教学环节 | 教学目的 | 教学内容 | 教师活动 | 学生活动 | 教学技能 | 设计依据 |
|---|---|---|---|---|---|---|
| 分析问题二中的第一步：载流子扩散 | 根据PN结的微观结构，分析载流子的扩散运动过程 | 热平衡PN结的形成过程大致可分为三个步骤，第一步：载流子扩散。这里为了便于分析，我们只考虑半导体中的杂质而不考虑本征材料。从P型、N型半导体的内部结构图可以看出，P型半导体中的每个原子由带正电的空穴和带负电的电离受主杂质构成；对于N型半导体，每个原子由带负电的电子和带正电的电离施主杂质构成。此外，两种类型的半导体中分别还含有少量的电子、空穴。这里要注意的是两边的电离杂质离子，都是不可以移动的，只有电子和空穴才能够自由移动。因此，当P型半导体与N型半导体放在一起以后，在交界面就产生了电子和空穴的浓度差。以红色的电子为例，是不是右边N区的电子浓度要高于左边P区的电子浓度？对于空穴，同样存在浓度差。<br>同学们，浓度差会引起一个什么运动啊？对，扩散运动！粒子从浓度高的地方向浓度低的地方定向流动，这就是扩散运动 | 从P型、N型半导体中的载流子浓度差，引出扩散运动 | 听讲，思考载流子浓度差所引起的扩散运动及结果。 | 提问技能<br>讲解技能<br>演示技能（PPT） | 引导式教学模式 |

| 教学环节 | 教学目的 | 教学内容 | 教师活动 | 学生活动 | 教学技能 | 设计依据 |
| --- | --- | --- | --- | --- | --- | --- |
| | | 那么我们再来看，右边的电子扩散到左边以后，会与左边的空穴发生中和，这样左边就只剩下不可移动的带负电的杂质离子，同样，右侧也只剩下不可移动的带正电的杂质离子，这两个杂质离子区域的交界面就是PN结，PN结就是这样形成的。那么大家可能会问了，这个扩散运动究竟会进行到什么时候，是不是要一直持续到P区、N区所有的载流子都扩散完毕才结束呢？（见附录4） | | | | |
| 分析问题二中的第二步：自建电场的产生 | 在步骤一的基础上解释PN结的自建电场 | 继续看这幅图，我们来分析第二个步骤：自建电场的产生。我们把PN结附近的电离施主杂质和电离受主杂质所带的电荷称为空间电荷，它们所在的区域称为空间电荷区。由于PN结两侧的空间电荷区分别带正电和负电，因此，空间电荷区将产生一个电场，电场的方向由带正电的N侧指向带负电的P侧，这个电场称为自建电场。注意这个电场并 | 根据前面的分析结果，给出自建电场的位置和方向。 | 看图，听讲 | 演示技能（PPT）讲解技能 | 引导式教学模式 |

| 教学环节 | 教学目的 | 教学内容 | 教师活动 | 学生活动 | 教学技能 | 设计依据 |
|---|---|---|---|---|---|---|
| | | 不是外部施加的，而是内部产生的。那么大家想一想，产生了自建电场以后，载流子又会发生什么变化呢？回答得非常正确，载流子还将进行漂移运动。<br>（见附录5） | | | | |
| 分析问题二中第三步：漂移、扩散的平衡 | 从自建电场引出漂移运动，并分析漂移与扩散如何达到平衡 | 来看第三步：漂移、扩散达到平衡。我们知道，电场会使自由载流子做定向运动，这个运动叫漂移运动。具体来说，带正电的空穴会沿着与电场相同的方向漂移，带负电的电子会沿着与电场相反的方向漂移。<br>与前面提到的扩散运动进行比较，我们发现，不管是电子还是空穴，它们的漂移运动都和各自的扩散运动方向正好是相反的，这一点非常重要。一开始PN结刚形成的时候，载流子浓度差很大，扩散运动很强，随着扩散的进行，浓度差减小，扩散运动也逐渐变弱；但是，只要扩散运动仍在继续，空间电荷区就会越来 | 引导学生分析自建电场对PN结的影响，以及PN结如何达到平衡 | 在老师引导下思考，理解过程 | 演示技能（PPT）讲解技能 | 引导式教学模式 |

| 教学环节 | 教学目的 | 教学内容 | 教师活动 | 学生活动 | 教学技能 | 设计依据 |
|---|---|---|---|---|---|---|
| | | 越宽，自建电场的场强也越来越大，这使得漂移运动越来越强。所以在PN结的形成过程中，扩散运动与漂移运动是此消彼长的关系，因此一定存在这样一个时刻，使得载流子的漂移和扩散正好能够相互抵消，也就是大小相等、方向相反，此时我们说PN结达到了动态平衡，称为平衡PN结。所以，PN结中的扩散运动并不会一直进行，而是会进入一个相对平衡的稳定状态。到这里，热平衡PN结的形成过程就结束了。<br>（见附录6）<br><br>接下来我们再通过一段视频，来更加直观地认识这个过程。首先，电子和空穴在浓度差的作用下进行扩散，并且相互中和，注意电子和空穴在这里发生中和，这样就形成了左右两个空间电荷区，空间电荷区的交界面就是PN结，同时产生了一个方向从右向左的内电场，在这个内电场的作用下，载流子还要进行漂移运 | | | | |

| 教学环节 | 教学目的 | 教学内容 | 教师活动 | 学生活动 | 教学技能 | 设计依据 |
|---|---|---|---|---|---|---|
| 演示动画 | 加深巩固对原理理解 | 动。当漂移运动与扩散运动达到动态平衡时，此时的PN结称为平衡PN结。<br>（见附录7） | 向学生展示平衡PN结形成过程的动画视频，同时总结前面分析的三个步骤 | 观看视频，直观理解PN结的形成过程 | 演示技能（PPT）讲解技能 | 选择多媒体手段突出教学内容 |
| 提出问题三：PN结能带 | 提出问题，引出平衡PN结的能带分析 | 以上我们从载流子的角度分析了热平衡PN结的形成过程，接下来再从能带的角度进行分析。这是上一章提到的P型、N型半导体的能带图，对于P型半导体，它的费米能级$E_{FP}$总是位于本征费米能级$Ei$以下的，而N型半导体的费米能级$E_{FN}$总是位于$E_i$以上，因此这两个费米能级必然不相等，我们假设两者之差为错误！未找到引用源。但是，当P型半导体与N型半导体结合成PN结时，热平衡的条件要求费米能级必须处处相等，也就是必须位于同一水平线。那么，怎么样才能使两个本来并不在同一水平线的费米能级位于同一水平线呢？如果让N区的能带相对于P区下移（或者说P区能带相对N区上移），并且移动量正好等于两个费米能级之差，是不是就可以将 | 提出问题，为下文从能带角度分析平衡PN结奠定基础 | 听讲，思考，考虑PN结的能带变化 | 演示技能（PPT）提问技能讲解技能 | 以科学方法论为依据，运用引导—探究式的教学模式进行分析和综合 |

| 教学环节 | 教学目的 | 教学内容 | 教师活动 | 学生活动 | 教学技能 | 设计依据 |
|---|---|---|---|---|---|---|
| | | 这两个费米能级拉平呢?好，既然在平衡PN结中，为了得到统一的费米能级，必须使N区能带下移，那么，接下来我们就分析一下，在形成PN结的过程中，N区能带是不是的确会发生下移?<br>（见附录8） | | | | |
| 分析问题三：PN结的能带 | 分析PN结能带弯曲的原因 | 前面提到，P型、N型半导体接触以后，会发生电子、空穴的扩散，接下来要分析的能带弯曲也是这两种载流子共同作用的结果。但这里为了简单起见，只分析电子的扩散。电子从浓度高的N侧向P侧扩散，从而使N侧由电中性变为带正电荷，也就是使N侧的电势升高、电势能降低。因此，扩散运动的确会使N区能带相对于P区下弯。此时，扩散运动仍在继续，费米能级也并不在同一位置，但两者之差已经开始小于半导体接触之前的差值了。<br>（见附录9） | 与PN结的形成过程相结合，解释为什么能带会弯曲 | 听讲，将载流子的运动与能带变化相联系 | 演示技能（PPT）讲解技能 | 引导式教学模式 |

| 教学环节 | 教学目的 | 教学内容 | 教师活动 | 学生活动 | 教学技能 | 设计依据 |
|---|---|---|---|---|---|---|
| 从能带角度分析平衡PN结 | 继续分析PN结能带 | 随着扩散运动的进行，能带弯曲越来越厉害，费米能级之差越来越小。当扩散运动与漂移运动达到平衡时，费米能级之差为零，能带不再进一步弯曲。此时，电子要从势能低的N区进入势能高的P区，必须克服这个势能“高坡”，这个势能“高坡”通常称为PN结的“势垒”，所以空间电荷区也叫势垒区。<br>那么我们来看看，电子的这个爬坡过程，是不是就是前面提到的扩散运动？另一方面，电子从P区进入N区的下坡过程，是不是就是前面提到的漂移运动？所以，从能带的角度，我们同样能够得出这个结论：随着PN结的形成，势垒越来越高，扩散运动或者说爬坡过程越来越弱，而漂移运动或者说下坡过程越来越强。（见附录10） | 与平衡PN结相对应，解释平衡PN结的能带特征：费米能级相等 | 听讲，将载流子的运动平衡与费米能级相等相连 | 演示技能（PPT）讲解技能 | 引导式教学模式 |

| 教学环节 | 教学目的 | 教学内容 | 教师活动 | 学生活动 | 教学技能 | 设计依据 |
| --- | --- | --- | --- | --- | --- | --- |
| 演示动画 | 加深巩固对PN结能带的理解 | 总之，在PN结形成的过程中，一方面载流子要进行扩散、漂移两种运动，另一方面能带也在发生平移，当能带的移动量等于费米能级差的时候，也正好就是扩散、漂移达到动态平衡的时候。<br>（见附录11） | 向学生展示平衡PN结中载流子运动与能带弯曲的对应关系 | 观看视频，直观理解平衡PN结的载流子运动与能带弯曲 | 演示技能（PPT）讲解技能 | 选择多媒体手段突出教学内容 |
| 知识扩展 | 在研究了PN结的基础上，介绍一种改进型PN结——PIN结 | 最后作为扩充我们简单介绍一种PN结的改进型结构——PIN结。由于PN结的结构限制了它在某些方面的应用，因此出现了一些改进型结构，PIN结便是其中一种。PIN结是在P型半导体与N型半导体之间，加上一层较厚的本征层而构成的一种特殊PN结。对于PIN结构，同样会有空穴从浓度高的P区扩散到浓度低的I区，电子从浓度高的N区扩散到浓度低的I区，并且这两者在I区中和，这样就在PI界面的P侧和IN界面的N侧各留下一个空间电荷区，注意中间的I区并不是空间电荷区，也就是说PIN结的两个空间电荷区不是连续 | 分析PIN结与PN结的差异，以及相应的优点 | 利用学过的PN结理论分析新的PIN结 | 演示技能（PPT）拓展技能 | 发散式教学模式 |

| 教学环节 | 教学目的 | 教学内容 | 教师活动 | 学生活动 | 教学技能 | 设计依据 |
|---|---|---|---|---|---|---|
| | | 的，而是被I区分开了。但是呢，内建电场又是从正的空间电荷区指向负的空间电荷区，所以，内建电场或者说势垒区是覆盖了整个I区的，因此PIN结的空间电荷区跟势垒区并不完全一致，这一点跟PN结不一样。由于PIN结的特殊结构，它具有一些PN结所没有的优点，比如耐压高、导通压降低、工作频率高、光电转换效率高等，这使它可以应用于高压、高频等特殊场合。这是PIN结的一些参考资料，感兴趣的同学可以自己学习。<br>（见附录12） | | | | |
| 总结 | 重新审视本节课问题，回顾主要问题 | 到这里，我们对前面提出的三个问题都进行了讨论和解答。首先，什么是PN结？P型半导体和N型半导体相互接触，两者的交界处就称为PN结。那么，热平衡PN结的产生机制是什么样的呢？简单来说，浓度差引起载流子扩散，扩散的结果就是出现正、负两个空间电荷 | 引导学生将前面分析的每个问题进行总结归纳 | 回顾本节课解决的三个问题，加深印象 | 演示技能（PPT）<br>归纳技能 | 运用现代教学理论，总结强调提升 |

| 教学环节 | 教学目的 | 教学内容 | 教师活动 | 学生活动 | 教学技能 | 设计依据 |
| --- | --- | --- | --- | --- | --- | --- |
| | | 区，正、负空间电荷区之间形成自建电场，并使载流子进行漂移，当方向相反的漂移和扩散相互抵消时，就形成了热平衡PN结。第三个问题，在形成PN结的过程中，P区、N区能带会发生弯曲，这既是统一费米能级的内在要求，又是载流子运动的必然结果。好，这堂课的内容都是基于热平衡PN结的，然而在实际情况中，要使器件在电路中能够正常工作，必须施加一定的外部电压，也就是使它处于非平衡状态。那么，大家可以想一想，非平衡PN结跟平衡PN结会有哪些差别？此外，同样是施加电压，P区接正电压、N区接负电压，与N区接正电压、P区接负电压又有没有区别呢？请大家先考虑考虑这两个问题，下节课我们再介绍非平衡PN结。最后给出本节课涉及的参考文献，大家可以在课后进一步学习。这节课就到这，谢谢大家。<br>（见附录13） | | | | |

| | |
|---|---|
| 课堂小结 | 你的收获是什么<br>（1）掌握热平衡PN结的形成过程：扩散、产生自建电场、漂移与扩散平衡。<br>（2）理解热平衡PN结的能带如何变化，以及为什么会这样变化。<br>（3）应用以前所学的很多知识分析新问题 |
| 课后思考 | 课题：<br>非平衡PN结跟平衡PN结有哪些差别？P区接正电压、N区接负电压，与N区接正电压、P区接负电压的PN结有没有区别？ |
| 教学反思 | （4）热平衡PN结形成过程涉及很多步骤和概念，平铺直叙的讲解会容易显得抽象、内容冗长，缺乏吸引力。因此将整个过程分解为几大步骤的形式，一环套一环，使学生逐渐理解热平衡PN结的形成过程，最后通过直观的视频演示，再次加深学生印象。<br>（5）我们在课上以探索为主，激发学生积极的学习态度，但在趣味性上还有所欠缺一点，由于时间关系，给予学生自主探索的时间略少，应更积极大胆的放手让他们自己讨论尝试解决问题，语言上要多鼓励显示出学生的主体地位，激发学生学习的兴趣，增强科学研究信心，体验到学以致用的快乐。如果有条件的话，可以让学生在课堂上以自由讨论设计解决方案的方式巩固重点内容，培养解决工程问题的能力。<br>通过视频和多媒体技术掌握科学研究的方法，培养观察能力。训练分析、思维和创造能力，提高科学素养。充分发挥了学生的主动性和创造性 |

附录1
合肥工业大学
半导体器件物理
程心
电子科学与应用物理学院
附录2
背景介绍
2
附录3
背景介绍
电子产品工作的核心是——由各种半导体器件构成的集成电路
3
附录4
第二章 PN结
2.1 热平衡PN结
热平衡指的是没有任何外加作用，包括电压、光照的状态。
附录5
本节重点
问题一
什么是PN结？
问题二
热平衡PN结的形成过程？
问题三
热平衡PN结的能带图？
5
附录6
一、什么是PN结
将一块P型半导体和一块N型半导体结合在一起，在二者的交界处就形成了PN结。
PN结
P
N
正极
负极
+
-
6

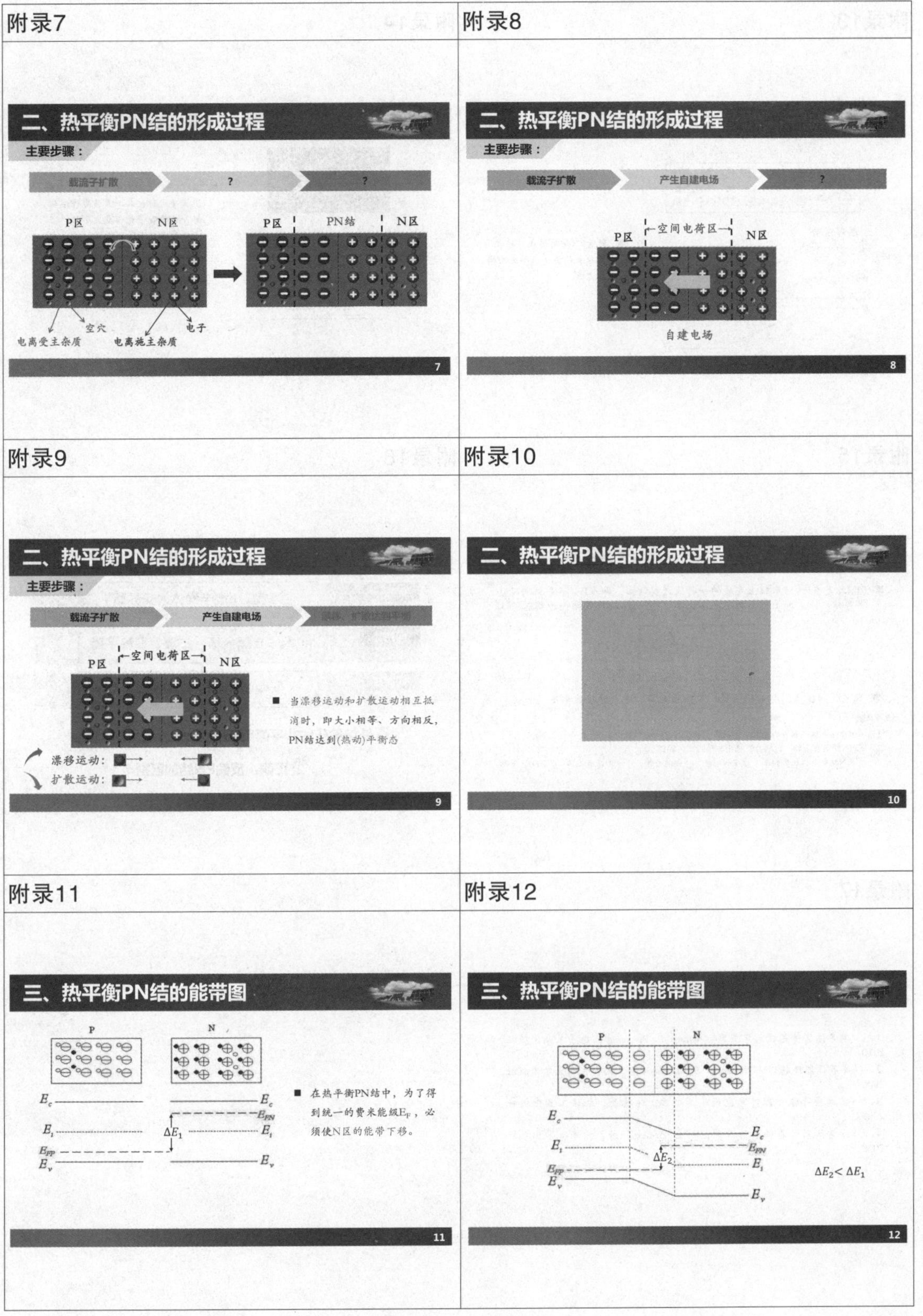
附录7
二、热平衡PN结的形成过程
主要步骤：
载流子扩散
?
?
P区
N区
P区
PN结
N区
空穴
电子
电离受主杂质
电离施主杂质
7
附录8
二、热平衡PN结的形成过程
主要步骤：
载流子扩散
产生自建电场
?
P区
空间电荷区
N区
自建电场
8
附录9
二、热平衡PN结的形成过程
主要步骤：
载流子扩散
产生自建电场
P区
空间电荷区
N区
当漂移运动和扩散运动相互抵消时，即大小相等、方向相反，PN结达到(热动)平衡态
漂移运动：
扩散运动：
9
附录10
二、热平衡PN结的形成过程
10
附录11
三、热平衡PN结的能带图
P
N
$E_c$
$E_i$
$E_{FP}$
$E_v$
$\Delta E_1$
$E_c$
$E_{FN}$
$E_i$
$E_v$
在热平衡PN结中，为了得到统一的费米能级$E_F$，必须使N区的能带下移。
11
附录12
三、热平衡PN结的能带图
P
N
$E_c$
$E_i$
$E_{FP}$
$E_v$
$\Delta E_2$
$E_c$
$E_{FN}$
$E_i$
$E_v$
$\Delta E_2 < \Delta E_1$
12

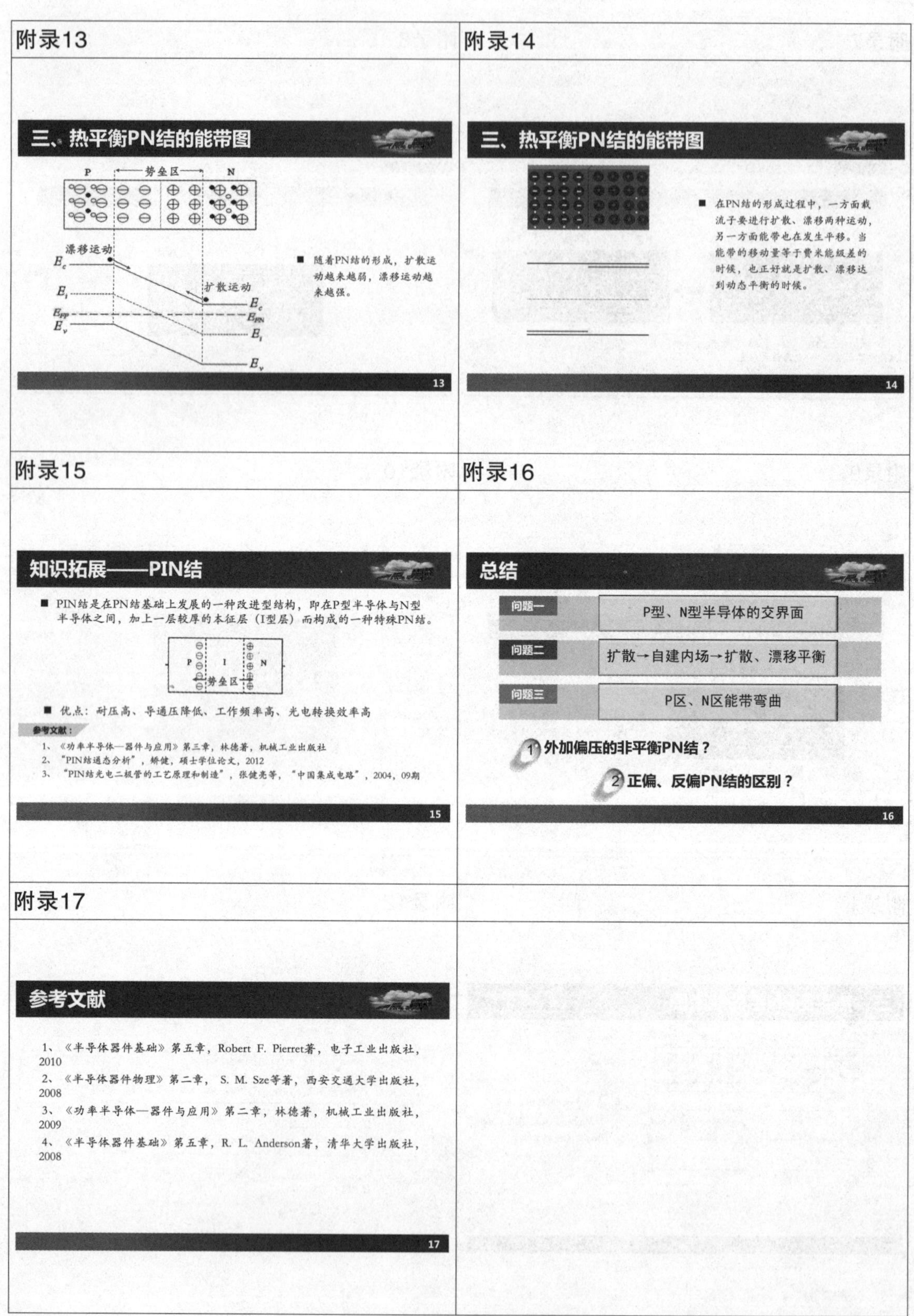
附录13
三、热平衡PN结的能带图
P
势垒区
N
漂移运动
扩散运动
$E_c$
$E_i$
$E_{FP}$
$E_v$
$E_c$
$E_{FN}$
$E_i$
$E_v$
随着PN结的形成，扩散运动越来越弱，漂移运动越来越强。
13
附录14
三、热平衡PN结的能带图
在PN结的形成过程中，一方面载流子要进行扩散、漂移两种运动，另一方面能带也在发生平移。当能带的移动量等于费米能级差的时候，也正好就是扩散、漂移达到动态平衡的时候。
14
附录15
知识拓展——PIN结
PIN结是在PN结基础上发展的一种改进型结构，即在P型半导体与N型半导体之间，加上一层较厚的本征层（I型层）而构成的一种特殊PN结。
P
I
N
势垒区
优点：耐压高、导通压降低、工作频率高、光电转换效率高
参考文献：
1、《功率半导体—器件与应用》第三章，林德著，机械工业出版社
2、“PIN结通态分析”，娇健，硕士学位论文，2012
3、“PIN结光电二极管的工艺原理和制造”，张健亮等，“中国集成电路”，2004，09期
15
附录16
总结
问题一
P型、N型半导体的交界面
问题二
扩散→自建内场→扩散、漂移平衡
问题三
P区、N区能带弯曲
1 外加偏压的非平衡PN结？
2 正偏、反偏PN结的区别？
16
附录17
参考文献
1、《半导体器件基础》第五章，Robert F. Pierret著，电子工业出版社，2010
2、《半导体器件物理》第二章，S. M. Sze等著，西安交通大学出版社，2008
3、《功率半导体—器件与应用》第二章，林德著，机械工业出版社，2009
4、《半导体器件基础》第五章，R. L. Anderson著，清华大学出版社，2008
17

# 《常数项级数敛散性判别》教学设计教案

彭凯军
数学学院

**科目名称：**《高等数学》

**章节名称：**第十三章《无穷级数》

**主要的教学技能：**习题求解

**知识与技能：**掌握常数项级数收敛与发散的概念，掌握三种常用的正项级数判别法。掌握交错级数的敛散性判别，掌握绝对收敛和条件收敛的概念。

**过程与方法：**讲授法为主，讨论启发式教学。回顾旧知识，引导学生利用已知知识分析解决问题。

**情感态度与价值观：**培养学生的分析问题、解决问题的能力，学会如何利用已有知识解决常数项级数敛散性的判别方法。

**教学重点：**比较判别法

**教学难点：**如何根据级数的特征，选择合适的判别法进行判别。

**教学参考资料：**

(1)（俄）费定晖 编译．吉米诺维奇习题集．济南：山东大学出版社，1999

(2)合肥工业大学数学学院．高等数学同步辅导．上海：上海交通大学出版社，2010

**教学过程：**

| 教学环节 | 教学目的 | 教学内容 | 教师活动 | 学生活动 | 教学技能 | 设计依据 |
| --- | --- | --- | --- | --- | --- | --- |
| 导入 | 联系学生学习中的问题及作业反映的情况 | 各位同学，根据大家最近学习过程中，很多同学都在问同样一个问题，“老师，级数的判别法很多，我们做题目的时候不知道具体选择哪种方法”？<br>还有，同学们提交的作业大家都看到了，你们作业中存在着各种各样的问题，比如：概念错误，方法选择错误，证明不够严谨等等 | 认真分析学生课后的作业，找出学生学习问题的所在；多课后跟学生交流，了解学生对前序课程学习的困难 | 通过作业来明白自己的问题所在，结合前面课程，思考学习的遇到的困难。 | 启发+思考 | 从心理学角度，根据学生特点，激发学生学习兴趣 |

| 教学环节 | 教学目的 | 教学内容 | 教师活动 | 学生活动 | 教学技能 | 设计依据 |
| --- | --- | --- | --- | --- | --- | --- |
| 回顾概念和基本方法 | 强调一些重要的基本概念和基本定理 | 今天这节课，我们学习的主要内容就是根据大家作业和学习中反馈的问题，来对常数项级数的敛散性判别进行专题讲解，首先我们来回顾一下前面的一些重要概念：<br>无穷级数的产生来源于数列，级数的收敛指的是数列中的所有项依次累加之和，级数的收敛与数列收敛之间的关系是什么？【见PPT2】<br>对于特殊的正项级数，这种关系由于级数的特殊性，从而可以进一步放大【见PPT2】。第二个概念是关于正项级数的三种判别法，比较、比值以及根值判别法。顾名思义，比较判别法是建立在两个不同级数之间的一种关系，俗称“大的收敛，小的一定收敛；小的发散，大的一定发散”【见PPT3】，实际中，我们不可能对所有级数进行具体的大小比较，因此我们可以利用比较判别法的极限形式来进行讨论，这就是我们讲的所谓等价无穷小的转换关系。【见PPT3】 | 带领学生回顾知识，发现不足，总结问题所在。 | 回顾知识<br>发现问题 | 导入技能<br>提问技能<br>演示技能（PPT） | 根据教学内容安排，对本节课的具体内容进行合理、合情的设计，一针见血的提出本次课程需要的知识。 |

| 教学环节 | 教学目的 | 教学内容 | 教师活动 | 学生活动 | 教学技能 | 设计依据 |
| --- | --- | --- | --- | --- | --- | --- |
| | | 另外比值、根值判别法都是针对正项级数本身而来的，从本身特征出发来判别级数的敛散性。【见PPT4】<br>第三个是交错级数及交错级数的莱布尼茨判别法，交错级数大家一定要注意它的写法，会第一时间反馈出来这个级数是交错级数，一般来说，通项中含有。而莱布尼茨判别法是交错级数收敛的充分条件，有同学一不小心就把它当作收敛的充分必要条件，大家一定要注意，不是说交错级数收敛，通项就一定是单调递减的。【见PPT5】<br>第四个概念是大家最头痛的绝对收敛和条件收敛，光从概念上来看，绝对收敛和条件收敛比较简单，就是收敛级数加绝对值后变成正项级数是否收敛，若收敛则为绝对收敛，否则为条件收敛。【见PPT6】 | | | | |

| 教学环节 | 教学目的 | 教学内容 | 教师活动 | 学生活动 | 教学技能 | 设计依据 |
|---|---|---|---|---|---|---|
| 引出解决问题的方法 | | 大家知道，所有概念、性质和定理的提出都是围绕着各种问题而差生的，因此解决问题总是要先想到的概念、性质或定理，而不是时刻记着技巧，没有那么多技巧的东西存在。接下来，我们就来看常数项级数敛散性判断的几种重要方法，一下的内容参考了最近发表的一些教学论文和一些重要的参考书目 | 提出本堂课的主要目的和内容，以及所要解决的问题关键 | | | 引导一探究式的教学模式 |

| 教学环节 | 教学目的 | 教学内容 | 教师活动 | 学生活动 | 教学技能 | 设计依据 |
| --- | --- | --- | --- | --- | --- | --- |
| 方法一 | 利用级数收敛的概念讨论级数敛散性 | 二、常数项级数敛散性判别的几种方法<br>（板书设计一）<br>（1）利用部分和讨论级数的敛散性<br>一般情况下利用部分和来讨论级数的敛散性是不可取的，因为对一个级数来说，前$n$项和并不是每一个都能轻易地计算出来，但是对于下面我们提到的这种情况，则大多数情况下式利用部分和讨论。<br>比如例1.【见PPT7】<br>再看一个实际应用题【见PPT8】 | 板书一<br>讲解分析包括原理 | 记录板书<br>记录板书听讲，在老师引导下思考，方法提出的原理 | 讲解技能<br>讲解技能 | 选择多媒体手段突出教学内容 |

| 教学环节 | 教学目的 | 教学内容 | 教师活动 | 学生活动 | 教学技能 | 设计依据 |
|---|---|---|---|---|---|---|
| 方法二 | 利用比较判别法讨论级数的敛散性 | （板书设计二）<br>(2)利用比较法讨论级数的敛散性<br>比较判别法是讨论级数敛散性的一种非常重要的方法，大多数常数项级数的敛散性判别都要利用比较法，通过借助于一些已知收敛的常数项级数来判别未知敛散性的级数。而我们常于比较判别法的两类重要级数分别是 级数和等比级数。当我们遇到以下几种情况时，通常采用比较判别法。<br>①. 题设中已知正项级数$\sum_{n=1}^{\infty}u_n$收敛，判别正项级数$\sum_{n=1}^{\infty}u_n$时；<br>②. 题设中的$u_n$当$n\to\infty$时为常见的等价无穷小；<br>③. 当$u_n$为两项的积，则利用常用不等式或有界性来缩放级数。<br>【见PPT9】<br>接下来我们看3个例题<br>【见PPT 10–14 】 | 板书二<br>讲解分析包括原理培养思维 | 记录板书，听讲分析，根据出现的关键词思考以前学过哪些相关内容，应用旧知识来解决新问题 | 讲解技能<br>讲解技能 | 演示技能（PPT）讲解技能 |

| 教学环节 | 教学目的 | 教学内容 | 教师活动 | 学生活动 | 教学技能 | 设计依据 |
| --- | --- | --- | --- | --- | --- | --- |
| 方法三 | 利用比值法判别级数的敛散性 | （板书设计三）<br>（3）利用比值法讨论级数的敛散性<br>比值判别法是三种判别法中，最好用的一种判别方法，也是我们同学最喜欢用的一种方法，但是我们要知道，好用的并不代表每一个题目都能用，下面我们来看在什么情况下使用比值判别法。<br>①. 当$\sum_{n=1}^{\infty}u_n$的$u_n$含有阶乘或$n$次方时，采用比值判别法判别。②. 当$\sum_{n=1}^{\infty}u_n$的$u_n$中含有参数时，考虑用比值判别法判别。为什么说$u_n$有参数时，要用比值判别法呢，因为比值判别法中，当极限小于、大于1时，都可以直接判别级数的敛散性；而当极限等于1时，利用极限值等于1，我们可以代入参数，从而得到具体级数，从而变成一般的常数项级数，方便判断级数的敛散性。<br>具体情况，我们通过2个例子来加以说明，<br>【见PPT 15–16】 | 板书三<br>讲解分析包括原理培养思维 | 听讲分析，根据出现的关键词思考以前学过哪些相关内容，应用旧知识来解决新问题 | 演示技能（PPT） | |

| 教学环节 | 教学目的 | 教学内容 | 教师活动 | 学生活动 | 教学技能 | 设计依据 |
|---|---|---|---|---|---|---|
| 方法四 | 利用根值法判别级数的敛散性 | （板书设计四）<br>（4）利用根值法讨论级数的敛散性<br>根值法是三种判别法中用的较少的一种情况，因为其方法的特殊性，一般也只针对于特殊情况下的级数来使用。<br>采用根值判别法判别。【见PPT 17 】<br>接下来我们看3个例题【见PPT 10–14 】 | 板书四<br>讲解分析包括原理培养思维 | 记录板书，听讲分析，根据出现的关键词思考以前学过哪些相关内容，应用旧知识来解决新问题 | 演示技能（PPT）<br>提问技能<br>讲解技能 | |

| 教学环节 | 教学目的 | 教学内容 | 教师活动 | 学生活动 | 教学技能 | 设计依据 |
|---|---|---|---|---|---|---|
| 方法五 | 利用夹逼准则判别级数的敛散性 | 对于此题，我们大家有没有发现其实级数是不是跟“等比级数”长得很像，那么我们是不是可以转化为等比级数来看呢，也就是说能不能把级数进行适当的放大或者缩小来进行判别呢？<br>大家回顾一下等比级数的特点和敛散性条件，看看能不能通过比较法进行判别。<br>（板书设计五）<br>（板书设计六）<br>（5）利用夹逼准则讨论级数的敛散性<br>在数列收敛的判定定理中，我们有一个非常重要的定理叫作“夹逼定理”，也就是通过对数列的通项进行放大和缩小，并且放大和缩小的两个数列都收敛，且收敛于同一值，则数列收敛。那么今天我要教大家一种级数收敛的“夹逼准则”，并与数列的“夹逼定理”类似 | 板书三<br>讲解分析包括原理培养思维 | 记录板书，听讲分析，根据出现的关键词思考以前学过哪些相关内容，应用旧知识来解决新问题 | 演示技能（PPT） | |

| 教学环节 | 教学目的 | 教学内容 | 教师活动 | 学生活动 | 教学技能 | 设计依据 |
| --- | --- | --- | --- | --- | --- | --- |
| | | 首先大家看一下“夹逼准则”。<br>【见PPT 18 】<br><br>有了这个准则，我们可以更加轻松的判别一些级数了敛散性，比如，教材中我们证明了这么一个结论，那就是“级数绝对收敛，则级数本身一定收敛”，接下来我们来看一下利用夹逼准则来证明这个结论，看是不是比教材上的方法要简单得多。<br>【见PPT 19 】 | | | | |

| 教学环节 | 教学目的 | 教学内容 | 教师活动 | 学生活动 | 教学技能 | 设计依据 |
|---|---|---|---|---|---|---|
| 总结 | 对方法的总结 | 常数项级数的敛散性是无穷级数敛散性讨论的基础，也许后续课程的重要理论支撑，因此掌握好级数敛散性讨论成为一种必要，而实际上级数敛散性讨论除了我们上面给大家介绍的比较法，比值法，根值法，夹逼准则外，还有更多各种各样的方法，大家可以多阅读参考书目，多了解一些方法，对大家将来的后续课程有更多的帮助。<br>同时，我们通过对常数项级数敛散性方法的讨论，也希望大家能扩展大家的思维方法，既要大家能对传统的，经典的结论，方法进行一定的保留，同时，也想大家能够不管扩散思维，从经典出发，得到一些其他的，更好的方法。就像我们最后的夹逼准则一样。【见PPT 20】 | 综合分析，提出问题 | 观看PPT，加深印象，建立直观感性认识 | 演示技能<br>讲解技能 | |

| 教学环节 | 教学目的 | 教学内容 | 教师活动 | 学生活动 | 教学技能 | 设计依据 |
|---|---|---|---|---|---|---|
| 思考题 | 思考题 | 本节课的最后，我们给大家留2个思考题，希望大家能够通过这堂课的学习，掌握这些基本方法，同时看是否还能得到其他更好的方法呢，思考题的讲解我们留待下次课。<br>【见PPT 21 】。<br>谢谢大家，再见！ | 提出问题，引导学生思考、解决问题 | 思考问题，回答问题 | 演示技能(PPT)提问技能<br>讲解技能 | 讲授法、引导–探究式教学方法，完成教学内容 |

| | |
|---|---|
| 课堂小结 | 你的收获是什么<br>（1）熟悉了之前学习的级数收敛与发散的概念和基本定理和方法；<br>（2）掌握了常数项级数敛散性判别的常用方法；<br>（3）学会利用以前的知识，推广到新的知识领域 |
| 课后思考 | 课题：<br>利用已有的知识解决级数收敛的判别。 |
| 板书设计 | 常数项级数的敛散性判别<br>（1）利用部分和判别级数敛散性；<br>（2）利用比较法判别级数的敛散性；<br>（3）利用比值法判别级数的敛散性；<br>（4）利用根值法判别级数的敛散性；<br>——例9【讲解】<br>（5）利用夹逼准则判别级数的敛散性<br>夹逼准则：…… |
| 教学反思 | （1）习题课的讲解总会容易显得乏味枯燥，缺乏吸引力。这次课程的设计变成以教师学生双主体形式，从级数的特征出发，分析适合的方法，并最终找出一个解决办法，而所需的解决办法又一一隐藏在以前所学的知识中，最终通过分析，思考，发现，应用，解决实际问题，最终自己“创造”了一种新的方法“夹逼准则”,真正做到了理解、掌握、逻辑推理。设计的每一个研究的问题，都充分挖掘其营养，从多角度展开引导学生思考，调动了学生的发散思维。<br>（2）我们在课上的习题内容都以具体常数项级数为例，缺乏一定的应用性和吸引力，后续将更多考虑具体的应用问题与级数敛散性判断相结合，扩展到专业课的领域中，做到学以致用。<br>（3）由于条件的限制，无法实现计算机工具与级数敛散性相结合，后面也将把主要精力投入到相关的工作中。<br>（4）通过多媒体技术掌握科学研究的方法，培养观察能力。训练分析、思维和创造能力，提高科学素养。充分发挥了学生的主动性和创造性 |

## 附录1

合肥工业大学 HEFEI UNIVERSITY OF TECHNOLOGY

### 常数项级数的敛散性判别

2014年9月

## 附录2

合肥工业大学 HEFEI UNIVERSITY OF TECHNOLOGY

一、概念回顾

1. 级数 $\sum_{n=1}^{\infty}u_n$ 收敛和发散

一般数列 $\{u_n\}$，对应级数 $\sum_{n=1}^{\infty}u_n$，部分和数列 $\{S_n\}$，有：

$$\sum_{n=1}^{\infty}u_n \text{收敛} \Leftrightarrow \lim_{n\to\infty}S_n \text{存在} \Leftrightarrow \{S_n\} \text{收敛}.$$

正项数列 $\{u_n\}$，级数 $\sum_{n=1}^{\infty}u_n$，部分和数列 $\{S_n\}$，有：

$$\sum_{n=1}^{\infty}u_n \text{收敛} \Leftrightarrow \lim_{n\to\infty}S_n \text{存在} \Leftrightarrow \{S_n\} \text{收敛} \Leftrightarrow \{S_n\} \text{有界}.$$

## 附录3

合肥工业大学 HEFEI UNIVERSITY OF TECHNOLOGY

2. 正项级数的三种判别法

比较判别法：对正项级数 $\sum_{n=1}^{\infty}u_n$ 与 $\sum_{n=1}^{\infty}v_n$，$u_n \le v_n$

若 $\sum_{n=1}^{\infty}v_n$ 收敛，则 $\sum_{n=1}^{\infty}u_n$ 收敛.

若 $\sum_{n=1}^{\infty}u_n$ 发散，则 $\sum_{n=1}^{\infty}v_n$ 发散.

比较法的极限形式：若 $\lim_{n\to+\infty}\frac{u_n}{v_n}=l$，$l$ 为不等于零的常数，

则 $\sum_{n=1}^{\infty}u_n$ 与 $\sum_{n=1}^{\infty}v_n$ 敛散性相同.

## 附录4

合肥工业大学 HEFEI UNIVERSITY OF TECHNOLOGY

比值判别法：对正项级数 $\sum_{n=1}^{\infty}u_n$，若 $\lim_{n\to\infty}\frac{u_{n+1}}{u_n}=r\begin{cases}<1\text{时收敛}\\>1\text{时发散}\\=1\text{此方法失效}\end{cases}$.

根植判别法：对正项级数 $\sum_{n=1}^{\infty}u_n$，若 $\lim_{n\to\infty}\sqrt[n]{u_n}=r\begin{cases}<1\text{时收敛}\\>1\text{时发散}\\=1\text{此方法失效}\end{cases}$.

## 附录5

合肥工业大学 HEFEI UNIVERSITY OF TECHNOLOGY

3. 交错级数及莱布尼茨判别法

交错级数：对数列 $\{u_n\},u_n>0$，称级数 $\sum_{n=1}^{\infty}(-1)^{n-1}u_n$

或 $\sum_{n=1}^{\infty}(-1)^{n}u_n$ 为交错级数.

莱布尼茨判别法：设交错级数 $\sum_{n=1}^{\infty}(-1)^{n}u_n$ 的通项 $u_n$ 满足：

1、$u_{n+1}\le u_n$，2、$\lim_{n\to\infty}u_n=0$，则该级数收敛.

## 附录6

合肥工业大学 HEFEI UNIVERSITY OF TECHNOLOGY

4. 绝对收敛和条件收敛

绝对收敛：$\sum_{n=1}^{\infty}|u_n|$ 收敛，则称 $\sum_{n=1}^{\infty}u_n$ 绝对收敛.

条件收敛：$\sum_{n=1}^{\infty}u_n$ 收敛，而 $\sum_{n=1}^{\infty}|u_n|$ 发散，则称 $\sum_{n=1}^{\infty}u_n$ 条件收敛。

## 附录7

合肥工业大学 HEFEI UNIVERSITY OF TECHNOLOGY

二、常数项级数的敛散性判别

1. 利用部分和判别

当$\sum_{n=1}^{\infty} u_n$中若$u_n$表示为相邻两项的和差，则用部分和讨论敛散性。

例1. 若$\lim_{n\to\infty} a_n = a$，证明$\sum_{n=1}^{\infty}(a_{n+1}-a_n)$收敛.

证明：部分和$S_n = a_2 - a_1 + a_3 - a_2 + \cdots + a_{n+1} - a_n = a_{n+1} - a_1$，

$\lim_{n\to\infty} a_{n+1} = a$，所以$\lim_{n\to\infty} S_n = a - a_1$.

从而级数$\sum_{n=1}^{\infty}(a_{n+1}-a_n)$收敛.

## 附录8

合肥工业大学 HEFEI UNIVERSITY OF TECHNOLOGY

2. 利用比较判别法

当遇到以下情况时，采用判别法判别：

（1）. 题设中已知正项级数$\sum_{n=1}^{\infty} a_n$收敛，判别正项级数$\sum_{n=1}^{\infty} b_n$时；

（2）. 题设中的$u_n$当$n\to\infty$时为常见的等价无穷小；

（3）. 当$u_n$为两项的积，则利用常用不等式或有界性来缩放级数。

注1. 常用不等式：$|a_n b_n| \le \frac{a_n^2 + b_n^2}{2}$.

注2. 常用于比较法的级数：$\sum_{n=1}^{\infty}\frac{1}{n^p}$，$p>1$时收敛，$p\le 1$时发散.

## 附录9

合肥工业大学 HEFEI UNIVERSITY OF TECHNOLOGY

例3. 设数列$\{a_n\},\{b_n\}$满足$0<a_n<\frac{\pi}{2}, 0<b_n<\frac{\pi}{2}$，$\cos a_n - a_n = \cos b_n$，且级数$\sum_{n=1}^{\infty} b_n$收敛.（Ⅰ）证明：$\lim a_n = 0$；（Ⅱ）证明：$\sum_{n=1}^{\infty}\frac{a_n}{b_n}$收敛.

证明：（Ⅰ）因为$\sum_{n=1}^{\infty} b_n$收敛，所以$\lim_{n\to\infty} b_n = 0$，

进而得$\lim_{n\to\infty}[(1-\cos a_n)+a_n] = \lim_{n\to\infty}(1-\cos b_n) = 0$.

由于$1-\cos a_n \ge 0$，故$0 \le a_n \le (1-\cos a_n)+a_n$，

由夹逼定理可知$\lim_{n\to\infty} a_n = 0$.

## 附录10

合肥工业大学 HEFEI UNIVERSITY OF TECHNOLOGY

例3. 设数列$\{a_n\},\{b_n\}$满足$0<a_n<\frac{\pi}{2}, 0<b_n<\frac{\pi}{2}$，$\cos a_n - a_n = \cos b_n$，且级数$\sum_{n=1}^{\infty} b_n$收敛.（Ⅰ）证明：$\lim a_n = 0$；（Ⅱ）证明：$\sum_{n=1}^{\infty}\frac{a_n}{b_n}$收敛.

证明：（Ⅱ）$\lim_{n\to\infty}\frac{\frac{a_n}{b_n}}{b_n} = \lim_{n\to\infty}\frac{\frac{1}{2}a_n}{\frac{1}{2}b_n^2} = \lim_{n\to\infty}\frac{\frac{1}{2}a_n}{1-\cos b_n} = \lim_{n\to\infty}\frac{a_n}{2-2\cos a_n + 2a_n}$，

考虑到$\lim_{x\to 0}\frac{x}{2-2\cos x+2x} = \lim_{x\to 0}\frac{1}{2\sin x+2} = \frac{1}{2}$，故$\lim_{n\to\infty}\frac{\frac{a_n}{b_n}}{b_n} = \frac{1}{2}$.

因此$\sum_{n=1}^{\infty}\frac{a_n}{b_n}$与$\sum_{n=1}^{\infty} b_n$具有相同的敛散性，所以$\sum_{n=1}^{\infty}\frac{a_n}{b_n}$收敛.

## 附录11

合肥工业大学 HEFEI UNIVERSITY OF TECHNOLOGY

例4. 设$\lim_{n\to\infty} a_n = 0$，$\sum_{n=1}^{\infty} b_n$绝对收敛，证明$\sum_{n=1}^{\infty} a_n^2 b_n^2$收敛.

证明：$\sum_{n=1}^{\infty} b_n$绝对收敛，则$\lim_{n\to\infty} b_n = 0$，且$\exists N_0, n > N_0$，$b_n^2 \le |b_n|$，

所以$\sum_{n=1}^{\infty} b_n^2$收敛.

又$\lim_{n\to\infty} a_n = 0$，由收敛数列的有界性，有$\forall n, \exists M>0, |a_n| < M$.

故$a_n^2 b_n^2 \le M^2 b_n^2$，$\sum_{n=1}^{\infty} M^2 b_n^2$收敛，从而$\sum_{n=1}^{\infty} a_n^2 b_n^2$收敛.

## 附录12

合肥工业大学 HEFEI UNIVERSITY OF TECHNOLOGY

例5. 设$u_n = (-1)^n \ln(1+\frac{1}{\sqrt{n}})$，则级数（ C ）

（A）$\sum_{n=1}^{\infty} u_n$与$\sum_{n=1}^{\infty} u_n^2$都收敛.　（B）$\sum_{n=1}^{\infty} u_n$与$\sum_{n=1}^{\infty} u_n^2$都发散.

（C）$\sum_{n=1}^{\infty} u_n$收敛而$\sum_{n=1}^{\infty} u_n^2$发散.　（D）$\sum_{n=1}^{\infty} u_n$发散而$\sum_{n=1}^{\infty} u_n^2$收敛.

解：因为数列$\left\{\ln(1+\frac{1}{\sqrt{n}})\right\}$单调递减，且$\lim_{n\to\infty}\ln(1+\frac{1}{\sqrt{n}}) = 0$，

根据莱布尼茨判别法可知$\sum_{n=1}^{\infty} u_n$收敛.

当$n\to\infty$时，$u_n^2 = \ln^2(1+\frac{1}{\sqrt{n}}) \sim \frac{1}{n}$，

$\sum_{n=1}^{\infty}\frac{1}{n}$发散，所以由比较判别法可知$\sum_{n=1}^{\infty} u_n^2$发散. 故选（C）.

## 附录13

例 6. 设有方程 $x^n+nx-1=0$，其中 $n$ 为正整数. 证明此方程存在唯一正实根 $x_n$，并证明当 $\alpha>1$ 时，级数 $\sum\limits_{n=1}^{\infty}x_n^{\alpha}$ 收敛.

解：设 $f(x)=x^n+nx-1$，$f(0)=-1, f(+\infty)=+\infty$，

由零点定理，可知存在 $x_n\in(0,+\infty)$，有 $f(x_n)=0$.

又 $f'(x)=nx^{n-1}+n>0\ (x>0)$，所以 $f(x)$ 单增，从而根唯一.

因为 $x_n=\dfrac{1}{n}-\dfrac{x_n^n}{n}<\dfrac{1}{n}$，故 $x_n^{\alpha}<\dfrac{1}{n^{\alpha}}$，

而当 $\alpha>1$ 时，$\sum\limits_{n=1}^{\infty}\dfrac{1}{n^{\alpha}}$ 收敛，所以由比较判别法可知 $\sum\limits_{n=1}^{\infty}x_n^{\alpha}$ 收敛.

## 附录14

3. 利用比值判别法

①. 当 $\sum\limits_{n=1}^{\infty}u_n$ 的 $u_n$ 含有阶乘或 $n$ 次方时，采用比值判别法判别.

②. 当 $\sum\limits_{n=1}^{\infty}u_n$ 的 $u_n$ 中含有参数时，考虑用比值判别法判别.

例 7. 讨论级数 $\sum\limits_{n=1}^{\infty}\dfrac{n!}{n^n}$ 的敛散性.

解：用比值法，有 $\lim\limits_{n\to\infty}\dfrac{u_{n+1}}{u_n}=\lim\limits_{n\to\infty}\dfrac{(n+1)!}{(n+1)^{n+1}}\cdot\dfrac{n^n}{n!}=\lim\limits_{n\to\infty}\dfrac{n^n}{(n+1)^n}$

$$=\lim_{n\to\infty}\frac{1}{(1+\frac{1}{n})^n}=\frac{1}{e}<1$$

所以级数 $\sum\limits_{n=1}^{\infty}\dfrac{n!}{n^n}$ 收敛.

## 附录15

例 8. 判别级数 $\sum\limits_{n=1}^{\infty}n^{\alpha}\beta^n$ 的敛散性，其中 $\beta>0$.

解：$\lim\limits_{n\to\infty}\dfrac{u_{n+1}}{u_n}=\lim\limits_{n\to\infty}\dfrac{(n+1)^{\alpha}\beta^{n+1}}{n^{\alpha}\beta^n}=\beta$，

①. $0<\beta<1$ 时，级数收敛；②. $1<\beta$ 时级数发散.

③. 当 $\beta=1$ 时，级数为 $\sum\limits_{n=1}^{\infty}n^{\alpha}=\sum\limits_{n=1}^{\infty}\dfrac{1}{n^{-\alpha}}$，

利用 $p$ 级数的结论，可知：（1）当 $\alpha<-1$ 时，级数收敛；

（2）当 $\alpha\geq-1$ 时，级数发散.

## 附录16

5. 利用夹逼准则判别

**夹逼准则：设级数 $\sum\limits_{n=1}^{\infty}a_n$ 与 $\sum\limits_{n=1}^{\infty}b_n$ 均收敛，且 $a_n\leq c_n\leq b_n$，则级数 $\sum\limits_{n=1}^{\infty}c_n$ 收敛.**

证明：因为 $a_n\leq c_n\leq b_n$，所以 $0\leq c_n-a_n\leq b_n-a_n$，

$\sum\limits_{n=1}^{\infty}a_n$ 与 $\sum\limits_{n=1}^{\infty}b_n$ 均收敛，所以 $\sum\limits_{n=1}^{\infty}b_n-a_n$ 收敛.

由正项级数比较判别法，可知 $\sum\limits_{n=1}^{\infty}c_n-a_n$ 收敛，

从而 $\sum\limits_{n=1}^{\infty}c_n=\sum\limits_{n=1}^{\infty}[(c_n-a_n)+a_n]$ 收敛.

**注意：此定理不能直接利用比较判别法，因为其不是正项级数.**

## 附录17

例 10. 证明 $\sum\limits_{n=1}^{\infty}u_n$ 绝对收敛，则 $\sum\limits_{n=1}^{\infty}u_n$ 收敛.

证明：$\sum\limits_{n=1}^{\infty}|u_n|$ 收敛，则 $\sum\limits_{n=1}^{\infty}-|u_n|$ 也收敛，

而 $-|u_n|\leq u_n\leq|u_n|$，

由夹逼准则，可知 $\sum\limits_{n=1}^{\infty}u_n$ 收敛.

## 附录18

三、总结

1. 利用部分和判别
2. 利用比较判别法
3. 利用比值判别法
4. 利用根值判别法
5. 利用夹逼准则判别

## 附录19

合肥工业大学
HEFEI UNIVERSITY OF TECHNOLOGY

### 四、思考题

1. 设$a_n=\int_0^{\frac{\pi}{4}}\tan^n x\,dx$，①. 求$\sum_{n=1}^{\infty}\frac{1}{n}(a_n+a_{n+2})$；②. 证明对任意常数$\lambda>0$，$\sum_{n=1}^{\infty}\frac{a_n}{n^{\lambda}}$收敛.

2. 判别级数$\sum_{n=1}^{\infty}(-1)^{n-1}\frac{a^n}{n}$（$a>0$）是绝对还是条件收敛.

## 附录20

合肥工业大学
HEFEI UNIVERSITY OF TECHNOLOGY

### 参考文献

1.魏嘉亮，判定级数敛散性的两种初等方法[J]，高等数学研究，2014（01）.

2.吴栩，有关发散级数的一些探讨 [J]，大学数学，2013（12）.

3.王云花，数项级数和的几种典型求法 [J]，高等数学研究，2013（05）.

4.杨圣全，级数求和的八种方法 [J]，高等数学研究，2013（05）.

5.郝琳，正项级数审敛的流程图 [J]，高等数学研究，2012（05）.

6.魏光美，有关常数项级数的几个典型例题[J]，高等数学研究，2011（03）.

## 附录21

合肥工业大学
HEFEI UNIVERSITY OF TECHNOLOGY

谢谢

## 附录22

# 《条件极值》教学设计教案

邓斌
数学学院

**科目名称：**《数学分析》

**章节名称：**第十五章第二节《条件极值》

**主要的教学技能：**综合技能

**教学目标：**通过学习让学生加深对极值的认识，能利用判别法判断函数的极值，能利用极值的性质解决实际问题。

**过程与方法：**讲授法为主，讨论启发式教学。回顾旧知识时产生新问题，引导学生利用已知背景知识分析解决新问题。

**情感态度与价值观：**培养学生的数学分析能力、专业素养及应用理论知识解决问题的能力，学会如何正确理解条件极值原理、拉格朗日乘数法求解过程。

**教学重点：**拉格朗日乘数法

**教学难点：**条件极值与非条件极值的区别，拉格朗日乘数法的应用条件。

**教学参考资料：**

（1）裴礼文．数学分析中的典型问题与方法（第2版）．北京:高等教育出版社，2006.

（2）常庚哲，史济怀．数学分析教程（第3版）合肥：中国科学技术大学出版社，2012.

（3）龚昇．微积分五讲．北京：科学出版社，2004.

（4）格·马·菲赫金格尔茨著．微积分学教程．北京：高等教育出版社，2009.

（5）吉米当维奇（著），黄空晖（译．数学分析习题集题解．济南：山东科学技术出版社，2012年.

**教学过程：**

| 教学环节 | 教学目的 | 教学内容 | 教师活动 | 学生活动 | 教学技能 | 设计依据 |
|---|---|---|---|---|---|---|
| 导入回顾<br>引出新课（提出本节课需要解决的问题） | 找准新旧知识的连接点，引起学生的认知冲突，创设问题情景。进而引导他们探究新问题 | 回顾无条件极值的解法和判定条件。（见附录1） | 用PPT带领学生回顾知识，发现差异，生成新问题。形成新旧知识的链接 | 观看PPT，回顾知识，发现问题思索新问题； | 导入技能<br>提问技能<br>演示技能（PPT） | 根据教学内容安排，新旧知识对比中形成新问题。 |
| 提出问题<br>分析问题 | 揭示题目，围绕问题展开探索研究 | 通过两个函数图形的具体差别引入本节学习的内容。（见附录2） | | | | 引导一探究式的教学模式 |

| 教学环节 | 教学目的 | 教学内容 | 教师活动 | 学生活动 | 教学技能 | 设计依据 |
|---|---|---|---|---|---|---|
| 解决问题一：最优广告策略 | 提出问题一，让学生利用已经具备的知识，分析问题一，循序诱导找出两种极值问题的区别。 | 引导学生分析两种极值的差异。引导推出代入法求解条件极值，化条件极值为无条件极值。<br>指明该方法的局限之处。<br>（板书设计一）具体推导拉格朗日乘数法的推导过程。 | 引导学生思考目前需要解决的关键是哪些？形成本节课的内容框架 | 听讲思考，发现问题症结所在。 | 演示技能（PPT）讲解技能 | 选择多媒体手段突出教学内容 |
| 提出问题二，分析问题<br>解决问题二 | 解决办法对应的数学推导过程，并通过举例加深印象 | 引导学生将拉格朗日乘数法推广到多个自变量和多个约束条件的情形 | 引导学生分析研究对象的特征、性质以及已经具备的知识 | 听讲，思考条件极值的特点，了解数学推导过程 | 演示技能（板书）讲解技能 | 以科学方法论为依据，运用引导——探究式的教学模式进行分析和综合 |

| 教学环节 | 教学目的 | 教学内容 | 教师活动 | 学生活动 | 教学技能 | 设计依据 |
| --- | --- | --- | --- | --- | --- | --- |
| | | 通过具体的现实例子让学生熟悉拉格朗日乘数法的求解过程。 | 分析讲解拉格朗日乘数法的求解过程 | 听讲，在老师引导下思考，理解求解过程。 | 演示技能（PPT）讲解技能 | 分析引导，达成教学目标 |
| | | 引导学生回忆中学学习的光的折射定律，启发他们将其转变为条件极值问题。 | 引导启发学生将现实问题转变为为条件极值问题。 | 分析例子，思考。 | 演示技能（PPT）讲解技能 | |
| | | 推导得出光的折射定律 | 讲解分析得出结论 | 记录板书看图，听讲，在老师引导下思考，理解原理 | 演示技能（PPT） | |

| 教学环节 | 教学目的 | 教学内容 | 教师活动 | 学生活动 | 教学技能 | 设计依据 |
|---|---|---|---|---|---|---|
| | | | | | | |
| 回顾总结 | 回顾整理，进一步思考新问题 | 复习总结本节的具体内容和方法 | 总结回顾 | 记录板书 | 演示技能（PPT）<br>讲解技能<br>小结技能 | 小结整理，引出新知识 |

| 教学环节 | 教学目的 | 教学内容 | 教师活动 | 学生活动 | 教学技能 | 设计依据 |
|---|---|---|---|---|---|---|
| 问题延伸升华 | 重新审视本节课问题，认识深化，问题延伸，引发学生自主学习探索 | 提出具体问题，引导学生具体比较两种极值的差异。找出为什么计算结果不同 | 提出问题，引导学生思考、解决问题，发现异同；<br>板书二<br>引导学生将前面分析的每一部分结论总结归纳，找出解决办法 | 思考问题，回答问题<br>记录板书<br>听讲，回顾，思考，加深印象<br>发现新问题，课后思考 | 演示技能(板书)<br>提问技能<br>讲解技能<br>归纳技能 | 讲授法、引导－探究式教学方法，完成教学内容 |

| | |
|---|---|
| **课堂小结** | (1)函数的条件极值和非条件极值的区别；<br>(2)函数的条件极值的具体两种解法；<br>(3)应用条件极值解决实际问题 |
| **课后思考** | 试分别用无条件极值和条件极值求出原点到曲面 |
| **板书设计** | (1)拉格朗日乘数法的推导（注：板书设计一）；<br>(2) 思考题的启发举例（注：板书设计二） |
| **教学反思** | (1)条件极值的理论推导非常烦琐，平铺直叙的讲解会容易显得乏味枯燥，缺乏吸引力。这次课程的设计变成以教师引导为主，通过分析，思考，发现，解决条件极值问题。<br>(2)我们在课上以探索为主，激发学生积极的学习态度，但在趣味性上还有所欠缺一点，由于时间关系，给予学生自主探索的时间略少，应更积极大胆的放手让他们自己讨论尝试解决问题，语言上要多鼓励显示出学生的主体地位，激发学生学习的兴趣，增强科学研究信心，体验到学以致用的快乐。如果有条件的话，可以让学生在课堂上以自由讨论设计解决方案的方式巩固重点内容，培养解决实际问题的能力。<br>(3)通过视频和多媒体技术掌握科学研究的方法，培养观察能力。训练分析、思维和创造能力，提高科学素养。充分发挥了学生的主动性和创造性 |

## 附录1

2015-3-8

# 第十五章第二节 条件极值

邓 斌

数学学院

## 附录2

2015-3-8

### 多元函数极值的求解方法回顾

**第一步 利用必要条件在定义域内求可能极值点。**

如对二元可微函数 $z=f(x,y)$，由方程组

$$\begin{cases} f_x(x,y)=0 \\ f_y(x,y)=0 \end{cases}$$ 求驻点 $(x_0,y_0)$.

**第二步 利用充分条件判别可能极值点是否极值点.**

如求出 $A=f_{xx}(x_0,y_0), B=f_{xy}(x_0,y_0), C=f_{yy}(x_0,y_0)$,

若 $AC-B^2>0$ 时，$\begin{cases} A>0 \text{ 时，} f(x,y) \text{ 在点 } (x_0,y_0) \text{ 取极小值} \\ A<0 \text{ 时，} f(x,y) \text{ 在点 } (x_0,y_0) \text{ 取极大值} \end{cases}$

若 $AC-B^2<0$ 时，$f(x,y)$ 在点 $(x_0,y_0)$ 不取极值

合肥工业大学

## 附录3

2015-3-8

**除了多元函数极值外，在工程技术问题中，我们还会遇到另一类重要的极值--------条件极值。**

如二元函数 $z=f(x,y)$ ⟵ 目标函数

在条件 $g(x,y)=0$ ⟵ 约束条件

下的极值。

**对比之下也称前面介绍的极值为无条件极值。**

## 附录4

2015-3-8

两者具体区别在于:

(1)极大值（无条件极大值）：

$\forall$点$(x,y)\in O((x_0,y_0),\delta)$，都有 $f(x,y)<f(x_0,y_0)$.

如图1所示：

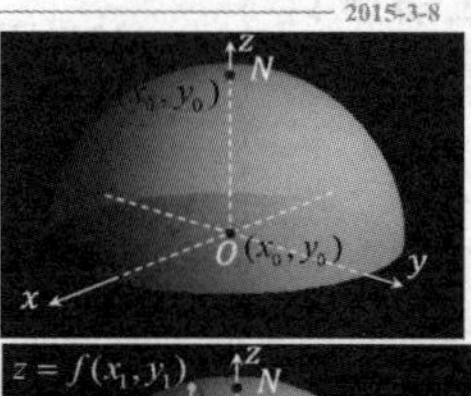


(2)条件极大值：

约束方程 $g(x,y)=0$ 在平面上表示一条曲线 L,

$\forall$点$(x,y)\in O((x_0,y_0),\delta)\cap L$，都有 $f(x,y)<f(x_1,y_1)$.

如图2所示：

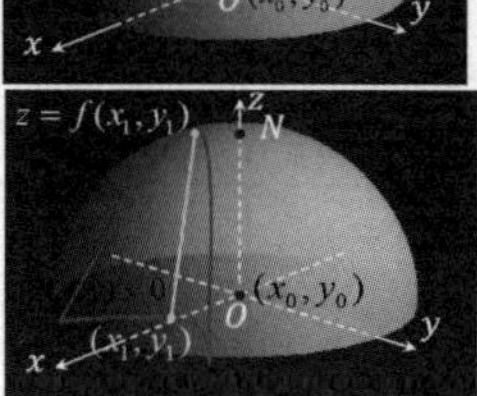


即这里和 $f(x_1,y_1)$ 比较的点

只是 $(x_0,y_0)$ 邻域内L上的点，

而不是邻域内所有的点。

合肥工业大学

## 附录5

2015-3-8

条件极值的求法:

**方法1 消元代入法.**

如果从约束条件 $g(x,y)=0$ 中解出 $y=y(x)$ 或者 $x=x(y)$，则将

条件极值问题 $\begin{cases} z=f(x,y), \\ g(x,y)=0 \end{cases}$ ⟶ 无条件极值问题 $z=f(x,y(x))$ 或者 $z=f(x(y),y)$

例1.求 $f(x,y)=x+y$ 在约束条件 $x+y=1$ 下的条件极值。

解：从约束条件 $x+y=1$ 中解得 $y=1-x$，并将其代入 $f(x,y)$ 中，得

$$f(x,y)=f(x,1-x)=x(1-x)=x-x^2=\frac{1}{4}-(x-\frac{1}{2})^2.$$

可知当 $x=\frac{1}{2}, y=\frac{1}{2}$ 时，$f(x,y)=x+y$ 在约束条件 $x+y=1$ 下的极大值为 $\frac{1}{4}$。

合肥工业大学

## 附录6

2015-3-8

但在工程技术中，通常会出现从约束条件 $g(x,y)=0$ 中解出 $y=y(x)$ 或者 $x=x(y)$ 是非常繁琐的，甚至是不可求解。

例如：

从约束条件 $x^2+y^2=1$ 中解得一个解 $y=\sqrt{1-x^2}$ 及 $y=-\sqrt{1-x^2}$,

使条件极值问题变得更加复杂。

又如：

从约束条件 $y-x-\frac{1}{2}\sin y+\frac{1}{3}\cos x=0$ 中无法求出 $y$ 或 $x$,

从而不能用消元代入法求解。

合肥工业大学

## 附录7

2015-3-8

问：能否寻求一种无需解约束条件方程，而直接从约束条件出发求解目标函数条件极值的方法？

答案是肯定的，这就是拉格朗日乘数法。

约瑟夫·拉格朗日（Joseph-Louis Lagrange，1736~1813）全名为约瑟夫·路易斯·拉格朗日，法国著名数学家、物理学家、天文学家。变分法的开拓者和分析力学的奠基人，在25岁时他就被公认为欧洲最伟大的数学家.

拿破仑曾说:"拉格朗日是一座高耸在数学世界的金字塔."

合肥工业大学

## 附录8

2015-3-8

**方法2 拉格朗日乘数法.**

以在约束条件$g(x,y)=0$下，求$z=f(x,y)$的极值为例。

设$f(x,y)$，$g(x,y)=0$具有一阶连续偏导数，且$g_y(x,y)\neq 0$,

由隐函数存在定理知，方程$g(x,y)$=0可确定隐函数$y=y(x)$,

因此上述条件极值问题可形式上化为无条件极值问题：$z=f(x,y(x))$。

合肥工业大学

## 附录9

2015-3-8

由一元函数$z=f(x,y(x))$极值求解方法知，在极值点处必满足:

$$\frac{dz}{dx}=f_x+f_y\frac{dy}{dx}=0$$

因为$\frac{dy}{dx}=-\frac{g_x}{g_y}$, → $f_x-f_y\frac{g_x}{g_y}=0$

↕

$$\frac{f_x}{g_x}=\frac{f_y}{g_y}=-\lambda$$

合肥工业大学

## 附录10

2015-3-8

由$\frac{f_x}{g_x}=\frac{f_y}{g_y}=-\lambda$ → 极值点必满足 $\begin{cases} f_x+\lambda g_x=0 \\ f_y+\lambda g_y=0 \\ g(x,y)=0 \end{cases}$

拉格朗日构造辅助函数 $L(x,y,\lambda)=f(x,y)+\lambda g(x,y)$

则函数L极值点满足: $\begin{cases} L_x=f_x+\lambda g_x=0 \\ L_y=f_y+\lambda g_y=0 \\ L_\lambda=g=0 \end{cases}$

辅助函数$L$称为拉格朗日(Lagrange)函数. 利用拉格朗日函数求极值的方法称为拉格朗日乘数法.

合肥工业大学

## 附录11

2015-3-8

拉格朗日乘数法所求的可能极值点（$x_0,y_0$）处,$f(x,y)$是否取得条件极值，进一步究竟是条件极大值，还是条件极小值，还需进一步讨论。

（1）目前国内外文献中给出了很多条件极值存在的判定方法，但都比较复杂。而更进一步的判定方法其理论超出现有知识范围，故不再做介绍。

（2）在实际问题中，往往可根据问题本身的实际背景或几何性质来判定。

合肥工业大学

## 附录12

例2.求$f(x,y)=xy$在约束条件$x^2+y^2=1$下的条件极值。

解：设拉格朗日函数为$L(x,y,\lambda)=xy+\lambda(x^2+y^2-1)$,

则函数L极值点满足: $\begin{cases} L_x=y+2\lambda x=0 \\ L_y=x+2\lambda y=0 \\ L_\lambda=x^2+y^2-1=0 \end{cases}$

解得可能的条件最值点为 $(\frac{\sqrt{2}}{2},\frac{\sqrt{2}}{2},-\frac{1}{2})$，$(-\frac{\sqrt{2}}{2},-\frac{\sqrt{2}}{2},-\frac{1}{2})$，$(\frac{\sqrt{2}}{2},-\frac{\sqrt{2}}{2},\frac{1}{2})$，$(-\frac{\sqrt{2}}{2},\frac{\sqrt{2}}{2},\frac{1}{2})$.

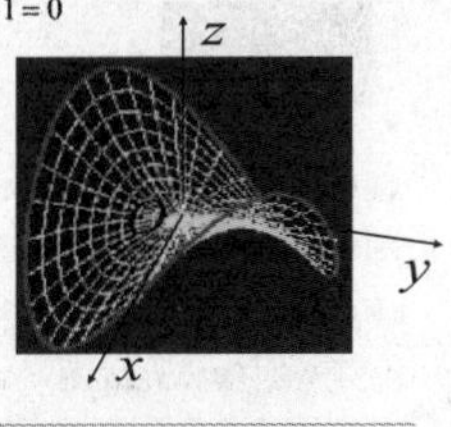


由几何图形可知$f(x,y)$

在点$(\frac{\sqrt{2}}{2},\frac{\sqrt{2}}{2})$，$(-\frac{\sqrt{2}}{2},-\frac{\sqrt{2}}{2})$处取极大值$\frac{1}{2}$,

在点$(\frac{\sqrt{2}}{2},-\frac{\sqrt{2}}{2})$，$(-\frac{\sqrt{2}}{2},\frac{\sqrt{2}}{2})$处取极小值$-\frac{1}{2}$.

合肥工业大学

## 附录13

2015-3-8

**推广** 拉格朗日乘数法可推广到多个自变量和多个约束条件的情形.

**一般地，求目标函数$f(x_1,x_2,\mathrm{L}\ ,x_n)$**
**在$m$个约束条件$g_i(x_1,x_2\mathrm{L}\ ,x_n)=0,i=1,2,\ldots m.$**
**下的条件极值时，**

**可构造拉格朗日函数**

$$L=f(x_1,x_2,\mathrm{L}\ ,x_n)+\sum_{i=1}^{m}\lambda_i g_i(x_1,x_2,\mathrm{L}\ ,x_n).$$

## 附录14

例如，求函数 $u=f(x,y,z)$ 在条件 $g_1(x,y,z)=0$，$g_2(x,y,z)=0$ 下的极值.

设 $L=f(x,y,z)+\lambda_1 g_1(x,y,z)+\lambda_2 g_2(x,y,z)$

解方程组
$$\begin{cases}L_x=f_x+\lambda_1 g_{1x}+\lambda_2 g_{2x}=0\\ L_y=f_y+\lambda_1 g_{1y}+\lambda_2 g_{2y}=0\\ L_z=f_z+\lambda_1 g_{1z}+\lambda_2 g_{2z}=0\\ L_{\lambda_1}=g_1=0\\ L_{\lambda_2}=g_2=0\end{cases}$$

求出可能的条件极值点 。

## 附录15

2015-3-8

例3，求曲线$\begin{cases}z=x^2+2y^2\\ z=6-2x^2-y^2\end{cases}$上点的$z$坐标的最大值和最小值。

解：设拉格朗日函数为$L(x,y,z,\lambda_1,\lambda_2)=z+\lambda_1(x^2+2y^2-z)+\lambda_2(2x^2+y^2+z-6)$,

解方程组
$$\begin{cases}L_x=2\lambda_1 x+2\lambda_2 x=0\\ L_y=4\lambda_1 y+2\lambda_2 y=0\\ L_z=1-\lambda_1+\lambda_2=0\\ L_{\lambda_1}=x^2+2y^2-z=0\\ L_{\lambda_2}=2x^2+y^2+z-6=0\end{cases}$$

解得可能的条件最值点为 $(0,\pm\sqrt{2},4)$，$(\pm\sqrt{2},0,2)$，

由题意可知，z坐标的最大值为4，最小值为2.

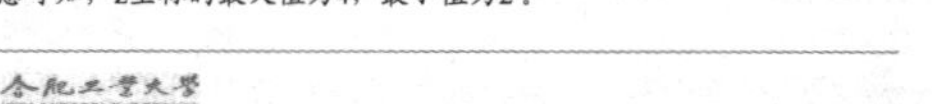

## 附录16

**内容小结**

**函数的条件极值问题**

(1) 简单问题用消元代入法

(2) 一般问题用拉格朗日乘数法

如求二元函数 $z=f(x,y)$在条件 $g(x,y)=0$ 下的极值，设拉格朗日函数 $L=f(x,y)+\lambda g(x,y)$

解方程组 $\begin{cases}L_x=f_x+\lambda g_x=0\\ L_y=f_y+\lambda g_y=0\\ L_\lambda=g=0\end{cases}$ 求可能的条件极值点.

## 附录17

思考题.（光的折射定律）光线在介质中总是沿着耗时最少的路径传播。一束光线由空气中的A点经过水面C点到达B点，已知光在空气中和水中的传播速度分别为$v_1$和$v_2$，试确定光线传播的路径。

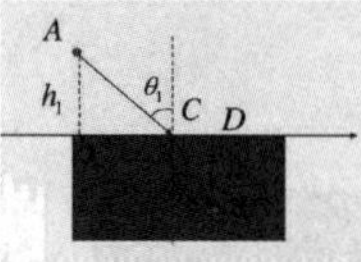


解：如图所示建立坐标系，以 $h_1$和$h_2$表示点A和点B到两种介质的交界面的垂直距离。记两个垂足之间的距离为|OD|=d.

则光从点A运动到点B时间为：

$$f(\theta_1,\theta_2)=\frac{h_1}{v_1\cos\theta_1}+\frac{h_2}{v_2\cos\theta_2}.$$

这里$\theta_1$和$\theta_2$不是独立变量，满足约束条件$g(\theta_1,\theta_2)=h_1\tan\theta_1+h_2\tan\theta_2-d=0.$

则问题转化为在约束条件 $g(\theta_1,\theta_2)=0$ 下$f(\theta_1,\theta_2)$的最小值问题.

由物理学知识，$\theta_1\neq0,\theta_2\neq0$，否则不产生折射。

构造拉格朗日函数$L(\theta_1,\theta_2,\lambda)=f(\theta_1,\theta_2)+\lambda g(\theta_1,\theta_2)$.

## 附录18

拉格朗日函数$L(\theta_1,\theta_2,\lambda)=f(\theta_1,\theta_2)+\lambda g(\theta_1,\theta_2)$

$$=\frac{h_1}{v_1\cos\theta_1}+\frac{h_2}{v_2\cos\theta_2}+\lambda(h_1\tan\theta_1+h_2\tan\theta_2-d)$$

$$\begin{cases}L_{\theta_1}=\dfrac{h_1}{v_1}\dfrac{\sin\theta_1}{\cos^2\theta_1}+\lambda\dfrac{h_1}{\cos^2\theta_1}=0 \Longrightarrow \sin\theta_1=-\lambda v_1.\\ L_{\theta_2}=\dfrac{h_2}{v_2}\dfrac{\sin\theta_2}{\cos^2\theta_2}+\lambda\dfrac{h_2}{\cos^2\theta_2}=0 \Longrightarrow \sin\theta_2=-\lambda v_2.\\ L_\lambda=h_1\tan\theta_1+h_2\tan\theta_2-d=0\end{cases}$$

这是实际问题，$f(\theta_1,\theta_2)$ 在约束条件下必有最小值，此时成立：

$$\frac{\sin\theta_1}{\sin\theta_2}=\frac{v_1}{v_2}.$$

| 附录19 | |
|---|---|
| 请各位专家提出宝贵意见！<br>谢 谢！<br>合肥工业大学 | |

# 《钢筋混凝土构件的轴心受力性能》教学设计教案

蒋庆
土木与水利工程学院

**科目名称：**《结构设计原理》

**章节名称：**第四章《钢筋混凝土构件的轴心受力性能》

**主要的教学技能：**综合技能

**知识与技能：**了解分析钢筋混凝土构件的基本方法，掌握钢筋混凝土轴心受拉构件的受力全过程的分析，理解钢筋混凝土轴心受拉构件设计公式的内涵、适用条件以及必要的构造要求，了解钢筋混凝土轴心受拉构件在实际工程中的应用以及科研前沿中的地位。

**过程与方法：**讲授法为主，讨论启发式教学。由生活中的常见现象产生新问题，引导学生学习新知识、分析并解决新问题。

**情感态度与价值观：**培养学生善于发现、善于探索的求新能力，以及专业素养和应用理论知识解决工程问题的能力，能够准确把握钢筋混凝土构件的力学本质，理解工程设计规范的科学性和实用性。

**教学重点：**钢筋混凝土轴心受拉构件的受力全过程的分析、钢筋混凝土轴心受拉构件的设计计算方法。

**教学难点：**“不可解”——>“可解”——>“统一”、精确解”、“最优解”和“合理解”、“夕阳学科” Vs “科技前沿”。

**教学参考资料：**

（1）孙玉发 等著. 电磁场与电磁波. 合肥：合肥工业大学出版社，2009

（2）谢处方 饶克谨 等著. 电磁场与电磁波（第四版）. 北京：高等教育出版社，2008

**教学过程：**

| 教学环节 | 教学目的 | 教学内容 | 教师活动 | 学生活动 | 教学技能 | 设计依据 |
|---|---|---|---|---|---|---|
| 导入 | 提出问题，引入本节课内容 | 各位同学大家好。上一章我们学习了“钢筋和混凝土的基本材料性能”，主要强调了以下几个方面：①钢材和混凝土各自的特点及组合使用的合理性；②钢材和混凝土的应力–应变曲线；③钢材和混凝土的主要性能指标。然而在实际工程中，从发挥各自优势和经济性的角度出发，通常将钢材和混凝土组成钢筋混凝土构件来使用，那么组合后的钢筋混凝土构件的受力性能是怎样的？<br>（见附录1~3） | 回顾上一章“钢筋和混凝土的基本材料性能”，通过PPT中浏览，与学生采用问答互问的方式逐条回忆，为本堂课做铺垫 | 观看PPT，回忆知识，思考问题； | 导入技能<br>提问技能<br>演示技能（PPT） | 从心理学角度，根据学生特点，激发学生学习兴趣 |

| 教学环节 | 教学目的 | 教学内容 | 教师活动 | 学生活动 | 教学技能 | 设计依据 |
| --- | --- | --- | --- | --- | --- | --- |
| 背景介绍 | 介绍背景知识，为本节课奠定基础 | 钢筋混凝土基本构件的单一受力状态分为拉、压、弯、剪、扭；复合受力：压-弯、剪-扭、弯-剪-扭。注意的是实际工程中有些构件在不同的荷载工况作用下，受力状态不同，如轴拉和轴压可能在同一个构件中同时存在，在设计中应充分考虑各种可能情况。（见附录4~5） | 简单介绍钢筋混凝土基本构件的受力状态 | 观看PPT | 演示技能（PPT）讲解技能 | 从已有知识过渡到新知识 |

| 教学环节 | 教学目的 | 教学内容 | 教师活动 | 学生活动 | 教学技能 | 设计依据 |
|---|---|---|---|---|---|---|
| 举例说明 | 通过具体事例，提出本节课需要解决的问题 | 在桥梁（桁架桥）、建筑（斜撑）、基础（世界最高的5座建筑）工程中分别举例，说明轴心受力应用的广泛性和重要性，同时展示从实际结构到构件受力模型的过程。<br>结合课题组对“9.11”中世界贸易大厦连续倒塌和钢筋混凝土框架连续倒塌分析的最新研究成果，介绍最新设计方法中的“拉结强度法”，说明构件的轴心受力性能对防止结构连续倒塌的重要性，进一步说明工程背景。虽然世界贸易大厦是钢结构，但是其端部拉结的问题在各种结构中都存在，这对钢筋混凝土结构尤其重要。怎样用混凝土和钢筋组成满足受力要求的轴心受力构件？<br>（见附录6~13） | 以熟悉的工程为例，引导学生思考问题 | 听讲思考，发现问题 | 提问技能<br>演示技能<br>（PPT） | 通过形象的事例，加深学生的理解和印象 |

| 教学环节 | 教学目的 | 教学内容 | 教师活动 | 学生活动 | 教学技能 | 设计依据 |
| --- | --- | --- | --- | --- | --- | --- |
| 提出问题 | 根据轴心受拉构件的力学模型，一步步提出问题 | 我们来看轴心受拉构件的力学模型，并且思考这样三个问题：（1）钢筋混凝土轴心受拉构件的核心问题：应该用多少钢筋和多少混凝土（即Ac和As）？（2）已经给定了Ac和As的轴心受拉构件的受力性能是怎样的？（3）应用已有的材料力学知识分析钢筋混凝土轴心受拉构件遇到了什么困难？<br>（见附录14） | 引导学生思考。 | 听讲，在老师引导下思考。 | 提问技能<br>演示技能（PPT）<br>讲解技能 | 以科学方法论为依据，运用探究—分析式的教学模式进行分析和综合 |
| 解释研究对象 | 剖析钢筋混凝土的物理本质 | 我们知道，钢筋混凝土是由两种非线性材料组合而成的复合材料。这句话包含两层意思：①两种材料的组合；②这两种材料是非线性的。与单一材料相比，对作为复合材料的钢筋混凝土进行分析就复杂得多了。（见附录15） | 引导学生理解钢筋混凝土材料 | 听讲，理解 | 演示技能（PPT）<br>讲解技能 | |

| 教学环节 | 教学目的 | 教学内容 | 教师活动 | 学生活动 | 教学技能 | 设计依据 |
| --- | --- | --- | --- | --- | --- | --- |
| 简化理解过程 | 用通俗易懂、便于理解和记忆的语言，对问题进行深入浅出的分析 | 没关系，我们只要牢记下面的三句“秘诀”，问题就简单多了。钢筋混凝土基本构件分析的基本方法和原则——三句“秘诀”：①确定关键状态及其先后次序；②确定前提条件：钢与混凝土共同工作吗；③应用三大“法宝”（三个基本方程）——平衡方程、几何条件和物理关系。<br>这是对各种钢筋混凝土构件都适用的分析方法。“状态”这一概念对于钢筋混凝土构件受力性能的理解至关重要，每次应用三大方程都是针对一个确定的状态。抓住关键状态而不是过程，这也是对待工程问题的一种思维方式。（见附录16） | 总结三句“秘诀”，帮助学生理解和记忆 | 在老师解释下学习三句“秘诀”，加快学习过程 | 演示技能（PPT）讲解技能 | 将问题简化、便于分析理解 |

| 教学环节 | 教学目的 | 教学内容 | 教师活动 | 学生活动 | 教学技能 | 设计依据 |
|---|---|---|---|---|---|---|
| 建立力学模型 | 运用三句“秘诀”建立组合材料的力学模型 | 我们首先应用这三句“秘诀”，来建立一个两种线弹性、脆性材料组合的力学模型。第一步，确定关键状态及其先后次序：两个关键状态分别为1材料发生破坏和2材料发生破坏。第二步：确定前提条件：两者共同工作吗？1材料破坏前两者共同工作；1材料破坏后2单独承受荷载。第三步：应用三大“法宝”列出方程，求解关键状态下的轴力。这是一个最基本、最简单的模型，但已经体现了不同材料组合受力分析的基本方法和原则，它的分析与材料力学中的分析非常类似，有助于学生的理解，而目前的教材中没有这个模型。（见附录17~20） | 通过建立模型，具体解释三句“秘诀” | 看图、听讲，加深理解 | 演示技能（PPT）讲解技能 | 以科学方法论为依据，运用探究一分析式的教学模式进行分析和综合 |

| 教学环节 | 教学目的 | 教学内容 | 教师活动 | 学生活动 | 教学技能 | 设计依据 |
|---|---|---|---|---|---|---|
| 分析钢筋混凝土模型 | 再次运用三句“秘诀”分析钢筋混凝土轴心受拉模型 | 接下来再来分析钢筋混凝土轴心受拉模型。混凝土的应力-应变关系可通过割线模量来等效线性化；而钢筋的应力应变关系可通过分段的方法变为线性：这样就使钢筋混凝土轴心受拉构件中的非线性问题解决了。再次运用三句“秘诀”，第一步，确定关键状态及其先后次序：这里三个关键状态依次为：混凝土发生破坏；钢筋屈服；钢筋达到极限。第二步，确定前提条件：两者共同工作吗？具体来说，混凝土开裂前两者共同工作；混凝土开裂后钢筋单独承受荷载。第三步，应用三大“法宝”列出方程。根据计算公式，就可以绘出构件中钢筋和混凝土的应力发展规律曲线<br>（见附录21~24） | 通过分析钢筋混凝土轴心受拉模型，进一步解释三句“秘诀” | 听讲，思考，理清分析思路 | 演示技能（PPT）<br>讲解技能 | |

| 教学环节 | 教学目的 | 教学内容 | 教师活动 | 学生活动 | 教学技能 | 设计依据 |
| --- | --- | --- | --- | --- | --- | --- |
| 回顾并总结 | 系统回顾教学内容，强化并深化认识 | 本节课我们总结钢筋混凝土轴心受拉构件的受力的三个阶段：开裂前、带裂缝工作和破坏阶段。实际上已经解答了前面提出的“问题2：已经给定了Ac和As的轴心受拉构件的受力性能是怎样的？”<br>（见附录25~26） | 从内容到应用，提纲挈领，给出关键词，进行归纳总结， | 听课、总结 | 演示技能（PPT）<br>归纳技能 | 总结强调提升 |
| 引申 | 调动学生的好奇心，激发学生学习兴趣 | 然而，在实际工程中如果钢筋与混凝土并非理想黏结，而是存在如同这样的黏结-滑移(bond-slip)关系，轴心受拉构件的受力性能会怎样？注意在考虑了黏结滑移以后，材料力学方法就不再可用了。<br>最后，给出本节课的参考文献和本节课作业，谢谢大家！<br>（见附录27~30） | 提出新问题，为下一节课深入思考的内容埋下伏笔 | 保持好奇心、思考 | 演示技能（PPT）<br>提问技能 | 在完成教学目标的基础上，引起学生对新问题的好奇与思考 |

| | |
|---|---|
| 课堂小结 | 你的收获是什么<br>（1）学会针对混凝土和钢筋的非线性应力–应变关系的分析方法；<br>（2）学会钢筋混凝土轴心受拉构件的设计计算；<br>（3）了解钢筋混凝土轴心受拉构件在实际工程中的应用以及科研前沿中的地位 |
| 课后思考 | 课题：<br>如果钢筋与混凝土并非理想黏结，而是存在如同这样的黏结–滑移(bond–slip)关系，轴心受拉构件的受力性能会怎样？ |
| 板书设计 | 略 |
| 教学反思 | （1）学生先修过《材料力学》和《建筑材料》两门课程。《材料力学》中针对线弹性单一均匀材料进行力学分析，《建筑材料》对钢筋和混凝土的基本材料性能进行介绍。本堂课上学生将首次接触带有组合受力、材料非线性以及细观黏结锚固等复杂问题的钢筋混凝土构件，存在三个认知“台阶”：力学模型是怎样的？组合受力怎么分析？非线性怎样处理？因此，初学者将会认为运用已有的知识“不可解”！在讲授中通过过渡模型将复杂问题分解，从而应用材料力学知识使问题“可解”；并进一步分析《混凝土结构》的内容实质是针对组合的特殊《建筑材料》的《材料力学》，从而“统一”相关知识体系，提升学生的认识层次。最后引入科研前沿成果，再次使之“不可解”，进而引导学生进行小论文、小课题的研究，激发学生创新意识。<br>（2）本课程是整个教学计划中第一门面向工程应用的专业课程，其研究目标为解决问题，即为“How”而非“What”，因此有大量基于经验和试验的知识，有大量的工程简化，并且结果不唯一。这对习惯了推理和计算的学生在思维方式上是一个冲击。有些数学学得很好的学生面对《混凝土结构》会钻入“牛角尖”，而无法把握工程问题的实质；也有学生把解题程式化，死记公式，而忽略了工程概念以及背后的科学理论。因此既要避免忽视主要矛盾的钻“牛角尖”，又要反对做只会“死抠”规范公式的“奴隶”。本堂课着重模型、原理和方法的讲述，突出工程背景，并对思维方式进行讨论。将点明工程问题的特殊性，即在多种约束条件下寻找“合理解”，适度地接近“最优解”，而不是要获得一个绝对的“精确解”或“最优解”，这就使学生从辩证法的高度认识工程问题的特点，形成科学性与工程性相结合的思维方式 |

| | （3）钢筋混凝土在日常生活中很常见，但技术形象落后，学生容易先入为主地认为混凝土结构是没有新意的“夕阳学科”，从而影响学习兴趣。而实际上，混凝土结构一直在随着工程建设规模的发展而发展，不断有新技术和新工艺出现，材料性能也大大提升，相应的理论和方法也不断更新；并且在世贸大厦倒塌、阪神地震等灾难后，不断有新的研究成果出现。这些都是科技含量很高的内容，对学生有很强的吸引力，也有助于学生对结构工程学科领域的认识。本堂课将结合课程内容介绍结构工程领域中的一些研究热点和本人课题组的一些最新成果，有助于学生开阔视野，树立正确的专业观念 |
|---|---|

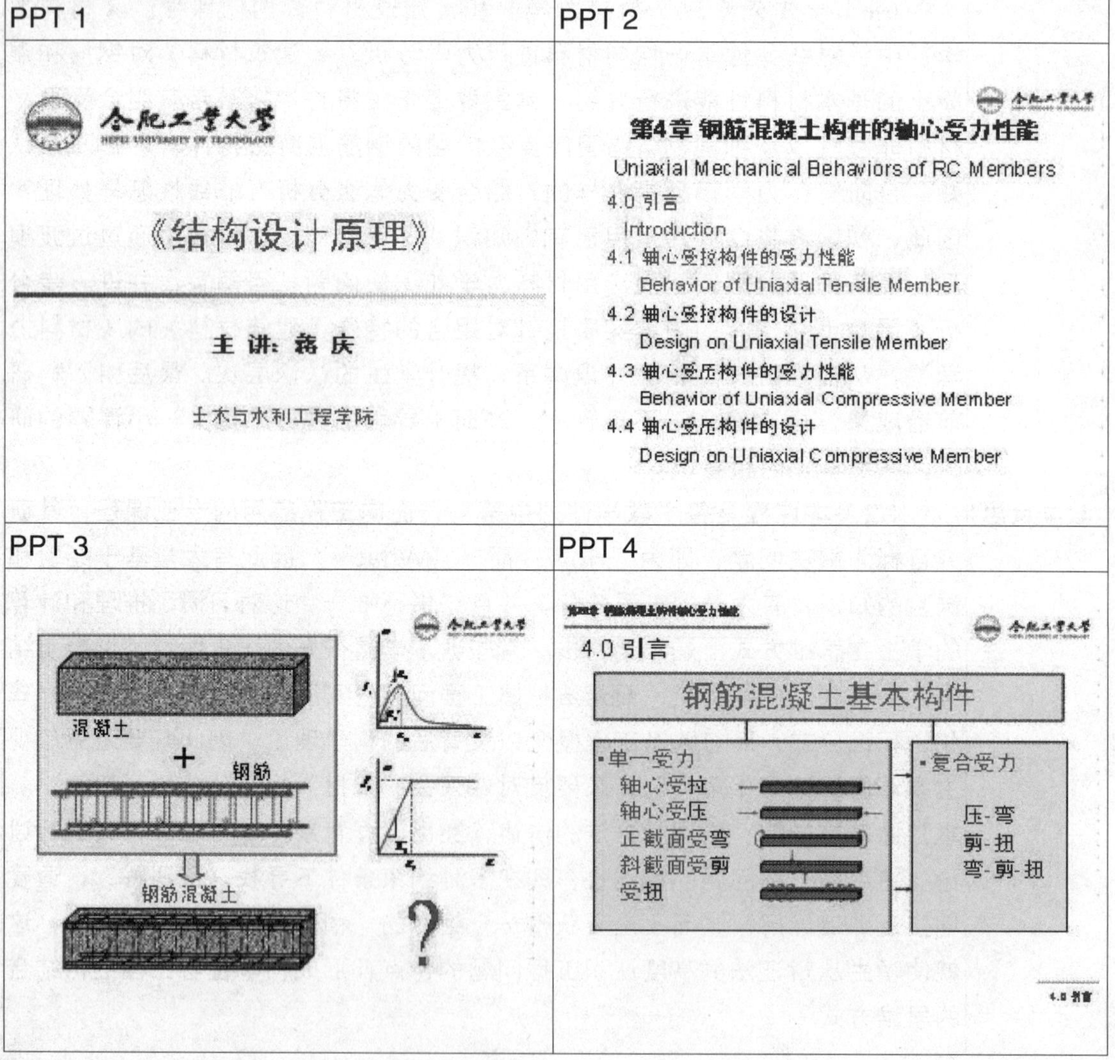

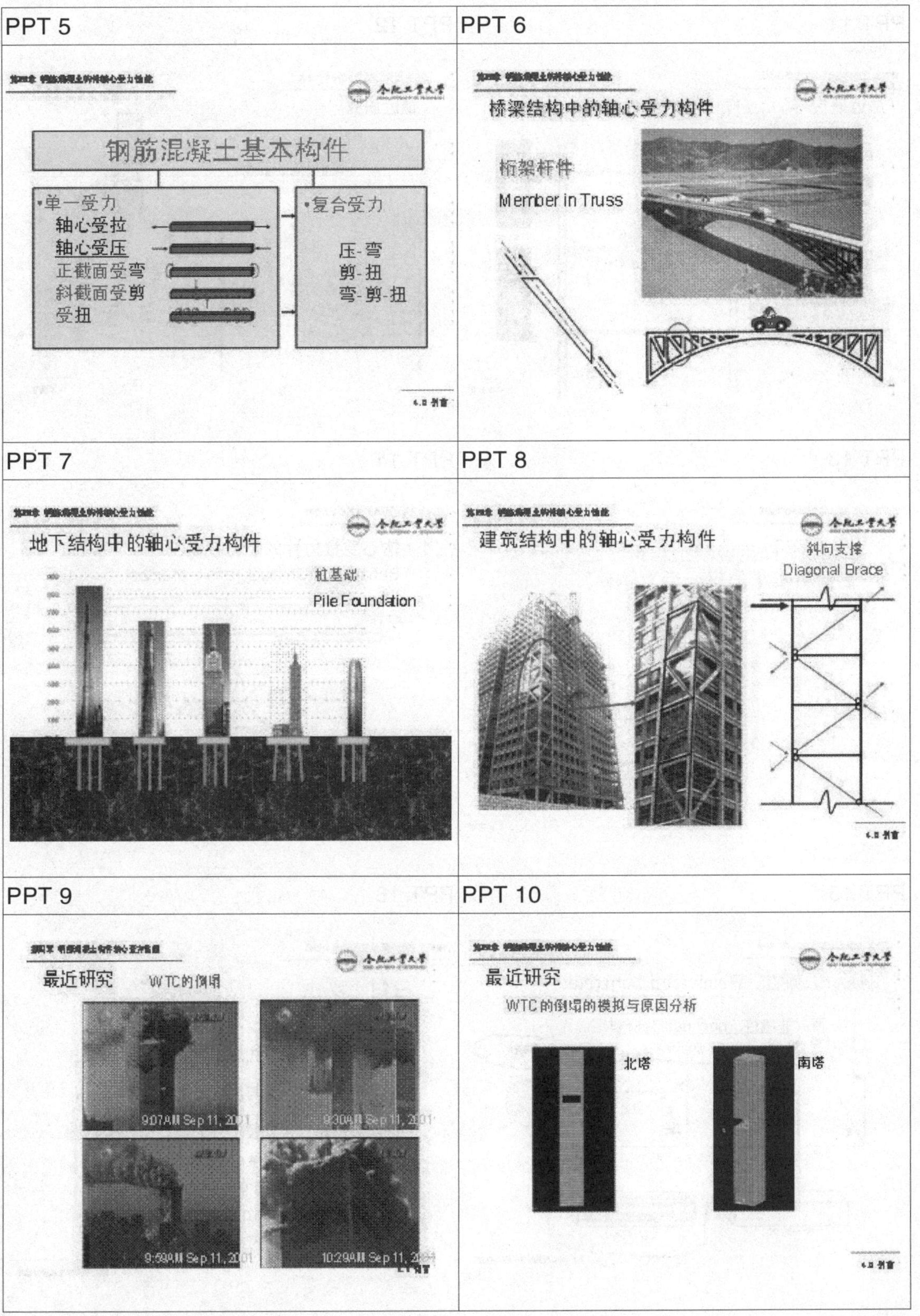
PPT 5
钢筋混凝土基本构件
单一受力
轴心受拉
轴心受压
正截面受弯
斜截面受剪
受扭
复合受力
压-弯
剪-扭
弯-剪-扭
PPT 6
桥梁结构中的轴心受力构件
桁架杆件
Member in Truss
PPT 7
地下结构中的轴心受力构件
桩基础
Pile Foundation
PPT 8
建筑结构中的轴心受力构件
斜向支撑
Diagonal Brace
PPT 9
最近研究
WTC的倒塌
9:07AM Sep 11, 2001
9:30AM Sep 11, 2001
9:59AM Sep 11, 2001
10:29AM Sep 11, 2001
PPT 10
最近研究
WTC的倒塌的模拟与原因分析
北塔
南塔

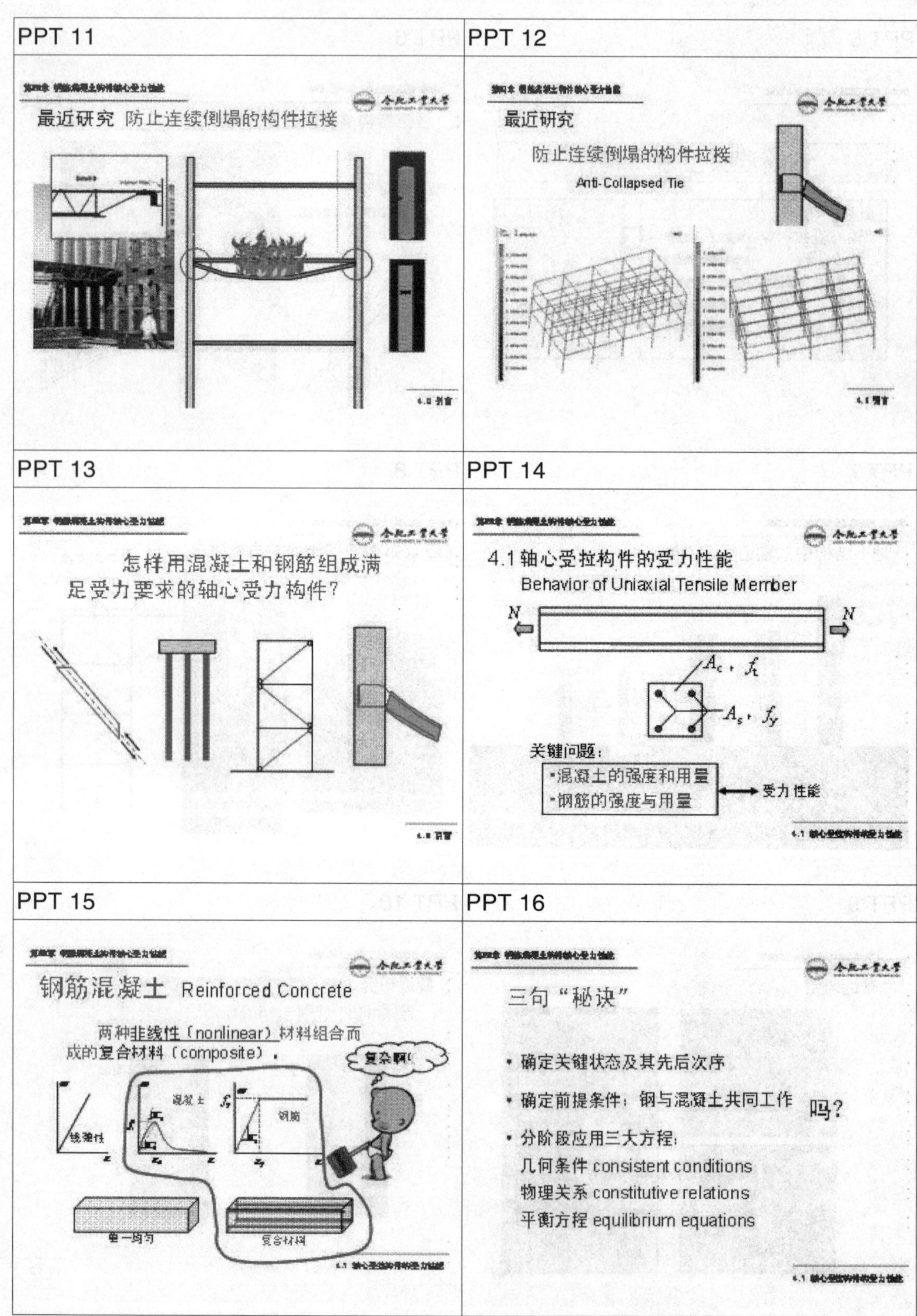
PPT 11
最近研究 防止连续倒塌的构件拉接
PPT 12
最近研究
防止连续倒塌的构件拉接
Anti-Collapsed Tie
PPT 13
怎样用混凝土和钢筋组成满
足受力要求的轴心受力构件?
PPT 14
4.1 轴心受拉构件的受力性能
Behavior of Uniaxial Tensile Member
N
N
$A_c$, $f_t$
$A_s$, $f_y$
关键问题:
•混凝土的强度和用量
•钢筋的强度与用量
受力性能
PPT 15
钢筋混凝土 Reinforced Concrete
两种非线性（nonlinear）材料组合而
成的复合材料（composite）。
复杂啊!
线弹性
混凝土
钢筋
单一均匀
复合材料
PPT 16
三句“秘诀”
• 确定关键状态及其先后次序
• 确定前提条件：钢与混凝土共同工作
吗?
• 分阶段应用三大方程:
几何条件 consistent conditions
物理关系 constitutive relations
平衡方程 equilibrium equations

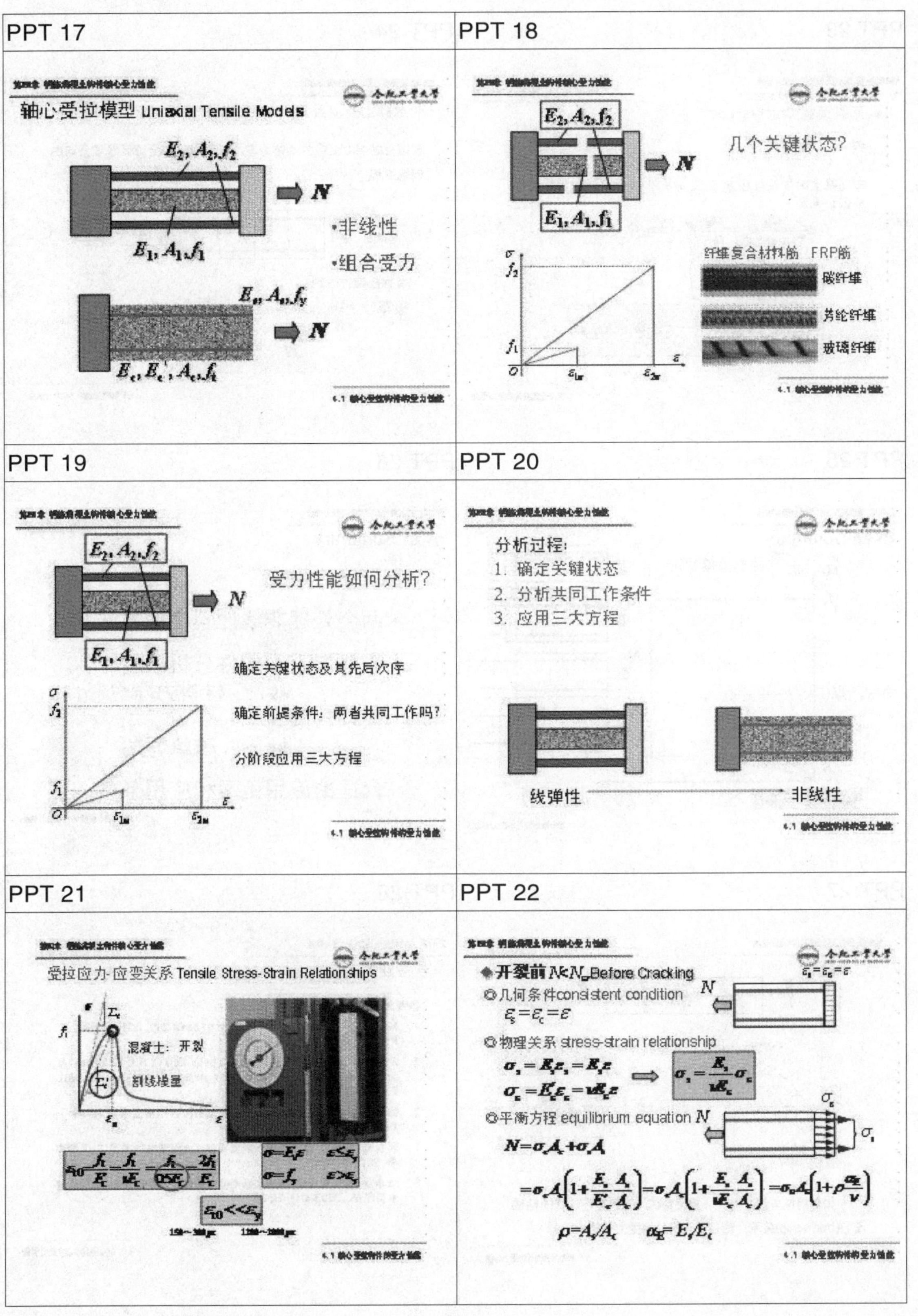
PPT 17
PPT 18
轴心受拉模型 Uniaxial Tensile Models
$E_2, A_2, f_2$
$E_1, A_1, f_1$
N
•非线性
•组合受力
$E_s, A_s, f_y$
$E_c, E_c', A_c, f_t$
几个关键状态?
纤维复合材料筋 FRP筋
碳纤维
芳纶纤维
玻璃纤维
PPT 19
PPT 20
受力性能如何分析?
确定关键状态及其先后次序
确定前提条件：两者共同工作吗？
分阶段应用三大方程
分析过程:
1. 确定关键状态
2. 分析共同工作条件
3. 应用三大方程
线弹性
非线性
PPT 21
PPT 22
受拉应力-应变关系 Tensile Stress-Strain Relationships
混凝土：开裂
割线模量
$\sigma = E_s\varepsilon \quad \varepsilon \le \varepsilon_y$
$\sigma = f_y \quad \varepsilon > \varepsilon_y$
$\varepsilon_{t0} \ll \varepsilon_y$
开裂前 $N < N_{cr}$ Before Cracking
几何条件consistent condition
$\varepsilon_s = \varepsilon_c = \varepsilon$
物理关系 stress-strain relationship
平衡方程 equilibrium equation
$N = \sigma_s A_s + \sigma_c A_c$
$\rho = A_s/A_c \quad \alpha_E = E_s/E_c$

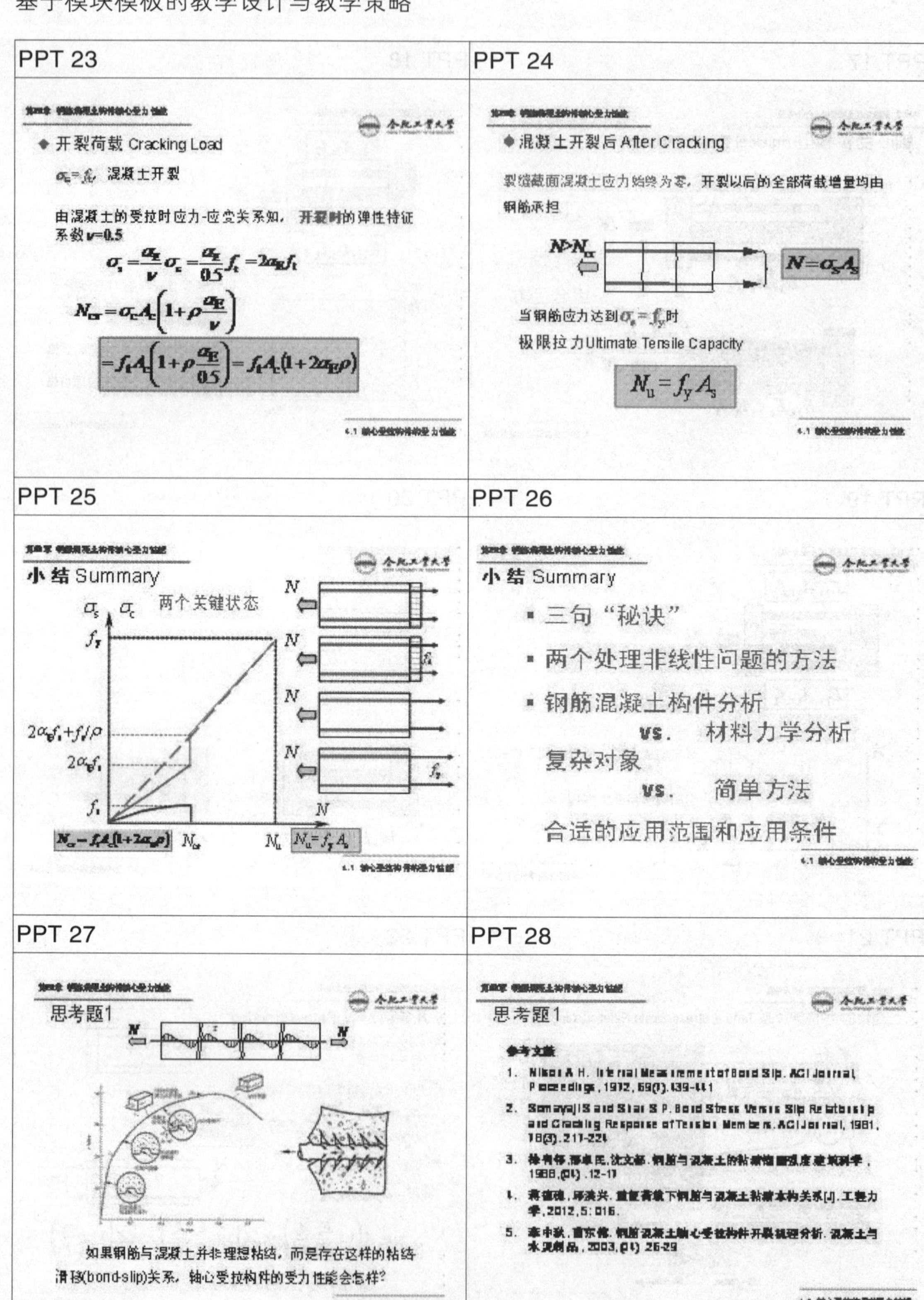
PPT 23
开裂荷载 Cracking Load
$\sigma_c = f_t$ 混凝土开裂
由混凝土的受拉时应力-应变关系知，开裂时的弹性特征系数 $\nu = 0.5$
$\sigma_s = \frac{\alpha_E}{\nu}\sigma_c = \frac{\alpha_E}{0.5} f_t = 2\alpha_E f_t$
$N_{cr} = \sigma_c A_c \left(1 + \rho \frac{\alpha_E}{\nu}\right)$
$= f_t A_c \left(1 + \rho \frac{\alpha_E}{0.5}\right) = f_t A_c (1 + 2\alpha_E \rho)$
PPT 24
混凝土开裂后 After Cracking
裂缝截面混凝土应力始终为零，开裂以后的全部荷载增量均由钢筋承担
$N > N_{cr}$
$N = \sigma_s A_s$
当钢筋应力达到 $\sigma_s = f_y$ 时
极限拉力 Ultimate Tensile Capacity
$N_u = f_y A_s$
PPT 25
小结 Summary
两个关键状态
$\sigma_s$ $\sigma_c$
$f_y$
$2\alpha_E f_t + f_t/\rho$
$2\alpha_E f_t$
$f_t$
$N$
$N_{cr} = f_t A_c (1 + 2\alpha_E \rho)$
$N_{cr}$
$N_u$
$N_u = f_y A_s$
PPT 26
小结 Summary
三句“秘诀”
两个处理非线性问题的方法
钢筋混凝土构件分析
vs. 材料力学分析
复杂对象
vs. 简单方法
合适的应用范围和应用条件
PPT 27
思考题1
N
N
如果钢筋与混凝土并非理想粘结，而是存在这样的粘结滑移(bond-slip)关系，轴心受拉构件的受力性能会怎样?
PPT 28
思考题1
参考文献
1. Nilson A H. Internal Measurement of Bond Slip. ACI Journal Proceedings, 1972, 69(7): 439-441
2. Somayaji S and Shah S P. Bond Stress Versus Slip Relationship and Cracking Response of Tension Members. ACI Journal, 1981, 78(3): 217-225
3. 徐有邻,沈文都.钢筋与混凝土的粘结锚固强度.建筑科学，1988,(04):12-17
4. 蒋德稳,邓洪兴.重复荷载下钢筋与混凝土粘结本构关系[J].工程力学,2012,5:016.
5. 李中秋,曹京伟.钢筋混凝土轴心受拉构件开裂机理分析.混凝土与水泥制品,2003,(04):26-29

| PPT 29 | PPT 30 |
|---|---|
| 作业：<br>习题：4-1，4-2<br>思考题：课件思考题1 | 《结构设计原理》<br>谢谢大家！ |

# 《PWM 模块原理及应用》教学设计教案

张阳
仪器科学与光电工程学院

**科目名称：**《嵌入式系统及应用》

**章节名称：**第四章《PWM模块原理及应用》

**主要的教学技能：**综合技能

**知识与技能：**掌握MC9S12XS128 PWM模块原理及应用，掌握PWM模块原理，掌握其基本程序设计方法；了解直流电机和伺服电机原理，掌握使用PWM驱动直流电机和伺服电机的硬件、软件设计方法。

**过程与方法：**讲授法为主，讨论启发式教学。以智能车为设计对象，通过本节课学习，使学生掌握PWM模块在智能车设计中的具体应用方法。

**情感态度与价值观：**培养学生的工程技术分析能力、专业素养及应用理论知识解决工程问题的能力，学会如何正确完成直流电机和伺服电机的驱动。

**教学重点：**MC9S12XS128 PWM模块原理及基础应用。

**教学难点：**PWM模块应用于直流电机和伺服电机驱动时，需要考虑的一些具体问题。

**教学参考资料：**

（1）张阳，吴晔，滕勤著. MC9S12XS单片机原理及嵌入式系统开发. 北京：电子工业出版社，2011

（2）卓晴，黄开胜，邵贝贝等著. 学做智能车:挑战"飞思卡尔"杯. 北京：北京航空航天大学出版社，2007

**教学过程：**

| 教学环节 | 教学目的 | 教学内容 | 教师活动 | 学生活动 | 教学技能 | 设计依据 |
|---|---|---|---|---|---|---|
| 导入 | 联系智能车设计，创设问题情境，激发学习兴趣，引发探究欲望 | 同学们，从今天开始，我们就要进入MC9S12XS128具体模块的学习了，并且我们会将每个模块应用到智能车的具体设计中。<br>请同学们考虑一下，如果我们来研究并设计一辆能够自主循迹的智能车，第一个研究目标应该是什么？是不是考虑先让车能够跑起来，当然这里包括两个具体目标，让车沿着直线行驶和让车可以转弯。（见附录1） | 用PPT展现智能车需要研究的第一个目标，带着一个明确的目标与所学新知识之间建立关系 | 观看PPT，明确的目标引起共鸣思考问题 | 导入技能演示技能（PPT） | 从心理学角度，根据学生特点，激发学生学习兴趣 |

| 教学环节 | 教学目的 | 教学内容 | 教师活动 | 学生活动 | 教学技能 | 设计依据 |
| --- | --- | --- | --- | --- | --- | --- |
| 回顾并引入新内容 | 找准新旧知识的连接点，引起学生的认知冲突，创设问题情景。进而引导他们探究新问题 | 之前的课程已经给出了智能车设计框图，而且在之前的课程中也讲解了供电电源的设计，通过这节课我们的学习，目标是让智能车能够动起来，这节课结束后，就能够解决框图中的两个问号，也就是“后轮直流电机”驱动问题和“前轮伺服电机驱动问题。（见附录2） | 带领学生回顾知识，并形成新问题。形成新旧知识的链接。引导学生思考目前需要解决的关键是哪些 | 回顾知识<br>发现问题<br>思索新问题 | 导入技能<br>提问技能<br>演示技能（PPT） | 根据教学内容安排，温故知新 |

| 教学环节 | 教学目的 | 教学内容 | 教师活动 | 学生活动 | 教学技能 | 设计依据 |
|---|---|---|---|---|---|---|
| 解释PWM的基本概念 | 阐述PWM概念，在理解基本概念基础上进行后续讲解 | 首先介绍PWM的基本概念。一个PWM信号是一个包括高电平（有效时间）和低电平（无效时间）的波形。两者之和为PWM的周期。这里需要引入一个非常重要的概念—占空比，占空比就是波形中有效时间和周期的比值。从右侧的图可以看出，占空比从0到100%之间变化，两个极限值为0和100%，其中0对应恒定低电平，而100%对应恒定高电平。PWM可以广泛应用于D/A转换和电机控制，而我们这节课最终目的是将其应用于电机控制，包括直流电机和伺服电机。（见附录3） | 通过波形图，形象的分析PWM基本概念 | 听讲思考，理解PWM的基本概念，对后续课程讲解提供支撑 | 提问技能<br>演示技能（PPT）<br>讲解技能 | |

| 教学环节 | 教学目的 | 教学内容 | 教师活动 | 学生活动 | 教学技能 | 设计依据 |
| --- | --- | --- | --- | --- | --- | --- |
| 介绍PWM模块功能框图 | 通过PWM模块框图介绍，帮助学生建立模型框架，为后续讨论提供硬件框架支撑。 | 从图中可以看到，MC9S12XS128单片机内部的PWM模块有8个通道，每个通道具有独立的周期寄存器、占空比寄存器和计数器，要形成前面介绍的PWM波形，必须有固定的节拍产生，这就是在框图左上方看到的时钟选择及控制部分，另外每个PWM通道都可以单独控制其是否工作及工作属性，这就是左下方的使能选择及极性和对齐方式选择。提出几个问题：如果8个通道的PWM波形需要不同频率（周期）该如何实现？单片机内如何对应实现前面提及的PWM波形并如何改变占空比？（见附录4） | 引导学生分析并认知PWM模块框图。提醒学生注意该功能框图，由框图逐步展开，理清思路 | 听讲，理解PWM模块框图，对后续学习产生帮助 | 演示技能（PPT）讲解技能 | 引导一探究式的教学模式 |

| 教学环节 | 教学目的 | 教学内容 | 教师活动 | 学生活动 | 教学技能 | 设计依据 |
|---|---|---|---|---|---|---|
| 解决问题1：PWM时钟的选择 | 解决前面提出的PWM波形需要不同频率（周期）的问题。 | 要解决这个问题，需要给每个通道的PWM提供不同的PWM时钟，下面就来分析如何选择PWM时钟。PWM模块有四种可用时钟：clock A、clock B、clock SA(Scaled A)和clock SB(Scaled B)。这四种时钟都基于总线时钟，可以提供给PWM的不同通道。<br>Clock A和B 能够编程选择1、1/2、1/4、1/8、……、1/64、1/128的总线时钟。Clock SA使用Clock A作为输入并进一步细分。同样，Clock SB 使用Clock B作为输入并进一步细分。Clock SA可用速度可以编程选择，是Clock A的1/2、1/4、1/8、1/16、1/32、……、1/512。Clock SB的可用时钟同上。每个PWM通道可以选择其中一个，预分频时钟（Clock A或B）或者定标时钟（Clock SA或SB）。时钟定标分频：定标A时钟使用ClockA作为输入，并进一步使用用户编程的值分频，然后再除以2。定标B时钟使用 | 按寄存器讲解PWM时钟选择原理 | 看图、看寄存器，听讲，在老师引导下思考，理解原理 | 演示技能（PPT）讲解技能 | 选择多媒体手段突出教学内容 |

| 教学环节 | 教学目的 | 教学内容 | 教师活动 | 学生活动 | 教学技能 | 设计依据 |
|---|---|---|---|---|---|---|
| | | ClockB作为输入，并进一步使用用户编程的值分频，然后再除以2。除以2以后，Clock SA可用的速度软件可选择为Clock A被2、4、6、8、……、512除。Clock SB的速度也一样。<br>Clock A用于一个8位递减计数器的输入。这个递减计数器从定标寄存器（PWMSCLA）中加载用户可编程的定标值。当递减计数器到1时，两件事情发生：输出一个脉冲并且8位计数器重新加载。从这个电路输出的信号进一步被2除。<br>注: Clock SA = Clock A / (2 * PWMSCLA)<br>当PWMSCLA = $00, PWMSCLA 的值被当成256。Clock A被512除。<br>注: Clock SB = Clock B / (2 * PWMSCLB)<br>（附录5~9） | | | | |

| 教学环节 | 教学目的 | 教学内容 | 教师活动 | 学生活动 | 教学技能 | 设计依据 |
| --- | --- | --- | --- | --- | --- | --- |
| 解决问题2：PWM时钟的选择 | 解决单片机内如何对应实现前面提及的PWM波形并如何改变占空比问题。 | 每个通道有一个专用的8位递增/递减计数器，它在选择的时钟源驱动下运行。计数器可以在任何时刻被读取而不影响计数和PWM的运行。在左对齐模式下，计数器从0到Period寄存器中的值–1计数。在中央对齐方式下，计数器从0到Period寄存器中的值向上计数，然后再向下计数返回0。<br>向计数器写入任何值引起计数器复位到$00；计数方向设置为向上计数；立即从Duty和Period的缓冲器中向寄存器中加载值；输出根据极性位的设置而改变。在有效周期结束时计数器清零。当通道禁止（PWMEx=0），PWMCNTx寄存器不计数。当通道使能（PWMEx=1），相应PWM计数器开始在PWMCNTx寄存器中计数。<br>提醒学生注意“双缓冲”的概念，并做出解释<br>（附录10~13） | 按寄存器讲解PWM定时器通道原理 | 看图、看寄存器，听讲，在老师引导下思考，理解原理 | 演示技能（PPT）讲解技能 | |

| 教学环节 | 教学目的 | 教学内容 | 教师活动 | 学生活动 | 教学技能 | 设计依据 |
|---|---|---|---|---|---|---|
| 讲解PWM极性选择 | 掌握如何选择PWM的极性 | 通过PWM极性选择寄存器，可以单独设定每个通道的极性，即某个通道周期初始电平是高电平还是低电平。<br>如果PPOLx控制位为1，则PWM 通道x 周期起始时输出为高电平，当到达占空比寄存器设定值时变为低电平。<br>如果PPOLx控制位为0，则PWM 通道x 周期起始时输出为低电平，当到达占空比寄存器设定值时变为高电平。<br>可以通过右下方的图帮助理解。这里提出问题，当选择了不同极性后，对于占空比计算有没有什么影响？（见附录14） | 按寄存器讲解PWM极性选择原理 | 看图、看寄存器，听讲，在老师引导下思考，理解原理 | 演示技能（PPT）讲解技能 | |

| 教学环节 | 教学目的 | 教学内容 | 教师活动 | 学生活动 | 教学技能 | 设计依据 |
| --- | --- | --- | --- | --- | --- | --- |
| 讲解PWM输出对齐方式选择 | 掌握PWM两种不同的输出对齐方式原理，并掌握如何选择不同的输出方式 | 左对齐输出<br>PWM 定时器提供两种可以选择的输出：左对齐或者中央对齐。由PWMCAE 寄存器中的CAEx 位选择确定。如果CAEx=0，相应PWM 输出为左对齐。<br>在左对齐模式中，8位计数器配置为向上累加计数器。它和占空比寄存器和周期寄存器两个寄存器比较。当PWM 计数器和占空比计数器中的值相等，输出翻转。PWM 计数器和周期寄存器的值匹配复位计数器并同时从双缓冲器中载入周期和占空比计数器值。计数器从0计数，到周期寄存器−1结束。<br>中央对齐输出<br>设置CAEx=1，可以设置相应PWM 输出为中央对齐。<br>这种模式下8位计数器作为一个向上/向下计数器，当计数器值为0时，向上计数。计数器和占空比寄存器及周期寄存器比较，当PWM 计数器和占空比寄存器值相匹配时，输出翻转。PWM 计 | 按寄存器讲解PWM输出对齐原理及选择方法 | 看图、看寄存器，听讲，在老师引导下思考，理解原理 | 演示技能（PPT）<br>讲解技能 | |

| 教学环节 | 教学目的 | 教学内容 | 教师活动 | 学生活动 | 教学技能 | 设计依据 |
|---|---|---|---|---|---|---|
| | | 数器和周期寄存器匹配改变计数器方向，从向上计数变为向下计数。当PWM计数器递减，和占空比计数器再次匹配时，输出再次改变。当PWM计数器递减到0，计数方向从向下计数变为向上计数，并从双缓冲器中载入周期寄存器和占空比寄存器值。计数器从0加到周期寄存器中的值并减回0。<br>PWMCAE寄存器包括8个控制位用于选择每个通道的中央对齐输出或者左对齐输出。如果CAEx 位置为1，相应的PWM输出为中央对齐输出；如果CAEx清0，则相应的PWM输出为左对齐输出。<br>此处提出问题，当极性选择相同时，选择不同的输出对齐方式后，对占空比、周期有无影响。<br>（见附录15~17） | | | | |

| 教学环节 | 教学目的 | 教学内容 | 教师活动 | 学生活动 | 教学技能 | 设计依据 |
|---|---|---|---|---|---|---|
| 讲解PWM使能/禁止选择 | 掌握如何控制PWM模块中某个通道的工作 | 每个PWM通道具有一个使能位（PWMEx）用于波形输出的开始。当任何的PWMEx位设置为1（PWMEx=1），相应PWM输出立即使能。然而，由于PWMEx和时钟源的同步，真正的波形直到它的时钟源开始的下一个周期才会有效。（见附录18） | 按寄存器讲解PWM使能/禁止选择方法 | 看图、看寄存器，听讲，在老师引导下思考，理解原理 | 演示技能（PPT）讲解技能 | |

| 教学环节 | 教学目的 | 教学内容 | 教师活动 | 学生活动 | 教学技能 | 设计依据 |
| --- | --- | --- | --- | --- | --- | --- |
| 讲解如何实现16位PWM输出 | 掌握如何控制PWM模块实现16位输出 | 前面我们已经论述过，MC9S12XS128的PWM模块一共有8个通道，而每个通道都是8位的，这体现在每个通道的计数器、占空比寄存器和周期寄存器都是8位的。同学们可以思考一下，这里指的8位意味着什么？其实也就是和控制精度相关联。那么如果希望实现更高精度的控制，是不是能够想到应该通过提高PWM的位数来实现。而MC9S12XS128的PWM模块给我们提供了这种机制，可以将相邻的两个8位PWM级联成为一个16位PWM输出通道。<br>既然是2个PWM通道级联成为1个，那么必然出现一个问题，就是有两套可以使用的寄存器，该怎么取舍？这个问题相信同学们通过这张幻灯片里面的图标可以找到答案。<br>当通道6、7连接，通道6寄存器变为高序号字节。<br>PWMCTL 寄存器提供PWM 级联模式控制。具体控制位及方式参见幻灯片中PWMCTL 寄存器描述。（见附录19~20） | 按寄存器讲解PWM级联为16位输出的方法 | 看图、看寄存器，听讲，在老师引导下思考，理解原理 | 演示技能（PPT）<br>讲解技能 | |

| 教学环节 | 教学目的 | 教学内容 | 教师活动 | 学生活动 | 教学技能 | 设计依据 |
|---|---|---|---|---|---|---|
| 讲解PWM模块的设置操作 | 掌握如何对寄存器进行设置，完成PWM的配置工作 | 通过前面的讲解，我们已经认识了PWM模块中所有的寄存器，但如果我们需要让PWM模块中的某一个通道工作，输出特定波形，该如何操作？这里我们按照配置顺序，介绍PWM模块初始化设置流程。即首先通过PWME寄存器禁止PWM；之后按照输出波形频率要求，通过PWMPRCLK、PWMSCLA、PWMSCLA和PWMCLK配置PWM时钟，并选择时钟源；之后通过PWMPOL寄存器选择极性，通过PWMCAE寄存器选择对齐方式；然后根据输出占空比要求初始化PWMDTY寄存器和PWMPER寄存器中的具体数值；最后通过PWME寄存器使能相关PWM通道，完成PWM初始化设置操作，开始输出PWM波形。（见附录21） | 按操作顺序，讲解PWM初始化设置 | 听讲，在老师引导下思考，理解PWM初始化设置方法 | 演示技能（PPT）讲解技能 | |

| 教学环节 | 教学目的 | 教学内容 | 教师活动 | 学生活动 | 教学技能 | 设计依据 |
| --- | --- | --- | --- | --- | --- | --- |
| 讲解PWM模块的基础应用实例 | 掌握如何用PWM实现D/A功能 | 题目要求，使用某一路PWM输出实现D/A转换效果，通过调节PWM输出波形占空比，控制LED灯的亮度，这里已经给出了硬件原理图，而这个硬件原理图是可以在以后需要将PWM用于D/A转换时使用的。<br>接下来分析并讲解程序。<br>（见附录22~25） | 通过一个基础应用实例，让学生理解如何设计PWM实现D/A转换的软硬件设计 | 看图，听讲，在老师引导下思考，掌握PWM实现D/A转换的软硬件设计方法 | 演示技能（PPT）<br>讲解技能 | |

| 教学环节 | 教学目的 | 教学内容 | 教师活动 | 学生活动 | 教学技能 | 设计依据 |
| --- | --- | --- | --- | --- | --- | --- |
| | | 前面我们已经学会了MC9S12XS128中的PWM模块基本原理、各个寄存器的功能，并通过一个基础应用实例学会了PWM模块作为D/A功能使用时的软硬件设计方法。接下来，我们将学习如何将PWM模块应用于智能车中，也就是如何用PWM模块实现直流电机驱动和伺服电机驱动。 | | | | |
| 讲解PWM模块在智能车中的应用实例 | 掌握如何用PWM实现直流电机控制和伺服电机控制 | 直流电机控制需要借助一个经典电路—H桥，幻灯片中展示了一个全桥电路，可以实现直流电机的加减速控制和正反转控制，具体原理我们已经在另外的课程中学习过，这里就不再重复介绍了。那么当时我们只是学习了H桥控制直流电机的基本原理，而其实是有很多可以直接使用的芯片，比如这里的飞思卡尔公司自己的一款产品，MC33886，这款芯片就是一个全桥驱动芯片，其内部工作原理如我们上一张幻灯中描述的H桥电路一样，借助这个芯片，可以很方便地实现直流电机控制。但这里我们思考一个问题，如果 | 让学生了解PWM在智能车系统中的具体应用 | 看图，听讲，在老师引导下思考，掌握PWM控制直流电机和伺服电机的方法，并留出一些思考空间，供学生课后讨论 | 演示技能（PPT）讲解技能 | |

| 教学环节 | 教学目的 | 教学内容 | 教师活动 | 学生活动 | 教学技能 | 设计依据 |
|---|---|---|---|---|---|---|
| | | 希望进一步提高驱动力，该如何将幻灯片中的图改动一下。<br>接下来介绍一下伺服电机的控制，从幻灯片中可以看到，伺服电机的转动角度和PWM输出波形占空比相关，所以只需要将某一路PWM输出至伺服电机，编程输出相应占空比的波形，就可以得到对应的转角。可以近似认为，占空比和伺服电机的转角之间呈线性关系。但实际使用时还需要进行标定。<br>对于伺服电机的控制，也提出两个问题，如果想提高伺服电机的控制精度从而获得更精确的角度控制，该如何处理？在智能车高速运行过程中，希望快速过弯，必须使前轮转动非常迅速，那么如果想提高伺服电机的控制精度，又该如何实现呢？<br>希望同学们课后可以对直流电机控制和伺服电机控制提出的这一共三个问题认真思考。<br>这节课到此结束，下课。（见附录26~30） | | | | |

| | |
|---|---|
| **课堂小结** | 你的收获是什么<br>（1）学会针对混凝土和钢筋的非线性应力–应变关系的分析方法；<br>（2）学会钢筋混凝土轴心受拉构件的设计计算；<br>（3）了解钢筋混凝土轴心受拉构件在实际工程中的应用以及科研前沿中的地位 |
| **课后思考** | 课题：<br>（1）对直流电机控制提出问题，如何选择驱动方式以提高驱动力？<br>（2）伺服电机控制提出两个问题，一是如何提高伺服电机转动速度；二是如何提高伺服电机控制精度？ |
| **教学反思** | （1）之前的单片机课程或者和微处理器相关的课程基本上以硬件模块基础讲解为主，相对而言比较抽象，也比较枯燥。这次课程的设计以自主循迹智能车作为研究对象，将课程中学习的微处理器中某一个模块，应用于智能车设计中，让学生真正体会到学有所用。这种启发式、应用性的教学容易激发学生的学习兴趣，有了兴趣，对于一些困难学生也愿意去克服。<br>（2）在课上以解决实际问题为出发点，激发学生积极的学习热情，但由于时间关系，应用上展开的内容还是偏少，而且没有给学生实际动手的时间。如果有条件的话，可以让学生在课堂上现场编程、调试，培养解决工程问题的能力。<br>（3）通过多媒体技术掌握科学研究的方法，培养观察能力，训练分析、思维和创造能力，充分发挥了学生的主动性和创造性 |

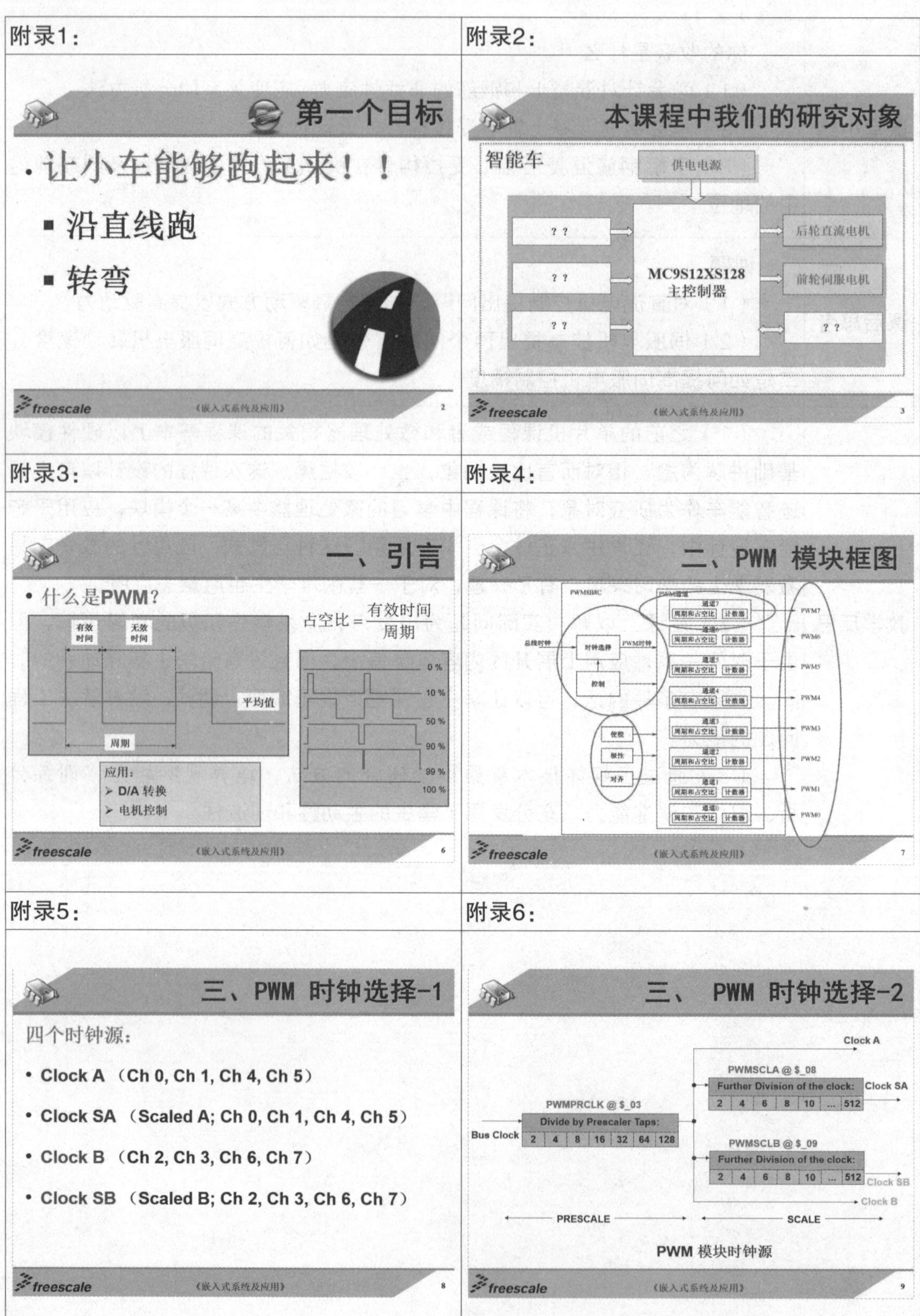

附录1：
第一个目标
让小车能够跑起来！！
沿直线跑
转弯
freescale
《嵌入式系统及应用》
2
附录2：
本课程中我们的研究对象
智能车
供电电源
？？
？？
？？
MC9S12XS128
主控制器
后轮直流电机
前轮伺服电机
？？
freescale
《嵌入式系统及应用》
3
附录3：
一、引言
什么是PWM？
有效时间
无效时间
平均值
周期
占空比＝有效时间/周期
0 %
10 %
50 %
90 %
99 %
100 %
应用：
D/A 转换
电机控制
freescale
《嵌入式系统及应用》
6
附录4：
二、PWM 模块框图
总线时钟
时钟选择
PWM时钟
控制
使能
极性
对齐
周期和占空比
计数器
PWM7
PWM6
PWM5
PWM4
PWM3
PWM2
PWM1
PWM0
freescale
《嵌入式系统及应用》
7
附录5：
三、PWM 时钟选择-1
四个时钟源：
Clock A （Ch 0, Ch 1, Ch 4, Ch 5）
Clock SA （Scaled A; Ch 0, Ch 1, Ch 4, Ch 5）
Clock B （Ch 2, Ch 3, Ch 6, Ch 7）
Clock SB （Scaled B; Ch 2, Ch 3, Ch 6, Ch 7）
freescale
《嵌入式系统及应用》
8
附录6：
三、 PWM 时钟选择-2
Clock A
PWMSCLA @ $_08
Further Division of the clock:
2 4 6 8 10 ... 512
Clock SA
PWMPRCLK @ $_03
Divide by Prescaler Taps:
Bus Clock
2 4 8 16 32 64 128
PWMSCLB @ $_09
Further Division of the clock:
2 4 6 8 10 ... 512
Clock SB
Clock B
PRESCALE
SCALE
PWM 模块时钟源
freescale
《嵌入式系统及应用》
9

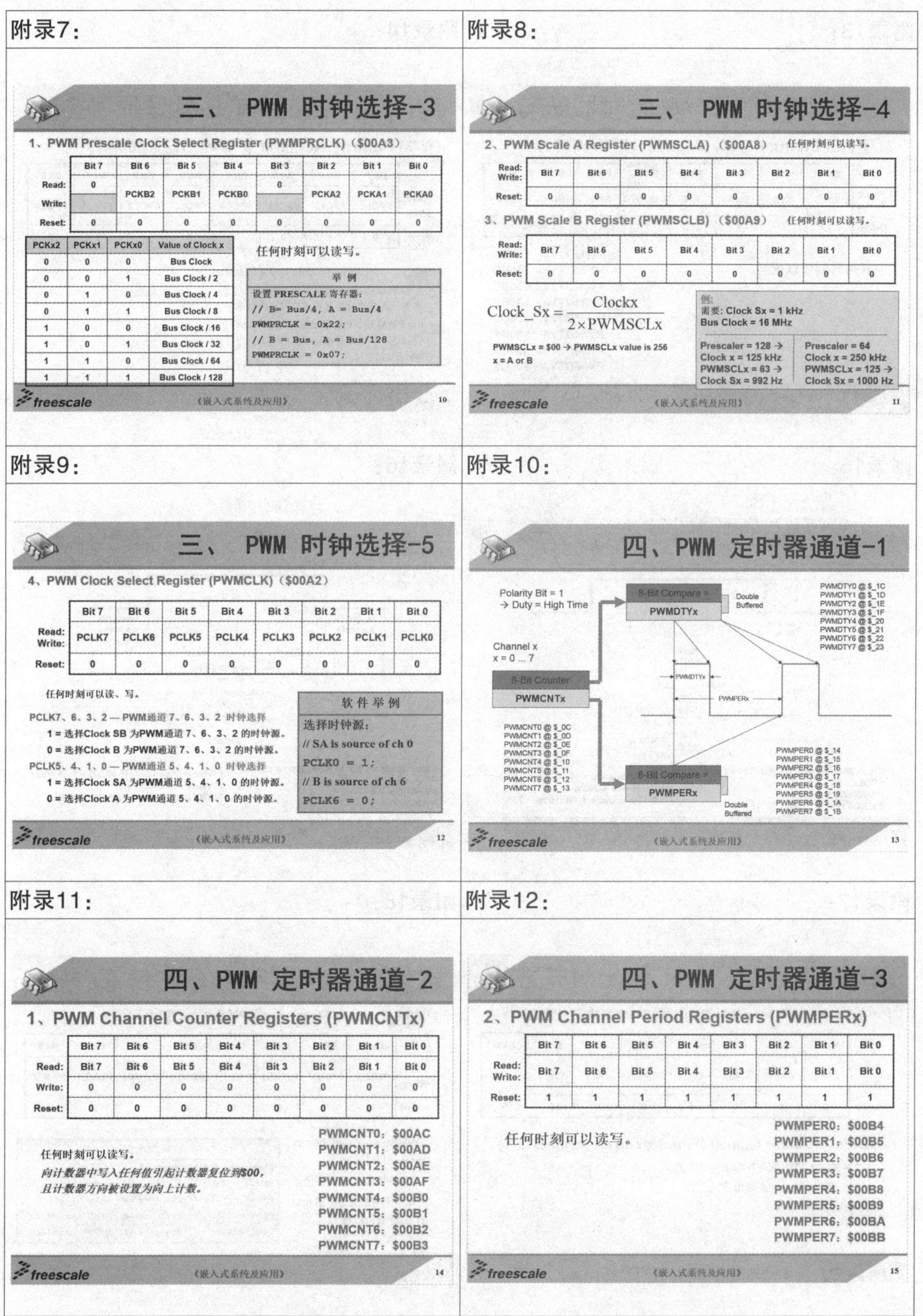
附录7：
三、 PWM 时钟选择-3
1、PWM Prescale Clock Select Register (PWMPRCLK)（$00A3）
Bit 7 Bit 6 Bit 5 Bit 4 Bit 3 Bit 2 Bit 1 Bit 0
Read: 0 0
Write: PCKB2 PCKB1 PCKB0 PCKA2 PCKA1 PCKA0
Reset: 0 0 0 0 0 0 0 0
PCKx2 PCKx1 PCKx0 Value of Clock x
0 0 0 Bus Clock
0 0 1 Bus Clock / 2
0 1 0 Bus Clock / 4
0 1 1 Bus Clock / 8
1 0 0 Bus Clock / 16
1 0 1 Bus Clock / 32
1 1 0 Bus Clock / 64
1 1 1 Bus Clock / 128
任何时刻可以读写。
举 例
设置 PRESCALE 寄存器:
// B= Bus/4, A = Bus/4
PWMPRCLK = 0x22;
// B = Bus, A = Bus/128
PWMPRCLK = 0x07;
freescale
《嵌入式系统及应用》
10
附录8：
三、 PWM 时钟选择-4
2、PWM Scale A Register (PWMSCLA)（$00A8） 任何时刻可以读写。
Read: Write: Bit 7 Bit 6 Bit 5 Bit 4 Bit 3 Bit 2 Bit 1 Bit 0
Reset: 0 0 0 0 0 0 0 0
3、PWM Scale B Register (PWMSCLB)（$00A9） 任何时刻可以读写。
Read: Write: Bit 7 Bit 6 Bit 5 Bit 4 Bit 3 Bit 2 Bit 1 Bit 0
Reset: 0 0 0 0 0 0 0 0
Clock_Sx = Clockx / 2×PWMSCLx
PWMSCLx = $00 → PWMSCLx value is 256
x = A or B
例:
需要: Clock Sx = 1 kHz
Bus Clock = 16 MHz
Prescaler = 128 →
Clock x = 125 kHz
PWMSCLx = 63 →
Clock Sx = 992 Hz
Prescaler = 64
Clock x = 250 kHz
PWMSCLx = 125 →
Clock Sx = 1000 Hz
freescale
《嵌入式系统及应用》
11
附录9：
三、 PWM 时钟选择-5
4、PWM Clock Select Register (PWMCLK)（$00A2）
Bit 7 Bit 6 Bit 5 Bit 4 Bit 3 Bit 2 Bit 1 Bit 0
Read: Write: PCLK7 PCLK6 PCLK5 PCLK4 PCLK3 PCLK2 PCLK1 PCLK0
Reset: 0 0 0 0 0 0 0 0
任何时刻可以读、写。
PCLK7、6、3、2 — PWM通道 7、6、3、2 时钟选择
1 = 选择Clock SB 为PWM通道 7、6、3、2 的时钟源。
0 = 选择Clock B 为PWM通道 7、6、3、2 的时钟源。
PCLK5、4、1、0 — PWM通道 5、4、1、0 时钟选择
1 = 选择Clock SA 为PWM通道 5、4、1、0 的时钟源。
0 = 选择Clock A 为PWM通道 5、4、1、0 的时钟源。
软 件 举 例
选择时钟源:
// SA is source of ch 0
PCLK0 = 1;
// B is source of ch 6
PCLK6 = 0;
freescale
《嵌入式系统及应用》
12
附录10：
四、PWM 定时器通道-1
Polarity Bit = 1
→ Duty = High Time
Channel x
x = 0 ... 7
8-Bit Compare =
PWMDTYx
Double Buffered
PWMDTY0 @ $_1C
PWMDTY1 @ $_1D
PWMDTY2 @ $_1E
PWMDTY3 @ $_1F
PWMDTY4 @ $_20
PWMDTY5 @ $_21
PWMDTY6 @ $_22
PWMDTY7 @ $_23
8-Bit Counter
PWMCNTx
PWMDTYx
PWMPERx
PWMCNT0 @ $_0C
PWMCNT1 @ $_0D
PWMCNT2 @ $_0E
PWMCNT3 @ $_0F
PWMCNT4 @ $_10
PWMCNT5 @ $_11
PWMCNT6 @ $_12
PWMCNT7 @ $_13
8-Bit Compare =
PWMPERx
Double Buffered
PWMPER0 @ $_14
PWMPER1 @ $_15
PWMPER2 @ $_16
PWMPER3 @ $_17
PWMPER4 @ $_18
PWMPER5 @ $_19
PWMPER6 @ $_1A
PWMPER7 @ $_1B
freescale
《嵌入式系统及应用》
13
附录11：
四、PWM 定时器通道-2
1、PWM Channel Counter Registers (PWMCNTx)
Bit 7 Bit 6 Bit 5 Bit 4 Bit 3 Bit 2 Bit 1 Bit 0
Read: Bit 7 Bit 6 Bit 5 Bit 4 Bit 3 Bit 2 Bit 1 Bit 0
Write: 0 0 0 0 0 0 0 0
Reset: 0 0 0 0 0 0 0 0
任何时刻可以读写。
向计数器中写入任何值引起计数器复位到$00，
且计数器方向被设置为向上计数。
PWMCNT0：$00AC
PWMCNT1：$00AD
PWMCNT2：$00AE
PWMCNT3：$00AF
PWMCNT4：$00B0
PWMCNT5：$00B1
PWMCNT6：$00B2
PWMCNT7：$00B3
freescale
《嵌入式系统及应用》
14
附录12：
四、PWM 定时器通道-3
2、PWM Channel Period Registers (PWMPERx)
Bit 7 Bit 6 Bit 5 Bit 4 Bit 3 Bit 2 Bit 1 Bit 0
Read: Write: Bit 7 Bit 6 Bit 5 Bit 4 Bit 3 Bit 2 Bit 1 Bit 0
Reset: 1 1 1 1 1 1 1 1
任何时刻可以读写。
PWMPER0：$00B4
PWMPER1：$00B5
PWMPER2：$00B6
PWMPER3：$00B7
PWMPER4：$00B8
PWMPER5：$00B9
PWMPER6：$00BA
PWMPER7：$00BB
freescale
《嵌入式系统及应用》
15

附录13：

## 四、PWM 定时器通道-4

3、PWM Channel Duty Registers (PWMDTYx)

| | Bit 7 | Bit 6 | Bit 5 | Bit 4 | Bit 3 | Bit 2 | Bit 1 | Bit 0 |
|---|---|---|---|---|---|---|---|---|
| Read: Write: | Bit 7 | Bit 6 | Bit 5 | Bit 4 | Bit 3 | Bit 2 | Bit 1 | Bit 0 |
| Reset: | 1 | 1 | 1 | 1 | 1 | 1 | 1 | 1 |

任何时刻可以读写。

PWMDTY0：$00BC
PWMDTY1：$00BD
PWMDTY2：$00BE
PWMDTY3：$00BF
PWMDTY4：$00C0
PWMDTY5：$00C1
PWMDTY6：$00C2
PWMDTY7：$00C3

freescale 《嵌入式系统及应用》 16

附录14：

## 五、PWM 极性选择寄存器

PWM Polarity Register (PWMPOL)（$00A1）

| | Bit 7 | Bit 6 | Bit 5 | Bit 4 | Bit 3 | Bit 2 | Bit 1 | Bit 0 |
|---|---|---|---|---|---|---|---|---|
| Read: Write: | PPOL7 | PPOL6 | PPOL5 | PPOL4 | PPOL3 | PPOL2 | PPOL1 | PPOL0 |
| Reset: | 0 | 0 | 0 | 0 | 0 | 0 | 0 | 0 |

PPOLx——Pulse Width Channel x Polarity

- 1 = PWM 通道x 周期起始时输出为高电平，当到达占空比寄存器设定值时变为低电平。
- 0 = PWM 通道x 周期起始时输出为低电平，当到达占空比寄存器设定值时变为高电平。

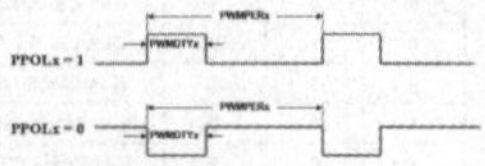

任何时刻可以读写。

freescale 《嵌入式系统及应用》 17

附录15：

## 六、PWM 输出对齐方式—左对齐

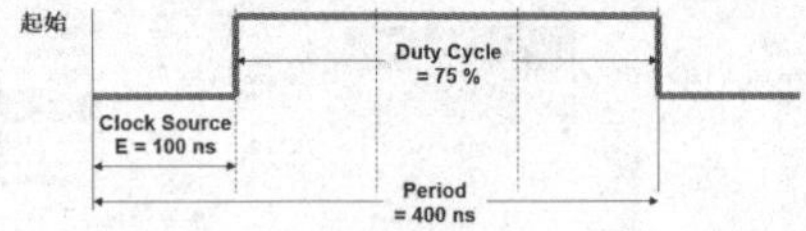

起始

Duty Cycle = 75 %

Clock Source E = 100 ns

Period = 400 ns

$$PWMx\_Frequency = \frac{Clock(A,B,SA,SB)}{PWMPERx}$$

$$Polarity = 0 : Duty\_Cycle = \frac{PWMPERx - PWMDTYx}{PWMPERx} * 100\%$$

$$Polarity = 1 : Duty\_Cycle = \frac{PWMDTYx}{PWMPERx} * 100\%$$

Clock Source = E = 10 MHz (100 ns period)
PPOLx = 0
PWMPERx = 4
PWMDTYx = 1

→ PWMx Frequency = 10 MHz/4 = 2.5 MHz
PWMx Period = 400 ns
PWMx Duty Cycle = 3/4x100% = 75%

freescale 《嵌入式系统及应用》 18

附录16：

## 六、PWM 输出对齐方式—中央对齐

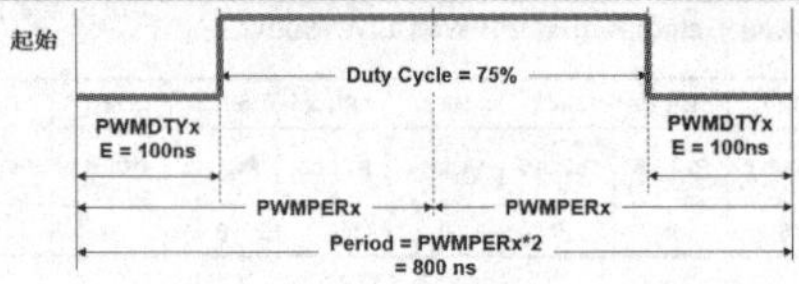

起始

Duty Cycle = 75%

PWMDTYx E = 100ns

PWMDTYx E = 100ns

PWMPERx　PWMPERx

Period = PWMPERx*2 = 800 ns

$$PWMx\_Frequency = \frac{Clock(A,B,SA,SB)}{2 * PWMPERx}$$

$$Polarity = 0 : Duty\_Cycle = \frac{PWMPERx - PWMDTYx}{PWMPERx} * 100\%$$

$$Polarity = 1 : Duty\_Cycle = \frac{PWMDTYx}{PWMPERx} * 100\%$$

Clock Source = E = 10 MHz (100 ns period)
PPOLx = 0
PWMPERx = 4
PWMDTYx = 1

→ PWMx Frequency = 10 MHz/8 = 1.25 MHz
PWMx Period = 800 ns
PWMx Duty Cycle = 3 /4*100% = 75%

freescale 《嵌入式系统及应用》 19

附录17：

## 六、PWM 输出对齐方式

PWM Center Align Enable Register (PWMCAE)（$00A4）

| | Bit 7 | Bit 6 | Bit 5 | Bit 4 | Bit 3 | Bit 2 | Bit 1 | Bit 0 |
|---|---|---|---|---|---|---|---|---|
| Read: Write: | CAE7 | CAE6 | CAE5 | CAE4 | CAE3 | CAE2 | CAE1 | CAE0 |
| Reset: | 0 | 0 | 0 | 0 | 0 | 0 | 0 | 0 |

CAEx — Center Aligned Output Mode on channel x

- 1 = 通道x 以中央对齐输出方式工作。
- 0 = 通道x 以左对齐输出方式工作。

任何时刻可以读写。

freescale 《嵌入式系统及应用》 20

附录18：

## 七、PWM 使能/禁止

PWM Enable Register (PWME)（$00A0）

| | Bit 7 | Bit 6 | Bit 5 | Bit 4 | Bit 3 | Bit 2 | Bit 1 | Bit 0 |
|---|---|---|---|---|---|---|---|---|
| Read: Write: | PWME7 | PWME6 | PWME5 | PWME4 | PWME3 | PWME2 | PWME1 | PWME0 |
| Reset: | 0 | 0 | 0 | 0 | 0 | 0 | 0 | 0 |

PWMEx — Pulse Width Channel x Enable

- 1 = PWM 通道x 使能。
- 0 = PWM 通道x 禁止。

任何时刻可以读写。

软件举例

Enable/Disable PWM channels:

```
PWME5 = 1;    // Enable PWM channel 5
PWME3 = 0;    // Disable PWM channel 3
PWME = 0xFF  // Enable all 8 PWM channels
PWME = 0;     // Disable all 8 PWM channels
```

freescale 《嵌入式系统及应用》 21

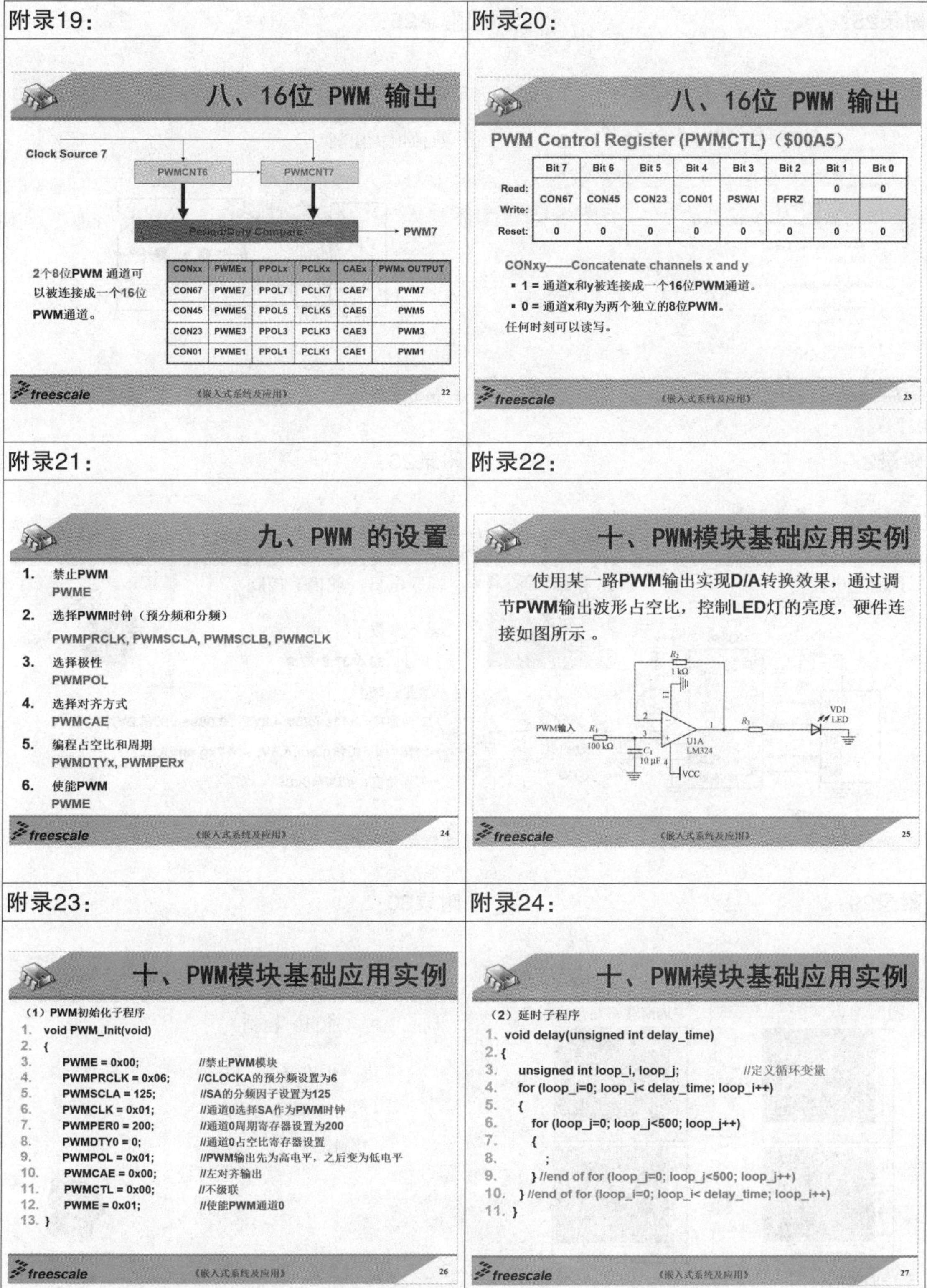
附录19：
八、16位 PWM 输出
Clock Source 7
PWMCNT6
PWMCNT7
Period/Duty Compare
PWM7
2个8位PWM通道可以被连接成一个16位PWM通道。
CONxx | PWMEx | PPOLx | PCLKx | CAEx | PWMx OUTPUT
CON67 | PWME7 | PPOL7 | PCLK7 | CAE7 | PWM7
CON45 | PWME5 | PPOL5 | PCLK5 | CAE5 | PWM5
CON23 | PWME3 | PPOL3 | PCLK3 | CAE3 | PWM3
CON01 | PWME1 | PPOL1 | PCLK1 | CAE1 | PWM1
freescale
《嵌入式系统及应用》
22
附录20：
八、16位 PWM 输出
PWM Control Register (PWMCTL)（$00A5）
Bit 7 | Bit 6 | Bit 5 | Bit 4 | Bit 3 | Bit 2 | Bit 1 | Bit 0
Read: Write: | CON67 | CON45 | CON23 | CON01 | PSWAI | PFRZ | 0 | 0
Reset: | 0 | 0 | 0 | 0 | 0 | 0 | 0 | 0
CONxy——Concatenate channels x and y
▪ 1 = 通道x和y被连接成一个16位PWM通道。
▪ 0 = 通道x和y为两个独立的8位PWM。
任何时刻可以读写。
freescale
《嵌入式系统及应用》
23
附录21：
九、PWM 的设置
1. 禁止PWM
PWME
2. 选择PWM时钟（预分频和分频）
PWMPRCLK, PWMSCLA, PWMSCLB, PWMCLK
3. 选择极性
PWMPOL
4. 选择对齐方式
PWMCAE
5. 编程占空比和周期
PWMDTYx, PWMPERx
6. 使能PWM
PWME
freescale
《嵌入式系统及应用》
24
附录22：
十、PWM模块基础应用实例
使用某一路PWM输出实现D/A转换效果，通过调节PWM输出波形占空比，控制LED灯的亮度，硬件连接如图所示。
R2
1 kΩ
PWM输入
R1
100 kΩ
C1
10 μF
U1A
LM324
VCC
R3
VD1
LED
freescale
《嵌入式系统及应用》
25
附录23：
十、PWM模块基础应用实例
（1）PWM初始化子程序
void PWM_Init(void)
{
PWME = 0x00; //禁止PWM模块
PWMPRCLK = 0x06; //CLOCKA的预分频设置为6
PWMSCLA = 125; //SA的分频因子设置为125
PWMCLK = 0x01; //通道0选择SA作为PWM时钟
PWMPER0 = 200; //通道0周期寄存器设置为200
PWMDTY0 = 0; //通道0占空比寄存器设置
PWMPOL = 0x01; //PWM输出先为高电平，之后变为低电平
PWMCAE = 0x00; //左对齐输出
PWMCTL = 0x00; //不级联
PWME = 0x01; //使能PWM通道0
}
freescale
《嵌入式系统及应用》
26
附录24：
十、PWM模块基础应用实例
（2）延时子程序
void delay(unsigned int delay_time)
{
unsigned int loop_i, loop_j; //定义循环变量
for (loop_i=0; loop_i< delay_time; loop_i++)
{
for (loop_j=0; loop_j<500; loop_j++)
{
;
} //end of for (loop_j=0; loop_j<500; loop_j++)
} //end of for (loop_i=0; loop_i< delay_time; loop_i++)
}
freescale
《嵌入式系统及应用》
27

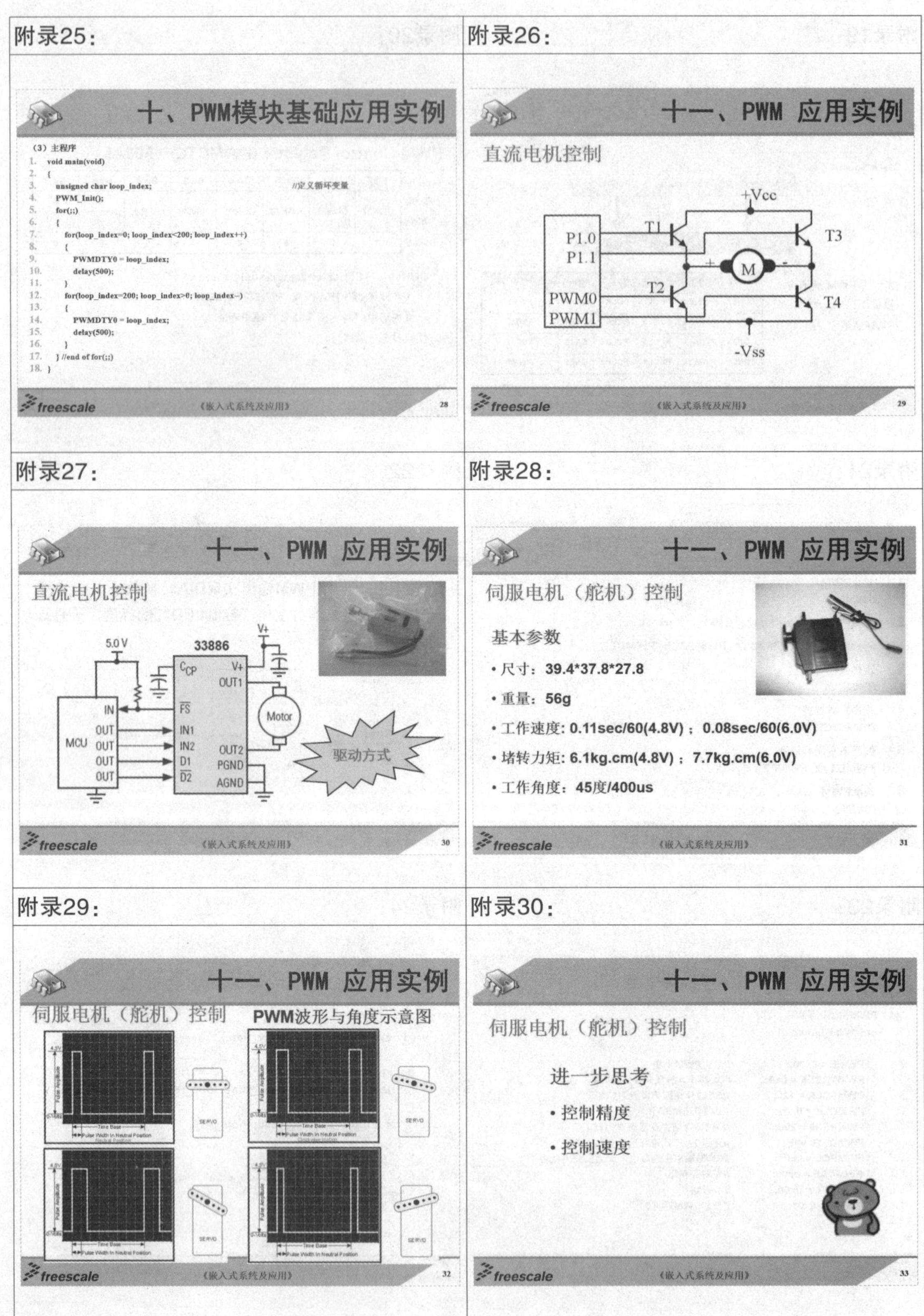
附录25：
十、PWM模块基础应用实例
（3）主程序
void main(void)
{
unsigned char loop_index; //定义循环变量
PWM_Init();
for(;;)
{
for(loop_index=0; loop_index<200; loop_index++)
{
PWMDTY0 = loop_index;
delay(500);
}
for(loop_index=200; loop_index>0; loop_index--)
{
PWMDTY0 = loop_index;
delay(500);
}
} //end of for(;;)
}
freescale
《嵌入式系统及应用》
28
附录26：
十一、PWM 应用实例
直流电机控制
+Vcc
T1
T3
P1.0
P1.1
M
T2
T4
PWM0
PWM1
-Vss
freescale
《嵌入式系统及应用》
29
附录27：
十一、PWM 应用实例
直流电机控制
5.0V
33886
V+
CCP
V+
OUT1
IN
FS
Motor
MCU
OUT
IN1
OUT
IN2
OUT2
OUT
D1
PGND
OUT
D2
AGND
驱动方式
freescale
《嵌入式系统及应用》
30
附录28：
十一、PWM 应用实例
伺服电机（舵机）控制
基本参数
• 尺寸：39.4*37.8*27.8
• 重量：56g
• 工作速度：0.11sec/60(4.8V)；0.08sec/60(6.0V)
• 堵转力矩：6.1kg.cm(4.8V)；7.7kg.cm(6.0V)
• 工作角度：45度/400us
freescale
《嵌入式系统及应用》
31
附录29：
十一、PWM 应用实例
伺服电机（舵机）控制
PWM波形与角度示意图
freescale
《嵌入式系统及应用》
32
附录30：
十一、PWM 应用实例
伺服电机（舵机）控制
进一步思考
• 控制精度
• 控制速度
freescale
《嵌入式系统及应用》
33

# 《隐马尔可夫模型及其应用》教学设计教案

孙晓
计算机与信息学院

**科目名称：**《自然语言理解》

**章节名称：**第四章《隐马尔可夫模型及其应用》

**主要的教学技能：**综合技能

**知识与技能：**掌握隐马尔科夫模型的概念，掌握隐马尔可夫模型的构成。理解隐马尔可夫模型中的各个组成部分所对应的概念，掌握隐马尔可夫模型在中文分词中的具体实现。

**过程与方法：**讲授法为主，配合实物教具演示，讨论启发式教学。回顾旧知识时（马尔科夫模型）产生新问题，引导学生利用已知背景知识分析解决新问题。

**情感态度与价值观：**培养学生模型抽象理解能力、专业素养及应用理论模型解决实际问题的能力，学会如何正确隐马尔可夫模型的原理以及如何应用其解决分词问题。

**教学重点：**隐马尔科夫模型的构成，隐马尔可夫模型在中文分词中的应用

**教学难点：**隐马尔可夫模型的各部分如何对应到实际问题的解决。隐马尔可夫模型各部分之间的关系。

**教学参考资料：**

（1）宗成庆．统计自然语言处理．北京：清华大学出版社：北京，2008

（2）冯志伟．自然语言的计算机处理．上海：上海外语教育出版社，1996

**教学过程：**

| 教学环节 | 教学目的 | 教学内容 | 教师活动 | 学生活动 | 教学技能 | 设计依据 |
|---|---|---|---|---|---|---|
| 导入 | 联系生活实际，创设问题情境，激发学习兴趣，引发探究欲望 | 信息化社会中，计算机和智能手机极大地丰富了人们的生活，给我们生活和工作带来便利。<br>例如iphone手机和android手机中的语音识别功能，可以便捷地将我们说的语音转换成一句句对应的文字。<br>再如google最新推出的google class项目，可以将你所看到的文字识别，并翻译为其他的文字，无论是语音识别还是机器翻译或是光学字符识别这些超酷的功能，背后都隐藏着一位功臣，那就是本节课要给大家介绍的隐马尔可夫模型。（附录1） | 用PPT展现信息化社会中的各种人工智能应用，引导学生发现生活与科技、熟悉的事物与所学新知识之间的关系 | 观看PPT，熟悉的画面引起共鸣，思考问题 | 导入技能<br>演示技能（PPT） | 从心理学角度，根据学生特点，激发学生学习兴趣 |

| 教学环节 | 教学目的 | 教学内容 | 教师活动 | 学生活动 | 教学技能 | 设计依据 |
| --- | --- | --- | --- | --- | --- | --- |
| 演示引出新课中的理论模型（提出本节课需要学习的模型） | 通过实物演示，激发学生兴趣，增加学生印象，为抽象的理论做好形象的铺垫。 | 为了使大家对隐马尔可夫模型有更直观地理解，我下面给大家做一个简单的演示，我这里有四个杯子，分别用不同颜色的字母标识，字母具体代表什么意思以后会给大家说明，每个杯子里面都随机放了四种不同颜色的夹子，下面我来考验一下大家的智商，我会依次随机取一个杯子，从里面拿出一个夹子，反复执行下去，大家尽量记住夹子的颜色序列，（随机选择杯子，取出夹子，放回夹子，随机选择杯子，取出夹子…），好，大家有没有记住颜色序列？等待…没有记住没关系，大家可以用这个回家去锻炼一下自己的记忆力。大家的注意力刚才在记忆夹子颜色序列上，而大家有没有注意到我取杯子的时候做了手脚了？也就是杯子不是随便取的，而是遵循了一定的规律，我是根据上一次取出夹子的颜色决定了下一次取那个杯子。像这种杯子之间的状态转移不可见，而我们见到的是杯子产生出来的夹子颜色序列，这就是一个隐马尔可夫模型！（附录2） | 给学生观看教具演示，为抽象理论模型的介绍做好铺垫 | 观看演示；形成直观印象引发兴趣 | 导入技能实物演示技能（实物教具） | 根据教学内容安排，通过实物演示，提高学生兴趣，为后期模型做铺垫 |

| 教学环节 | 教学目的 | 教学内容 | 教师活动 | 学生活动 | 教学技能 | 设计依据 |
| --- | --- | --- | --- | --- | --- | --- |
| 引出模型 | 揭示题目，基于实物演示的形象印象，对模型进行形式化描述 | 大家对隐马尔可夫模型有了直观的理解，那接下来，我们对隐马尔可夫模型进行形式化描述，隐马尔可夫模型是一个五元组，由五部分组成，（板书一），其中S是一组状态的组合，对应于演示中的四个杯子，我们分别用SIBE来表示，O是输出符号的组合，对应于演示中的四个杯子中的彩色的小夹子，夹子有四种颜色，所以集合中有四个元素。A是状态转移矩阵，对应于杯子之间的状态转移概率分布，也就是一个杯子以多大的概率转移到其他三个杯子。B 是输出符号概率分布，也就是某一个杯子中不同颜色的夹子的分布，当然我们看到不同的杯子中是有不同的颜色分布；Pi是初始状态概率分布，也就是一开始取某个杯子的概率，在演示中如果没有特殊要求，每个杯子作为初始状态的概率是等价的，也就是都是四分之一。见附录3 | 引导学生思考目前需要解决的关键是哪些？形成本节课的内容框架 | 听讲思考，发现问题症结所在 | 导入技能<br>提问技能<br>演示技能（PPT） | 从具体到抽象，从实物到理论 |

| 教学环节 | 教学目的 | 教学内容 | 教师活动 | 学生活动 | 教学技能 | 设计依据 |
|---|---|---|---|---|---|---|
| 继续引出问题 | 解释模型所能解决的问题，为什么要用模型，模型能解决什么？ | 我们对隐马尔可夫进行了形式化描述，而隐马尔可夫可以用来做什么呢，这就是隐马尔可夫的三个经典应用或者问题，第一就是根据已有知识库，学习模型参数的训练和学习过程，第二就是已知参数，来计算某观察序列的概率，而第三就是已知参数，和某状态序列，来求一个状态转移序列可以更好地解释该观察序列。可能不是很好理解，接下来我们就用一个具体的问题—中文分词问题，来具体理解HMM的这三个应用。见附录4 | 引起学生的注意，层层递进 | 进一步思考，产生疑问，有了新问题 | 演示技能（PPT） | 由浅入深，逐步展开问题 |

| 教学环节 | 教学目的 | 教学内容 | 教师活动 | 学生活动 | 教学技能 | 设计依据 |
| --- | --- | --- | --- | --- | --- | --- |
| 提出一个具体问题 | 对一个工程中的具体问题建模，并用所学的模型解决。 | 说到中文分词问题，我们大家知道，给计算机输入一段中文，计算机为了理解这段中文，必须首先对这段中文做什么？对，是分词，因为中文词之间是没有间隔的，为了能处理中文，首要任务就是将一段中文分为一个个的词。我们来观察一下下面这个中文分词的例子，具体观察每一个汉字在他们所在的词中的位置角色，出现的出，在一个二字词的开头，那我们用字母B来标识，出现的现，在一个二字词的结尾，我们用字母E来表示，在是单字成词，我们用S来表示，我们再来看一下合工大的工，是三个字的中间的字，我们用I来表示，好通过我们将所有字的位置角色标识出来，我们就将中文分词问题变成了什么问题？---对，就是序列标记问题，即输入一段中文，我们只需要将这段中文对应的角色序列找到，那么这段中文的分词结果也就找到了。见附录5 | 将具体的中文分词问题提出，并引导学生对该问题进行数学建模，建模后，该问题可以用刚刚学到的隐马尔可夫模型来解决 | 学会解决问题的思路，形成新问题 | 提问技能<br>演示技能 | 逐步深入，将实际问题建模，与新学的知识建立关联 |

| 教学环节 | 教学目的 | 教学内容 | 教师活动 | 学生活动 | 教学技能 | 设计依据 |
|---|---|---|---|---|---|---|
| 解决问题一 | 进一步阐述模型在实际问题中对应的参数 | 接下来我们就用隐马尔可夫模型来解决中文分词，而一个模型要解决一个问题，首先要建立模型参数，建立模型参数是根据已有知识库来建立，而中文分词的已有知识库是什么？就是已经分好词的语料，为了方便说明，我们这里给出了一个由两句分好词的句子组成的语料，我们来根据前面讲的角色标记将这两句话所有字的角色标记出来。（板书二）。接下来我们就可以在这个语料上来建立一个隐马尔可夫模型了。见附录6 | 继续解释实际问题，将实际问题简化，便于说明和计算 | 进一步解释新问题 | 板书技能<br>演示技能 | 逐步深入，将实际问题进行进一步说明 |

| 教学环节 | 教学目的 | 教学内容 | 教师活动 | 学生活动 | 教学技能 | 设计依据 |
| --- | --- | --- | --- | --- | --- | --- |
| 解决问题二 | 将实际问题中对应的模型参数进行求解 | 建立隐马尔可夫模型只要将隐马尔可夫模型的五部分在这个语料上求出即可，我们一部分一部分的看。其中S是状态的集合，在中文分词问题中，我们将汉字的四个角色视为状态，所以状态集合就是SIBE，这也是我为什么在杯子上标记这四个字母的原因，而O是输出符号的集合，在中文分词问题中，汉字视为输出符号，在语料中一共有16个汉字，所以O就是这16个汉字的集合，A是状态转移矩阵，也就是汉字角色之间的转移分布，既包括了转移可能有包括了转移概率，我们先来看一下角色之间有哪些转移可能，S可以转移到谁？对，是S，S还可以转移到谁？对，还有B，那B呢，B可以转移到I和E，以此类推，我们可以将所有的转移可能求出来，但仅仅知道转移可能是不够的，我们还需要知道转移概率，也就是（板书），我们看一下该怎么求出来？S在语料中一共转换了几次？对，是五次，那有几次转 | 带领学生计算模型的参数，将问题简化，回顾刚刚才的知识，以便于学生可以直接求出，同时向学生提问交互 | 深入理解实际问题中的模型参数对应的值，跟随老师进行计算 | 讲解技能<br>演示技能<br>提问技能 | 数学问题进行简化，动手进行实际操作计算增加学生印象 |

| 教学环节 | 教学目的 | 教学内容 | 教师活动 | 学生活动 | 教学技能 | 设计依据 |
| --- | --- | --- | --- | --- | --- | --- |
| | | 移到S？对，是3，所以P（s->S）是多少？3/5(板书3)，好，以此类推，我们可以求出其他所有的状态转移概率。附录7<br>接下来我们来看隐马尔可夫模型的B，在中文分词问题中，就是某一个角色输出某一个汉字的概率，也就是（板书），那怎么求？类似的，S出现了多少次？有多少次输出了“我”，好，所以P（我\|S）就等与五分之一(板书四)。类似的我们可以求出所有的角色输出某汉字的概率。最后是pi，在分词问题中就是初始取某个角色的概率，因为在语料中，只有两种初始状态，S和B，所以他们的初始概率分别是1/2.到目前为止，我们就将隐马尔可夫模型在语料上训练完成，所有的参数都是已知了。见附录8 | | | | |

| 教学环节 | 教学目的 | 教学内容 | 教师活动 | 学生活动 | 教学技能 | 设计依据 |
|---|---|---|---|---|---|---|
| 解决问题三 | 将模型参数计算完毕，进一步，对实际问题进行求解。 | 我们就可以用隐马尔可夫模型来对某个分词结果进行评价，我们直接来评价一下语料中的这个分词结果，也就是要求出这个汉字序列被标识为下面这个角色序列的概率，我们看一下式子，其中红色的二分之一标识的是初始取S的概率，而接下来的蓝色部分是角色之间的转移概率乘积，最后的黑色部分是某角色输出对应汉字的概率成绩，这样就完成了对某个分词结果的评价，其实也就是对某一个状态转移序列的评价。见附录9 | 通过看演示，带领学生将最终问题的数学公式推导完成，并解释公式的含义 | 看图，回顾刚才的知识，思考如何进一步解决 | 演示技能(PPT)<br>讲解技能<br>归纳技能 | 讲授法、引导-探究式教学方法，完成教学内容 |

| 教学环节 | 教学目的 | 教学内容 | 教师活动 | 学生活动 | 教学技能 | 设计依据 |
|---|---|---|---|---|---|---|
| 解决问题四：解码问题 | 问题四的解决对应于隐马尔可夫模型的三个问题之一。 | 接下来就是隐马尔可夫模型的最后一个问题，解码问题，即，输入一个句子，我需要用隐马尔可夫模型求出对应的角色序列，也就是分词结果，我们举这个例子因为句子中所有的汉字都在语料中出现过，大家脑子里面可能会出现如下的画面，每一个汉字都有可能是四种角色的一种输出的，而汉字之间的角色是全连接，我们要做的就是求出其中红色的最优的转换序列，就是最终的分词结果。见附录10 | 引导学生回顾之前学过的模型的三个问题，这里是最后一个问题，同引导学生提出自己的解决方案 | 回顾，理解问题的解决思路，另外思考新的思路 | 演示技能(PPT)<br>提问技能<br>归纳技能 | 现代教学理论。总结强调提升 |

| 教学环节 | 教学目的 | 教学内容 | 教师活动 | 学生活动 | 教学技能 | 设计依据 |
|---|---|---|---|---|---|---|
| 解决问题技巧的深入介绍 | 给学生一些思路，这些思路可以更好地优化问题的解决，引导学生思考产生自己的思路和解决方案。同时注意引导学生与其他课程的结合。 | 那怎么求这个最优的角色转换序列呢？我们当然可以通过枚举所有的状态转换序列，并对每一个状态转换序列按照我们之前的方法进行评估，根据评估值求得最大的状态转移序列，就是最终的分词结果，当然这个方法效率很低，要枚举所有路径，大家来看一下下面的图，我做了一下手脚，增加了一个头节点和一个尾节点，这个图就变成了什么图？对，有向无环的加权图，而我们要在其中求最佳状态转换序列，这个问题就变成什么问题了？对，就是数据结构里面的最优路径问题，我们就可以应用迪杰斯特拉最短路径算法来求出最有的状态转换序列！到此，用隐马尔可夫模型解决中文分词问题完成。见附录11 | 引导学生思考简化问题的思路，引导学生思考其他课程知识，结合其他课程中的算法理论，来最终解决问题 | 回顾，探索，自行寻找最优方案，利用所学的其他课程知识来解决问题 | 演示技能<br>引导技能<br>归纳技能 | 课程之间的贯通，知识之间的连贯 |

| 教学环节 | 教学目的 | 教学内容 | 教师活动 | 学生活动 | 教学技能 | 设计依据 |
|---|---|---|---|---|---|---|
| 问题延伸升华 | 问题延伸，引发学生自主学习探索 | 好，我们大家学习了隐马尔可夫模型，知道了隐马尔可夫模型的形式化描述以及其三个主要的应用，并且大家又学习了如何用隐马尔可夫模型解决中文分词问题，但大家要考虑一下以下的问题，隐马尔可夫模型是不是完美的？附录12 | 提出新的问题，为下一节课深入思考的内容埋下伏笔 | 发现新问题，课后思考 | 演示技能(PPT)<br>讲解技能<br>小结技能 | 在达成知识与技能的教学目标的基础上，同时达成情感态度与价值观目标。引发深入思考 |
| 引出思考 | 问题延伸，引发学生自主学习探索 | 下面我举出了几个用简单隐马尔可夫模型分词的错误例子，比较可笑，但是大家需要思考一下，为什么会出现这样的问题，是什么原因造成的，如何优化模型去解决这些问题？这就是下节课我们要讲的中文分词的歧义处理。见附录13 | | | | |

| | |
|---|---|
| 课堂小结 | 你的收获是什么<br>（1）隐马尔科夫的概念及其组成部分；<br>（2）掌握了隐马尔可夫模型的概念；<br>（3）应用隐马尔可夫模型解决了实际工程问题（中文分词） |
| 课后思考 | 课题：<br>隐马尔可夫模型是不是完美的？如何改进？ |
| 板书设计 | （1）隐马尔可夫模型（注：板书设计一）<br>隐马尔可夫模型（S, O, A, B, p）<br>（2）角色（注：板书设计二）<br>我爱你程序员<br>S S S B I E<br>他们两个人是半斤八两<br>B E B E S S B I I E<br>（3）模型各个部分（注：板书设计三）<br>A=（SIBE）<br>P（S–>S）=3/5<br>3. 板书四<br>P（我\|S）=1/5 |
| 教学反思 | （1）隐马尔科夫模型理论性较强，如果纯粹讲理论，平铺直叙的讲解会容易显得乏味枯燥而且难于理解，缺乏吸引力。这次课程的设计变成以教师学生双主体形式，通过实物教具演示，引出问题，让学生在脑子里形成形象生动的印象，带着生动形象的印象，接下来引出抽象的模型，将抽象的理论模型的各个部分与实际模型的对应关系，生动形象地理解了抽象的隐马尔可夫模型。进一步，引入中文分词问题，用隐马尔可夫模型来解决这个工程上的实际问题，最终通过分析，思考，发现，应用，解决实际问题。设计的每一个研究的问题，都充分挖掘其营养，从多角度展开引导学生思考，调动了学生的发散思维。每一个问题都是学生经过思考、讨论解决的，而不是直接给予的东西，这有利于对学习活动本身产生兴趣。有了兴趣，即使遇到困难，学生也会去积极克服 |

（2）我们在课上以引导学生的主动思维为主，激发学生积极的学习态度，通过实物教具的演示，增强了课程的趣味性，因为实物教具制作很简单，学生可以自行制作并实验，进一步加强对于抽象理论的形象理解。但由于时间关系，给予学生自主探索的时间略少，应更积极大胆的放手让他们自己讨论尝试解决问题，例如中文分词问题在给他们设定好问题后，让他们自己用隐马尔可夫模型尝试解决，语言上要多鼓励显示出学生的主体地位，激发学生学习的兴趣，增强科学研究信心，体验到学以致用的快乐。

（3）通过实物教具演示和多媒体技术掌握科学研究的方法，培养观察能力。训练分析、思维和创造能力，提高科学素养。充分发挥了学生的主动性和创造性

## 附录3

### 隐马尔可夫模型

- 隐马尔可夫模型可以表示为一个五元组($S, O, A, B, \pi$)
  - $S$ 是一组状态的集合。（四个杯子集合）
    $S$ = {'S', 'I', 'B', 'E'}
  - $O$是一组输出符号的集合。（夹子的颜色集合）
    $O$= {红, 蓝, 绿, 黄}
  - $A$ 是状态转移矩阵。（杯子之间的转移概率分布）
    $A = [a_{ij}]$
  - $B$ 是输出符号概率分布（某个杯子取夹子颜色分布）
    $B = \{P(v_k \mid j)\}$ $P(v_k \mid j)$表示在状态$j$时输出符号$v_k$的概率
  - $\pi$ 是初始状态概率分布$\pi = \{\pi_i\}$（初始取某个杯子的概率）
    $\pi_i = P(q_1 = i)$ 表示初始选择某个状态的概率。

## 附录4

### 隐马尔可夫模型的三个应用

- 根据已有知识库，求得模型参数。
  (学习或训练)
- 给定模型参数，计算观察序列$O$的概率。
  (评估)
- 给定模型参数，和观察序列$O$，寻找一个状态转换序列$q$，使该状态转换序列$q$最有可能产生观察序列$O$。
  (解码)

## 附录5

### 中文分词问题

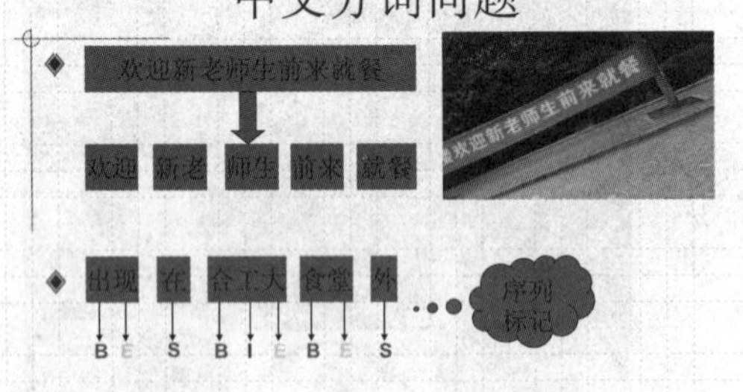


## 附录6

### 中文分词知识库

**方案**：知识库→模型参数→中文分词

**语料**：

我 爱 你 程序员

他们 两个 人 是 半斤八两

**角色标记**：

我 爱 你 程序员

S S S B I E

他们 两个 人 是 半斤八两

B E B E S S B I I E

## 附录7

### 隐马尔可夫模型的参数

- 隐马尔可夫模型五元组($S, O, A, B, \pi$)
  - $S$ 是一组状态的集合。
    $S$ = {S, I, B, E}（汉字的四个角色）
  - $O$是一组
    $O$= {我
  - $A$ 是状态
    $A = [a_{ij}]$（SIBE角色之间的转移分布）

我 爱 你 程序员

S S S B I E

他们 两个 人 是 半斤八两

B E B E S S B I I E

S→S S→B P(S→S) = 3/5 P(S→B) =2/5

I→E I→I P(I→E) =?? P(I→I) =??

B→I B→E P(B→I) =?? P(B→E) =??

E→B E→S P(E→B) =?? P(E→S) =??

## 附录8

### 隐马尔可夫模型的参数

- $B$ 是输出符号概率分布（对应某个角色输出汉字的分布）
  $B = \{P(v_k \mid j)\}$ $P(v_k \mid j)$表示在状态$j$时输出符号$v_k$的概率
- $\pi$ 是初始状 ……应初始取哪个角色的概率）
  $\pi_i = P(q_1 = i$ ……的概率。

我 爱 你 程序员

S S S B I E

他们 两个 人 是 半斤八两

B E B E S S B I I E

P(我|S)=1/5 π(S)=1/2

P(爱|S)=1/5 π(B)=1/2

P(你|S)=1/5

P(程|B)=1/4

……

## 附录9

### 隐马尔可夫模型的评价

模型的参数已知，评价某个分词结果

我 爱 你 程序员

S S S B I E

Value=½*P(S→S)*P(S→S)*P(S→B)*P(B→I)*P(I→E)*

P(我|S)* P(爱|S)* P(你|S)* P(程|B)* P(序|I)* P(员|S)

## 附录10

### 隐马尔可夫模型解码

◆ 我爱人是程序员

求出SBESBIE

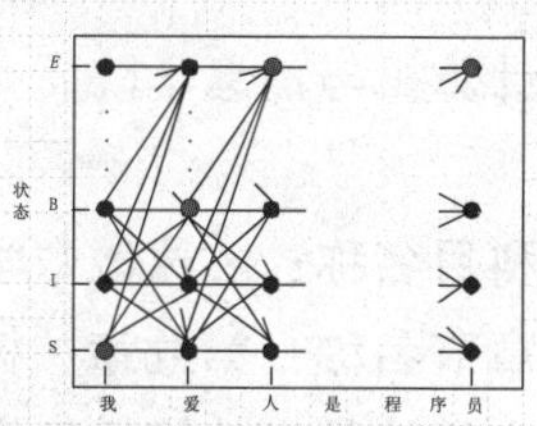


◆ 从所有可能的状态转换序列，求出最佳状态转换序列即为分词结果。

## 附录11

### 求解最佳状态转换序列

◆ 理论上，可以通过枚举所有的角色（状态）转换序列，并对每一个状态转换序列评估，取评估值最大值的状态转换序列就是可最好解释观察序列，即为分词结果。

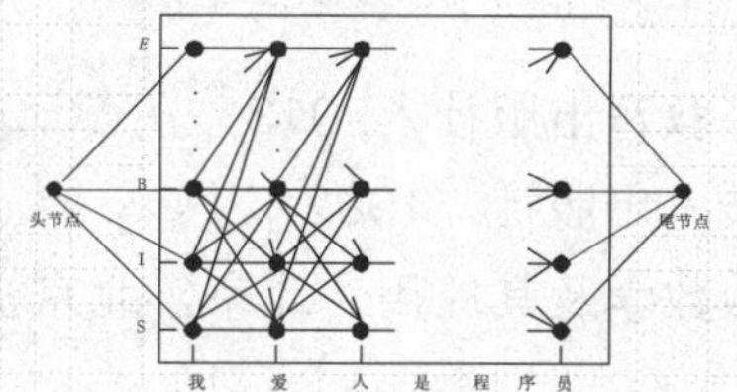


## 附录12

### 总结

隐马尔可夫形象理解→状态转移不可见

隐马尔可夫模型的定义→五元组

隐马尔可夫模型的三个问题→参数估计，评价和解码

隐马尔可夫模型与中文分词→语料预处理

估计参数

评价分词结果

得到最优分词结果

## 附录13

### 思考

欢迎/新/老师/生前/来/就餐

结婚/的/和尚/未/结婚/的

邓颖/超生/前/用/的/物品

内塔尼亚/胡说...

根据碳碳键键能能否否定定律一

# 《前缀码和哈夫曼算法》教学设计教案

李书杰
计算机与信息学院

**科目名称：**《离散数学》

**章节名称：**第九章《树》

**主要的教学技能：**综合技能

**知识与技能：** 理解前缀，前缀码概念，熟练掌握哈夫曼算法及其应用。

**过程与方法：**讲授法为主，讨论启发式教学。从计算机及通讯领域的实际问题入手，提出解决方案并分析其中问题，引导学生在思考问题的过程中理解数学概念以及算法的内涵，并掌握解决实际问题的方法。

**情感态度与价值观：**培养学生的理论分析能力、专业素养及应用理论知识解决工程问题的能力，理解由实际问题上升到数学理论的过程。

**教学重点：**以压缩编码为例讲授前缀码概念以及如何用哈夫曼算法构造前缀码。

**教学难点：**哈夫曼算法

**教学参考资料：**

（1）傅彦等．离散数学及其应用．北京：高等教育出版社，2013

（2）左孝凌著．离散数学．上海：上海科学技术出版社，1982年

（3）Kenneth H.Rosen著，袁崇义等译．离散数学及其应用．北京：北京机械工业出版社，2011

| 教学环节 | 教学目的 | 教学内容 | 教师活动 | 学生活动 | 教学技能 | 设计依据 |
| --- | --- | --- | --- | --- | --- | --- |
| 导入 | 开场白，帮助学生定位知识点 | 同学们好。我今天讲的内容是离散数学中第九章树这一部分。接着前几节课的内容，今天我们继续讨论第二节根树中的前缀码和哈夫曼树（附录1） | 介绍今天内容所处的章节 | 展开书本，回忆知识 | 导入技能 | 找准知识点的前后关系 |

| 教学环节 | 教学目的 | 教学内容 | 教师活动 | 学生活动 | 教学技能 | 设计依据 |
|---|---|---|---|---|---|---|
| 回顾 | 知识点回顾 | 我们首先对前面讨论过的内容做一个简单的回顾。树是指连通而不含回路的无向图。若一个有向图，略去所有有向边的方向所得到的无向图是一个树的话，那么这个有向图就被称为是有向树。根树是有向树中特殊的一类，在有向树中，若有且仅有一个结点的入度为0，其余结点入度都为1，则称其为根树，注意根树对结点的出度并没有限制。若对结点的出度也加以限制，要求每个结点的出度至多为2，则称为二元树（附录2） | 快速回顾以前知识点 | 回忆知识点 | 导入技能 | 回忆已学知识，便于接受新内容 |

| 教学环节 | 教学目的 | 教学内容 | 教师活动 | 学生活动 | 教学技能 | 设计依据 |
| --- | --- | --- | --- | --- | --- | --- |
| 引出问题，探索可能的解决方案，以及需要注意的问题 | 联系生活实际提出问题，激发学生学习兴趣，引发探究欲望 | 今天我们从计算机通信行业中一个非常实际的问题引入我们要讲的内容。大家都知道，在计算机通讯业中，常用二进制编码来表示符号，称为码字。我们来思考这样一个例子，假设发送方发送的文件里面仅有四种字符，ABCD。在发送方和接收方都约定用00表示A，01表示B，10表示C，11表示D。看一下在这种模式下的通讯机理，由发送方发送一串文字，因为发送和接受方约定好每个码字的码长是2，所以接收方接收到一串二进制位之后，每两个二进制位为一组，参考双方都约定好的规则解码即可。那么假设发送方发送的文件里面A出现的频率为50%，B出现的频率为25%，C出现的频率为20%，D出现的频率为5%。这时候假设传输的文件中有100个字母 | 分析实际问题 | 发现问题，思索新问题 | 导入技能<br>提问技能<br>分析技能<br>演示技能 | 联系实际问题，便于学生思考接受 |

| 教学环节 | 教学目的 | 教学内容 | 教师活动 | 学生活动 | 教学技能 | 设计依据 |
|---|---|---|---|---|---|---|
| | | 那么总共需要的二进制位的期望就可以用这个公式来计算：字母的码长乘以字母出现的频率再相加。那么这个时候因为每个字母的码长都是2，不论ABCD出现的频率如何，传输100个字符需要的总二进制位都是200位。那么当我们知道字母出现的频率的时候，传输100个字符的总二进制位是否有优化空间呢？<br>我们来思考一下这个问题。刚才是用固定码长的码字来传输字母，那么我们是否可以考虑用变码长的码字来传输呢？这个变码长的原则就是对于出现频率高的字母用码长短的码字来传输，出现频率低的字母用码长长的码字来传输。这是我们其中的一种方案，A：1，B：01；C：001；D：000。那么这个时候我们用刚才的公式来计算一下传输100个字母需要的总二进制位的期望，我们发现这个值从200减到了175.这就说明了我们这种方案是有可能可行的。<br>但是，是不是我们随手拈来一组变码长的码字，它满足了我们说的这个原则，就可以实现这种总二进制位的优化呢？选取这样一组变码长的码字是否有什么原则呢？<br>（附录3） | | | | |

| 教学环节 | 教学目的 | 教学内容 | 教师活动 | 学生活动 | 教学技能 | 设计依据 |
|---|---|---|---|---|---|---|
| 分析问题 | 引导学生对问题的思考，分析上述解决方案继而引发的问题 | 我们来做一下分析，假设这也是我们随手拈来的一组变码长的码字。因为是变码长，这个时候接收方就无法根据码长来分割字符，所以刚才的解码策略就需要略微变化，解码的第一步就不可以是分割了。从第一个0开始，接收方到字典里面查找是否有这个字符，没有就接着往下走，对于00这个字符串我们是解码为B还是继续看下一个字符解码为C呢？为什么会出现这样的现象？因为在字典中，代表B的码字是代表C的码字的前缀，这时候就会给解码带来问题。所以，我们设计的码字就不能让任何一个码字是另外一个码字的前缀，这就是我们今天要讨论的第一个问题。（板书一：解释解码过程）<br>另外，刚才我们依据是出现频率高的字母使用码长短的码字，频率低的字母使用码长长的码字这一原则，选择了一组码字使得传输100个字母的文本长度从200降为175，那么如何依据字母出现的频率，设计码字使得传输文件时总二进制位为最少？<br>（附录4） | 剖析可能存在的问题，为什么存在，要如何解决 | 沿着老师的思路，思考问题 | 分析技能<br>提问技能<br>演示技能 | 深入剖析，帮助学生理解问题 |

| 教学环节 | 教学目的 | 教学内容 | 教师活动 | 学生活动 | 教学技能 | 设计依据 |
|---|---|---|---|---|---|---|
| 解决问题1 | 联系新旧知识，找到解决方案。 | 这两个问题的解决就是我们今天要讲的内容，前缀码和哈夫曼算法，最后以一个文本的无损压缩为实例说明我们今天内容的应用。（板书二）<br>为了后面说明方便，我们首先来做如下约定，用bi来表示码字，每个码字是由ni个二进制位构成，记为$a_1a_2a_n$。因为码字中只会出现0或者1两个字符，所以也被称为二元码。那么二元码是否可以和我们说过的二元树对应起来呢？假设我们给二元树的两条分枝分别用0,1标记，那么这个二元树上的每条路径都可以代表一个二元码，我们就在路径结束处的结点标记该二元码，那么二元树上的每一个结点都可以对应一个二元码。这样我们就可以发现一个现象，若码字bi是bj的前缀，则bi对应的路径一定在bj对应的路径上。所以我们就可以想到，如果一个码字是另外一个码字的前缀，则它对应的结点一定不会是树叶。那么我们就可以想到，在一棵二元树里面，将叶子结点对应的二元码构成一个二元码集合，在这个集合里面任何一个二元码都不可能是另外一个二元码的前缀。<br>（附录5） | 带领学生应用已学知识解决新问题 | 回顾知识，发现问题思索解决方案 | 分析技能<br>演示技能 | 根据教学内容安排，新旧知识对比解决问题 |

| 教学环节 | 教学目的 | 教学内容 | 教师活动 | 学生活动 | 教学技能 | 设计依据 |
|---|---|---|---|---|---|---|
| 为解决问题2做准备 | 阶段性总结，继而提出新问题 | 到这个时候，我们应该明白以下几点，第一，给定一个二元码bi，这个二元码由二进制字符串$a_1a_2\cdots a_n$构成，则$a_1$，$a_1a_2,a_1a_2\cdots a_{n-1}$称为bi的前缀。第二，如果我们希望用一组二元码来传输信息的话，我们希望任何一个二元码不是另外一个二元码的前缀；第三，如果你希望找到这样一组满足要求的二元码，可以借助一棵二元树来构造前缀码。所以，我们下面就可以给出如下定义。定义1，设$a_1a_2\cdots a_n$是长度为n的符号串，则称其子串$a_1$，$a_1a_2$，……，$a_1a_2\cdots a_{n-1}$为其长度为1,2，……，$n-1$的前缀。若设$A=\{b_1,b_2,\cdots,b_n\}$是一个符号串集合，若对任意$b_i,b_j\in A,b_i\neq b_j$，$b_i$不是$b_j$的前缀，$b_j$也不是$b_i$的前缀，则称$A$为前缀码。若$b_i\{i=1,2,\cdots,n\}$中，只出现0和1两个符号，则称$A$为二元前缀码 | 总结前面内容，控制上课节奏 | 回顾前面讲的内容，并进一步思考新问题 | 总结技能<br>分析技能<br>演示技能 | 从心理学角度，在课堂中间给学生停顿思考的时间 |

| 教学环节 | 教学目的 | 教学内容 | 教师活动 | 学生活动 | 教学技能 | 设计依据 |
|---|---|---|---|---|---|---|
| | | 下面的任务就是要依据给定的频率构造二元树，从而构造前缀码，实现传输文本的字节优化。这就是我们要讨论的哈夫曼算法<br>（附录6） | | | | |

| 教学环节 | 教学目的 | 教学内容 | 教师活动 | 学生活动 | 教学技能 | 设计依据 |
| --- | --- | --- | --- | --- | --- | --- |
| 分析问题2，给出解决思路 | 从最简单的例子入手，逐步分析，探索解决思路 | 我们还是首先来思考一下。假若你要传输的文本中只包含一个字母A，所以它出现的频率为100%，你可以用0或者1对它进行编码。假若文本中包含两个字母A和B，他们出现的概率分别为$p_1$和$p_2$，那么你构造的二元树就应该有两个叶子节点，也就是在目前这唯一的叶子节点上做出两个分叉来。根据前面的约定，这时候由这棵二元树构造的前缀码就应该为{0,1}，其中一个字母用0进行传输，另外一个字母用1进行传输，而且有$P_1+P_2=100\%$。若文本中包含三个字符A,B,C，则相当于你需要在这棵树中增加一个叶子节点，你构造的二元树可以在左边的结点上分叉，可以在右边的结点上分叉，不妨假设为在左边结点上分叉，那么根据我们说的频率高的码长短，频率低的码长长的原则，所以如果这棵树满足我们的要求 | 介绍今天内容所处的章节 | 展开书本，回忆知识 | 导入技能 | 找准知识点的前后关系 |

| 教学环节 | 教学目的 | 教学内容 | 教师活动 | 学生活动 | 教学技能 | 设计依据 |
| --- | --- | --- | --- | --- | --- | --- |
| | | 则一定会有$p_3+p_4=p_1$，还有$p_3$小于$p_2$，以及$p_4$小于$p_2$，总的来说有$p_3<p_4<p_1$，$p_3<p_4<p_2$。这时候我们先隐去我们得到的编码，仅看字母频率$p_2$,$p_3$和$p_4$与这棵二元树的关系。我们可以从这棵树里面发现代表最小的两个频率的结点在这棵树的最下方，他们的父节点代表的频率是这两个频率之和，再由这个父节点和另外一个结点连起来构成整个二元树，从而得到编码。那我们设想一下构造这个树的过程，是不是有可能是这样一种步骤，首先画两个结点，给这两个结点赋一个数值属性分别为$p_3$和$p_4$，把它们两连起来做出父节点，令父节点的数值属性为$p_3+p_4$，再以$p_3+p_4$，$p_2$为子节点，连接画出父节点，该父节点的数值属性为$p_2+ p_3+p_4$。然后我们就可以发现，这样构造出来的恰好是我们需要的二元树。<br>（板书设计三）<br>（附录7） | | | | |

| 教学环节 | 教学目的 | 教学内容 | 教师活动 | 学生活动 | 教学技能 | 设计依据 |
|---|---|---|---|---|---|---|
| 以含四个字母的文档为例，验证解决思路的正确性 | 帮助学生理解解决方案的可行性，提高学习兴趣 | 那么我们这个思想是否可以推广到更多字母的情况下呢？来看文本中有四个字母的情况，就是我们一开始举的例子。当时我们给出了这样一组编码，使得传输100个字母所需的二进制位从200降为175。我们现在用刚才的构造树的思想看看能否推导出这一组编码。首先选取两个最小的频率5%和20%，合成为25%，再从{25%，25%，50%}这个集合中选取两个最小的，即25%，25%合成一个父节点50%，再从{50%，50%}这个集合中选取两个最小的结点合成父结点100%。然后再来看由这棵二元树得到的前缀码，恰好是我们前面需要的四个编码，依据频率这四个编码分别对应ABCD。<br>（附录8） | 以稍难的例子帮助学生验证以上提出的解决思路 | 验证解决方案 | 分析技能<br>演示技能 | 从心理学角度，让学生发现自己的解决方案能够解决问题，提高学习兴趣 |

| 教学环节 | 教学目的 | 教学内容 | 教师活动 | 学生活动 | 教学技能 | 设计依据 |
| --- | --- | --- | --- | --- | --- | --- |
| 推广到一般情况 | 让学生体会把思路转化为纸上文字的技巧，体会数学语言的美 | 事实上，这就是著名的哈夫曼算法，所以说也许你也可以想到。哈夫曼是用这样几句话来描述哈夫曼算法的，我们明白了哈夫曼思想的算法之后，应该欣赏并学习一下算法描述语言。在哈夫曼算法中，把刚才的频率称为权值。第一步，称为初始化，令 $P=\{p_1,p_2,\cdots,p_n\}$。第二步，从 $P$ 中选取两个最小的权，画结点 $v_i$ 和 $v_j$，画 $v_i$ 和 $v_j$ 的父亲，令 $v$ 的权值为 $p_1+p_2$。第三步，形成新的结点集合，$P=(\{p_1,p_2,\cdots,p_n\}-\{p_i,p_j\})\cup\{p_i+p_j\}$，最后一步是算法的结束判断，判断是否只有一个元素。若是，则停止，否则转第二步。整个这个过程就是著名的哈夫曼算法，是哈夫曼在读博士的时候为完成课后作业提出来的，并且他创造的这个算法远超过他的导师提出的算法。<br>（附录9） | 讲解一般性算法 | 理解一般性算法 | 总结技能<br>分析技能<br>演示技能 | 提高学生的数学语言描述问题的能力 |

| 教学环节 | 教学目的 | 教学内容 | 教师活动 | 学生活动 | 教学技能 | 设计依据 |
| --- | --- | --- | --- | --- | --- | --- |
| 以无损压缩为实例，帮助学生进一步理解 | 提高学生对实际问题的理解 | 哈夫曼算法的应用非常广泛，我们经常使用的压缩软件Winzip，Winrar在对文件进行压缩采用的主要算法之一就是哈夫曼算法。我们在使用这些软件对文件进行压缩的时候可以毫无损失的解压，这就是无损压缩。那么这些软件是如何实现文件的无损压缩的呢？我们以一个文本压缩为例，来解释一下基于哈夫曼算法的无损压缩。<br>（附录10）<br>首先，是统计步骤。读入源文件，统计字符出现的次数，根据权重进行从大到小的排序。比如说这是读入的文本，统计出其中abcd四种字符出现的次数。如果采用普通的存储方法，则一个字符需要用8个二进制位，也就是8个bit，总共需要208个bit存储这些字符。<br>（附录11） | 解释实际问题 | 理解实际问题 | 分析技能<br>演示技能 | 以实际生活中的问题加深学生对本节课内容的印象 |

| 教学环节 | 教学目的 | 教学内容 | 教师活动 | 学生活动 | 教学技能 | 设计依据 |
| --- | --- | --- | --- | --- | --- | --- |
| | | 第二步，以字符出现的频率，也就是权重为依据建立哈夫曼树。第三部，依据哈夫曼树，给出编码。这个时候我们再计算一下，发现已经可以从208个字符降为58个字符了。<br>（附录12）<br>当然，既然是无损压缩，软件还需要能够实现对压缩后文件的完全还原。因为已经构造了哈夫曼树，所以压缩软件就会存储好前缀码{000,001,01,1}，然后给出压缩后的编码，依据前缀码就可以唯一的写出原来的文本。<br>（附录13） | | | | |

| 教学环节 | 教学目的 | 教学内容 | 教师活动 | 学生活动 | 教学技能 | 设计依据 |
| --- | --- | --- | --- | --- | --- | --- |
| 总结 | 对今天的内容进行总结 | 以上就是我们今天要讲的全部内容，首先我们从计算机及通讯领域的实际需求——优化传输量出发，提出一种变码长的编码策略，及出现频率高的字符用较长的码字，出现频率低的字符用较短的码字。然后依据这一策略，提出了前缀码的概念和哈夫曼算法，实现了计算机通讯中的压缩传输。完全相同的思路也可以用于无损压缩，这一压缩技术真是我们日常使用的winzip，winrar中的核心算法。（附录14）<br>事实上，不论是通讯中的压缩编码还是无损压缩，它们的核心思想都是要构造一棵二元树。这棵二元树的叶子结点是带权的，这个权值可以是我们这节课说的频率。若把树叶的层高记为$L(t_i)$，则记树叶的权值和树叶的层高的乘积之和为这个树的权，把所有以这些权值为树叶的二元树中具有最小权的二元树称为最优树 | 总结内容，加深影响 | 总结今天学习到的知识 | 总结技能<br>演示技能 | 小结整理，引出新知识 |

| 教学环节 | 教学目的 | 教学内容 | 教师活动 | 学生活动 | 教学技能 | 设计依据 |
| --- | --- | --- | --- | --- | --- | --- |
| | | 事实上，哈夫曼算法构建的二元树就是最优树，我们下节课将证明这一点。<br>（附录15）<br>本节课内容结束，谢谢！ | | | | |

| | |
|---|---|
| **课堂小结** | 你的收获是什么<br>（1）掌握前缀以及前缀码的概念；<br>（2）掌握由哈夫曼算法构造前缀码的方法；<br>（3）了解基于哈夫曼算法的无损压缩机理；<br>（4）应用已有知识解决实际问题 |
| **课后思考** | 课题：<br>为什么哈夫曼算法构造出来的哈夫曼树是最优树? |
| **板书设计** | 前缀码和哈夫曼算法（注：板书设计二）<br>（1）板书设计一<br>001000<br>（2）板书设计三 |
| **教学反思** | 无损压缩编码是计算机及通讯领域中应用十分广泛的方法。若直接给出前缀码的概念以及哈夫曼算法，学生可以接受并会应用，但是却难以理解这些经典算法的萌生过程，听起来乏味缺少吸引力。这次课程的设计以启发式讨论为主，给出解决思路，讨论存在问题，诱导学生思考设计算法前应做的思考，如何给出相关定义，如何设计算法，如何解决实际问题，最后了解从算法中引出的数学概念——最优树。但是本节课涉及的概念较多，在教学过程中留给学生思考的时间较短，需要学生仔细聆听，快速理解。 |

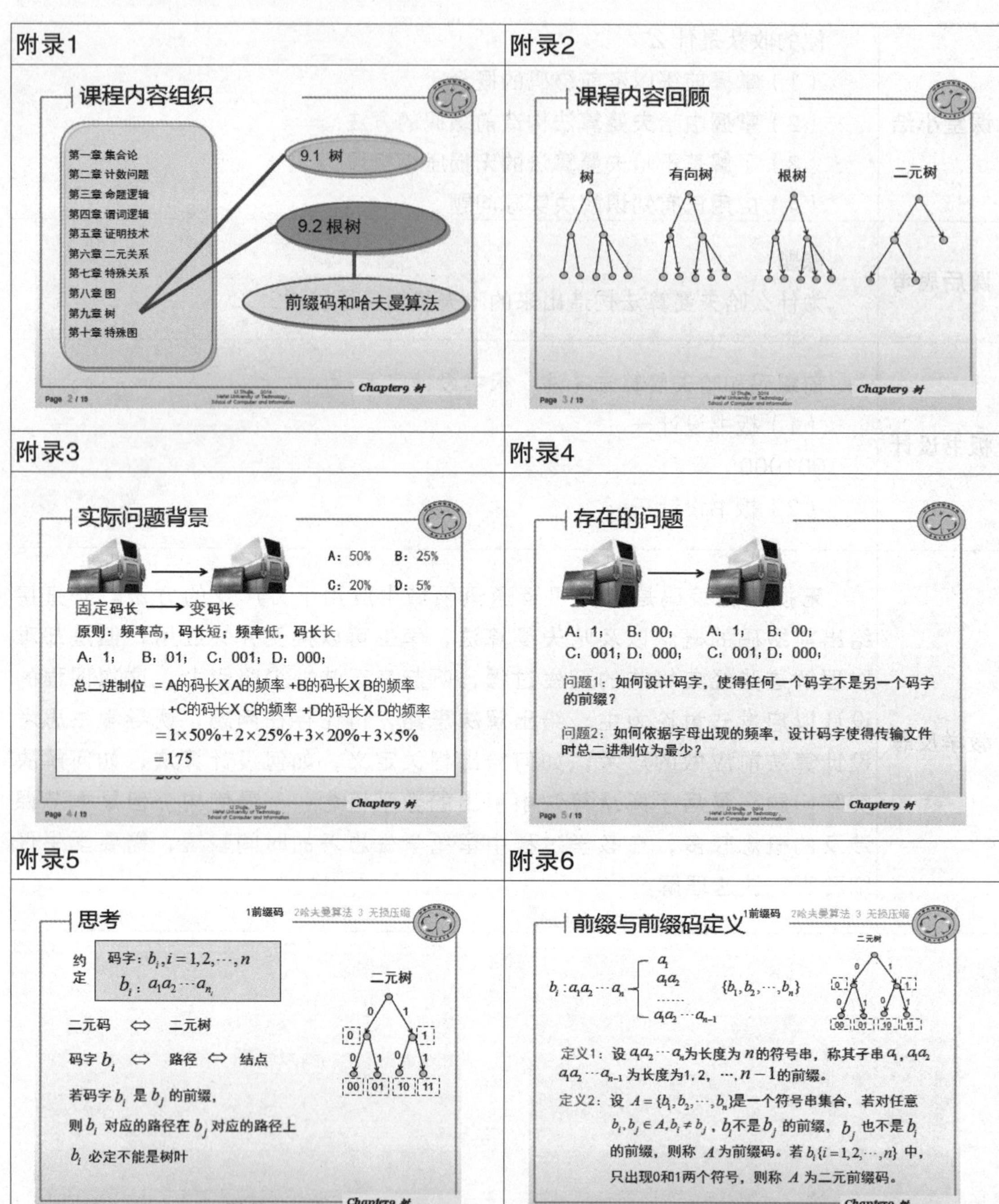
附录1
课程内容组织
第一章 集合论
第二章 计数问题
第三章 命题逻辑
第四章 谓词逻辑
第五章 证明技术
第六章 二元关系
第七章 特殊关系
第八章 图
第九章 树
第十章 特殊图
9.1 树
9.2 根树
前缀码和哈夫曼算法
Chapter9 树
附录2
课程内容回顾
树
有向树
根树
二元树
Chapter9 树
附录3
实际问题背景
A：50%　B：25%
C：20%　D：5%
固定码长 → 变码长
原则：频率高，码长短；频率低，码长长
A：1；　B：01；　C：001；D：000；
总二进制位 = A的码长X A的频率 +B的码长X B的频率
+C的码长X C的频率 +D的码长X D的频率
=1×50%+2×25%+3×20%+3×5%
=175
Chapter9 树
附录4
存在的问题
A：1；　B：00；　A：1；　B：00；
C：001；D：000；　C：001；D：000；
问题1：如何设计码字，使得任何一个码字不是另一个码字的前缀？
问题2：如何依据字母出现的频率，设计码字使得传输文件时总二进制位为最少？
Chapter9 树
附录5
思考
1前缀码　2哈夫曼算法　3 无损压缩
约定
码字：$b_i, i=1,2,\cdots,n$
$b_i$：$a_1a_2\cdots a_{n_i}$
二元码 ⇔ 二元树
码字 $b_i$ ⇔ 路径 ⇔ 结点
若码字 $b_i$ 是 $b_j$ 的前缀，
则 $b_i$ 对应的路径在 $b_j$ 对应的路径上
$b_i$ 必定不能是树叶
二元树
0　1　00　01　10　11
Chapter9 树
附录6
前缀与前缀码定义
1前缀码　2哈夫曼算法　3 无损压缩
$b_i: a_1a_2\cdots a_n$
$a_1$
$a_1a_2$
......
$a_1a_2\cdots a_{n-1}$
$\{b_1, b_2, \cdots, b_n\}$
二元树
0　1　00　01　10　11
定义1：设 $a_1a_2\cdots a_n$ 为长度为 $n$ 的符号串，称其子串 $a_1$，$a_1a_2$，…，$a_1a_2\cdots a_{n-1}$ 为长度为1，2，…，$n-1$ 的前缀。
定义2：设 $A=\{b_1, b_2, \cdots, b_n\}$ 是一个符号串集合，若对任意 $b_i, b_j \in A, b_i \neq b_j$，$b_i$ 不是 $b_j$ 的前缀，$b_j$ 也不是 $b_i$ 的前缀，则称 $A$ 为前缀码。若 $b_i (i=1,2,\cdots,n)$ 中，只出现0和1两个符号，则称 $A$ 为二元前缀码。
Chapter9 树

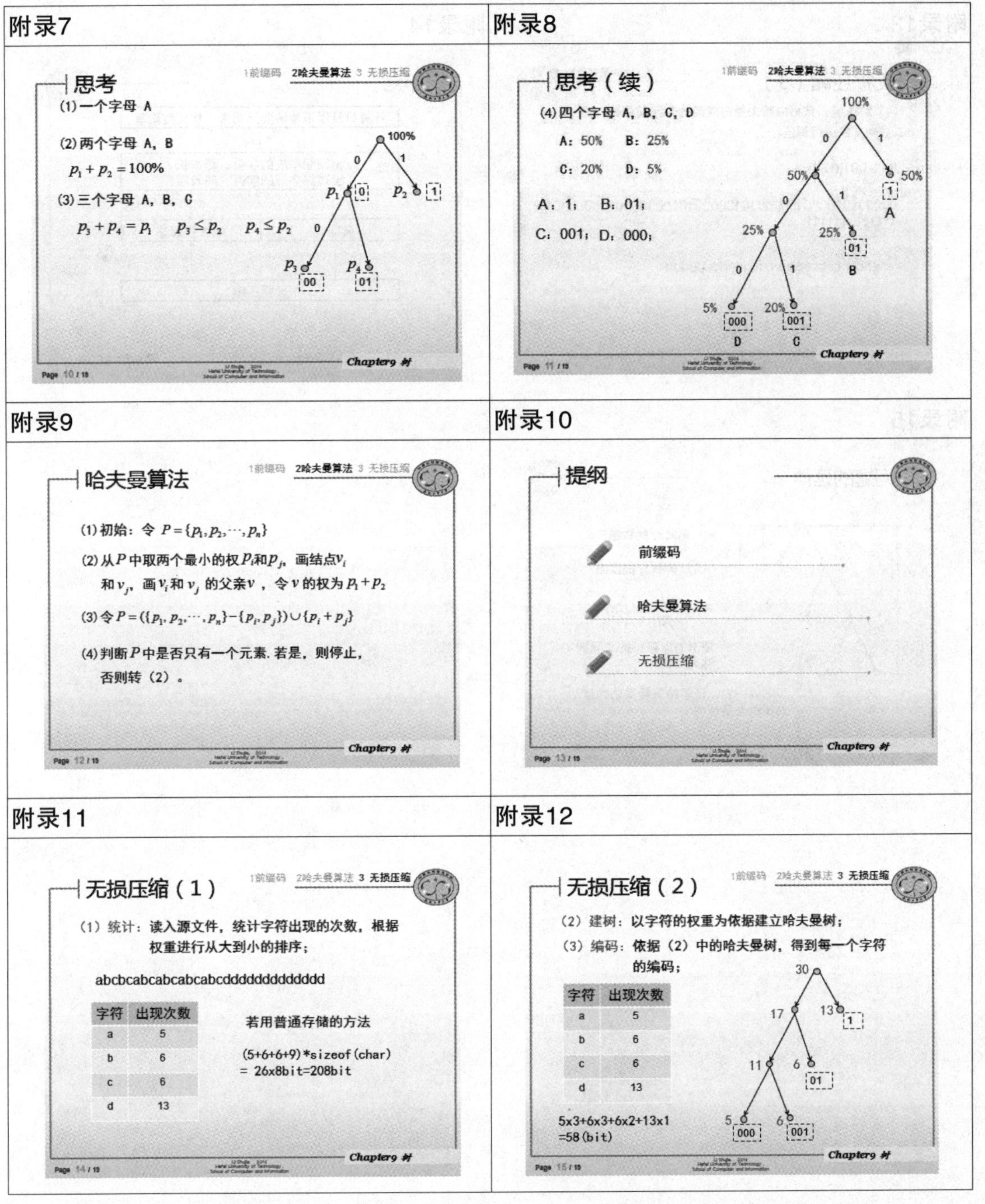
附录7
1前缀码 2哈夫曼算法 3 无损压缩
思考
(1)一个字母 A
(2)两个字母 A，B
$p_1+p_2=100\%$
(3)三个字母 A，B，C
$p_3+p_4=p_1$ $p_3\le p_2$ $p_4\le p_2$
100%
0
1
$p_1$ 0
$p_2$ 1
0
$p_3$ 00
$p_4$ 01
Chapter9
附录8
1前缀码 2哈夫曼算法 3 无损压缩
思考（续）
(4)四个字母 A，B，C，D
A：50% B：25%
C：20% D：5%
A：1；B：01；
C：001；D：000；
100%
0
1
50%
1
50%
A
0
1
25%
25%
01
B
0
1
5%
20%
000
001
D
C
Chapter9
附录9
1前缀码 2哈夫曼算法 3 无损压缩
哈夫曼算法
(1)初始：令 $P=\{p_1,p_2,\cdots,p_n\}$
(2)从$P$中取两个最小的权$p_i$和$p_j$，画结点$v_i$和$v_j$，画$v_i$和$v_j$的父亲$v$，令$v$的权为$p_i+p_j$
(3)令$P=(\{p_1,p_2,\cdots,p_n\}-\{p_i,p_j\})\cup\{p_i+p_j\}$
(4)判断$P$中是否只有一个元素.若是，则停止，否则转（2）。
Chapter9
附录10
提纲
前缀码
哈夫曼算法
无损压缩
Chapter9
附录11
1前缀码 2哈夫曼算法 3 无损压缩
无损压缩（1）
（1）统计：读入源文件，统计字符出现的次数，根据权重进行从大到小的排序；
abcbcabcabcabcabcdddddddddddddd
字符 出现次数
a 5
b 6
c 6
d 13
若用普通存储的方法
(5+6+6+9)*sizeof(char)
= 26x8bit=208bit
Chapter9
附录12
1前缀码 2哈夫曼算法 3 无损压缩
无损压缩（2）
（2）建树：以字符的权重为依据建立哈夫曼树；
（3）编码：依据（2）中的哈夫曼树，得到每一个字符的编码；
字符 出现次数
a 5
b 6
c 6
d 13
5x3+6x3+6x2+13x1
=58(bit)
30
17
13
1
11
6
01
5
6
000
001
Chapter9

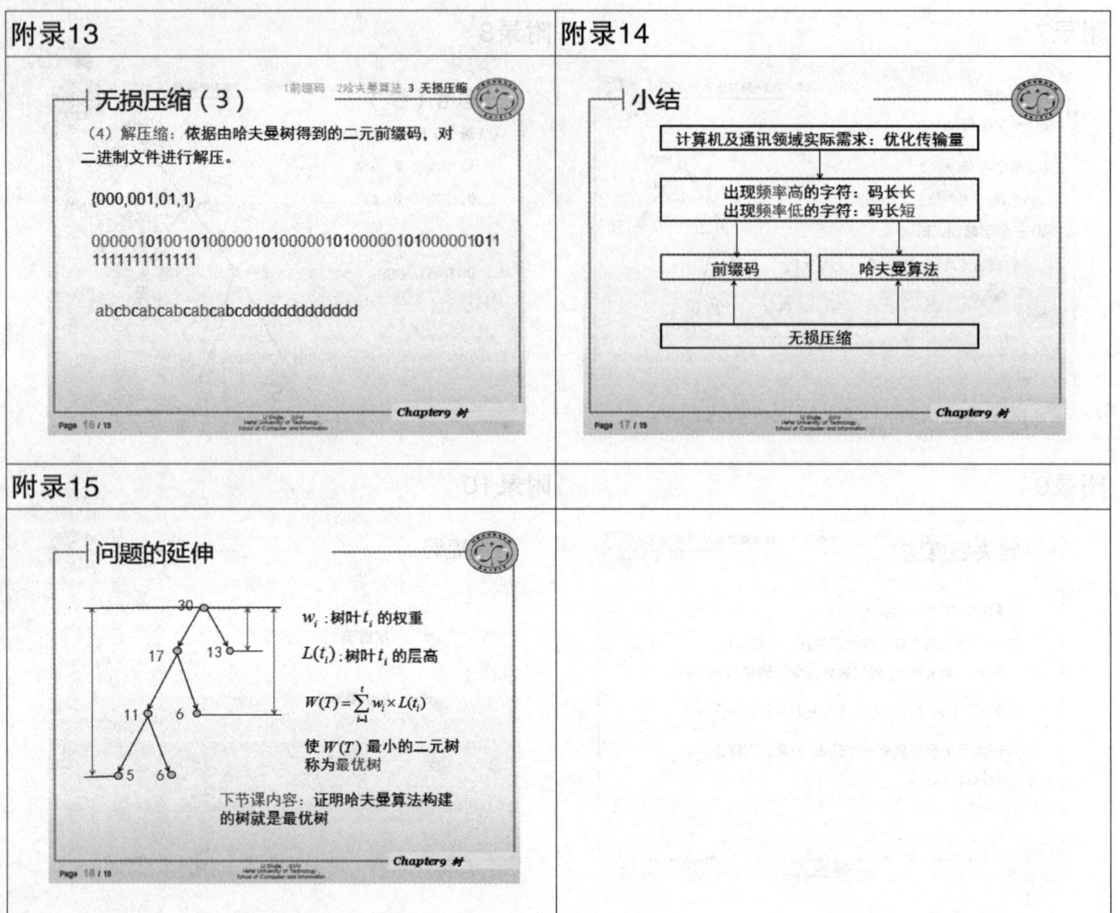
附录13
无损压缩（3）
1前缀码 2哈夫曼算法 3 无损压缩
（4）解压缩：依据由哈夫曼树得到的二元前缀码，对二进制文件进行解压。
{000,001,01,1}
00000101001010000010100000101000001010000010111111111111111
abcbcabcabcabcabcddddddddddddd
Chapter9 树
附录14
小结
计算机及通讯领域实际需求：优化传输量
出现频率高的字符：码长长
出现频率低的字符：码长短
前缀码
哈夫曼算法
无损压缩
Chapter9 树
附录15
问题的延伸
30
17
13
11
6
5
6
$w_i$：树叶$t_i$的权重
$L(t_i)$：树叶$t_i$的层高
$W(T)=\sum_{i=1}^{t} w_i \times L(t_i)$
使$W(T)$最小的二元树称为最优树
下节课内容：证明哈夫曼算法构建的树就是最优树
Chapter9 树

# 《光学系统中的光束限制》教学设计教案

樊　宏
仪器科学与光电工程学院

**科目名称：**《应用光学》

章节名称：第四章《光学系统中的光束限制》

**主要的教学技能：**综合技能

**知识与技能：**理解了光阑的基本定义和分类。掌握孔径光阑的基本特性，以及如何在光学系统中确定孔径光阑的方法。通过已学过的知识，分析孔径光阑在光学系统中的作用和对光束限制的特点，理解了景深和焦深的概念，认识了远心光路，了解其光学特性及其应用的光学领域。

**过程与方法：**讲授法为主，讨论启发式教学。逐步延伸新知识，提出新问题，引导学生思考，利用已知背景知识分析解决新问题。

**情感态度与价值观：**培养学生的专业技术分析能力、专业素养及应用理论知识解决问题的能力，学会如何正确理解光阑的概念，并分析光阑在光学系统中的作用，尤其是孔径光阑。通过对景深和焦深的学习，以及远心光学系统的探讨，了解孔径光阑在实际光学系统中的应用，理论与实际相结合，培养光学设计的基本理念。

**教学重点：**光阑的定义，孔径光阑的特性，确定孔径光阑的方法，景深和焦深的概念，远心光路特性及应用。

**教学难点：**如何在光学系统中确定孔径光阑，景深和焦深的概念，远心光路特性及应用。

**教学参考资料:**

（1）胡玉禧．应用光学，合肥：中国科学技术大学出版社，2009

（2）李晓彤，岑兆丰．几何光学.像差.光学设计．杭州：浙江大学出版社，2003

| 教学环节 | 教学目的 | 教学内容 | 教师活动 | 学生活动 | 教学技能 | 设计依据 |
|---|---|---|---|---|---|---|
| 导入回顾 | 创设问题情境，激发学习兴趣，引发探究欲望 | 同学们，前面已经分别研究了共轴球面系统和平面镜棱镜系统的成像性质。实际的光学系统都是由若干透镜组合平面镜棱镜系统组成的，每个光学零件都是有一定的大小的，能够进入系统成像的光束总是有一定限度的。<br>在设计光学系统时，应按其用途、要求，使在成像范围内的各点以一定立体角的光束通过光学系统成像。<br>这就是一个如何合理地限制光束的问题。<br>用于限制光束立体角的光学零件称为光阑。<br>（见附录2） | 带领学生回顾知识，发现不足，生成新问题。形成新旧知识的链接 | 观看PPT，回顾已学知识，思考问题 | 导入技能<br>演示技能（PPT） | 根据教学内容安排，新旧知识对比中形成新问题 |

| 教学环节 | 教学目的 | 教学内容 | 教师活动 | 学生活动 | 教学技能 | 设计依据 |
|---|---|---|---|---|---|---|
| 引出新知识点 | 引入新概念，引导学生开始新知识的学习 | 从定义、组成和分类的角度清晰地说明光阑的概念（见附录3） | 普及几个基本的概念，粗线条地进行阐述 | 听讲思考，理顺思路 | 导入技能<br>提问技能<br>演示技能（PPT） | 回忆已学知识，便于接受新内容 |

| 教学环节 | 教学目的 | 教学内容 | 教师活动 | 学生活动 | 教学技能 | 设计依据 |
| --- | --- | --- | --- | --- | --- | --- |
| 引出新课（提出本节课需要解决的问题） | 点出本次课程的重点内容，并以生活中的照相机为例，引起学生的兴趣和求知欲 | 我们这次课程将详细介绍孔径光阑的特点及其它的应用。孔径光阑的定义是：限制轴上物点成像光束立体角（锥角）的光阑。也就是起到决定能通过光学系统的光能（即像平面照度）作用的光阑。以普通照相机来说明光阑<br>（见附录4） | 引导学生思考目前需要解决的关键是哪些？形成本节课的内容框架 | 观看PPT，对生活中熟悉的事物进行思索。头脑风暴 | 导入技能<br>演示技能 | 从心理学角度，根据学生特点，激发学生学习兴趣 |

| 教学环节 | 教学目的 | 教学内容 | 教师活动 | 学生活动 | 教学技能 | 设计依据 |
| --- | --- | --- | --- | --- | --- | --- |
| 提出问题一，分析问题 | 展示镜头光圈的内部结构，引发学生思考，围绕问题展开探索研究<br>提出问题，让学生利用已经具备的知识，分析问题一，循序诱导找出解决问题的关键。<br>引入基本概念的定义 | 大家可以看到，这就是照相机中孔径光阑的模样。它就是一个直径可以伸缩的圆铁片。通常，我们对这个圆铁片成为光圈，用光圈数F的数值来表示其直径的大小。这个光圈在照相过程中很重要，会影响到我的成像。在课程中，我们会详细介绍它的作用。<br>（见附录5）<br>在光学系统中有那么的多的开孔框或者光学元件的外框，究竟哪一个才是我们的孔径光阑，限制了我们的入射光束的张角呢？下面我们将从双光阑系统和三光阑系统中体会怎样确定光学系统的孔径光阑。<br>（见附录6和附录7） | 以照相机光圈的各种图示为例，给光阑这样的文字概念一个直观的认识，按图讲解分析孔径光阑的找寻。<br>引入基本概念的定义 | 听讲，思考。对所提出的问题引起重视，并为后面的知识学习打下伏笔。<br>看图，听讲，在老师引导下思考，理解原理<br>结合之前的示例和所学知识，理解基本概念 | 导入技能<br>提问技能<br>演示技能（PPT）<br>演示技能（PPT）<br>讲解技能<br>演示技能（PPT）<br>讲解技能 | 引导—探究式的教学模式<br>选择多媒体手段突出教学内容 |

| 教学环节 | 教学目的 | 教学内容 | 教师活动 | 学生活动 | 教学技能 | 设计依据 |
| --- | --- | --- | --- | --- | --- | --- |
| 解决问题一 | 点出问题解决的方法，通过举例加深印象，并让学生自己总结实践。 | 确定孔径光阑的方法：将光学系统中所有光学零件的通光孔分别通过其前面的光学零件成像到整个系统的物空间去，系统的入射光瞳必然是其中对物面中心的张角为最小的一个。同理，系统的出射光瞳必然是其中对像面中心的张角为最小的一个。（见附录9，附录10，附录11） | 按图讲解分析，并列举示例，帮助理解。 | 分析例子，思考。 | 导入技能<br>提问技能<br>演示技能（PPT） | 从心理学角度，根据学生特点，激发学生学习兴趣 |

| 教学环节 | 教学目的 | 教学内容 | 教师活动 | 学生活动 | 教学技能 | 设计依据 |
| --- | --- | --- | --- | --- | --- | --- |
| | 提出观点，引起学生反思，并重新回顾刚刚所学的知识，加深印象。 | 在孔径光阑的判定上应当注意：（1）并非光孔小的就是孔径光阑；（2）并非第一个光孔就是孔径光阑；（3）孔径光阑的位置要依据当时的情况而定，若物体位置变了，则孔径光阑可能会发生改变。（见附录12） | 讲解分析引发学生思考 | 听讲，在老师引导下思考，理解原理 | 演示技能（PPT）讲解技能 | 引导一探究式的教学模式 |
| | 知识承上启下，引出另一个基本概念：主光线 | 现在介绍一个新概念：通过入射光瞳中心的光线称为主光线，由于共轭关系，主光线也必然通过孔径光阑中心和出瞳中心。显然，主光线是各个物点发出的成像光束的光束轴线。光束的孔径角是表征实际光学系统功能的重要性能参数之一。它不但决定了像面的照度，而且还决定了光学系统分辨能力。（见附录13） | 引入基本概念的定义 | 听讲思考，理顺思路 | 演示技能（PPT）讲解技能 | |

| 教学环节 | 教学目的 | 教学内容 | 教师活动 | 学生活动 | 教学技能 | 设计依据 |
| --- | --- | --- | --- | --- | --- | --- |
| | 讲所学的知识普及至广泛的应用领域，并点出评价标准。 | 对于不同类型的光学系统，有不同的表示方法来表征这种孔径角相应的性能参数。显微系统和投影系统的物镜常用$_n\sin_{U max}$表示，被称之为数值孔径，用NA表示。物方孔径角$_{Umax}$越大，其数值孔径也越大，进入系统的光能越多，理论分辨本领越高。<br>（见附录14）<br>望远系统和摄影系统常用相对孔径$A$来表示$A=D/f'$。相对孔径$A$越大，表明能进入系统的光能也越多。<br>（见附录15）<br>而照相机，则常用另一个术语—光阑指数，用$F$来表示，它是相对孔径的倒数，即$F=f'/D=1/A$。$F$俗称光圈，相对孔径越大时，光圈数值愈小。<br>（见附录16） | 提出问题，提示学生回顾以前相关的知识，为下一章显微镜，望远镜的学习打下伏笔 | 听讲分析，根据出现的关键词思考以前学过哪些相关内容 | 演示技能（PPT）讲解技能 | 运用引导--探究式的教学模式进行分析和综合 |

| 教学环节 | 教学目的 | 教学内容 | 教师活动 | 学生活动 | 教学技能 | 设计依据 |
| --- | --- | --- | --- | --- | --- | --- |
| 提出问题二，分析问题 | 又一次照点出光相机概圈的念，并进一步分析光圈对成像的影响，逐步解开讲课刚开始时留下的疑问 | 要弄清楚光圈对成像的影响，我们需要理解景深的概念。在这之前，我们先认识一下对准平面和景像平面。<br>$ab$和$a'b'$的大小和入射光瞳的直径有关，入射光瞳直径减少，弥散斑也随之减少。<br>物空间各空间点的成像，相当于以入射光瞳中心为投影中心，以主光线为投影线，将各点投影到对准平面上后，再成像到景象平面上。<br>或者在像空间以出射光瞳中心为投影中心，各空间像点沿主光线投影到景象平面上，即是空间物点的平面像。（见附录17）<br>任何光接收器都不能接受到真正的几何像点，且分辨本领也不一样，因此只要像的弥散斑足够小并能满足接受器的分辨本领，就可人为这个弥散斑是一个点。一个光学系统是能对空间物体成一个清晰的平面像。能在像平面上获得清晰像并沿光轴方向的物空间深度称为成像空间深度(景深)。（见附录18）<br>将图中的各个参量标示出来，理解景深和焦深分别所指的是哪些参量的代数和。（见附录19–24） | 引导学生回顾，进一步探究孔径光阑在照相机光学系统中的奥秘 | 听讲，思考，应用刚刚讲解的相关知识去分析光学现象，掌握基本原理 | 演示技能（PPT）<br>提问技能<br>讲解技能 | 运用引导－－探究式的教学模式进行分析和综合 |

| 教学环节 | 教学目的 | 教学内容 | 教师活动 | 学生活动 | 教学技能 | 设计依据 |
|---|---|---|---|---|---|---|
| 解决问题二 | 对景深和焦深这两个概念进行总结，找出他们的区别与联系，加深学生对这一知识的认识。 | 景深和焦深都是能够获得清晰成像的一段空间范围。<br>景深指的是物空间的深度，焦深指的是像空间的深度，<br>这两个概念都是由孔径光阑引入而产生的，随着孔径光阑尺寸的减小，景深和焦深都相应加大；反之，孔径光阑尺寸加大，景深和焦深都变小（见附录24） | 引导学生对景深和焦深的概念进行总结，加强新知识点理解 | 听讲，思考，总结，归纳 | 演示技能（PPT）<br>提问技能<br>讲解技能<br>归纳技能 | 运用引导－－探究式的教学模式进行分析和综合 |

| 教学环节 | 教学目的 | 教学内容 | 教师活动 | 学生活动 | 教学技能 | 设计依据 |
| --- | --- | --- | --- | --- | --- | --- |
| 提出问题三分析问题 | 引出另一种典型的应用，引导学生在这一知识领域里的更深层思考和感悟 | 孔径光阑在光学系统中还有一种常见的应用形式：远心光路。又分为物方远心光路和像方远心光路。<br>在光学仪器中，很大一部分仪器用来测量长度。一类仪器是光学系统有一定放大率，使被测物的像和标准刻尺相比，求被测物体的长度，如工具显微镜等计量仪器。<br>另一类仪器是把一标尺放在不同的位置，光学系统改变放大率，使标尺的像等于一个已知值，来求仪器到标尺间距离，如大地测量仪器中的视距测量。<br>（见附录25 | 提出新的问题，引发学生思考，再进行知识的梳理和讲解 | 听讲，在老师引导下思考，看到新问题所在 | 提问技能<br>讲解技能 | 引导—探究式的教学模式 |

| 教学环节 | 教学目的 | 教学内容 | 教师活动 | 学生活动 | 教学技能 | 设计依据 |
| --- | --- | --- | --- | --- | --- | --- |
| | | 在工具显微镜光学系统的实像平面上，放置已知刻度值的透明刻尺（称为分划板），分划板上刻尺的格值已考虑了物镜的放大率，按此方法测量，刻尺与物镜之间的距离应保持不变，使物镜的放大率保持常数。<br>这种测量方法的测量精度在很大程度上取决于像平面与刻尺平面的重合程度。（见附录26）<br>像平面与分划板不重合的现象称为视差。<br>由于视差而引起长度测量误差可由下图来说明。<br>（见附录27） | 图解分析，依据实际应用，引发学生思考，理解新问题的重要性 | 听讲，在老师引导下思考，进一步理解新问题的重要性 | 演示技能（PPT）<br>提问技能<br>讲解技能 | 引导一探究式的教学模式 |

| 教学环节 | 教学目的 | 教学内容 | 教师活动 | 学生活动 | 教学技能 | 设计依据 |
|---|---|---|---|---|---|---|
| 解决问题三 | 通过图解，清晰的讲解远心光路的构造和应用领域，并举实例说明，使学生对孔径光阑在光学系统中的作用有更直观的认识。 | 为了减少视差对测量精度的影响，可以由控制主光线的方向来达到。<br>（见附录28）<br>由于入瞳在无限远处，物方主光线平行于光轴的光学系统，故称为物方远心光路。在大多数的计量光学仪器中，其孔径光阑（或出瞳）常安置在显微镜物镜或投影物镜像方焦平面上以形成物方远心光路以提高观测精度。<br>在光学仪器中常采用另一种光路→像方远心光路。它是孔径光阑（或入瞳）安置在整个光组的物方焦平面上形成的（见附录29）<br>这种光学系统因为出瞳位于像方无限远处，平行于光轴的像方主光线在无限远处会聚于出瞳中心，因此称为像方远心光路。<br>（见附录30）<br>像方远心光路常用在大地测量仪器（光组为望远镜系统）中以提高测距精度。<br>这种光路也常用在照明系统中，以使它与成像系统的物方远心光路相配合。（见附录31）<br>以下是远心光路构成的镜头，以及未使用远心镜头和使用远心镜头在读数时的效果比较。<br>（见附录32–34） | 继续用图解的方式讲解应用，加强学生对孔径光阑在光学系统中作用的理解 | 听讲，思考，在老师的引导下，逐步找出问题的解决方案 | 演示技能（PPT）<br>提问技能<br>讲解技能 | 引导—探究式的教学模式 |

| 教学环节 | 教学目的 | 教学内容 | 教师活动 | 学生活动 | 教学技能 | 设计依据 |
| --- | --- | --- | --- | --- | --- | --- |
| | | | | | | |
| 总结，提出课后练习要求 | 结束课程，提出课后练习的要求 | 那么，今天的课程就讲到这里，请同学们课后再复习一下孔径光阑的基本特性，并且寻找一下你熟悉的光学系统中的孔径光阑是哪一个。<br>（见附录35） | 结束课程，提出课后练习的要求 | 回顾上课的知识，完成课后练习 | | 小结整理，提出课后练习要求 |

| | |
|---|---|
| 课堂小结 | 你的收获是什么<br>（1）理解了光阑的基本定义和分类；<br>（2）掌握了孔径光阑的特点，以及如何在光学系统中确定孔径光阑的方法；<br>（3）例举了孔径光阑在光学系统中的应用实例，加深了对其特性的理解 |
| 课后思考 | 还有哪些大家熟知的典型光学系统？尝试在其中的找出孔径光阑，并理解其在光学系统中所起的作用，对成像效果的影响。 |
| 板书设计 | |
| 教学反思 | （1）光阑这一限制光束的光学零件，本身并不如透镜，或者棱镜那样直观，如果仅以光路图分析，讲解会显得乏味枯燥，缺乏吸引力。这次课程的设计由生活中常见的照相机为例，引入光阑的概念，提起学生的兴趣，并且可以先直观的理解一下光阑，再进一步引导学生挖掘更深层的内容，理解光阑的作用和特性，尤其是孔径光阑，逐步导入专业知识学习的领域。之后继续延伸知识，从更专业的角度，分析孔径光阑的特性，理解景深和焦深的概念，让学生自己发掘解决方案，理解课程开始时留下的照相机中光圈与光阑的关系，前后呼应，让学生获得成就感。为了加深学生对孔径光阑的理解，并与实际光学系统有很好的衔接，在课程中，加入了远心光学系统的学习，分析其结构特点，引导学生用已学过的知识理解孔径光阑在其中所发挥的作用，了解它是如何解决光学测量中视差所引起的测量误差。课程中设计的每一个研究的问题，都充分挖掘其营养，从多角度展开引导学生思考，调动了学生的发散思维。每一个问题都是学生经过思考、讨论解决的，而不是直接给予的东西，这有利于对学习活动本身产生兴趣。有了兴趣，即使遇到困难，学生也会去积极克服。<br>（2）我们在课上以生活中可见的实例引入，逐步导入专业知识，激发学生积极的学习态度，但在趣味性上还有所欠缺一点，由于时间关系，给予学生自主探索的时间略少，应该多鼓励学生去探寻更复杂的光学系统中的光阑，显示出学生的主体地位，激发学生学习的兴趣，增强科学研究信心，体验到学以致用的快乐。如果有条件的话，可以让学生在课堂上以自由讨论设计解决方案的方式巩固重点内容，培养解决工程问题的能力。<br>（3）通过多媒体技术掌握科学研究的方法，培养观察能力。训练分析、思维和创造能力，提高科学素养。充分发挥了学生的主动性和创造性 |

附录1

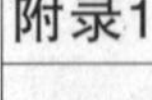

第四章

光学系统中的光阑

2014-10-21 1

附录2

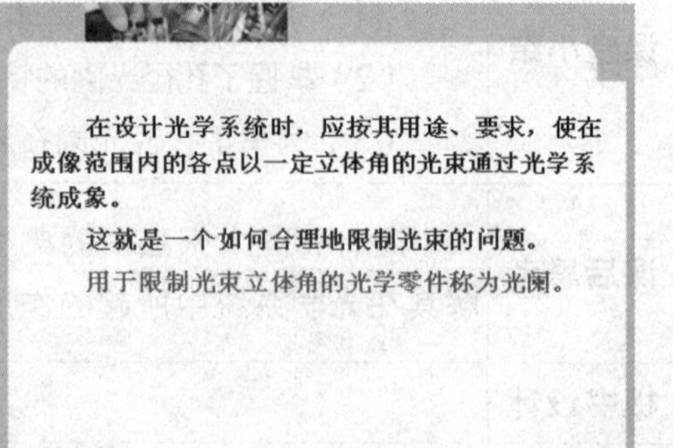


附录3

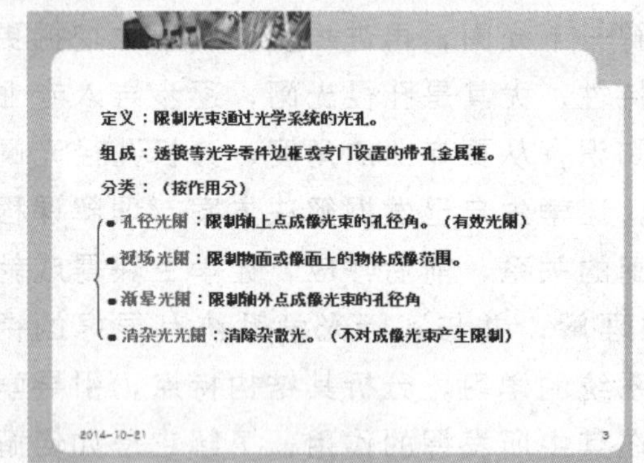


附录4

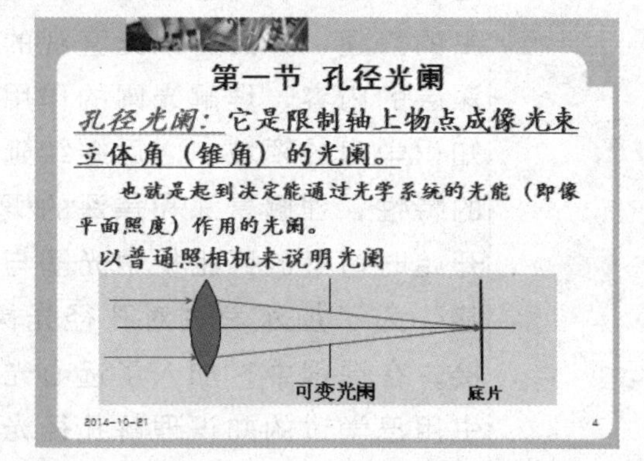


附录5

附录6

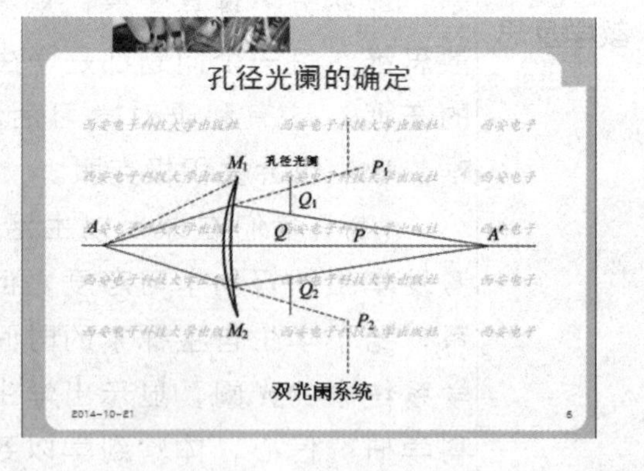

## 附录7

出射光瞳

入射光瞳

$P_1'$ $L_1$ $L_2$ $P_1$

$Q_1$

$-U$ $Q$ $U'$ $y'$

$-y$ $P'$ $P$

$Q_2$

*U— 物方孔径角*

$P_2'$ 孔径光阑 $P_2$

*U'— 像方孔径角*

2014-10-21 三光阑系统 7

## 附录8

### 入瞳与出瞳的定义

- 如果光阑在整个光学系统的像空间，那么它本身也就是出射光瞳；
- 反之，若在物空间，它就是入射光瞳
- 入瞳与出瞳对整个光学系统是*共轭*的。

2014-10-21 8

## 附录9

### 确定孔径光阑的方法

将光学系统中所有光学零件的通光孔分别通过其前面的光学零件成像到整个系统的物空间去，系统的入射光瞳必然是其中对物面中心的张角为最小的一个。

同理，系统的出射光瞳必然是其中对像面中心的张角为最小的一个。

2014-10-21 9

## 附录10

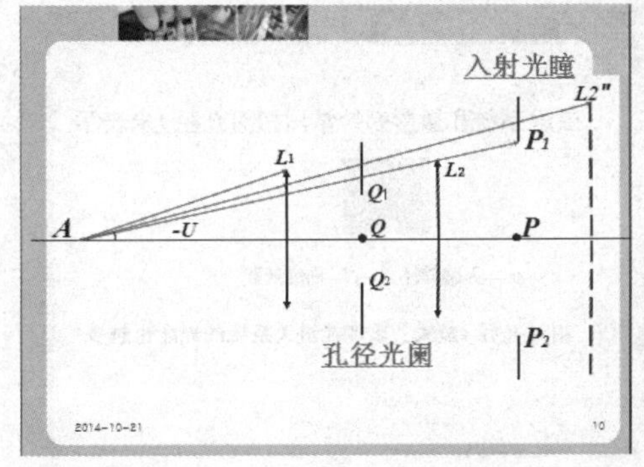


## 附录11

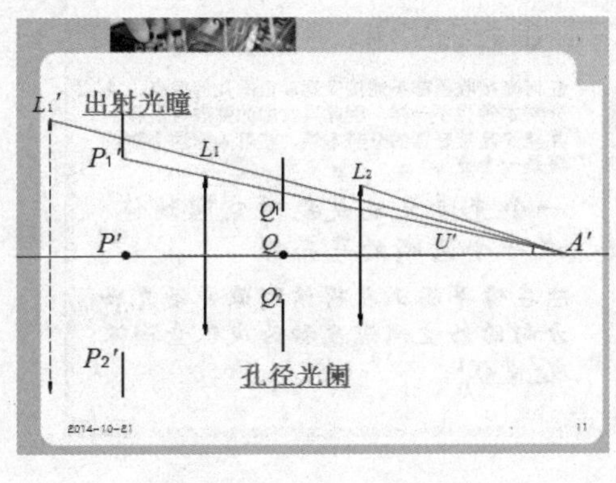


## 附录12

在孔径光阑的判定上应当注意：

- 1，并非光孔小的就是孔径光阑
- 2，并非第一个光孔就是孔径光阑
- 3，孔径光阑的位置要依据当时的情况而定，若物体位置变了，则孔径光阑可能会发生改变。

2014-10-21 12

## 附录13

***通过入射光瞳中心的光线称为主光线***

- 由于共轭关系，主光线也必然通过孔径光阑中心和出瞳中心。
    - 显然，主光线是各个物点发出的成像光束的光束轴线。
- 光束的孔径角是表征实际光学系统功能的重要性能参数之一。
- 它不但决定了像面的照度，而且还决定了光学系统分辨能力

2014-10-21　13

## 附录14

对于不同类型的光学系统，有不同的表示方法来表征这种孔径角相应的性能参数

- 显微系统和投影系统的物镜常用$n\sin U_{max}$表示，被称之为数值孔径，用$NA$表示，即

$$NA = n\sin U_{max}$$

- $n$—物方空间的介质折射率。
- 物方孔径角$U_{max}$越大，其数值孔径也越大
- 进入系统的光能越多，理论分辨本领越高

2014-10-21　14

## 附录15

- 望远系统和摄影系统常用相对孔径$A$来表示

$$A = \frac{D}{f'}$$

- $D$—入瞳直径　$f'$—物镜焦距
- 相对孔径$A$越大，表明能进入系统的光能也越多

2014-10-21　15

## 附录16

- 而照相机。则常用另一个术语—光阑指数，用$F$来表示，它是相对孔径的倒数，即

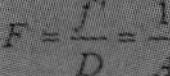

$$F = \frac{f'}{D} = \frac{1}{A}$$

- $F$俗称光圈，相对孔径越大时，光圈数值愈小。

2014-10-21　16

## 附录17

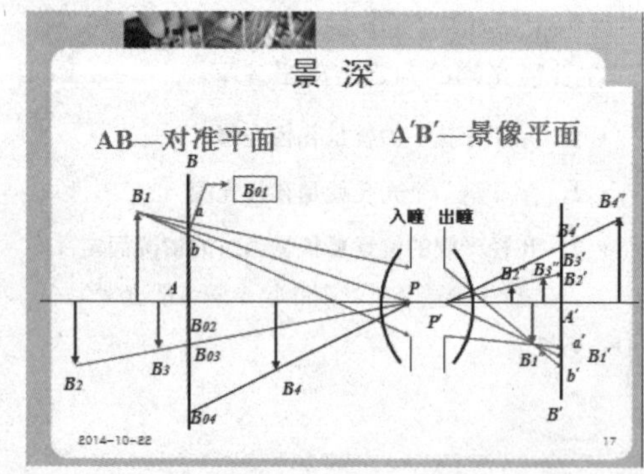


## 附录18

任何光接收器都不能接受到真正的几何像点，且分辨本领也不一样，因此只要像的弥散斑足够小并能满足接受器的分辨本领，就可人为这个弥散斑是一个点

**一个光学系统是能对空间物体成一个清晰的平面像**

**能在像平面上获得清晰像并沿光轴方向的物空间深度称为成像空间深度(景深)**

2014-10-22　18

## 附录19

设在$B_1$点和$B_2$点之间的物空间各点均能在像平面$A'$成清晰像

2014-10-22 19

## 附录20

$\Delta_1=l_1-l$称为后景深；$\Delta_2=l-l_2$称为前景深

总景深$\Delta=\Delta_2-\Delta_1=l_2-l_1$为前后景深之和

2014-10-22 20

## 附录21

A为对准平面，其对应的是景像平面A′

2014-10-22 21

## 附录22

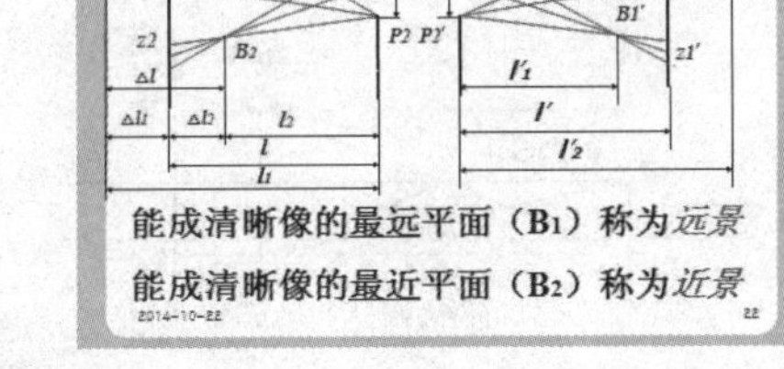


## 附录23

偏离理想像面的$A'_1$面和$A'_2$面之间的距离（$\Delta'_2-\Delta'_1$）就称为焦深

2014-10-22 23

## 附录24

- 景深和焦深都是能够获得*清晰成像*的一段空间范围。
- 景深指的是物空间的深度，焦深指的是像空间的深度，
- 这两个概念都是由孔径光阑引入而产生的，随着孔径光阑尺寸的减小，景深和焦深都相应加大；反之，孔径光阑尺寸加大，景深和焦深都变小

2014-10-22 24

## 附录25

远心光路

- 物方远心光路和像方远心光路
- 在光学仪器中，很大一部分仪器用来测量长度
- 一类仪器是光学系统有一定放大率，使被测物的像和标准刻尺相比，求被测物体的长度，如工具显微镜等计量仪器。
- 另一类仪器是把一标尺放在不同的位置，光学系统改变放大率，使标尺的像等于一个已知值，来求仪器到标尺间距离，如大地测量仪器中的视距测量。

2014-10-22　25

## 附录26

- 在工具显微镜光学系统的实像平面上，放置已知刻度值的透明刻尺（称为分划板）
- 分划板上刻尺的格值已考虑了物镜的放大率
- 按此方法测量，刻尺与物镜之间的距离应保持不变，使物镜的放大率保持常数
- 这种测量方法的测量精度在很大程度上取决于像平面与刻尺平面的重合程度。

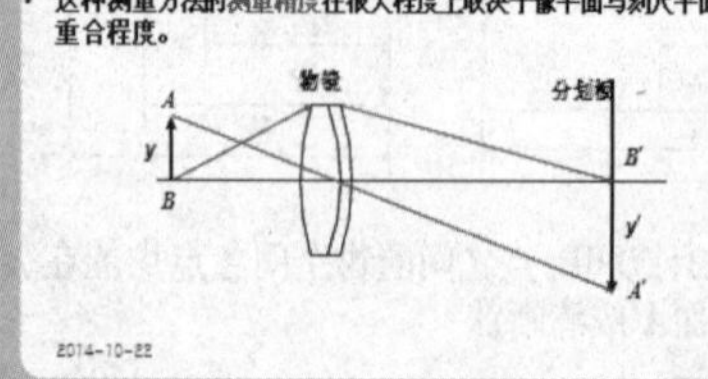


2014-10-22　26

## 附录27

- *像平面与分划板不重合的现象称为视差。*
- 由于视差而引起长度测量误差可由下图来说明。

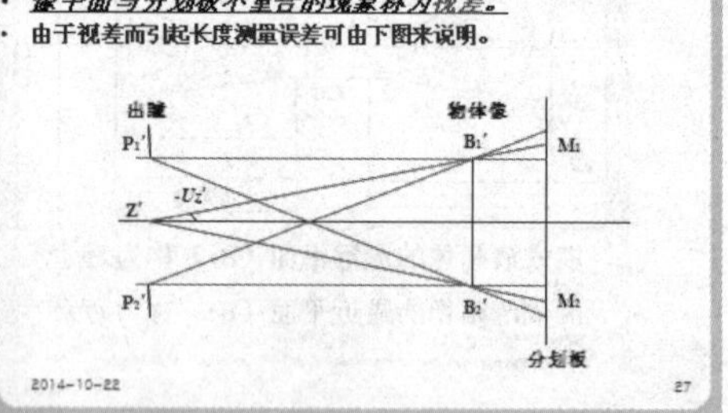


2014-10-22　27

## 附录28

为了减少视差对测量精度的影响，可以由控制主光线的方向来达到。

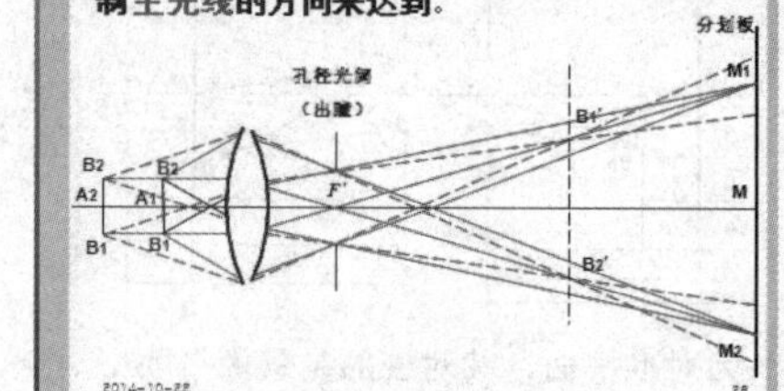


2014-10-22　28

## 附录29

由于入瞳在无限远处，物方主光线平行于光轴的光学系统，故称为物方远心光路。

- 在大多数的计量光学仪器中，其孔径光阑（或出瞳）常安置在显微镜物镜或投影物镜像方焦平面上以形成物方远心光路以提高观测精度。
- 在光学仪器中常采用另一种光路→像方远心光路
- 它是孔径光阑（或入瞳）安置在整个光组的物方焦平面上形成的

2014-10-22　29

## 附录30

这种光学系统因为出瞳位于像方无限远处，平行于光轴的像方主光线在无限远处会聚于出瞳中心，因此称为像方远心光路。

2014-10-22　30

<table>
<tr><td>附录31</td><td>附录32</td></tr>
<tr><td>• 像方远心光路常用在大地测量仪器（光组为望远镜系统）中以提高测距精度。<br><br>• 这种光路也常用在照明系统中，以使它与成像系统的物方远心光路相配合。<br><br>2014-10-22 31</td><td><br>2014-10-22 32</td></tr>
<tr><td>附录33</td><td>附录34</td></tr>
<tr><td>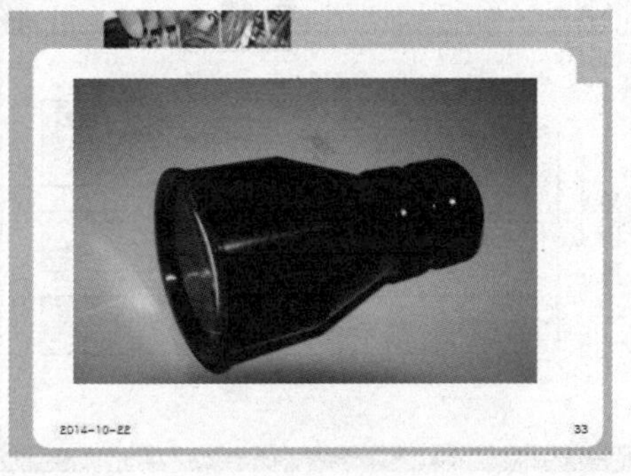<br>2014-10-22 33</td><td>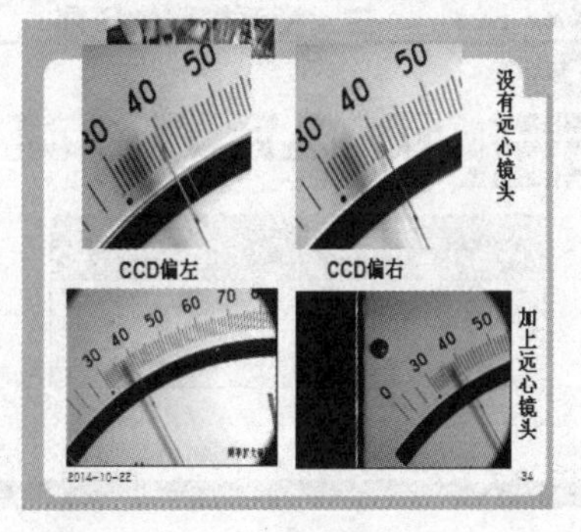<br><br>2014-10-22 34</td></tr>
<tr><td>附录35</td><td></td></tr>
<tr><td>课后练习：<br>1，复习孔径光阑的基本特性；<br>2，寻找一下你熟悉的光学系统中的孔径光阑是哪一个；<br>3，练习在多透镜组合光学系统中确定孔径光阑。<br>2014-10-22 35</td><td></td></tr>
</table>

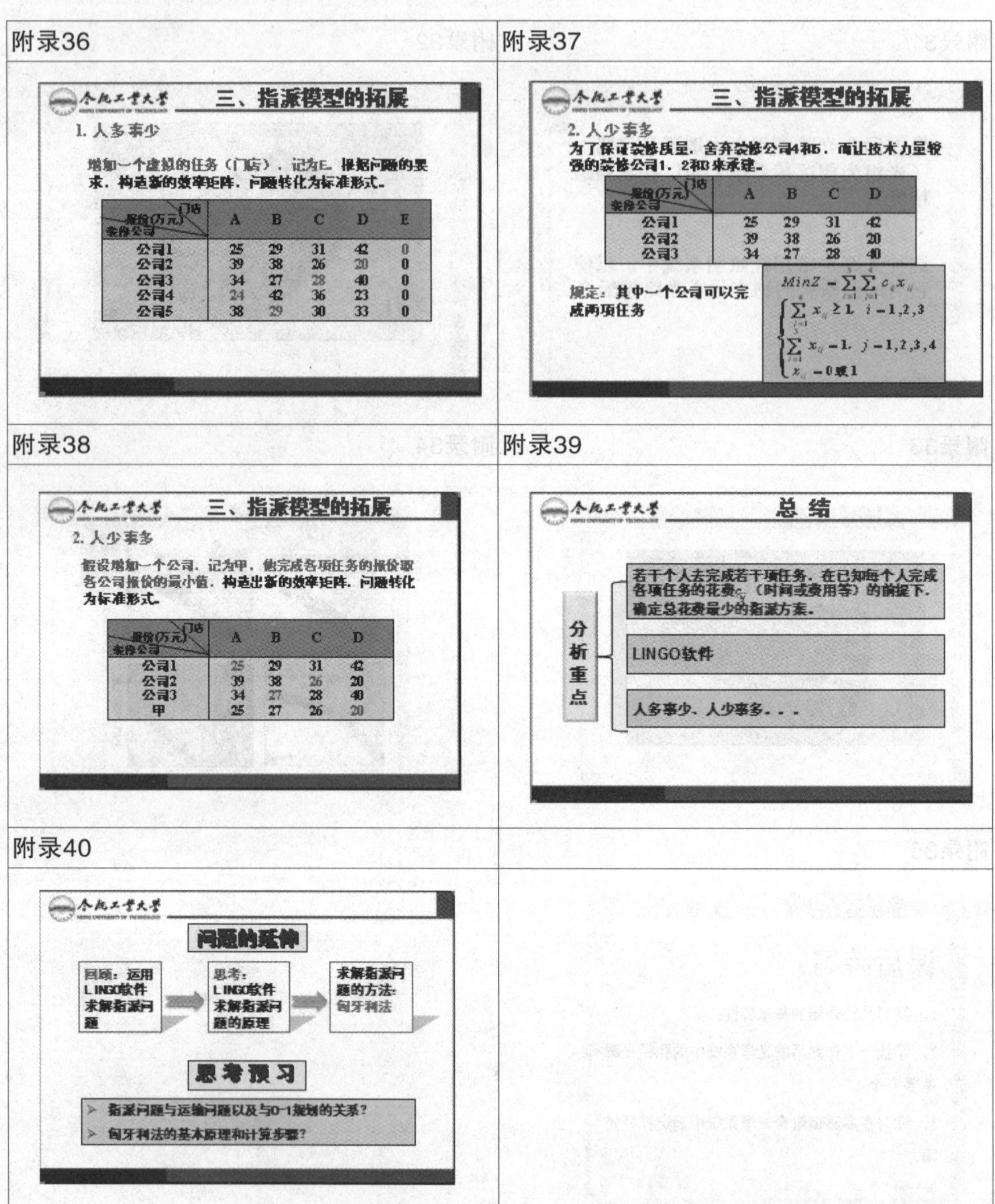
附录36
合肥工业大学
三、指派模型的拓展
1. 人多事少
增加一个虚拟的任务（门店），记为E。根据问题的要求，构造新的效率矩阵，问题转化为标准形式。

| 报价(万元) 门店 / 装修公司 | A | B | C | D | E |
|---|---|---|---|---|---|
| 公司1 | 25 | 29 | 31 | 42 | 0 |
| 公司2 | 39 | 38 | 26 | 20 | 0 |
| 公司3 | 34 | 27 | 28 | 40 | 0 |
| 公司4 | 24 | 42 | 36 | 23 | 0 |
| 公司5 | 38 | 29 | 30 | 33 | 0 |

附录37
合肥工业大学
三、指派模型的拓展
2. 人少事多
为了保证装修质量，舍弃装修公司4和5，而让技术力量较强的装修公司1、2和3来承建。

| 报价(万元) 门店 / 装修公司 | A | B | C | D |
|---|---|---|---|---|
| 公司1 | 25 | 29 | 31 | 42 |
| 公司2 | 39 | 38 | 26 | 20 |
| 公司3 | 34 | 27 | 28 | 40 |

规定：其中一个公司可以完成两项任务
$MinZ=\sum_{i=1}^{3}\sum_{j=1}^{4}c_{ij}x_{ij}$
$\sum_{j=1}^{4}x_{ij}\geq 1,\ i=1,2,3$
$\sum_{i=1}^{3}x_{ij}=1,\ j=1,2,3,4$
$x_{ij}=0$或1

附录38
合肥工业大学
三、指派模型的拓展
2. 人少事多
假设增加一个公司，记为甲，他完成各项任务的报价取各公司报价的最小值，构造出新的效率矩阵，问题转化为标准形式。

| 报价(万元) 门店 / 装修公司 | A | B | C | D |
|---|---|---|---|---|
| 公司1 | 25 | 29 | 31 | 42 |
| 公司2 | 39 | 38 | 26 | 20 |
| 公司3 | 34 | 27 | 28 | 40 |
| 甲 | 25 | 27 | 26 | 20 |

附录39
合肥工业大学
总 结
分析重点
若干个人去完成若干项任务，在已知每个人完成各项任务的花费$c_{ij}$（时间或费用等）的前提下，确定总花费最少的指派方案。
LINGO软件
人多事少、人少事多...

附录40
合肥工业大学
问题的延伸
回顾：运用LINGO软件求解指派问题
思考：LINGO软件求解指派问题的原理
求解指派问题的方法：匈牙利法
思考预习
指派问题与运输问题以及与0-1规划的关系？
匈牙利法的基本原理和计算步骤？

# 《包豪斯学校及其思想》教学设计教案

张 悦
建筑与艺术学院

**课程名称：**《现代设计史》
**章节名称：**第四章《现代主义运动》第四节《包豪斯学校及其思想》
**教学对象：**艺术设计系本科二年级

## 一、《现代设计史》课程分析

《现代设计史》课程是设计专业的理论支撑课程。目前，国内开设视觉传达、工业设计、景观设计、建筑学等相关设计专业的高校，普遍开设本门课程，作为核心专业基础课。近年来，本人讲授几轮《现代设计史》课程，发现：①相关教材少，尤其是新近著作少；现有教材逻辑性欠佳，深度不足，内容有待拓展；②理论教学内容与设计专业课程内容欠缺对接。也就是在课程安排上使学生将书面知识与实际操作联系起来。许多三、四年级的学生反映：二年级所学习的史论课内容在进行实际毕业设计操作时却已经丢了，感到可惜。这一方面要求内容上有衔接，相关课程教师间沟通共同建立更加宏观的教学计划；一方面要求在时间上也要有衔接，能够符合学生的学习记忆的科学规律。

根据上述教学特点和问题，依据TGI教学目标体系，本课程的教学目标定为三个层次：

①帮助学生熟悉和理解设计史，把握本科目的术语和事实性知识；

②帮助学生用历史的眼光分析设计作品，发展本科目的视角能力；

③以1、2目标为基础，帮助学生在后续设计操作课程提供素材和创意，并发展其创造能力，为转向其他学科做好准备。

根据教学目标，本科目教师的基本职责为：①向学生传授有关学科的事实性知识和原理；

②帮助学生发展高级思维技能；③帮助学生为以后的工作和事业做好准备。

## 二、学情分析

《现代设计史》授课对象为艺术设计系本科二年级学生。

（1）生源是文科生、理科生还是艺术生，都决定了教学进度与教学内容的深度。“艺术设计”专业学生，生源为艺术生，其优点是思维活跃，课堂活跃度高；其缺点是知识广度与理解力有待加强。对此，一方面，发挥其优势，在教学大纲的基础上，加强有关设计灵感、感性分析方面的内容；另一方面，弥补其不足，布置大量课后专业阅读作业，迫使学生进行知识量的补充，加强其理解与思考的深度。

（2）从大的“学情”类型来谈，实际上还有生源的地域分布、农村城市比例等“学情”内容，对于史论教学的课程内容的调整都是重要的参考依据。本课程的学生地域分布以长江以南为主，城市比例高，对于设计前沿信息把握灵敏，文化修养较好。

（3）学生学习本课程前，对现代历史的知识在大学前期有所把握，另外已经学习《中外美术史》、《设计概论》等相关专业基础课程，有助于本课程的教学。

本课程将通过“学情”分析，制定具体的教学内容及深度。

## 三、《包豪斯学校及其思想》教学内容分析

（1）本课程第四章《现代主义运动》的第四节《包豪斯学校及其思想》在整个课程中具有关键意义，原因在于：

①包豪斯学校在设计史中具有关键作用：第一，创办了第一所设计学校，其教学法影响今日世界的设计教育体系；第二，蕴含设计界大师级人物（格罗皮乌斯、伊顿、米斯・凡德罗）等的思想，培育了大批设计精英人才；第三，其思想体系及设计实践对现代设计产生根本、直接影响，成为决定当今世界面貌的重要力量。

②从理论知识上看，《包豪斯学校及其思想》一节起到承上启下的作用，对于课程中的《工艺美术运动》、《德国制造联盟》有承接关系，对于《国际主义》、《后现代主义》有启下的关系。

（2）教学方法设计

①注重趣味性

采用启发式教学，许多学生对史论课程的预期往往是枯燥无味的，那么如何改变这种状况，在课堂教学开始就引发学生的兴趣呢？教师不能知识灌输式教学，而是要巧妙的课堂设计，展开启发式教学。本节的课堂导入，将首先给学生在一张多媒体页面上显示两张图片，一张是19世纪末设计生产的维多利亚花梨木扶手椅，一张是1928年包豪斯的学生马塞尔・布鲁尔设计的塞斯卡椅。这两张椅子对比鲜明，可以带来视觉冲击，引发兴趣，进而提出问题：为何50年的时间，椅子的外形、材料，人们的审美趣味会发生如此巨大的转变？

②注重广度

教学注意旧有知识与新知识的联系。同时，跳出教科书，拓展学生的知识广度。包豪斯学校是一所曾经鲜活存在的先锋式学校，许多包豪斯师生都留下了生动的回忆文献，教师将结合这些文献资料进行讲解，帮助学生从另一种角度理解设计史。

③注重思想性

重视在理论教学中培养学生对实践问题的思考，启发创新思维。包豪斯是值得讨论的，也是有争议的。教学中要注重思想性内容的加入，放在更深的历史层面引导学生思考问题。本节将引导学生思考包豪斯同时期的德国纳粹的设计形态，同时要聆听21世纪“90后”学生对包豪斯设计的看法，他们是否赞赏或诟病这样的设计。处理好经典与现代、理论与实践的关系；

（3）教学结构设计

①包豪斯教育宗旨。

②包豪斯思想体系。教师总结归纳为：“新人意识”、“诚实设计”、“功能主义”、“民主观念”四方面。结合包豪斯学生回忆文献、对比德绍包豪斯校舍与巴黎歌剧院图片进行讲解。

③思考部分。包括“包豪斯与希特勒”、“是否存在包豪斯风格”两个主题。

④问题延伸。针对转型期的今日中国，包豪斯的启示是什么？

（4）教学重点与难点：

重点：包豪斯思想体系；

难点：包豪斯对现代设计的影响。

（5）教学参考资料：

①著作：

王受之. 《世界现代设计史》. 中国青年出版社，2002

大卫·瑞兹曼等. 《现代设计史》. 第2版，中国人民大学出版社，2013

约翰·沃克等. 《设计史与设计的历史》. 江苏美术出版社，2011

威廉·斯莫克. 《包豪斯理想》. 山东画报出版社，2010

卡梅尔·亚瑟. 《包豪斯》. 中国轻工业出版社，2002

②期刊论文：

高璐. 从包豪斯遗产到乌尔姆模式——乌尔姆与包豪斯关系的再思考. 装饰. 2009（12）

谢崇桥. 包豪斯与美国艺术设计教育. 《装饰》. 2014（12）

舒普—弗里默特. 《包豪斯教学缘起》. 《新美术》. 2012（12）

杭间. 《中国设计与包豪斯–误读与自觉误读》. 《艺术设计研究》. 2011（6）

（3）博士论文：

桂宇晖. 《契合与发展——包豪斯与中国设计艺术的关系研究》. 2005年

## 四、课堂教学设计

| 教学环节 | 教学内容 | 教师活动 | 学生活动 | 设计依据 |
|---|---|---|---|---|
| 导入 | 正式课程开始前，请先看两张图片。<br>第一张图，这是生产于1876年的维多利亚花梨木椅。请大家注意细节。①烦冗的花纹图案②曲线曲面造型③昂贵的皮革、花梨木。总体设计营造高端奢华。<br>第二张图，这是包豪斯的学生马塞尔·布鲁尔设计的椅子。这把椅子相信大家不会陌生，在办公室大量使用。这张椅子与第一张形成鲜明对比，没有装饰，几何造型，材料钢管、塑料，方便大批量生产。<br>我们不禁要问，从左到右，为何会发生重大的改变呢？这就要提到今天所要讲解的包豪斯。没有包豪斯就不会有这种转变的发生。包豪斯被严肃地评价为：“塑造了我们今天所认为的理所当然的生活”。正是由于包豪斯的这种历史作用，直到今天，包豪斯是世界设计界、教育界不断探讨的重要话题。<br>那么，包豪斯是一所怎样的学校？有怎样的思想？这就是我们今天要回答的问题。<br>我们今天的课程分为两部分 | PPT展示两种不同的椅子，并提出问题 | 观看PPT，由图片引发思考 | 根据课程特点，以引导—探究式教学方法，激发学生兴趣 |

| 教学环节 | 教学内容 | 教师活动 | 学生活动 | 设计依据 |
| --- | --- | --- | --- | --- |
| 回顾 | 回顾一下本课程前期内容，我们介绍了发生在19世纪后半期的“工艺美术运动”，约翰·拉斯金、威廉·莫里斯等人发现，工业革命后的机器生产造成设计的粗陋，于是提出重回手工艺，寻找艺术与手工艺重新联合的途径。他们的探索具有积极意义，但总体而言，它是一种对生产力发展的逃避，不符合时代发展规律。<br>之后，20世纪初，在德国成立“德国制造联盟”，就是看到工艺美术运动的问题，希望采用工业协会的模式探索如何将艺术与现代工业统一起来。这一组织吸纳了德国大批知识分子和设计家，其中就有包豪斯的创建人，沃尔特·格罗皮乌斯 | 带领学生回顾知识，形成新旧知识链接。引发新知识。<br>板书设计 | 回顾知识，发现新问题，思索问题 | 根据教学内容，新旧知识对比，和知识发展 |

| 教学环节 | 教学内容 | 教师活动 | 学生活动 | 设计依据 |
| --- | --- | --- | --- | --- |
| 引出新课 | 格罗皮乌斯非常赞同将艺术与现代工业结合起来的观点。但是，他有个新的角度，他希望通过“人”来实现这一理想，也就是通过教育，实现艺术与工业的新结合，实现改造德国的目的。于是，格罗皮乌斯创办了包豪斯学校 | 板书设计 | | |

| 教学环节 | 教学内容 | 教师活动 | 学生活动 | 设计依据 |
| --- | --- | --- | --- | --- |
| 第一部分内容 | 第一部分内容，包豪斯教育宗旨。<br>（1）包豪斯诞生在“二战”期间的德国，1919年成立，1933年4月1日纳粹上台，4月4日包豪斯被关闭。<br>包豪斯是一所诞生在90多年前的德国设计学校，存在世上只有短短十四年，规模极小，从1919年到1933年，一共960名学生，教师12人。<br>包豪斯经历了两次迁址：魏玛—德绍—柏林<br>历经了三任校长：格罗皮乌斯—汉斯·迈耶—米斯·凡·德罗，其中格罗皮乌斯在任于从创办到步入正轨的九年时间。<br>（2）包豪斯的名字“Bauhaus”，从德语复合词“hausbau”来，本意是建房子，格罗皮乌斯特意把这个词颠倒，生造一个新词，说明他对于突破传统的“新建筑”的向往。格罗皮乌斯认为，建筑是各门艺术和工艺的结合体，虽然不是单纯的建筑学院，但仍以建筑命名。这也说明这所学校的基本主张，即：“艺术与技术，一个新的结合。”（英文）也就是说，将创作想象与技术结合起来，将超脱尘世的艺术家与工匠技师联合起来。从根本上，希望学校培养的人才能够将艺术生命注入机器生产 | 从历史发生过程角度、学校办学理念、课程设置三个角度介绍包豪斯 | 听讲。了解包豪斯基本情况 | 多媒体手段，图像加强理论课教学的生动性 |

| 教学环节 | 教学内容 | 教师活动 | 学生活动 | 设计依据 |
| --- | --- | --- | --- | --- |
|  | （3）有这样的办学理念，包豪斯的课程设置是革命性的。课程要打破，自工业革命后存在的手工艺与大工业生产、设计过程与制造过程的界限。<br>最大的特点将教师分两类。“形式导师”和“技术导师”。<br>“形式导师”（艺术家），聘请当代的艺术家。这些教师非常有突破性，没有沿用传统学院派的美术教学，而是从当代的心理学如德国格式塔心理学出发，探索形式的科学性。（图片）这是康定斯基的课堂作业。探索几何形式的节奏、色彩的规律。<br>“技术导师”（工匠），聘请手工艺人。在特定材料车间（workshop）里，木材、金属、玻璃、纺织，以师傅带徒弟的方式，让学生学会与机器共处。<br>包豪斯的课程突破了传统美术学院与工艺学校的界限隔膜，实现了艺术教育与技术教育的结合。<br>当今世界设计教育体系普遍采用。<br>在德国，在美国都是如此。中国也是如此。梁思成先生1948年在清华大学建筑系授课时，就采用从美国带回的“包豪斯”教育理念和教学资料。<br>我们建筑与艺术学院的学生的学习生活与包豪斯有直接的关系。基础课的平面、立体、色彩的三大构成、理论课以及产学研结合，都参考了包豪斯的这张课程设置图 | 联系学生实际生活 | 听讲思考，包豪斯的教育模式的独特之处。并会联想到自身的学习生活 |  |

| 教学环节 | 教学内容 | 教师活动 | 学生活动 | 设计依据 |
| --- | --- | --- | --- | --- |
| 第二部分内容 | 第二部分内容：包豪斯思想体系<br>1.新人意识<br>格罗皮乌斯在36岁非常年轻时创办包豪斯，希望与所有年轻学生一同创造设计的奇迹。其思想是乐观向上的。<br>格罗皮乌斯说："应该使学生充分意识到自己所处的是怎样的时代，训练运用自己的天资和知识去设计各种模型，直接表现自己时代的思想意识。"也就是用新技术、新材料和新思想来进行设计。<br>这种新人意识深入包豪斯学生内心。学生奥斯特（Lisbeth Oestreicher）说："包豪斯学派的首要行动，是折毁所有现成的主张——人们突然发现，可以用一个完全不同的观点观察生活。"<br>包豪斯成为新思想的中心。而包豪斯的设计时新思想的载体。<br>（图片讲解）<br>图片上是包豪斯师生的活动。正是学校的这种活泼的氛围塑造了这种意识。<br>这是德绍包豪斯校舍。是包豪斯第一次迁址时，格罗皮乌斯主持设计的，是包豪斯精神的一次实践，是现代设计史的经典案例 | PPT展示，讲解分析图片 | | |

| 教学环节 | 教学内容 | 教师活动 | 学生活动 | 设计依据 |
| --- | --- | --- | --- | --- |
| | 包豪斯的学生弗兰克（Wilf Franks）回忆说，当他第一次来到包豪斯，看到这样一座平生从未见过，也无法想象的新型建筑，玻璃里灯光辉煌，深深打动，感到新的生活开始了。<br>2.诚实设计<br>包豪斯之前，19世纪建筑物采用复古主义。<br>（图片讲解：巴黎歌剧院图）<br>通过借用各种历史样式如巴洛克、洛可可、古希腊罗马样式，表征某种特定的文化含义，充满了各种象征和符号。<br>（图片讲解：德绍包豪斯校舍图）<br>包豪斯不要象征、复古、不给符号，不从西方传统文化，而是从实际的需要决定设计的形式。<br>不模仿任何历史风格样式，没有无用的装饰。<br>使用客观、直率、简洁的几何形式，包括室内设计，包括字体设计，而且忠于材料本性 | PPT展示，讲解分析图片 | | |

| 教学环节 | 教学内容 | 教师活动 | 学生活动 | 设计依据 |
|---|---|---|---|---|
| | 这是一种非常低调、平易的、非时尚的，无意于显示自己的诚实的设计。<br>3.功能主义<br>“功能主义”是我们熟悉的一个词。但是要全面理解。<br>“功能”是通过设计建立的有意义的秩序，为人服务，包括结构功能和美学功能两方面。“功能主义”是指形式由功能形成，形式追随功能。而不是形式引导设计。<br>（图片讲解：德绍包豪斯校舍）<br>我们看德绍包豪斯校舍建筑，它的不同于传统建筑的“形式”是从“功能”出发的。<br>（1）整体是不对称的。传统建筑设计，“从外向内”，先建立一个对称的、庄严的外在，而后把功能塞进外壳内。就像现在我们一些学生设计时，先翻杂志，找一个流行的式样，设计外形。而德绍校舍“从内向外”设计，将教学分为各种功能区，而后用天桥联系，形成不对称的形式。<br>（“建筑艺术的表现力，必须是完全产生于他本身有机构成的协调比例。真实的规律性明确的，毫不虚假和烦琐的，古来难于摆脱的虚有其表的中轴对称形式，让位于自由不对称组合的生动韵律的均衡形式。”格罗皮乌斯） | PPT展示，讲解分析图片。<br>联系学生实际生活。<br>提出问题，引导学生思考 | | |

| 教学环节 | 教学内容 | 教师活动 | 学生活动 | 设计依据 |
| --- | --- | --- | --- | --- |
| | （2）玻璃幕墙：首先在美学上，玻璃材料本身的明澈无体积感，空气的浮动效果，带来愉快活泼气氛。<br>但仅是为了漂亮吗？（停2秒）<br>玻璃幕墙最早出现在格罗皮乌斯工厂设计，目的是给德国工人带来至少8小时的光照。<br>（3）平屋顶：传统建筑是穹庐或尖屋顶，平屋顶可加以利用，花园、交流场所、日光浴。<br>德绍校舍满足物质和心理的需要，是功能主义的设计。<br>4.民主观念<br>包豪斯是民主的，我们说，包豪斯的设计本身不带炫耀，突破阶级性的形式。<br>进一步地，包豪斯包含着社会主义理想，即社会工程（social engineering）理想。也就是通过非暴力的方式，通过设计改造世界。通过降低成本、大批量生产物美价廉的产品。包豪斯希望为最广泛的人民大众提供廉价、优质的建筑和产品，使人人能享受设计，解决因居住环境恶劣造成的种种社会问题。<br>（图片讲解：德绍包豪斯校舍）<br>德绍包豪斯校舍采用造价低廉的材料，玻璃、钢、混凝土，并采用标准化预制件拼装，造假低廉，每立方英尺建筑体积的造价只合0.2美元。<br>以上，就是包豪斯思想。<br>这是本节课的重点。包豪斯的思想是划时代的思想，是关于人性、社会责任和品位的理念。这种思想可以刺激每一代人。<br>现代主义核心思想。评价包豪斯是现代主义集大成者，主要是因为在这所学校孕育了这些思想，这些精神构成了现代主义设计的核心 | 发散知识点。<br><br>PPT展示，讲解分析图片。<br>强调重点。<br><br>强调重点。<br><br>提出问题，引导学生以历史观思考问题 | 思考问题，回答问题 | 引导－探究式教学 |

| 教学环节 | 教学内容 | 教师活动 | 学生活动 | 设计依据 |
| --- | --- | --- | --- | --- |
| | 以上，我们介绍了包豪斯。请大家想一想，包豪斯有这些优点，为何不能被纳粹德国接受？原因是多方面的，从设计角度看，是为什么？<br>（图片观看：日耳曼尼亚模型）<br>图片上是希特勒的总建筑师阿尔贝特·斯佩尔设计的“日耳曼尼亚”(Germania)模型，这是希特勒所设想的世界之都，这座城市的建筑物全部用昂贵的大理石建造，样式是新古典主义样式。富丽堂皇，宏伟壮观，只有古埃及或古罗马人的建筑才能媲美。这个建筑像是令人生畏的硕大无比的包裹。<br>独裁者，要的正是象征与标榜，又怎么会欢迎包豪斯呢？包豪斯是自然和公众利益，而不是上帝的荣光和国家的权威 | | 思考问题，回答问题，加深对包豪斯思想的认识 | 引导－探究式教学。 |

| 教学环节 | 教学内容 | 教师活动 | 学生活动 | 设计依据 |
| --- | --- | --- | --- | --- |
| 总结 | 这样我们回答了包豪斯的两个问题。<br>我们做一个总结。<br>包豪斯教育宗旨：第一所现代意义的设计学校<br>包豪斯思想：现代主义思想核心<br>总结开篇的话，包豪斯塑造了今天大多数人认为理所当然的生活。包豪斯带来了几何形的建筑、白色的室内设计、玻璃摩天楼、各种生活用品。这些东西今天看来司空见惯。但在当时却被斥为叛逆古典文明的野蛮和傲慢。<br>今天，人们已用“包豪斯风格”来表示对包豪斯的尊敬。但包豪斯本身是反对“风格”的提法。<br>正如格罗皮乌斯所说：“包豪斯的目的不是传播什么风格、体系、教条、公式或时尚，而是要对设计工作施加一种复苏的感染力。我们的教育不是依靠任何事先想出来的造型意匠，而是靠探求生活中不断变化的形式背后那种活跃的生活火花！”——格罗皮乌斯《新建筑与包豪斯》1923。<br>包豪斯的人才离开德国，将思想传播到世界，尤其是美国。二战后，以美国强大的经济实力为依托，发展出“国际主义”风格，继而影响全世界，我们中国不例外。“国际主义”风格是复杂的混合物，陷入形式主义，商业味道浓，理想主义内核消失。这又导致20世纪70年代反对现代主义的“后现代主义运动”。而“后现代主义”在1990s式微后，又出现复兴包豪斯精神的“新现代主义”（neo-Modenism）。包豪斯之后的设计史，可以继承、可以反对，但不能忽略 | PPT展示，引导学生回顾总结 | 回顾知识，形成系统认识。进一步加深对包豪斯思想的认识 | 小结梳理新知识，形成谱系。问题解答完成，实现教学目标 |

| 教学环节 | 教学内容 | 教师活动 | 学生活动 | 设计依据 |
| --- | --- | --- | --- | --- |
| 问题的延伸 | 同学们，就此我们了解了包豪斯。<br>请大家思考一个问题：<br>包豪斯的产生是在德国社会转型期。格罗皮乌斯这样的设计师承担社会责任，探索设计所应担负的职责。<br>今天，我国社会也面临着转型发展，也有很多问题。尽管我国经济发展成就，但我们的设计是否应当一味追求宏大？我们的产品设计，从made in china 到design in china 的路还有很长。<br>那么我们也要学习用包豪斯精神解决我们的问题。用设计更好的为人服务，创造更美好的生活。<br>本节课就到这里，谢谢大家 | 由理论知识延伸到现实问题 | 根据问题，课后思考，联系实践，形成新的适用于实际的认识 | 在达成知识教学的基础上，达成情感态度与价值观目标。引发深入思考 |

| | |
|---|---|
| 课堂小结 | 你学到什么？<br>（1）熟悉包豪斯学校的发展脉络；<br>（2）理解包豪斯设计思想；<br>（3）认识包豪斯对现代设计的影响；<br>（4）思考包豪斯理想在当今时代的作用 |
| 课后思考 | 课题：<br>面对中国转型期，如何将包豪斯精神运用到实际设计中，创造好的生活？ |
| 课后作业 | 阅读论文《从包豪斯遗产到乌尔姆模式——乌尔姆与包豪斯关系的再思考》，撰写读后感 |
| 板书设计 | 艺术与手工艺（注：板书设计一）<br>艺术与机器生产（注：板书设计二）<br>工业协会（注：板书设计三）<br>教育–包豪斯（注：板书设计四） |

## 五、总结与反思

（1）理论课容易显得枯燥乏味，从设计事实图片导入教学，激励学生思考，产生问题，听课效果提升。

（2）对于设计史教学，不仅是设计的历史，更要结合社会历史讲解。这样做，一可帮助学生深刻认识设计现象产生的背景，二可帮助学生在头脑中建立设计与文化、设计与时代的关系谱系。

（3）理论课教学不是知识的灌输，根本目的是将知识转化为输入学生内心的养分，因此，课堂教学要特别注意将理论问题联系实际，将课堂内容延伸到当今设计问题。取得了较好的课堂效果。

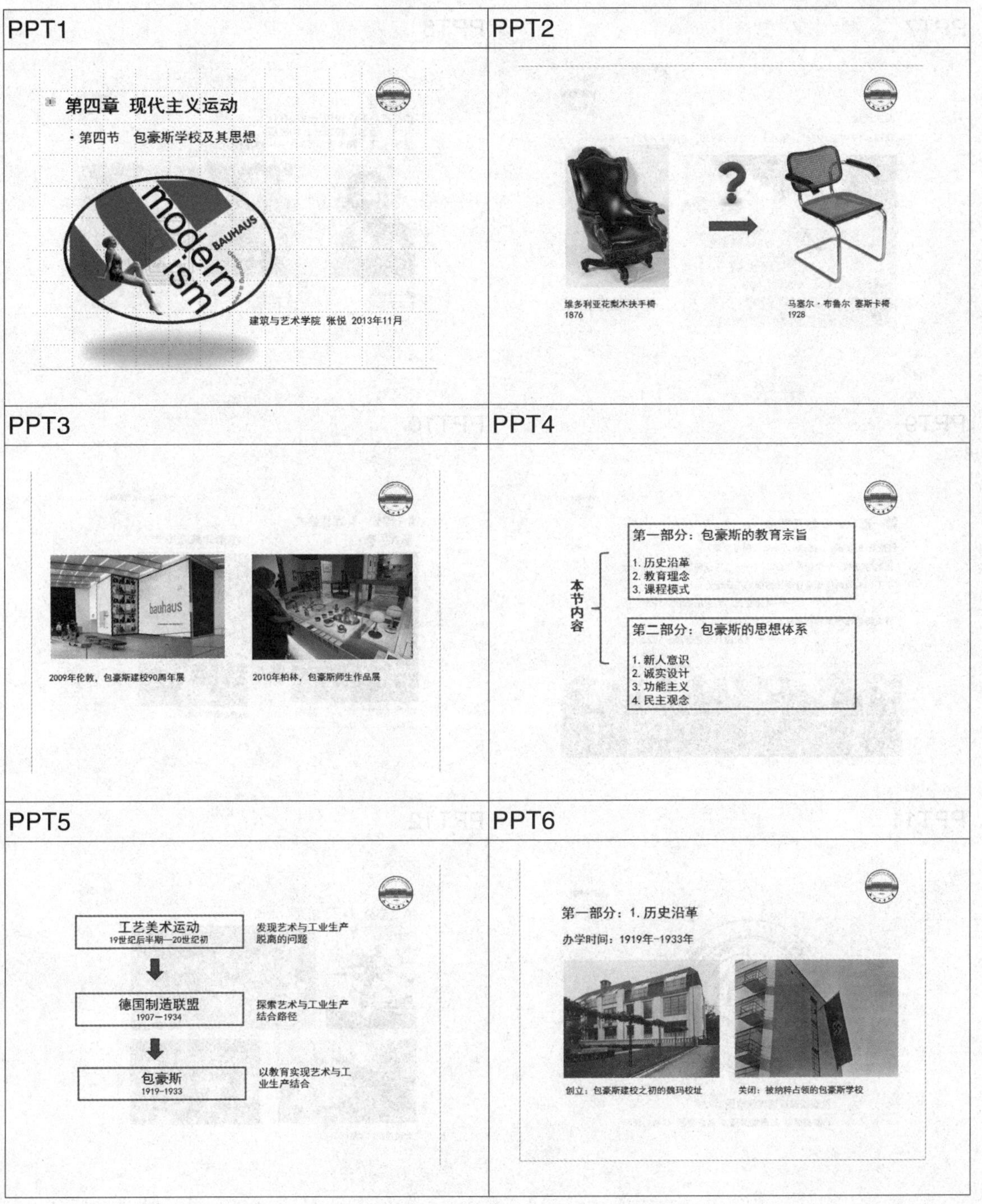
PPT1
第四章 现代主义运动
·第四节 包豪斯学校及其思想
modern
ism
BAUHAUS
建筑与艺术学院 张悦 2013年11月
PPT2
?
维多利亚花梨木扶手椅
1876
马塞尔·布鲁尔 塞斯卡椅
1928
PPT3
bauhaus
2009年伦敦，包豪斯建校90周年展
2010年柏林，包豪斯师生作品展
PPT4
本节内容
第一部分：包豪斯的教育宗旨
1. 历史沿革
2. 教育理念
3. 课程模式
第二部分：包豪斯的思想体系
1. 新人意识
2. 诚实设计
3. 功能主义
4. 民主观念
PPT5
工艺美术运动
19世纪后半期—20世纪初
发现艺术与工业生产脱离的问题
德国制造联盟
1907—1934
探索艺术与工业生产结合路径
包豪斯
1919—1933
以教育实现艺术与工业生产结合
PPT6
第一部分：1. 历史沿革
办学时间：1919年-1933年
创立：包豪斯建校之初的魏玛校址
关闭：被纳粹占领的包豪斯学校

PPT7
两次迁址
魏玛：1919—1924，德绍：1925—1930，柏林：1931—1933
汉堡
柏林
德绍
科隆
魏玛
慕尼黑
PPT8
三任校长：
格罗皮乌斯：1919—1928在任
汉斯·迈耶：1928—1930在任
米斯·凡·德·罗：1931—1933在任
第一任校长
格罗皮乌斯
第二任校长
汉斯·迈耶
第三任校长
米斯·凡·德·罗
PPT9
第一部分：2. 教育理念
包豪斯 Bauhaus：德语hausbau（房屋建筑）
“艺术与技术，一个新的结合。”——《包豪斯宣言》1919
“手工训练同时接受设计规律方面的正确理论指导。”
——《国立魏玛包豪斯纲领》1923
“解决将创作想象与精通技术相结合的问题。”
——《新建筑与包豪斯》1923
PPT10
第一部分：3. 课程模式
形式导师
包豪斯金属车间
PPT11
BASIC COURSE
BASIC COURSE
BUILDING
CLAY
STONE
WOOD
METAL
GLASS
COLOR
TEXTILES
ELEMENTARY STUDY OF FORM
MATERIALS IN THE BASIC WORKSHOP
包豪斯课程设置示意图 1923
1. 基础课程 2. 形式课程 3. 技艺课程 4. 核心课程
PPT12
第二部分：1. “新人”意识
包豪斯校内学生活动

PPT13
第二部分：2. 诚实设计
PPT14
单击此处添加标题
包豪斯德绍校舍内部设计
PPT15
第三部分：3. 功能主义
学生宿舍
食堂兼礼堂
职业学校
教室、实验
车间
办公区、图书馆
PPT16
单击此处添加标题
包豪斯德绍校舍
PPT17
单击此处添加标题
包豪斯德绍校舍屋顶 1925
PPT18
第四部分：4. 民主观念
包豪斯学生作品

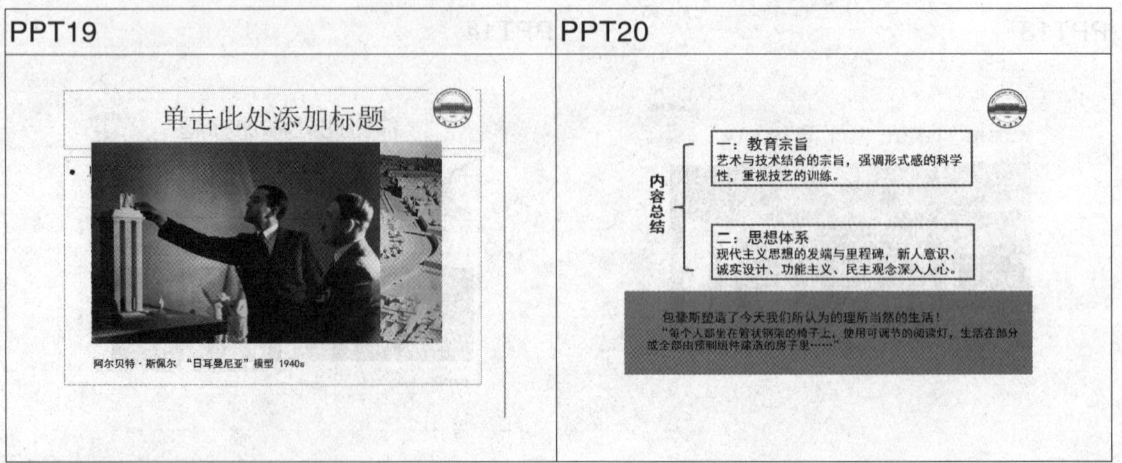
PPT19
单击此处添加标题
阿尔贝特·斯佩尔 “日耳曼尼亚”模型 1940s
PPT20
内容总结
一：教育宗旨
艺术与技术结合的宗旨，强调形式感的科学性，重视技艺的训练。
二：思想体系
现代主义思想的发端与里程碑，新人意识、诚实设计、功能主义、民主观念深入人心。
包豪斯塑造了今天我们所认为的理所当然的生活！
“每个人都坐在管状钢架的椅子上，使用可调节的阅读灯，生活在部分或全部由预制组件建造的房子里……”

# 《公司金融》绪论课教学设计教案

高玲玲
经济学院

**科目名称：**《公司金融》

**章节名称：** 绪论

**主要的教学技能：** 综合技能

**知识与技能：**了解公司金融理论的发展脉络，熟悉公司金融课程的主体内容，清楚公司金融的学习方法。

**过程与方法：**讲授法为主，讨论启发式教学。

**情感态度与价值观：**激发学生学习公司金融的兴趣，注重培养学生理论结合实际的能力。

**教学重点：**公司金融的核心问题以及公司金融的理论发展

**教学难点：**公司金融的理论发展

**教学参考资料：**

（1）（美）埃尔哈特等著，马海涌等译．公司金融理论及实务精要．北京：北京大学出版社，2013

（2）（美）罗斯等 著．公司理财（精要版）．北京：机械工业出版社，2011

**教学过程：**

| 教学环节 | 教学目的 | 教学内容 | 教师活动 | 学生活动 | 教学技能 | 设计依据 |
| --- | --- | --- | --- | --- | --- | --- |
| 导入 | 联系生活实际，创设问题情境，激发学习兴趣，引发探究欲望 | 同学们，今天我们来开始一门新课程的学习–《公司金融》。在开始今天的课程内容之前，我问大家一个问题，你知道现在最值钱的公司是哪家吗？<br>见PPT 1 | 用PPT展现生活中的问题，引导学生发现生活与科技、熟悉的事物与所学新知识之间的关系 | 观看PPT，熟悉的画面引起共鸣思考问题 | 导入技能<br>演示技能（PPT） | 从心理学角度，根据学生特点，激发学生学习兴趣 |

| 教学环节 | 教学目的 | 教学内容 | 教师活动 | 学生活动 | 教学技能 | 设计依据 |
| --- | --- | --- | --- | --- | --- | --- |
| 引出新课（提出本节课需要解决的问题）<br>提出问题分析问题 | 引起学生的认知冲突，创设问题情景。进而引导他们探究新问题 | 今年11月底苹果公司市值超过了7000亿美元，什么概念呢？如果你拥有苹果公司，卖了他你可以买下整个俄罗斯股市，余钱还可以给俄罗斯人一人买一个iphone 6plus！但是今年上半年，苹果公司发行了120亿美元债券，而前几天又再次发行了28亿欧元债券。这么富裕的公司为什么要发行债券呢？是因为价值高但没有现金吗？不是，苹果坐拥千亿现金！那又是为什么呢？要想知道这个问题的答案，就需要你具备《公司金融》的相关知识！我们今天这节课呢，是绪论课，主要任务是给同学们宏观地介绍一下这门课程，见PPT 2 | | | | |

| 教学环节 | 教学目的 | 教学内容 | 教师活动 | 学生活动 | 教学技能 | 设计依据 |
| --- | --- | --- | --- | --- | --- | --- |
|  | 揭示题目，围绕问题展开探索研究 | 首先，我们要知道什么是公司金融？它包括哪些核心问题？解决这些核心问题的理论基础是什么呢？具体到我们这门课程而言，又会学习哪些内容呢？最后，给大家介绍一下学习我们这门课的方法以及参考书目,见PPT 3 | 形成新知识的链接 | 思索新问题 | 导入技能<br>提问技能<br>演示技能（PPT） | 根据教学内容安排，新旧知识对比中形成新问题 |

| 教学环节 | 教学目的 | 教学内容 | 教师活动 | 学生活动 | 教学技能 | 设计依据 |
| --- | --- | --- | --- | --- | --- | --- |
| 解决问题 | | 公司金融是现代金融学的一个分支。我们知道，金融与我们的生活息息相关，大到国家，小到个人，都会面临各种金融问题。比如说，马上进入14年最后一个月份了，今年12月初开始就可以预订春运火车票了，你知道国家在铁路建设的投资情况吗？我告诉大家，截至今年11月就投入了7000亿！这样的投资如何决策，资金如何获得，就属于公共财政的范畴，我们在财政学课程学过。再比如，你手上如果有多余的钱，是存银行呢还是买股票、国债？这就属于个人理财问题，我们在《证券投资分析》课程有所涉及。此外，今年9月份一件全球瞩目的事情就是阿里巴巴上市，它为什么上市呢？这就是我们《公司金融》的研究范畴。有人把 Corporate Finance 也翻译成《公司理财》或《财务管理》，其实它们是一回事。那什么是公司金融呢？简单来说，公司金融是研究企业的资本运作问题的学科。企业经营过程中面临的资本运作问题包括很多方面？接下来我们就以阿里巴巴为例了解一下其中的核心问题。<br>见PPT4 | 引导学生思考目前需要解决的关键是哪些？形成本节课的内容框架 | 听讲思考，发现问题症结所在 | 导入技能<br>提问技能<br>演示技能（PPT） | |

| 教学环节 | 教学目的 | 教学内容 | 教师活动 | 学生活动 | 教学技能 | 设计依据 |
| --- | --- | --- | --- | --- | --- | --- |
| 提出问题二，分析问题 | 提出问题一<br>分析问题一，循序诱导找出解决问题的关键。 | 第一个核心问题，融资。虽然阿里巴巴1999年就成立了，但是直到2002年才开始盈利。那么，在亏损的这几年里，阿里巴巴靠什么来生存下来呢？这也是阿里巴巴面临的最首要的公司金融问题——融资。<br>那么，马云是如何来解决这个问题的呢？1999年，以高盛为首的风投公司投资500万美元；2000年又以软银为首的风投公司获得了2500万美元的投资。正是这些资金的注入，帮助阿里巴巴渡过了难关。当然，这仅仅是公司获得资金的一种渠道，如今，阿里巴巴上市后，就可以通过发行股票来筹措资金了；除此之外，也可以通过银行贷款、发行债券等形式获得资金。这些具体的筹资渠道，也就是我们在未来课程中将要学习的内容。<br>见PPT5 | 引导学生分析 | 听讲，思考提出的问题 | 演示技能（PPT）讲解技能 | 引导—探究式的教学模式 |

| 教学环节 | 教学目的 | 教学内容 | 教师活动 | 学生活动 | 教学技能 | 设计依据 |
| --- | --- | --- | --- | --- | --- | --- |
| | 通过举例加深印象 | 随着阿里巴巴的盈利不断增加，阿里巴巴的投资项目也越来越多。在今年上半年，在阿里多项投资中有一个项目非常惹人注目，那就是阿里巴巴耗资12亿购买了恒大足球50%的股权。该投资似乎与阿里巴巴的业务没有太大的相关性，这样的决策是如何做出的呢？难道真的像网上所说，是马云和许家印喝酒喝多了，酒后做出的决定？显然不是，马云作为一名精明的商人自有他的考虑，事实上，今年上半年阿里推出了娱乐宝业务，投资恒大是为了整合阿里的文化业务，包括娱乐宝、支付宝彩票业务等，同时也为9月份的上市造势。正如马云在一次采访中说道："我们的并购行为，在购买之前有专业人员进行尽职调查，之后有专业人员进行整合。"<br>见PPT6 | 讲解案例 | 听讲，在老师引导下思考，理解 | 演示技能（PPT）讲解技能 | 选择多媒体手段突出教学内容 |

| 教学环节 | 教学目的 | 教学内容 | 教师活动 | 学生活动 | 教学技能 | 设计依据 |
|---|---|---|---|---|---|---|
| | | 当然，除了融资、投资以外，对于阿里来说，还有一个值得关注的问题——营运资金，即日常运营过程中的现金管理问题。比如，今年的双十一，是阿里上市后的第一个双十一，阿里巴巴再次打破纪录，实现了571亿成交额。不知道这里面在座的同学贡献了多少啊？我可是尽了一份自己的力量哦！熟悉淘宝买卖环节的都知道，买家先付款到支付宝，等确认收货后，卖家才能拿到资金。这期间，阿里巴巴将会持有这笔资金。那么，阿里巴巴该如何管理这部分资金呢？从公司金融的角度来说，阿里应该利用这部分资金进行短期投资。大家应该都知道余额宝，余额宝现在的年化收益率在4%左右，具体来说就是一万元钱一天的收益大约1块钱，那么571亿成交额，如果放在余额宝上投资的话，一天就可以获得571万的收益！而这笔资金会在支付宝账户平均停留3-4天！至此，大家也应该理解为什么马云会把支付宝从阿里巴巴分出来，并且准备单独上市了吧，因为支付宝比阿里巴巴值钱多啦！营运资金可以看作是一种短期投资，所以总的来说，企业资本运作主要就是两大核心问题，融资和投资。那么解决这些核心问题需要什么样的理论呢？下面我们就来回顾一下公司金融的理论发展，见PPT7 | 举例进行讲解，帮助理解。<br><br>提出问题，分析新问题 | 分析例子，思考<br><br>看图，听讲，在老师引导下思考，理解 | 演示技能（PPT）讲解技能<br><br>演示技能（PPT）讲解技能 | |

| 教学环节 | 教学目的 | 教学内容 | 教师活动 | 学生活动 | 教学技能 | 设计依据 |
|---|---|---|---|---|---|---|
| | 介绍学科发展历史 | 公司金融作为一门独立的学科发展较晚，早期的公司金融主要是解决资金的来源问题，并没考虑不同的资金构成对于企业价值的影响，直到1958年， Modigliani和Miuer提出了MM理论，首次让人们关注了企业筹资方式对企业价值的影响。MM理论构建了一个经济学中的完美世界来研究企业融资对于企业价值的影响，成为现代资本结构理论研究的参照系。同学们可能对Modigliani比较熟悉，你们学习宏观经济学时，应该学过生命周期理论，就是他提出来的，他因在宏观经济方面的贡献而获得了1985年的诺贝尔经济学奖。Miller一直专注于公司金融的研究，并因在企业融资与企业价值方面的研究获得了1990年的诺贝尔奖。1976年，简森对MM理论进行了拓展，将信息不对称纳入研究范畴，提出了代理理论，认为信息不对称所产生的成本也会影响企业融资和企业价值。这是融资领域的两大主要理论突破，在这 | 介绍学科发展过程 | 了解将要学习的内容 | 演示技能（PPT）<br>提问技能<br>讲解技能 | 以科学方法论为依据，运用引导——探究式的教学模式进行分析和综合 |

| 教学环节 | 教学目的 | 教学内容 | 教师活动 | 学生活动 | 教学技能 | 设计依据 |
| --- | --- | --- | --- | --- | --- | --- |
| | | 之后也还产生了权衡理论、信号理论等，这里就不一一介绍了，后面的课程学习中都会有所涉及。事实上啊，如果你知道以上的理论内容，那么你基本上就能够明白苹果公司发行债券的背后深意了。在投资理论方面，随着数学尤其是概率统计在经济学中的应用，使得金融学家们能够更好地去测度风险，取得了许多重要的理论进展。1952年，马科维茨提出了投资组合理论，首次使用均值和方差来衡量风险与收益，他因此被称为“投资组合之父”。大家现在都熟悉的一句话：不把鸡蛋放在一个篮子里。那么这个理论就是运用均值和方差来计算鸡蛋放在一个篮子里的风险是多大，如何把鸡蛋放在不同的篮子里风险最小收益最大。他也因为这方面的贡献获得了诺贝尔经济学奖，据说，他将他得到的诺贝尔奖金按照自己的组合理论进行了投资，你们猜结果如何？结果是他赔光了全部奖金！这个事情告诉我们对理论 | | | | |

| 教学环节 | 教学目的 | 教学内容 | 教师活动 | 学生活动 | 教学技能 | 设计依据 |
|---|---|---|---|---|---|---|
| | | 在实际中的应用时刻保持一种谨慎态度，高度重视理论联系实际。1964年，夏普对投资组合理论进行了拓展，提出了资本资产定价模型，进一步研究了资产风险收益与均衡价格的关系，并和马科维茨一起获得了诺贝尔经济学奖。1976年，著名的财务学家罗斯在资本资产定价模型的基础上增加了多因素分析，形成了套利定价模型，认为资产价格不仅仅受投资组合风险大小的影响，同时也受到GDP增长、通货膨胀等因素的影响。这些重要的理论突破奠定了现代公司金融的理论基础，这门学科也就形成了一个相对完整的体系。（见PPT8、PPT9） | | | | |

| 教学环节 | 教学目的 | 教学内容 | 教师活动 | 学生活动 | 教学技能 | 设计依据 |
| --- | --- | --- | --- | --- | --- | --- |
| 课堂小结 | 课程体系介绍 | 接下来，我们就来了解一下这门课的课程体系。<br>见PPT10<br>首先是资金的时间价值和风险价值，这是公司金融的两个基本价值观念，所有的公司金融决策都要考虑这两大因素。由于存在时间价值和风险价值，我们才需要去考虑如何更好地利用资金，这一方面需要降低融资成本，另一方面也需要增加投资收益。融资决策主要是2、3章内容，投资则对应着4、5两章。第6章对应着前面说的营运资金管理。红色字体部分为我们的重点内容，其中时间价值和风险价值的计算、资本结构理论、投资决策指标是难点。刚才所介绍的理论在这些章节内容中都会有所涉及。（见PPT11） | 介绍公司金融的课程体系，让学生从整体上把握学科主体内容 | 听讲，了解公司金融这门课程将要学习的主要内容 | 讲解技能 | |

| 教学环节 | 教学目的 | 教学内容 | 教师活动 | 学生活动 | 教学技能 | 设计依据 |
| --- | --- | --- | --- | --- | --- | --- |
| | 学习方法介绍 | 我们发现公司金融其实是一门既有深厚的理论基础，同时又与现实紧密相连的课程，同学们该如何学习这门课呢？<br>（1）注意重温会计学、微观经济学等基础课程的相关内容。<br>（2）掌握基本的指标运算。公司金融决策很多都是依据指标计算结果来进行的。<br>（3）注重理论结合实际。运用所学知识，结合日常生活，培养自己的分析能力。<br>见PPT12-14 | 介绍学习方法 | 了解学习好本课程的方法 | 讲解技能<br>演示技能 | |
| | 推荐参考资料 | 最后，给大家推荐几本参考书。<br>见PPT15 | | | | |

| 教学环节 | 教学目的 | 教学内容 | 教师活动 | 学生活动 | 教学技能 | 设计依据 |
| --- | --- | --- | --- | --- | --- | --- |
|  | 通过课堂小结使学生从整体上把握课程 | 我们今天这节课通过阿里巴巴的案例给大家介绍了公司金融的概念以及核心问题，并回顾了公司金融的理论发展。而在座的你们可能就是未来的马云，希望在你成功的道路上，公司金融这门课上所学到的知识能够助你一臂之力！好，今天的课就上到这里，下节课我们开始学习时间价值！<br>见PPT16 | 小结整理，突出重点 | 通过案例回忆本节课的重点 | 讲解技能 | 理清思路 |

| | |
|---|---|
| 课堂小结 | 你的收获是什么<br>（1）清楚公司金融研究的主要内容<br>（2）了解公司金融理论的发展 |
| 课后思考 | 马云在阿里巴巴上市庆祝晚宴上说：“如果我们都能成功，那中国80%的人都能成功。”<br>你可能是下一个马云，那么你将如何利用公司金融的知识使得自己成为那个80%呢? |
| 板书设计 | |
| 教学反思 | （1）绪论课的主要任务是给同学系统的介绍本课程的主要内容，简单的介绍比较乏味。本次课程的设计是以教师学生双主体形式，通过引入实际案例，并提出相关问题展开引导学生思考，调动了学生的发散思维。每一个问题都是学生经过思考、讨论解决的，而不是直接给予的东西，这有利于对学习活动本身产生兴趣。让学生对本课程以后的内容产生兴趣，才能让学生更好地参与到日后的课程学习中。<br>（2）通过视频和多媒体技术掌握科学研究的方法，培养观察能力。充分发挥了学生的主动性和创造性 |

| 附录1 | 附录2 |
| --- | --- |
| 导论<br>一、什么是公司金融<br>二、公司金融的理论发展<br>三、公司金融的课程体系<br>四、公司金融的学习方法<br>五、公司金融的参考书目 | 2014年11月底，苹果公司的市值超过了7000亿美元。<br>2014年4月，苹果公司发行120亿美元债券；11月再次发行28亿欧元债券。 |
| 附录3 | 附录4 |
| 导论<br>一、什么是公司金融<br>二、公司金融的理论发展<br>三、公司金融的课程体系<br>四、公司金融的学习方法<br>五、公司金融的参考书目 | 一、什么是公司金融<br>公共财政 Public Finance<br>公司金融 Corporate Finance<br>个人理财<br>公司金融是一门研究企业资本运作问题的学科。 |
| 附录5 | 附录6 |
| 核心问题一：融资<br>情景 1999年阿里巴巴成立，2002年开始盈利<br>问题 亏损的前几年里，资金如何解决？<br>答案 获得高盛、软银等公司的直接投资。 | 核心问题二：投资<br>情景 2014年，阿里巴巴注资恒大俱乐部注资。<br>问题 这样的决策是如何做出的？<br>答案 "之前有专业人员进行尽职调查，之后也有专业人员进行整合"。 |

附录7

*核心问题三：营运资金管理*

情景 2014双十一，阿里巴巴成交额达571亿。

问题 在买家没有确认收货前，阿里巴巴如何管理这部分沉淀资金？

答案 利用沉淀的资金进行短期投资。

附录8

导 论

一、什么是公司金融
二、公司金融的理论发展
三、公司金融的课程体系
四、公司金融的学习方法
五、公司金融的参考书目

附录9

二、公司金融的理论发展

附录10

导 论

一、什么是公司金融
二、公司金融的理论发展
三、公司金融的课程体系
四、公司金融的学习方法
五、公司金融的参考书目

附录11

三、公司金融的课程体系

公司金融
- 第一章 时间价值和风险价值
- 第二章 公司融资方式
- 第三章 资本成本和资本结构
- 第四章 投资决策原理
- 第五章 投资决策实务
- 第六章 流动资产管理
- 第七章 股利理论与政策
- 第八章 财务分析

第二章、第三章 → 融资决策
第四章、第五章 → 投资决策
第六章 → 营运资金管理

附录12

导 论

一、什么是公司金融
二、公司金融的理论发展
三、公司金融的课程体系
四、公司金融的学习方法
五、公司金融的参考书目

<table>
<tr><td>附录13</td><td>附录14</td></tr>
<tr><td>

四、公司金融的学习方法

1. 注意重温会计学、微观经济学等基础课程的相关内容。

2. 掌握基本的指标运算。公司金融决策很多都是依据指标计算结果来进行的。

3. 注重理论结合实际。运用所学知识，结合日常生活，培养自己的分析能力。

</td><td>

导 论

一、什么是公司金融<br>二、公司金融的理论发展<br>三、公司金融的课程体系<br>四、公司金融的学习方法<br>五、公司金融的参考书目

</td></tr>
<tr><td>附录15</td><td>附录16</td></tr>
<tr><td>

五、公司金融的参考书目

《公司理财（精要版）》，罗斯等著，机械工业出版社，2011

《公司金融理论及实务精要》，埃尔哈特等著，北京大学出版社，2013

《财务管理学》，新新等著，人民大学出版社，2012

</td><td>

导 论

一、什么是公司金融<br>二、公司金融的理论发展<br>三、公司金融的课程体系<br>四、公司金融的学习方法<br>五、公司金融的参考书目

</td></tr>
<tr><td>附录17</td><td></td></tr>
<tr><td>谢 · 谢</td><td></td></tr>
</table>

# 《大学新生导航》绪论课教学设计教案

石楠
学生工作部

**科目名称：**《大学新生导航》

**章节名称：**绪论

**主要的教学技能：** 综合技能

**教学目标:**《绪论》这一章作为《大学新生导航》课程的开篇，旨在帮助学生全面、深刻地认识到大学的内涵。

**知识与技能：**理解“大学”内涵，了解在大学之中“为什么学”“学什么”“怎么学”。

**过程与方法：**讲授法为主，启发式教学，以“大学”“新生”“导航”三个版块引导学生思考“为什么学”“学什么”“怎么学”三个问题，结合实例引导学生透过现象看本质。最后引用《大学》总纲的内容“大学之道，在明明德，在新民，在 止于至善”，引导学生把对大学的理解上升到一种思想境界，以王国维《人间词话》的三种人生境界烘托大学的为 学境界，引导学生需要有吃苦精神，钻研精神，专注精神。

**教学重点：** ①引导学生以类比法区分大学和高中的不同；

②引导学生形成正确的为学态度和治学观念，培养吃苦精神、钻研精神、专注精神。

**教学难点：** ①《大学》里对于“大学之道”的深刻理解；

②“大学”“新生”“导航”三个子版块之间的衔接。

**教学参考资料:**

（1）陈发祥. 大学新生导航. 合肥：合肥工业大学出版社，2001

（2）人间词话. 王国维. 北京：中国文史出版社，2014

（3）曾子. 大学. 苏州：古吴轩出版社，2013

**教学过程：**

| 教学环节 | 教学目的 | 教学内容 | 教师活动 | 学生活动 | 教学技能 | 设计依据 |
|---|---|---|---|---|---|---|
| 导入（抛出问题） | 提出问题“为什么读大学”、“大学读什么”、“怎么读大学”，让学生了解课程他点和内涵。（见附录1） | 同学们大家好，欢迎大家来到《大学新生导航》的课堂，从今天开始，我将与各位一起，寻觅大学根源、探究大学奥秘。<br>同学们，高中三年的生活足以在每个人的人生奋斗史上留下浓墨重彩的一笔，当你埋头苦读的时候，是不是有的老师会为了激励你更加努力的学习说出这样的话：“大家再努力一把，到了大学就轻松了！”事实是否如此呢？<br>【为什么读大学】<br>当你拖着厚重的行李箱，与父母一起第一次走进合肥工业大学校门的时候，面对着眼前新鲜的人、新鲜的事物，是否会心潮澎湃？但从报到那一天到今天坐在教室里开始大学课程的学习，这个过程中你对大学的神往是否在逐渐淡去，随之而来的却是迷茫与不解？<br>【大学读什么】<br>或许你是因为个人兴趣，抑或父母建议选择了现在所学的专业，对于专业的认知、学科体系架构 | 演示PPT，导入新课 | 观看PPT | 导入技能 | 针对大学新生的特点，以与他们现状密切相关的问题吸引学生的注意力 |

| 教学环节 | 教学目的 | 教学内容 | 教师活动 | 学生活动 | 教学技能 | 设计依据 |
| --- | --- | --- | --- | --- | --- | --- |
| | | 的了解、学习方法的变通，你究竟思考过多少？面对应用广泛的《高等数学》的学习，是沿用高中的学习模式？还是探索新的学习方法？<br>【怎么读大学】<br>带着对这些问题的思考，让我们一同走进今天《大学新生导航 绪论》的学习。本节课我们将把“大学新生导航”这六个字拆分成三个关键词“大学”“新生”“导航”，与各位一同探讨这门课的内涵 | | | | |

| 教学环节 | 教学目的 | 教学内容 | 教师活动 | 学生活动 | 教学技能 | 设计依据 |
| --- | --- | --- | --- | --- | --- | --- |
| 解读“大学”<br><br>解读“大” | 使学生理解“大学”的真正内涵<br><br>（见附录2） | 首先我们来看第一个关键词——“大学”。<br>英语词汇中，我们用university来指大学，大家想必都知道，university这个词其实是universe的派生词，universe，即宇宙、森罗万象，因此，大学给我们的最大的印象就是大。那么请同学们思考，大学之大，何以为大？<br>当你从北大门进入翡翠湖校区，一定能看见拔地而起的翡翠科教楼；当你从北大门进入屯溪路校区，一定能看见历史悠久的主教学楼，于是有人说，大学之大，在于其有大楼；但原清华大学校长梅贻琦老先生不这么认为，他说：“大学者，非有大楼之谓也，有大师之谓也”，这句话其实源自《孟子》：“故国者，非有草木之谓也，有世臣之谓也”，他认为一个大学之所以为大学，全在于有没有好教授。其实我想，大学之大，不光是因为其有大楼，有大师，更重要的是有大文化：美丽的校园风光向我们展示了其景 | 展示PPT，讲解大学何以为“大” | 观看PPT，感受、思考 | PPT演示<br>引导技能<br>讲述技能 | 根据接受心理，图片加讲解，学生的接受效果最好 |

| 教学环节 | 教学目的 | 教学内容 | 教师活动 | 学生活动 | 教学技能 | 设计依据 |
|---|---|---|---|---|---|---|
| | | 观文化之大、完善的制度建设让我们看到了其制度文化之大，“厚德笃学崇实尚新”的校训和“勤奋严谨求实创新”的校风向我们诠释了其精神文化之大。<br>谈到“大学之大，何以为大”，我们不得不联想到另外一个问题——“大学之学，何以为学”。 | | | | |
| 解读“学” | （见附录3） | 古语有云：“学戏先学德，做戏先做人”，良好的思想品德将会伴随着我们在人生的道路上逐步实现自我的价值，因此，大学之学，首先需要学做人，学会做一个大写的人；与高中枯燥的学习相比，大学多元化的社交场合给每一个人提供了锻炼自己综合能力的平台，大学之学，其次，我想我们应该学处事；大学不是“最终的点”，而是“中途的点”，我们在大学之中将继续深入学习，当然大学之学我们应该学知识；之前在网上传的很火的一句话“挖掘技术哪家强，山东济南找蓝翔”， | | | | |

| 教学环节 | 教学目的 | 教学内容 | 教师活动 | 学生活动 | 教学技能 | 设计依据 |
|---|---|---|---|---|---|---|
| | | 很多人以此为笑谈，但是我们换个角度思考，蓝翔学校之所以被广为人知，就是因为其有强大的“挖掘技术”，类比到你的大学之中，四年之后，如果你走进庞大的就业市场，你是否有一技之长为自己谋得工作呢？因此，大学之学，我们还要学技能。 | | | | |
| 解读“新生” | 阐述新生“新”的方面，让学生明白自己所处环境和面临问题，对自己的状况有一个整体了解。（见附录4） | 好的，解读完了【大学】，让我们一起来看第二个关键词——【新生】。<br>接下来的这张图，我们一起来以高中和大学的对比，来挖掘一下“新生”到底“新”在哪。<br>或许高中你还是以走读的形式生活在父母温暖的呵护中，到了大学，你将拥有你的新室友，新班级，新导员，新老师。人是新的。<br>或许高中你的班主任会以“对事不对人”的管理模式褒奖你、鼓励你、责罚你、训斥你，到了大学，同样有一本《学生手册》约束着你的日常行为。事是新的。或许几栋 | 展示PPT，讲解“新生”之“新” | 观看PPT，听讲、感悟 | 提问技能<br>演示技能 | 讲述技能<br>引导技能 |

| 教学环节 | 教学目的 | 教学内容 | 教师活动 | 学生活动 | 教学技能 | 设计依据 |
|---|---|---|---|---|---|---|
| | | 教学楼构成了你高中的学习环境，到了大学，你走近大门的那一刻，陌生的校园让你兴奋，让你激动，波光粼粼的俪人湖、气势磅礴的图书馆、设施齐全的四人间，这的确是我心中的象牙之塔。物是新的。<br>高中那时，$F=ma$能用的地方太多了，牛顿第二运动定律揭示的力与加速度的关系，灵活运用定律解题屡试不爽，你会拍着胸脯说这个太简单了；到了大学才明白“太美的承诺因为太年轻”，看到牛顿第二运动定律还有微分形式也是醉了。知识是新的。<br>高中那时，每天早上起来，只有一个终极目标，那就是高考；到了大学，四六级、期末考、各种考证、考研、就业，目标太多只能一一实现。目标是新的。高中那时，或许父母总会用你最讨厌的方式关心着你；到了大学，亲情的维系只能靠电话里的嘘寒问暖，与亲情并存的还有爱情、友情。情感是新的。 | | | | |

| 教学环节 | 教学目的 | 教学内容 | 教师活动 | 学生活动 | 教学技能 | 设计依据 |
| --- | --- | --- | --- | --- | --- | --- |
| | | 我们总结一下，新生之所以被称为“新生”，是因为面对着陌生的大学，以人、事、物构成的环境是新的；无论是从深度来看还是从广度来看，知识是新的；我们每个人的目标是新的；随着年龄的不算增长，我们对于情感的认知也是新的。 | | | | |
| 解读“导航” | 阐述课程内涵和主要内容，能够使学生认知到这门课程对其学习和生活有很大帮助。（见附录5） | 那么让我们带着对这些“新”的感慨，走近第三个关键词【导航】。<br>“导航”这个词的原意是“引导某设备，从一点运动到另一点”。将这个字拆开来看，如果说“导”指的是老师在这里以授课的方式为同学们引路，那么“航”便是同学们沿着自己的方向行路。结合上一个关键词提到的各种“新”，《大学新生导航》这门课程如何为同学们的大学征程保驾护航呢？ 面对新的人，你需要学习“人际交往”；面多新的事，你首先要了解“规章制度”；面对新的物，你要思考“校园安全”可能存在的问题； | 展示PPT，讲解“导航” | 观看PPT，思考 | 讲解、引导技能 | |

| 教学环节 | 教学目的 | 教学内容 | 教师活动 | 学生活动 | 教学技能 | 设计依据 |
| --- | --- | --- | --- | --- | --- | --- |
| | | 面对知识在深度上的新，你需要掌握合理的“学习方法”；面对知识在广度上的新，你需要积极参与“第二课堂”组织的丰富多彩的活动；面对新的目标，你是否需要为自己的大学四年做一个合理的“生涯规划”？ | | | | |
| 升华主题 | 总结大学的内涵，提升学生对大学的认识，以积极、健康的心态对待大学生活（见附录6） | 同学们，与《论语》《孟子》《中庸》并称“四书”的《大学》总纲中有这样一句话：“大学之道，在明明德，在亲民，在止于至善。知止而后有定，定而后能静，静而后能安，安而后能虑，虑而后能得。”这句话已经将大学由一个具象的事物升华到了一种抽象的境界。大学之道，在于知晓明示天下的德行，在于每个人“三省吾身”的不断自新，直到达到最完善的境界为止。<br>王国维先生在他的著作《人间词话》中引用三位大词人的名句来诠释人生的境界，我们可以参照着思考，我们大学治学是否也需要达到这些境界？ | 以人生的三大境界，提升学生对大学的认识，引导学生积极、正确的面对大学生活 | 听讲，感悟大学内涵，积极思考，合理规划大学生活 | 引导技能 | 认知的逐渐 |

| 教学环节 | 教学目的 | 教学内容 | 教师活动 | 学生活动 | 教学技能 | 设计依据 |
|---|---|---|---|---|---|---|
| | | "昨夜西风凋碧树，独上高楼，望尽天涯路。"<br>出自晏殊的《蝶恋花》，我们读大学是否也需要这种纵使"西风凋碧树"我自岿然不动的吃苦精神？<br>"衣带渐宽终不悔，为伊消得人憔悴。"<br>出自柳永的《凤栖梧》，我们对待学习、对待科学研究是否也能达到哪怕"消得憔悴"也很欣慰的钻研境界？<br>众里寻他千百度，蓦然回首，那人却在灯火阑珊处。<br>出自辛弃疾的《青玉案》，我们治学过程中是否也需要这种"众里寻他千百度"的专注精神？<br>因此，大学，不只是一个简单的汉语名词，它其实是一种境界，是阳春白雪，是象牙之塔，是形而上学 | | | | |

| 教学环节 | 教学目的 | 教学内容 | 教师活动 | 学生活动 | 教学技能 | 设计依据 |
|---|---|---|---|---|---|---|
| 下节预告 | 为下节内容做准备（见附录7） | 到这里，《绪论》部分结束，下一节课，我们将进入正课的学习中。学校对于违纪事件如何处理？奖学金的评比具体是什么样的流程呢？学校以那些资助政策为家庭经济困难学生排忧解难呢？欲知答案如何，且听下回分解。谢谢各位 | | | | |

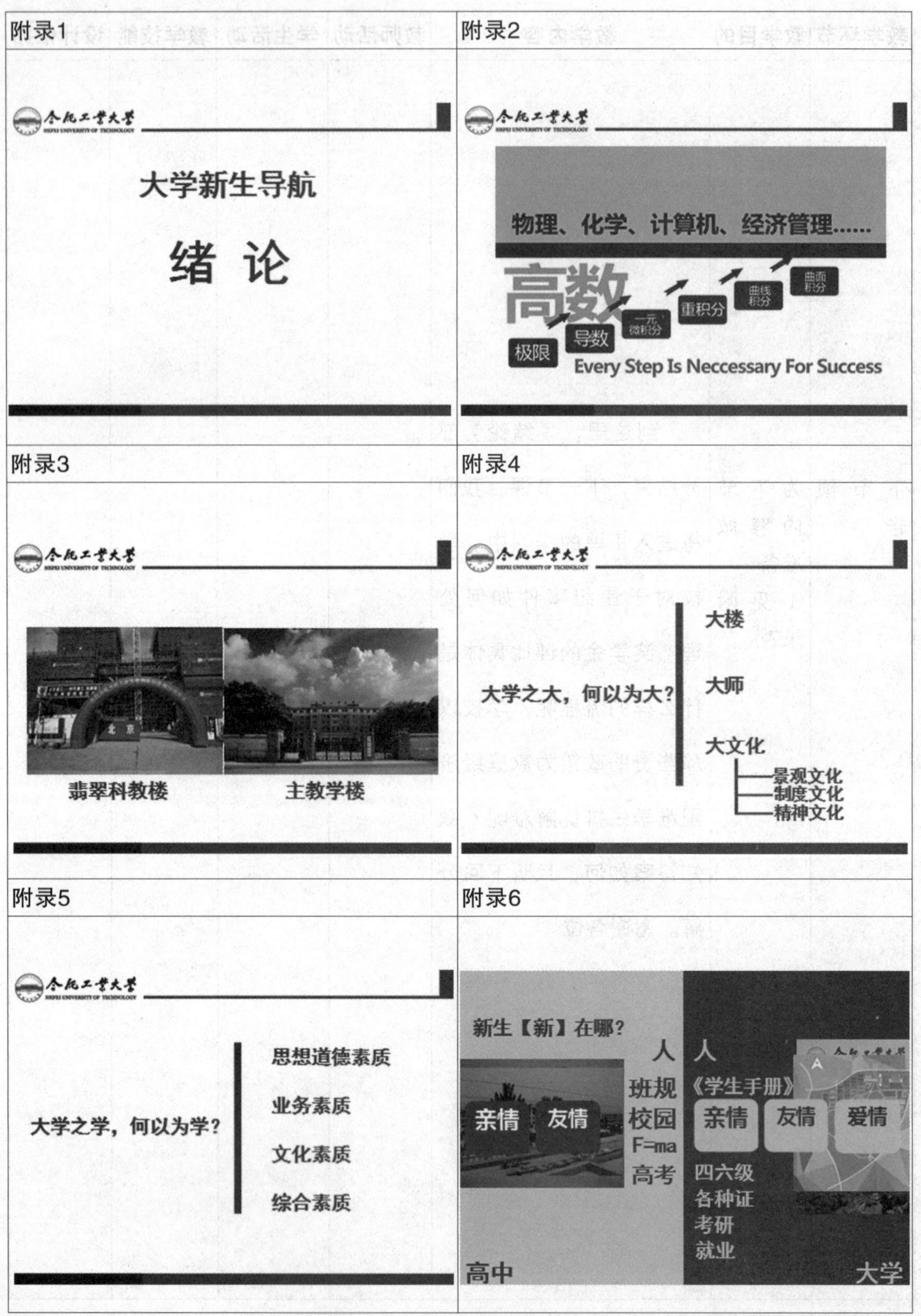
附录1
大学新生导航
绪 论
附录2
物理、化学、计算机、经济管理……
高数
极限
导数
一元微积分
重积分
曲线积分
曲面积分
Every Step Is Neccessary For Success
附录3
翡翠科教楼
主教学楼
附录4
大学之大，何以为大？
大楼
大师
大文化
景观文化
制度文化
精神文化
附录5
大学之学，何以为学？
思想道德素质
业务素质
文化素质
综合素质
附录6
新生【新】在哪？
人
班规
校园
F=ma
高考
亲情
友情
高中
人
《学生手册》
亲情
友情
爱情
四六级
各种证
考研
就业
大学

| 附录7 | 附录8 |
| --- | --- |
| 合肥工业大学<br>HEFEI UNIVERSITY OF TECHNOLOGY<br>导航 原意：引导某一设备从指定航线的一点运动到另一点的方法<br>环境新：人、事、物 —— 人际关系、规章制度、校园安全<br>知识新：深度、广度 —— 学习方法、第二课堂<br>目标新 —— 生涯规划<br>情感新 —— 情感认知<br>→ 大学新生导航 | 合肥工业大学<br>HEFEI UNIVERSITY OF TECHNOLOGY<br>大學<br>"大学之道在**明明德**，在**亲民**，在**止于至善**。"<br>——《大学》 |
| 附录9 | 附录10 |
| 合肥工业大学<br>HEFEI UNIVERSITY OF TECHNOLOGY<br>人間詞話<br>王国维《人间词话》<br>"昨夜西风凋碧树，独上高楼，望尽天涯路。" 吃苦精神<br>"衣带渐宽终不悔，为伊消得人憔悴。" 钻研精神<br>"众里寻他千百度，蓦然回首，那人却在灯火阑珊处。" 专注精神 | 合肥工业大学<br>HEFEI UNIVERSITY OF TECHNOLOGY<br>权利和义务？<br>学籍管理？<br>违纪事件的处理？<br>奖、助学金？ |
| 附录11 | |
| 合肥工业大学<br>HEFEI UNIVERSITY OF TECHNOLOGY<br>下节预告<br>规章制度 | |